国家一流本科专业（南京师范大学－法学）建设点系列教材

江苏省研究生教育教学改革课题
"基于高层次人才复合观的法律硕士应用型人才培养体系研究（JGLX18_109）"

2020年江苏高校"青蓝工程"优秀教学团队之系列成果

新世纪法学教材

Casebook on Criminal Law

刑法案例教程

姜 涛 编著

北京大学出版社
PEKING UNIVERSITY PRESS

图书在版编目(CIP)数据

刑法案例教程/姜涛编著. —北京:北京大学出版社,2020.6
新世纪法学教材
ISBN 978-7-301-30949-0

Ⅰ.①刑…　Ⅱ.①姜…　Ⅲ.①刑法—案例—中国—高等学校—教材　Ⅳ.①D924.05

中国版本图书馆 CIP 数据核字(2019)第 253748 号

书　　　名	刑法案例教程 XINGFA ANLI JIAOCHENG
著作责任者	姜　涛　编著
责 任 编 辑	徐　音
标 准 书 号	ISBN 978-7-301-30949-0
出 版 发 行	北京大学出版社
地　　　址	北京市海淀区成府路 205 号　100871
网　　　址	http://www.pup.cn　新浪微博:@北京大学出版社
电 子 信 箱	sdyy_2005@126.com
电　　　话	邮购部 010-62752015　发行部 010-62750672　编辑部 021-62071998
印 　刷 　者	北京市科星印刷有限责任公司
经 销 者	新华书店
	787 毫米×1092 毫米　16 开本　23.5 印张　500 千字 2020 年 6 月第 1 版　2025 年 1 月第 4 次印刷
定　　　价	63.00 元

未经许可,不得以任何方式复制或抄袭本书之部分或全部内容。
版权所有,侵权必究
举报电话:010-62752024　电子信箱:fd@pup.pku.edu.cn
图书如有印装质量问题,请与出版部联系,电话:010-62756370

上编 刑法总论

第一章 刑法的基本原则

案例1 王力军非法经营再审改判无罪案 ………………………………… 1
案例2 黄赣果等非法经营再审改判无罪案 ……………………………… 3
案例3 许霆盗窃案 ………………………………………………………… 8
案例4 杨建忠等非法经营案 ……………………………………………… 11

第二章 刑法的体系与解释

案例1 顾磊、雍成抢劫案 ………………………………………………… 18
案例2 王佰玲故意杀人案 ………………………………………………… 21

第三章 刑法的效力范围

案例1 郭永峰、景攀峰非法经营案 ……………………………………… 24
案例2 梁胜勇强迫交易案 ………………………………………………… 27

第四章 犯罪与犯罪论体系

案例1 乐燕故意杀人案 …………………………………………………… 31
案例2 韦风强奸、故意杀人案 …………………………………………… 33

案例 3	冯刚故意杀人案	36
案例 4	肖国臣故意伤害案	39
案例 5	邓玉娇故意伤害案	42
案例 6	田玉富过失致人死亡案	44
案例 7	陈天杰正当防卫案	46
案例 8	纪满英故意杀人案	49
案例 9	张殿如故意杀人案	52
案例 10	王鹏、谢田福非法收购、出售珍贵、濒危野生动物案	55

第五章　故意犯罪未完成形态

案例 1	王胜杰、伏建才绑架案	60
案例 2	姜文康受贿案	62
案例 3	王新明合同诈骗案	65
案例 4	白云江故意杀人、抢劫、强奸案	69

第六章　共同犯罪

案例 1	吴雅等贩卖、制造毒品案	74
案例 2	许某某、王某某故意伤害案	78
案例 3	张某等电信诈骗案	80
案例 4	李兴云等故意杀人案	83
案例 5	梁庆康等故意伤害案	87
案例 6	邛莫挖长等故意杀人案	92

第七章　罪数

案例 1	杨业春等职务侵占、掩饰、隐瞒犯罪所得案	102
案例 2	周某、陈某诈骗案	105
案例 3	程敬涛等非法拘禁、敲诈勒索案	109
案例 4	杨某、黄某非法获取公民个人信息并诈骗案	112

第八章 刑罚的体系与种类

- 案例 1　薄谷开来故意杀人案 …… 115
- 案例 2　林森浩故意杀人案 …… 118
- 案例 3　杨建霞、贺国祥故意杀人案 …… 120
- 案例 4　陈某某故意伤害案 …… 124
- 案例 5　白恩培受贿、巨额财产来源不明案 …… 126
- 案例 6　董某某、宋某某抢劫案 …… 130

第九章 量刑情节与量刑制度

- 案例 1　马乐利用未公开信息交易案 …… 133
- 案例 2　秦国浩非法行医案 …… 139
- 案例 3　张宇危险驾驶案 …… 143
- 案例 4　杨杰故意杀人案 …… 146
- 案例 5　罗海军盗窃案 …… 149
- 案例 6　王峰等贩卖毒品案 …… 151
- 案例 7　夏克明等故意杀人案 …… 156
- 案例 8　何瑞祥受贿案 …… 159

第十章 行刑制度

- 案例 1　介光伟合同诈骗案 …… 165
- 案例 2　李征琴故意伤害案 …… 168
- 案例 3　鲁龙不予减刑案 …… 171
- 案例 4　王晓梦不予假释案 …… 174

下编　刑法分论

第十一章 危害国家安全罪

- 案例 1　罗让旦真、泽戈煽动分裂国家案 …… 177
- 案例 2　周天祥间谍案 …… 179

案例3　王立军叛逃、受贿、滥用职权案 …………………………………………… 182

第十二章　危害公共安全罪

案例1　孙伟铭以危险方法危害公共安全案 …………………………………… 186
案例2　郑小教故意杀人二审改判以危险方法危害公共安全案 ……………… 189
案例3　李启铭交通肇事案 ……………………………………………………… 191
案例4　龚德田交通肇事案 ……………………………………………………… 194
案例5　李冬海爆炸案 …………………………………………………………… 196
案例6　念斌投放危险物质终审改判无罪案 …………………………………… 198
案例7　冯留民破坏电力设备、盗窃案 ………………………………………… 210
案例8　潘明明、杨伟明破坏电力设备、抢夺案 ……………………………… 213
案例9　孔德金破坏公用电信设施、张红生掩饰、隐瞒犯罪所得案 ………… 216
案例10　赵春华非法持有枪支案 ………………………………………………… 218

第十三章　破坏社会主义市场经济秩序罪

案例1　陆勇销售假药、妨害信用卡管理决定不起诉案 ……………………… 222
案例2　北京阳光一佰生物技术开发有限公司、习文有等生产、销售有毒、
　　　　有害食品案 …………………………………………………………… 225
案例3　汪照洗钱案 ……………………………………………………………… 229
案例4　郭松飞诈骗二审改判合同诈骗案 ……………………………………… 231
案例5　吴英集资诈骗案 ………………………………………………………… 233
案例6　房毅信用卡诈骗案 ……………………………………………………… 237
案例7　吴名强等非法经营案 …………………………………………………… 240
案例8　上海航旭投资集团有限公司、江树昌骗取贷款案 …………………… 244
案例9　郭明升等假冒注册商标案 ……………………………………………… 246
案例10　杨俊杰、周智平侵犯商业秘密案 ……………………………………… 248

第十四章　侵犯公民人身权利、民主权利罪

案例1　李飞故意杀人案 ………………………………………………………… 252
案例2　贾敬龙故意杀人案 ……………………………………………………… 254
案例3　于欢故意伤害案 ………………………………………………………… 257

案例 4	林明龙强奸案	262
案例 5	雷小飞等非法拘禁案	265
案例 6	白宇良、肖益军绑架案	268
案例 7	王献光、刘永贵拐卖儿童案	270
案例 8	张润博过失致人死亡案	273
案例 9	秦志晖诽谤、寻衅滋事案	275
案例 10	王璐、孙艳华虐待被看护人案	278

第十五章 侵犯财产罪

案例 1	习海珠抢劫案	281
案例 2	李培峰抢劫、抢夺案	284
案例 3	邹晓敏盗窃案	286
案例 4	陈卫明等盗窃案	289
案例 5	臧进泉等盗窃、诈骗案	291
案例 6	郭学周故意伤害、抢夺案	294
案例 7	曹成洋侵占案	298
案例 8	曹建亮等职务侵占案	301
案例 9	陈文艳敲诈勒索再审改判无罪案	304

第十六章 妨害社会管理秩序罪

案例 1	李刚、李飞贩卖毒品案	307
案例 2	张桂方、冯晓明组织卖淫案	310
案例 3	凌文勇等组织(运送)他人偷越边境案	312
案例 4	仵兆祥、李耀锋盗掘古文化遗址、古墓葬案	316
案例 5	雷志国等盗掘古墓葬案	318
案例 6	周兆钧非法行医最高院改判无罪案	322
案例 7	梁连平污染环境案	325
案例 8	闫啸天非法猎捕、收购珍贵、濒危野生动物案	328
案例 9	王欣等传播淫秽物品牟利案	331

第十七章　贪污贿赂罪

- 案例1　王连凤贪污案 …………………………………………………… 336
- 案例2　杨延虎等贪污案 ………………………………………………… 338
- 案例3　胡建挪用公款案 ………………………………………………… 342
- 案例4　郑年胜挪用公款案 ……………………………………………… 345
- 案例5　潘玉梅、陈宁受贿案 …………………………………………… 348
- 案例6　王永勇介绍贿赂案 ……………………………………………… 353
- 案例7　吴某光单位受贿案 ……………………………………………… 356
- 案例8　籍绍忠行贿案 …………………………………………………… 358
- 案例9　徐绍敏受贿、巨额财产来源不明、隐瞒境外存款案 ………… 360

第十八章　渎职罪

- 案例1　张群生滥用职权案 ……………………………………………… 364
- 案例2　于萍泄露国家秘密二审改判无罪案 …………………………… 366

后记　法科学生需要什么样的案例研讨 …………………………………… 369

上编　刑法总论

第一章　刑法的基本原则

案例1　王力军非法经营再审改判无罪案

内容摘要：本案是近年来最高人民法院直接指令并指导一审再审改判的典型案例，历经一审与再审。一审法院对非法经营罪的兜底条款进行扩大解释而对王力军判处有罪，再审判决明确了行政违法行为与刑事犯罪的界限，规范了非法经营罪中兜底条款的司法适用规则，对限制司法中不当适用兜底条款、统一裁判尺度具有标杆意义，处理结果达到了法律效果和社会效果的统一，也体现了人民法院有错必纠的信心与担当。再审判决遵循罪刑法定原则和刑事司法谦抑性理念，厘清了行政违法行为与刑事犯罪的界限，阐明了非法经营罪中兜底条款的司法适用规则，对在审理类似案件中统一裁判尺度有指导意义。

关键词：非法经营罪；兜底条款；刑事处罚的必要性

【裁判要旨】

没有办理粮食收购许可证及工商营业执照买卖粮食的行为违反了国务院《粮食流通管理条例》的有关规定，但尚未达到严重扰乱市场秩序的危害程度，不具备与非法经营罪列举的情形相当的社会危害性和刑事处罚的必要性。适用非法经营罪中兜底条款的相关行为需要法律、司法解释明确规定，不得扩大适用。

【相关法条】

1.《中华人民共和国刑法》

第三条　法律明文规定为犯罪行为的，依照法律定罪处刑；法律没有明文规定为犯罪行为的，不得定罪处刑。

第二百二十五条　违反国家规定，有下列非法经营行为之一，扰乱市场秩序，情节严重的，处五年以下有期徒刑或者拘役，并处或者单处违法所得一倍以上五倍以下罚金；情节特别严重的，处五年以上有期徒刑，并处违法所得一倍以上五倍以下罚金或者没收财产：（一）未经许可经营法律、行政法规规定的专营、专卖物品或者其他限制买卖的物品的；（二）买卖进出口许可证、进出口原产地证明以及其他法律、行政法规规定的经营许可证或者批准文件的；（三）未经国家有关主管部门批准非法经营证券、期货、保险业务的，或者非法从事资金支付结算业务的；（四）其他严重扰乱市场秩序的非法经营行为。

2.《中华人民共和国刑事诉讼法》

第二百五十四条第二款　最高人民法院对各级人民法院已经发生法律效力的判决和裁定，上级人民法院对下级人民法院已经发生法律效力的判决和裁定，如果发现确有错误，有权提审或者指令下级人民法院再审。

第二百五十六条第一款　人民法院按照审判监督程序重新审判的案件，由原审人民法院审理的，应当另行组成合议庭进行。如果原来是第一审案件，应当依照第一审程序进行审判，所作的判决、裁定，可以上诉、抗诉；如果原来是第二审案件，或者是上级人民法院提审的案件，应当依照第二审程序进行审判，所作的判决、裁定，是终审的判决、裁定。

3.《最高人民法院关于适用〈中华人民共和国刑事诉讼法〉的解释》

第三百八十九条第一款　再审案件经过重新审理后，应当按照下列情形分别处理：……（三）原判决、裁定认定事实没有错误，但适用法律错误，或者量刑不当的，应当撤销原判决、裁定，依法改判；……

【案例索引】

一审：内蒙古自治区巴彦淖尔市临河区人民法院（2016）内0802刑初54号刑事判决书。

再审：内蒙古自治区巴彦淖尔市中级人民法院（2017）内08刑再1号刑事判决书。

【基本案情】

2014年11月13日至2015年1月20日，被告人王力军未办理粮食收购许可证，未经工商行政管理机关核准登记并颁发营业执照，擅自在临河区白脑包镇附近村组无证照经营违法收购玉米，将所收购的玉米卖给巴彦淖尔市粮油公司杭锦后旗蚕会分库，非法经营数额218288.6元，非法获利6000元。案发后，被告人王力军主动退缴非法获利6000元。2015年3月27日，被告人王力军主动到巴彦淖尔市临河区公安局经侦大队投案自首。

【裁判结果】

一审判决：被告人王力军犯非法经营罪，判处有期徒刑一年，缓刑二年，并处罚金

20000元。

再审判决：（1）撤销内蒙古自治区巴彦淖尔市临河区人民法院（2016）内0802刑初54号刑事判决。（2）原审被告人王力军无罪。

【裁判理由】

一审法院认为，被告人王力军违反国家法律和行政法规规定，未经粮食主管部门许可及工商行政管理机关核准登记并颁发营业执照，非法收购玉米，非法经营数额218288.6元，数额较大，其行为构成非法经营罪。鉴于被告人王力军案发后主动到公安机关投案自首，主动退缴全部违法所得，有悔罪表现，对其适用缓刑确实不致再危害社会，决定对被告人王力军依法从轻处罚并适用缓刑。

宣判后，原审被告人王力军未上诉，检察机关未抗诉，判决发生法律效力。

最高人民法院依照《刑事诉讼法》第二百四十三条第二款之规定，于2016年12月16日作出（2016）最高法刑监6号再审决定，指令内蒙古自治区巴彦淖尔市中级人民法院对本案进行再审。

再审法院认为，原判决认定的原审被告人王力军于2014年11月至2015年1月期间，没有办理粮食收购许可证及工商营业执照买卖玉米的事实清楚，其行为违反了当时的国家粮食流通管理有关规定，但尚未达到严重扰乱市场秩序的危害程度，不具备与《刑法》第二百二十五条规定的非法经营罪相当的社会危害性和刑事处罚的必要性，不构成非法经营罪。原审判决认定王力军构成非法经营罪适用法律错误，检察机关提出的王力军无证照买卖玉米的行为不构成非法经营罪的意见成立，原审被告人王力军及其辩护人提出的王力军的行为不构成犯罪的意见成立，本院均予以采纳。

思考问题

1. 王力军的行为是否构成非法经营罪？
2. 经济刑法中的兜底条款的适用应当遵循怎样的规则？

案例2　黄赣果等非法经营再审改判无罪案

内容摘要：本案是国内法院极少数以非法经营罪起诉而被法院改判无罪的案件，历经一审与再审。一审法院以非法经营罪判处被告人有罪，再审法院认为持有烟草专卖零售许可证，却异地进行烟草制品的批发业务，属于跨地域、超范围经营，不宜按照非法经营罪处理。到底是属于行政违法行为还是刑事犯罪，实践中法官凭借自己对刑法规范的理解并通过自由心证来作出判定。司法实务界尚缺乏统一明确的裁判标准，特别是烟草专卖行政主管部门与烟草制品经营者之间、全国各地法院之间适用《最高人民法院关于被告人李明华非法经营请示一案的批复》的态度明显不同，是"同案不同判"现象仍然广泛存在的直接原因。本案有利于满足司法裁判尺度统一的迫切需要，恪守罪刑法定原则，有助于稳定刑法功能以及保障刑法的权威，并尽可能为推动烟草专卖制度和相关法律的完善提供裨益。

关键词：烟草专卖；非法经营；批复；实质解释

【裁判要旨】

持有烟草专卖零售许可证，却异地进行烟草制品的批发业务，属于跨地域、超范围经营，不宜按照非法经营罪处理，应由相关主管部门进行处罚。最高人民法院〔2011〕刑他字第21号《最高人民法院关于被告人李明华非法经营请示一案的批复》作为司法解释具有示范意义，与《最高人民法院、最高人民检察院关于办理非法生产、销售烟草专卖品等刑事案件具体应用法律若干问题的解释》并不冲突。

【相关法条】

1.《中华人民共和国刑法》

第三条　法律明文规定为犯罪行为的，依照法律定罪处刑；法律没有明文规定为犯罪行为的，不得定罪处刑。

第二百二十五条　违反国家规定，有下列非法经营行为之一，扰乱市场秩序，情节严重的，处五年以下有期徒刑或者拘役，并处或者单处违法所得一倍以上五倍以下罚金；情节特别严重的，处五年以上有期徒刑，并处违法所得一倍以上五倍以下罚金或者没收财产：（一）未经许可经营法律、行政法规规定的专营、专卖物品或者其他限制买卖的物品的；（二）买卖进出口许可证、进出口原产地证明以及其他法律、行政法规规定的经营许可证或者批准文件的；（三）未经国家有关主管部门批准非法经营证券、期货、保险业务的，或者非法从事资金支付结算业务的；（四）其他严重扰乱市场秩序的非法经营行为。

2.《最高人民法院、最高人民检察院关于办理非法生产、销售烟草专卖品等刑事案件具体应用法律若干问题的解释》

第一条第五款　违反国家烟草专卖管理法律法规，未经烟草专卖行政主管部门许可，无烟草专卖生产企业许可证、烟草专卖批发企业许可证、特种烟草专卖经营企业许可证、烟草专卖零售许可证等许可证明，非法经营烟草专卖品，情节严重的，依照刑法第二百二十五条的规定，以非法经营罪定罪处罚。

3.《最高人民检察院、公安部关于公安机关管辖的刑事案件立案追诉标准的规定（二）》

第七十九条第二项　违反国家烟草专卖管理法律法规，未经烟草专卖行政主管部门许可，无烟草专卖生产企业许可证、烟草专卖批发企业许可证、特种烟草专卖经营企业许可证、烟草专卖零售许可证等许可证明，非法经营烟草专卖品，具有下列情形之一的：1.非法经营数额在五万元以上，或者违法所得数额在二万元以上的；2.非法经营卷烟二十万支以上的；3.曾因非法经营烟草专卖品三年内受过二次以上行政处罚，又非法经营烟草专卖品且数额在三万元以上的。

4.《最高人民法院关于被告人李明华非法经营请示一案的批复》

被告人李明华持有烟草专卖零售许可证，但多次实施批发业务，而且从非指定烟草专卖部门进货的行为，属于超范围和地域经营的情形，不宜按照非法经营罪处理，应由相关主管部门进行处理。

5.《中华人民共和国刑事诉讼法》

第二百五十六条　人民法院按照审判监督程序重新审判的案件，由原审人民法院审理的，应当另行组成合议庭进行。如果原来是第一审案件，应当依照第一审程序进行审判，所作的判决、裁定，可以上诉、抗诉；如果原来是第二审案件，或者是上级人民法院提审的案件，应当依照第二审程序进行审判，所作的判决、裁定，是终审的判决、裁定。

人民法院开庭审理的再审案件，同级人民检察院应当派员出席法庭。

【案例索引】

一审：广东省韶关市浈江区人民法院（2014）韶浈法刑初字第72号刑事判决书。

再审：广东省韶关市中级人民法院（2015）韶中法审监刑提字第1号刑事判决书。

【基本案情】

被告人黄赣果与被告人黄晓明系父子关系，与被告人许水珍系夫妻关系。被告人黄赣果、许水珍、黄晓明共同经营果源商店（位于韶关市浈江区×××铺面）。该店由被告人黄晓明注册登记，并于2011年12月8日取得烟草专卖零售许可证，许可范围为卷烟、雪茄烟、罚没国外烟草制品。但该店实际经营人为其儿子黄赣果，被告人许水珍、黄晓明协助黄赣果管理和销售。果源商店自2011年至2013年先后九次因为未在当地烟草专卖批发企业进货、无烟草专卖品准运证运输卷烟的行为受到韶关市烟草专卖局给予的行政处罚。被告人黄赣果、许水珍、黄晓明通过互联网非法从事卷烟销售业务和批发业务，销售金额共计735590元，其中批发业务金额为487601元。

【裁判结果】

一审判决：（1）被告人黄赣果犯非法经营罪，判处有期徒刑五年，并处罚金 50000 元。（2）被告人许水珍犯非法经营罪，判处有期徒刑二年六个月，缓刑三年，并处罚金 40000 元。（3）被告人黄晓明犯非法经营罪，判处有期徒刑二年六个月，缓刑三年，并处罚金 40000 元。被告人许水珍、黄晓明的缓刑考验期限，均从判决确定之日起计算。（4）随案移送的作案工具台式电脑主机两台、手提电脑一部、手机芯片一个、手机四部、银行卡三张、银行 U 盾三个等予以没收，上缴国库。

再审判决：（1）撤销广东省韶关市浈江区人民法院（2014）韶浈法刑初字第 72 号刑事判决。（2）原审被告人黄赣果无罪。（3）原审被告人许水珍无罪。（4）原审被告人黄晓明无罪。（5）随案移送至广东省韶关市浈江区人民法院的台式电脑主机两台、手提电脑一部、手机芯片一个、手机四部、银行卡三张、银行 U 盾三个、笔记本账本一本，依法予以返还。

【裁判理由】

一审法院认为，被告人黄赣果、许水珍、黄晓明违反国家规定，无烟草专卖批发企业许可证而在网上从事烟草制品批发业务，经营额为 487601 元，其行为已构成非法经营罪，属情节特别严重，依法应追究其刑事责任。在共同犯罪中，被告人黄赣果起积极主要的作用，是主犯，应当按照其参与的全部犯罪处罚。被告人许水珍和黄晓明起次要或者辅助作用，是从犯，决定对其减轻处罚。被告人许水珍、黄晓明归案后如实供述犯罪事实，具有悔罪表现，依法可以从轻处罚。考虑对被告人许水珍、黄晓明适用缓刑不致再危害社会及对所居住社区造成重大不良影响，决定对其适用缓刑。

判决发生法律效力后，原审被告人黄晓明向韶关市浈江区人民法院提出申诉，但原审法院作出（2014）韶浈法刑申字第 1 号《驳回申诉通知书》。后黄晓明又以原审判决申诉人及家人黄赣果、许水珍被控之罪没有事实根据，适用法律错误，且申诉人家人黄赣果、许水珍的行为本质是行政违法，不构成非法经营罪为由向广东省韶关市中级人民法院提出申诉，请求撤销原判，改判申诉人及家人黄赣果、许水珍无罪。该院依照《刑事诉讼法》第二百四十三条第二款及《最高人民法院关于适用〈中华人民共和国刑事诉讼法〉的解释》第三百七十九条的规定，于 2015 年 5 月 6 日作出（2015）韶中法立刑申字第 4 号决定，对本案提审。

黄赣果的辩护人谢斌提出如下辩护意见：（1）对本案查明的黄赣果利用网络销售香烟的事实不持异议。（2）黄赣果经营的果源商店持有烟草专卖零售许可证，其在没有烟草专卖批发企业许可证的情况下，利用网络批发香烟是有证超范围违规经营行为。（3）黄赣果未经许可利用网络违规销售香烟与未经许可违规销售香烟，两者本质上没有区别，均属行政违法行为。网络销售只是一种营销手段，违反的是国家对烟草网络销售的行政管理秩序,而非犯罪构成客观要件,将网络批发销售香烟的行政违法行为与其他批发销售香烟的行政违法行为加以区别,并将网络批发销售香烟当作犯罪事实来认定没有法律根据。(4)最高人民法院在〔2011〕刑他字第21号《最高人民法院关于被告人李明华非法经营请示一案的批复》中,明确指出李明华的行为"属于超范围和地域经营的情形,不宜按照非法经营罪处理,应由相关主管部门进行处理"的司法意见,黄赣果与李明华烟草违规经营情形同出一辙,本案作出有罪判决为适用法律错误。(5)在"两高"解释之前,《烟草专卖法》《关于严厉打击利用互联网等信息网络非法经营烟草专卖品的通告》文件中,虽然均有"构成犯罪的,依法追究刑事责任"之表述,但是,行政法规、规范性文件"追究刑事责任"的表述不是直接的刑事法律规定,而是法律指引,定罪量刑依据的是刑事法律和司法解释的具体明确规定,而不是直接以行政法、规范性文件作为刑事判决的法律依据。(6)公诉机关指出,李明华案是烟草专卖超范围经营的普通案件,而本案属于网络销售香烟行为的特殊案件应认定犯罪,该观点明显不能成立。"两高"解释和李明华案司法解释,并没有将此类烟草专卖超范围违规经营手段加以区分和分别定性。公诉机关认为网络销售香烟应作为特殊类型烟草专卖超范围违规经营行为以犯罪论,一是对李明华案定性作出了扩大解释,二是该认定没有明确的法律规定。根据法无明文规定不为罪的罪刑法定原则,不能适用已废除的原刑法类推制度来认定烟草网络销售超范围违规经营行为就是犯罪。

广东省韶关市人民检察院出庭检察员提出如下意见:(1)对本案的事实与证据不持异议。(2)国家烟草专卖局于2009年6月以国烟专〔2009〕242号文下发《关于严厉打击利用互联网等信息网络非法经营烟草专卖品的通告》,该通告明确规定了禁止烟草零售商通过互联网进行烟草交易。(3)最高人民法院于2011年5月6日作出〔2011〕刑他字第21号《最高人民法院关于被告人李明华非法经营请示一案的批复》,该批复对于李明华案的定性仅仅基于李明华实施的只是普通的批发业务,至于这个批发业务的范围是否包括互联网上的批发,批复并没有具体界定,而是就案论案。具体到本案,到底最高人民法院的批复能否适用于本案,则法无明确具体界定的不能作扩大解释。正因为最高人民法院的批复没有涉及互联网的范围,所以,批复就不适用于本案。综上所述,对于原审三被告人通过互联网进行烟草批发的行为的最终定性,请合议庭依法作出裁判。

再审法院认为,关于黄赣果、许水珍、黄晓明是否构成非法经营罪的问题,依照《最高人民法院、最高人民检察院关于办理非法生产、销售烟草专卖品等刑事案件具体应用法律若干问题的解释》第一条第五款规定,要依《刑法》第二百二十五条的规定对非法经营烟草专卖品、情节严重的行为以非法经营罪定罪处罚,还须具备的条件之一是经营者无烟草专卖生产企业许可证、烟草专卖批发企业许可证、特种烟草专卖经营企业许可证、烟草专卖零售许可证等许可证明。本案中,黄赣果、许水珍在与黄晓明共同经营由黄晓明注册登记并于2011年12月8日取得烟草专卖零售许可证的果源商店的过程中,通过互联网从事卷烟批发业务(批发业务金额为487601元),系持有烟草专卖零售许可证的。因此,黄赣果、许水珍不宜按照非法经营罪定罪处罚,即黄赣果、许水珍不构成非法经营罪。因没有确实充分的证据证明黄晓明参与互联网卷烟批发业务,且在持有烟草专卖零售许可证的情况下通过互联网从事卷烟批发业务亦不宜按照非法经营罪定罪处罚,故黄晓明不构成非法经营罪。随案移送至一审法院的台式电脑主机两台、手提电脑一部、手机芯片一个、手机四部、银行卡三张、银行U盾三个、笔记本账本一本,应依法予以返还。原审被告人黄赣果及其辩护人、原审被告人许水珍、黄晓明提出的应当改判黄赣果、许水珍、黄晓明无罪的意见,韶关市人民检察院提出的请本院对原审被告人通过互联网进行烟草批发行为的最终定性依法作出处理的意见,本院予以采纳。本案中,黄赣果、许水珍通过互联网从事卷烟批发业务的行为,是否属于超范围和地域经营的情形,是否应作相应处理,应由相关主管部门进行认定和处理。综上,原审被告人黄赣果、许水珍、黄晓明的行为不构成犯罪。原审判决适用法律错误,应予撤销。原审被告人黄赣果及其辩护人、原审被告人许水珍、黄晓明提出的应当改判黄赣果、许水珍、黄晓明无罪的意见有事实和法律依据,本院予以采纳。

 思考问题

1. 持有烟草专卖零售许可证,但是跨地域范围、超经营范围进行批发业务的行为,应当认定为行政违法还是刑事犯罪?
2. 非法经营罪在涉烟领域如何做到正确适用?

■■■ 案例3 许霆盗窃案

内容摘要:许霆案是近期在社会上引起广泛关注与争论的一起普通的刑事案件,历经一审、二审与再审。一审法院以盗窃罪对许霆判处无期徒刑,一审判决后引起社会关注,不少民众与学者都卷入其中发表见解,而且分歧很大。再审法院对许霆以盗窃罪判处五年有期徒刑,五年有期徒刑系在法定刑以下判刑,需要最高人民法院核准。许霆案带来《刑法修正案(八)》对盗窃罪死刑的废除,间接性地废除了盗窃金融机构与非金融机构在刑法保护上的不平等保护问题。在这个意义上说,许霆案起到推动我国法治建设的作用。但是,从刑罚目的角度分析,许霆案具有被判处无罪的必要性,因为,许霆案的处罚并无助于实现刑罚目的。

关键词:盗窃罪;需罚性;罪刑法定;量刑反制定罪

【**裁判要旨**】

就许霆案而言,适用特殊减轻具有三方面的依据:一是银行明显存在过错。这一过错虽然不能成为许霆无罪的理由，却可以成为适用特殊减轻的根据。二是违法程度较轻。许霆是利用自动取款机的故障而窃取财物，这与采用破坏自动取款机甚至非法潜入金融机构的盗窃行为相比，客观违法程度较轻。三是责任程度较轻。银行的过错产生了巨大的金钱诱惑，从而诱发了许霆的犯罪。从期待可能性上来说，由于存在着自动取款机故障这一附随状况而使得期待可能性程度有所降低，由此可以减轻许霆的责任。

【相关法条】

《中华人民共和国刑法》

第三条 法律明文规定为犯罪行为的，依照法律定罪处刑；法律没有明文规定为犯罪行为的，不得定罪处刑。

第五条 刑罚的轻重，应当与犯罪分子所犯罪行和承担的刑事责任相适应。

第六十三条 犯罪分子具有本法规定的减轻处罚情节的，应当在法定刑以下判处刑罚；本法规定有数个量刑幅度的，应当在法定量刑幅度的下一个量刑幅度内判处刑罚。

犯罪分子虽然不具有本法规定的减轻处罚情节，但是根据案件的特殊情况，经最高人民法院核准，也可以在法定刑以下判处刑罚。

第二百六十四条 盗窃公私财物，数额较大的或者多次盗窃、入户盗窃、携带凶器盗窃、扒窃的，处三年以下有期徒刑、拘役或者管制，并处或者单处罚金；数额巨大或者有其他严重情节的，处三年以上十年以下有期徒刑，并处罚金；数额特别巨大或者有其他特别严重情节的，处十年以上有期徒刑或者无期徒刑，并处罚金或者没收财产。

【案例索引】

一审：广东省广州市中级人民法院（2007）穗中法刑二初字第196号刑事判决书。

二审：广东省高级人民法院（2008）粤高法刑一终字第5号刑事裁定书。

再审：广东省广州市中级人民法院（2008）穗中法刑二重字第2号刑事判决书。

【基本案情】

2006年4月21日，被告人许霆伙同郭安山（另案处理）窜至广州市天河区黄埔大道西平云路的广州市商业银行ATM提款机，利用银行系统升级出错之机，多次从该提款机取款。至4月22日许霆共提取现金175000元，之后，携款潜逃。公诉机关当庭宣读、出示了受害单位的报案陈述，证人黄某某、卢某、赵某某等人的证言，公安机关出具的抓获经过，受害单位提供的银行账户开户资料、交易记录、流水清单、监控录像光碟，以及郭安山和许霆的供述等证据，据此认为被告人许霆以非法占有为目的，盗窃金融机构，数额特别巨大，其行为已触犯《刑法》第二百六十四条第（一）项之规定，构成盗窃罪，提请法院依法判处。被告人许霆在庭审中对公诉机关指控的事实无异议，但辩解：（1）他发现自动柜员机出现异常后，为了保护银行财产而把款项全部取出，准备交给单位领导；(2)自动柜员机出现故障，银行也有责任。

【裁判结果】

一审判决：被告人许霆犯盗窃罪，判处无期徒刑，剥夺政治权利终身，并处没收个人全部财产；追缴被告人许霆的违法所得175000元发还广州市商业银行。

二审裁定：撤销广州市中级人民法院（2007）穗中法刑二初字第196号刑事判决，发回广州市中级人民法院重新审判。

再审判决：被告人许霆犯盗窃罪，判处有期徒刑五年，并处罚金20000元；追缴被告人许霆的犯罪所得173826元，发还受害单位。

【裁判理由】

一审法院认为，被告人许霆以非法占有为目的，伙同同案人采用秘密手段，盗窃金融机构，数额特别巨大，其行为已构成盗窃罪。公诉机关指控被告人的犯罪事实清楚，证据确实、充分，予以支持。对于辩护人关于被告人的行为不构成盗窃罪的辩护意见，经查，现有证据足以证实被告人主观上有非法占有的故意，被告人的银行卡内只有170余元，但当其发现银行系统出错时即产生恶意占有银行存款的故意，共分171次恶意提款17万余元而非法占有，得手后潜逃并将赃款挥霍花光，其行为符合盗窃罪的法定构成要件，应当以盗窃罪追究其刑事责任。辩护人提出的辩护意见，与本案的事实和法律规定不相符，本院不予支持。

再审法院认为，被告人许霆以非法占有为目的，采用秘密手段窃取银行经营资金的行为，已构成盗窃罪。许霆案发当晚21时56分第一次取款1000元，是在正常取款时，因自动柜员机出现异常，无意中提取的，不应视为盗窃，另外，其银行账户被扣账的174元，不应视为盗窃，因此许霆盗窃金额共计173826元。公诉机关指控许霆犯罪的事实清楚，证据确实、充分，指控的罪名成立。许霆盗窃金融机构，数额特别巨大，依法本应适用"无期徒刑或者死刑，并处没收财产"的刑罚。鉴于许霆是在发现银行自动柜员机出现异常后产生犯意，采用持卡窃取金融机构经营资金的手段，其行为与有预谋或者采取破坏手段盗窃金融机构的犯罪有所不同；从案发具有一定偶然性看，许霆犯罪的主观恶性尚不是很大。根据本案具体的犯罪事实、犯罪情节和对于社会的危害程度，对许霆可在法定刑以下判处刑罚。

 思考问题

1. 中国许霆案与"英国许霆案"的处理结果有什么不同？
2. 法院对许霆以盗窃罪判刑是否违背罪刑法定原则？
3. 一审法院以盗窃罪对许霆判处无期徒刑是否违背罪责刑相适应原则？

4. 对许霆的行为以犯罪论处是否符合刑罚目的的要求？
5. 本案是否属于盗窃金融机构？
6. 本案是否构成侵占罪？
7. 许霆的行为是否属于不当得利？

案例4 杨建忠等非法经营案

内容摘要：本案属于非法经营罪有罪判决的典型案例，也是依据司法解释进行判决的案例。本案经过一审与二审，两审法院均认定被告人的行为构成非法经营罪，二审法院相较于一审而言，只是在量刑上有所减缓。与本章案例2相反，同样是经营烟草类产品，本案法院审理结果并没有以行为人获得无罪判决而告终，本案的定罪与量刑是否符合罪刑法定原则，也是值得思考的问题，对此，需要与本章案例2对比分析。类案分析在该类案件中有着十分重要的意义，便于在实践中做到"同案同判"。

关键词：非法经营罪；罪刑法定原则；非法经营烟草专卖品

【裁判要旨】

《最高人民法院、最高人民检察院关于办理非法生产、销售烟草专卖品等刑事案件具体应用法律若干问题的解释》明确了未经烟草专卖行政主管部门许可，无烟草专卖批发企业许可证、烟草专卖零售许可证而予以批发、零售的行为认定为非法经营罪，并不违反罪刑法定原则。鉴于四被告人跨省收购、运输、销售卷烟均为真品卷烟，非法所得数额远低于非法经营数额，且与销售假烟的非法经营犯罪行为的社会危害性程度有别，故决定对四人的刑罚予以调整。

【相关法条】

《中华人民共和国刑法》

第三条　法律明文规定为犯罪行为的，依照法律定罪处刑；法律没有明文规定为犯罪行为的，不得定罪处刑。

第二十六条　组织、领导犯罪集团进行犯罪活动的或者在共同犯罪中起主要作用的，是主犯。

三人以上为共同实施犯罪而组成的较为固定的犯罪组织，是犯罪集团。

对组织、领导犯罪集团的首要分子，按照集团所犯的全部罪行处罚。

对于第三款规定以外的主犯，应当按照其所参与的或者组织、指挥的全部犯罪处罚。

第二百二十五条　违反国家规定，有下列非法经营行为之一，扰乱市场秩序，情节严重的，处五年以下有期徒刑或者拘役，并处或者单处违法所得一倍以上五倍以下罚金；情节特别严重的，处五年以上有期徒刑，并处违法所得一倍以上五倍以下罚金或者没收财产：（一）未经许可经营法律、行政法规规定的专营、专卖物品或者其他限制买卖的物品的；（二）买卖进出口许可证、进出口原产地证明以及其他法律、行政法规规定的经营许可证或者批准文件的；（三）未经国家有关主管部门批准非法经营证券、期货、保险业务的，或者非法从事资金支付结算业务的；（四）其他严重扰乱市场秩序的非法经营行为。

【案例索引】

一审：江苏省如皋市人民法院（2015）皋刑二初字第00316号刑事判决书。

二审：江苏省南通市中级人民法院（2016）苏06刑终81号刑事判决书。

【基本案情】

被告人杨建忠、单光柱、田勇、夏涛于2014年3月至2015年4月，经事先预谋，以营利为目的，在无烟草专卖零售许可证的情况下，单独或分别结伙在山东省淄博市、烟台市收购"利群""双喜""中华"等品牌香烟后，通过物流公司将香烟运至上海市、广东省普宁市，分别销售给上海市普陀区的季某、广东省普宁市的黄某，香烟款由买家汇至其指定的银行卡。其中，被告人杨建忠非法经营香烟额计17760210元，被告人单光柱非法经营额计16705415元，被告人田勇非法经营额计16190140元，被告人夏涛非法经营额计4836330元。

【裁判结果】

一审判决：被告人杨建忠犯非法经营罪，判处有期徒刑七年，并处罚金17万元；被告人单光柱犯非法经营罪，判处有期徒刑七年，并处罚金16万元；被告人田勇犯非法经营罪，判处有期徒刑七年，并处罚金15万元；被告人夏涛犯非法经营罪，判处有期徒刑三年六个月，并处罚金5万元。

二审判决：（1）维持江苏省如皋市人民法院（2015）皋刑二初字第00316号刑事判决中对上诉人杨建忠、单光柱、田勇、夏涛犯非法经营罪的定罪部分；撤销该判决中对上诉人杨建忠、单光柱、田勇、夏涛的量刑部分。（2）上诉人杨建忠犯非法经营罪，判处有期徒刑五年三个月，并处罚金5万元；上诉人单光柱犯非法经营罪，判处有期徒刑五年三个月，并处罚金5万元；上诉人田勇犯非法经营罪，判处有期徒刑五年三个月，并处罚金5万元；上诉人夏涛犯非法经营罪，判处有期徒刑二年，并处罚金1万元。

【裁判理由】

一审法院认为，被告人杨建忠、单光柱、田勇、夏涛违反国家规定，未经许可非法经营国家专卖物品，扰乱市场秩序，情节特别严重，其行为均已构成非法经营罪。本案部分系共同犯罪。被告人杨建忠、单光柱、田勇、夏涛在各自参与的共同犯罪中均起主要作用，是主犯，均应当按照其所参与的全部犯罪处罚。案发后，被告人夏涛主动投案，并能如实供述自己的罪行，可以减轻处罚。被告人杨建忠、单光柱能如实供述自己的罪行，可以从轻处罚。被告人杨建忠、单光柱、夏涛自愿认罪，均可酌情从轻处罚。被告人单光柱、田勇有前科，均酌情从重处罚。

上诉人杨建忠上诉称：（1）其与单光柱系合伙经营香烟，而单光柱之妻孙某有烟草专卖零售许可证，其行为属有证经营，不构成犯罪。（2）即使构成犯罪，2014年9月13日、2015年4月28日被查扣的烟属未遂，可从轻处罚，其在共同犯罪中属从犯，应从轻处罚，原判未考虑以上法定情节对其量刑过重。其辩护人杨军妹辩护称：（1）上诉人单光柱的妻子孙某依法取得烟草专卖零售许可证，可以零售经营，而上诉人杨建忠与单光柱是合伙关系，亦系合法经营，不属于无证经营，其行为不构成犯罪。（2）上诉人杨建忠的行为即使属于无证经营，也只应受行政处罚，原审对其刑事处罚有违罪刑法定原则；上诉人杨建忠销售的是从外地烟草公司正规渠道购进的真烟，不具有社会危害性；本案不属于情节特别严重。

上诉人单光柱上诉称：（1）其从2014年9月二十几号后就没有销售行为，原判第五节认定事实错误。（2）其销售的都是真烟，获利较少，认罪态度较好，一审没有体现从轻判决。其辩护人黄永峰辩护称：（1）单光柱的妻子孙某具有烟草专卖零售许可证，其与妻子共同经营，应视为上诉人单光柱有证经营。（2）本案没有造成国家、集体财产损失和国家税款流失。（3）上诉人只是挣取香烟的微小差价，一审判处罚金15万元罪责刑不相适应。

上诉人田勇上诉称：（1）其妹妹田某兰有烟草专卖零售许可证，不属无证经营；其主要是从烟草公司购进香烟，所赚取的利润微薄，不属于情节特别严重。（2）整个过程其听从单光柱指挥，应认定为从犯。（3）其未分得利润，不应判处15万元罚金。其辩护人李龙的辩护意见同杨军妹、黄永峰律师的意见，认为本案不宜作犯罪处理。

上诉人夏涛上诉称：（1）一审判决认定其为主犯不当。（2）其有主动投案并如实供述罪行的自首情节。（3）其没有参与原判认定的第四节犯罪。（4）烟草专卖行政部门在公路上拦车辆检查行为系违法行为，所取得证据属非法证据应予排除。其辩护人吴建新、陈洋辩护称：（1）一审认定上诉人夏涛参与非法经营数额有误。其中：原判认定第二节中季某2014年8月15日打款34万元、2014年8月16日打款28.773万元是夏涛参与之前田勇与他人合伙经营的货款，不应计入夏涛非法经营额，原判认定第四节夏涛已提出不参与经营，并到烟台索要先前的投资款，并非参与非法经营，该节不应计入非法经营额。（2）本案各上诉人的行为属于超范围、超地域经营，不构成非法经营罪。（3）2014年9月27日之前上诉人夏涛虽参与经营，但其不具有非法经营的故意，不构成犯罪。（4）一审判决上诉人夏涛5万元罚金没有依据。（5）上诉人夏涛有从犯、自首、悔罪等法定酌定减轻、从轻情节,建议对上诉人夏涛改判缓刑。

二审法院认为,第一,关于上诉人杨建忠、单光柱、田勇及其辩护人所提因部分家庭成员或亲属持有烟草专卖零售许可证,涉案行为应受行政处罚还是应受刑事追究,追究刑事责任是否有违罪刑法定原则的问题。经查,(1)《烟草专卖法》第二十八条至第三十四条对无烟草专卖生产企业许可证而生产烟草制品、无烟草专卖批发企业许可证而批发烟草制品、无烟草专卖零售许可证而零售等行为予以列明并规定了行政处罚措施,第三十五条进一步明确规定以上述方式倒卖香烟的行为构成犯罪的,依法应追究刑事责任。《最高人民法院、最高人民检察院关于办理非法生产、销售烟草专卖品等刑事案件具体应用法律若干问题的解释》第一条第五款规定:"违反国家专卖管理法律法规,未经烟草专卖行政主管部门许可,无烟草专卖生产企业许可证、烟草专卖批发企业许可证、特种烟草专卖经营企业许可证、烟草专卖零售许可证等许可证明,非法经营烟草专卖品,情节严重的,依照刑法第二百二十五条的规定,以非法经营罪定罪处罚。"该司法解释进一步明确了未经烟草专卖行政主管部门许可,无烟草专卖批发企业许可证、烟草专卖零售许可证而予以批发、零售的行为规定为非法经营罪,这是对《刑法》规制的非法经营罪、《烟草专卖法》相关法条含义的明确解释,且属有权解释,并不存在违反罪刑法定原则的问题。(2)上诉人及其辩护人认为本案宜以行政处罚为妥的意见,主要是认为上诉人单光柱的妻子、上诉人田勇的妹妹持有四川省成都市烟草专卖零售许可证,且本案具有与家庭成员或亲属合伙经营的性质,各上诉人只是超地域、超范围经营,对照《最高人民法院关于被告人李明华非法经营请示一案的批复》,不宜按照非法经营罪处理。本院认为,根据《烟草专卖法》《烟草专卖法实施条例》等有关规定,烟草专卖许可证分为烟草专卖生产企业许可证、烟草专卖批发企业许可证、烟草专卖零售许可证,取得各证的申请主体、许可主体、申领条件、经营方式、经营范围均有不同,且实行属地原则,烟草专卖零售许可证持有人应当按照许可的场所(当地进货和销售)、方式(零售)和期限从事烟草经营活动。本案中,上诉人单光柱的妻子、上诉人田勇的妹妹持有烟草专卖零售许可证并不等同于上诉人单光柱、田勇本人持有,且各上诉人购进、销售香烟所涉地域均与上述零售许可证许可经营的场所无任何关联;各上诉人跨省大量收购、批量销售行为,依其销售的方式、金额、数量,实质属于批发经营行为,与上述零售许可证许可的零售经营方式亦不存在关联。故本案与上诉人及其辩护人所提及的李明华非法经营案在持证主体、经营方式、经营地域等方面存在根本特征上的差异,上诉人及其辩护人以两案存在形式上少量相似特征进而主张本案应参照李明华非法经营案处理,属以偏概全,对该主张不予采纳。

第二,对于上诉人及其辩护人所提被行政管理部门查扣部分是否属犯罪未遂的问题。经查,非法经营罪属行为犯,行为方式包括非法经营者生产、购进、储存、运输、销售等一系列环节的行为。只要实施其中任一行为,均属非法经营行为,且属犯罪既遂。本案各上诉人以销售为目的,违反国家烟草专卖法律法规,未经烟草行政主管部门许可，购进、运输、批发香烟的行为，符合非法经营罪的行为特征，且已属既遂。其因受到如皋市烟草专卖局的查处，所非法经营的香烟最终未能销售给下家，对犯罪形态的认定不产生影响。

第三，关于上诉人单光柱有无参与一审判决认定第五节犯罪的问题。经查，证人黄某证言证明其与单光柱等有香烟交易，香烟款通过黄某汇入对方提供的银行卡；书证单光柱工行账户进账资金明细证明黄某向单光柱工行账户汇款时间为2014年10月6日、汇款金额为113250元，证实案涉第五节事实中上诉人单光柱与黄某间存在非法交易的事实；上诉人单光柱与季某间交易时间、数额有证人季某证言、银行汇款记录等证据证实。对上诉人单光柱关于未参与原审判决认定第五节犯罪的辩解不予采信。

第四，关于上诉人夏涛非法经营数额及应否认定为从犯、原审量刑有未体现自首减轻情节的问题。经查，（1）原判第二节中辩护人以上诉人夏涛于2014年8月11日到达山东烟台并将投资款交给田勇作为夏涛参与犯罪的时间节点，进而主张其后不久即2014年8月15日、8月16日下家汇款62.773万元可能系田勇、单光柱此前非法经营香烟款项，不属于夏涛参与的非法经营额的辩护意见。本院认为，控方提供的田勇个人银行账户明细证明，购烟人詹某于8月11日前后均有给田勇汇款的行为，呈连续状态。上诉人夏涛于2014年8月11日到达山东烟台并将投资款交给田勇，尽管当日亦发生一笔向烟草公司购进香烟的业务，但该批香烟从物流运输给詹某，詹某收到香烟后再汇款给田勇需一定过程及时间，不能排除田勇于2014年8月15日、8月16日收到汇款系田勇与单光柱2014年8月12日前非法经营的烟款之可能，故辩护人主张该两笔汇款金额应从夏涛参与金额中予以剔除的意见，本院从存疑证据的利益归于被告人的原则出发予以采纳。（2）关于上诉人夏涛提出其于2014年9月16日至27日到山东烟台是为了索要投资款项，而非参与原判认定第四节犯罪的意见。本院认为，在卷书证证实上诉人夏涛在此期间曾向田勇汇款，结合上诉人夏涛的供述，证明其先后通过汇款或交付现金的方式投入30万元作为该期间非法经营的本钱。后其虽提出要退出合伙并于2014年9月27日左右取回投资款，但案涉香烟业已购进。本案系共同犯罪，在共同犯罪过程中，作为共同作案人的夏涛虽提出退伙，但其并未采取措施有效阻止该节犯罪后果的发生，仍应承担共同犯罪之法律后果及相应的刑责。上诉人夏涛确有提出要离开的行为，且未参与分红，可认定其在该节中处于从犯地位，但对其所主张未参与此节犯罪的意见不予采纳。上诉人夏涛除此节之外参与的其余非法经营行为中存在出资、联系销售及收款等行为，依法应认定为主犯。（3）关于2014年9月27日之前上诉人夏涛是否具有非法经营主观故意的意见。本院认为，主观故意形成于行为人的内心，对行为人主观故意的判断不光要看其供述与辩解，还要结合外在客观行为予以判断。本案中，香烟属国家专营专卖物品，上诉人夏涛作为从业者应当明知。结合上诉人夏涛应田勇邀请，从云南不远千里赶赴山东烟台贩卖香烟，并将香烟运到上海销售的行为，能够客观反映其具有非法经营的主观故意。（4）关于上诉人夏涛上诉认为其具有自首情节，应进一步对其减轻处罚的意见。本院认为，一审对其自首情节已予认定，并据此对其减轻处罚，现其再以此理由请求进一步从轻处罚，本院不予支持。

第五，关于上诉人田勇应否认定其在所参与的犯罪中属从犯的问题。经查，在案证据证明，上诉人田勇与单光柱商议非法经营并提供资金，且主动联系与季某、黄某非法交易，在整个过程中不仅个人实施非法经营犯罪，且在所参与的共同犯罪中发挥重要作用，依法应认定为主犯。对上诉人田勇认为其系从犯的上诉意见不予采纳。

第六，关于如皋市烟草专卖局和南通市烟草专卖局行政执法过程中所取证据是否属非法证据及应否排除的问题。经查，如皋市烟草专卖局和南通市烟草专卖局均为我国《烟草专卖法》及国务院《烟草专卖法实施条例》规定的烟草专卖行政执法主体，对违反烟草专卖法的行为依法具有查处职责。《最高人民法院关于适用〈中华人民共和国刑事诉讼法〉的解释》第六十五条规定："行政机关在行政执法和查办案件过程中收集的物证、书证、视听资料、电子数据等证据材料，在刑事诉讼中可以作为证据使用；经法庭查证属实，且收集程序符合有关法律、行政法规规定的，可以作为定案的根据。"本案中，据以定案所涉如皋市烟草专卖局和南通市烟草专卖局执法过程中所取得的物证、书证，均经一审庭审举证、质证，查证属实，且收集程序符合法律和行政法规规定，不属非法证据，不存在予以排除问题，对案涉香烟的处理亦符合法律、法规的规定。

第七，关于各上诉人及辩护人所称因没有分得利润或利润微薄，原判判处罚金无事实依据的问题。经查，在卷各上诉人打款给非法经营的上家、销售香烟的下家打款给各上诉人的书证银行明细及相关证人证言，均能证实各上诉人在非法经营中赚取差价的部分事实，各上诉人对非法所得亦有部分供述，非法经营期间至少每人分过二万余元，故本院根据就低认定原则认定各上诉人非法所得为2万元的基础上，结合本案属非法经营真烟而非伪劣香烟等情节，对原判判处的罚金予以相应调整。

二审法院认为，上诉人杨建忠、单光柱、田勇、夏涛违反国家烟草专卖管理法规，未经烟草专卖行政主管部门许可，非法从事烟草收购、批发销售经营，扰乱国家烟草专卖市场秩序，其行为均已触犯刑律，构成非法经营罪，且属情节特别严重，依法均应判处五年以上有期徒刑，并处罚金或者没收财产。本案部分系共同犯罪。上诉人杨建忠、单光柱、田勇在各自参与的共同犯罪中均起主要作用，是主犯，均应当按照其所参与的全部犯罪处罚；上诉人夏涛在所参与的共同犯罪中部分起主要作用，属主犯，部分起次要作用，属从犯，但其作为主犯参与共同犯罪数额远大于其作为从犯参与共同犯罪的数额，应当以其主犯参与共同犯罪数额作为量刑依据，对其作为从犯参与共同犯罪的数额作为量刑情节酌情从重处罚。案发后，上诉人夏涛主动投案，并能如实供述自己的罪行，是自首，可以减轻处罚。上诉人杨建忠、单光柱能如实供述自己的罪行，可以从轻处罚。上诉人单光柱、田勇均有前科，酌情从重处罚。

综上，一审判决根据四上诉人非法经营数额确定的对四上诉人的量刑均在法定幅度之内，但未考虑上诉人夏涛部分犯罪属从犯情节不当，本院应予重新认定。同时鉴于四上诉人跨省收购、运输、销售卷烟均为真品卷烟，非法所得数额远低于非法经营数额，且与销售假烟的非法经营犯罪行为社会危害性程度有别，故决定对四上诉人的刑罚予以调整。对四上诉人及辩护人所提"非法经营的均为真烟、未造成国家税款损失及所获得利润较少"等诉请和请求从轻处罚的意见予以采纳。

 思考问题

1. 对被告人杨建忠无证经营的行为，应当予以行政处罚还是刑事处罚？
2. 对本案中四被告人的行为认定为非法经营罪是否符合罪刑法定原则？
3. 对非法经营罪的量刑应当依据非法经营数额还是非法所得数额？

第二章 刑法的体系与解释

■■■ 案例 1　顾磊、雍成抢劫案

内容摘要：本案是入户抢劫的典型案例，历经一审与二审。一审法院认为本案中的"户"兼具非法经营性和日常家居性场所，在被告人进入该房前或没有进行卖淫嫖娼时，具有供被害人生活并与外界相对隔离的特性，理应认定为刑法意义上的户。二审法院则认为在从事卖淫活动时，被害人实际上主动放弃了对其住处私密性的保护，其住处仅有公民住宅的外形，而实质上与其他用于非法经营活动的开放性场所没有本质区别。"户"作为人生活的场所具有私密性、隔离性等功能，公民的人身和财产安全是刑法所要保护的重要法益，所以相关部门在立法和司法解释上，对入户的犯罪，比如入户盗窃和入户抢劫都进行了格外的解释和规定，不管是从降低入罪门槛还是法定刑升格，都可以看出刑法对自然人"户"的安宁权的格外关注。正是因为这种严格的保护，与有可能带给被告人更严厉的处罚的可能性，在司法实践中判断某一案例是否是"入户"就要格外慎重，刑法的谦抑性和刑罚的适当性也要得到良好的体现。针对卖淫场所内发生的其他犯罪行为，不管是在理论还是实践上都有较大争议。本案作出了与大部分实践相反的判断，具有一定的指导意义。

关键词：入户抢劫；刑法中"户"的界定；保护限度；刑罚适当性

【裁判要旨】

被害人通过网络公开招嫖，其居住的房屋虽在物理空间上具有一定的封闭性，但实质上是面向不特定的多数人公开的，未能与外界有效隔离，不属于刑法意义上的户。因此，被告人谎称嫖娼，诱骗被害人开门后实施抢劫的，其行为成立一般抢劫而非入户抢劫。

【相关法条】

1.《中华人民共和国刑法》

第二十五条第二款　二人以上共同过失犯罪，不以共同犯罪论处；应当负刑事责任的，按照他们所犯的罪分别处罚。

第五十六条第一款　对于危害国家安全的犯罪分子应当附加剥夺政治权利；对于故意杀人、强奸、放火、爆炸、投毒、抢劫等严重破坏社会秩序的犯罪分子，可以附加剥夺政治权利。

第六十四条　犯罪分子违法所得的一切财物，应当予以追缴或者责令退赔；对被害人的合法财产，应当及时返还；违禁品和供犯罪所用的本人财物，应当予以没收。没收的财物和罚金，一律上缴国库，不得挪用和自行处理。

第二百六十三条　以暴力、胁迫或者其他方法抢劫公私财物的，处三年以上十年以下有期徒刑，并处罚金；有下列情形之一的，处十年以上有期徒刑、无期徒刑或者死刑，并处罚金或者没收财产：（一）入户抢劫的；（二）在公共交通工具上抢劫的；（三）抢劫银行或者其他金融机构的；（四）多次抢劫或者抢劫数额巨大的；（五）抢劫致人重伤、死亡的；（六）冒充军警人员抢劫的；（七）持枪抢劫的；（八）抢劫军用物资或者抢险、救灾、救济物资的。

2.《中华人民共和国刑事诉讼法》

第二百三十六条第一款　第二审人民法院对不服第一审判决的上诉、抗诉案件，经过审理后，应当按照下列情形分别处理：（一）原判决认定事实和适用法律正确、量刑适当的，应当裁定驳回上诉或者抗诉，维持原判；（二）原判决认定事实没有错误，但适用法律有错误，或者量刑不当的，应当改判；（三）原判决事实不清楚或者证据不足的，可以在查清事实后改判；也可以裁定撤销原判，发回原审人民法院重新审判。

【案例索引】

一审：上海市徐汇区人民法院（2014）徐刑初字第382号刑事判决书。

二审：上海市第一中级人民法院（2014）沪一中刑终字第1301号刑事判决书。

【基本案情】

2013年12月29日，被告人顾磊、雍成经预谋，以嫖娼为名联系被害人李某并获知其住址。20时许，顾磊、雍成结伙至李某的住处，诱骗李某开门后进入室内，对李某实施捂嘴、捆绑双手等暴力行为，并以喷雾剂喷瞎双眼相威胁，逼迫李某交出全部现金。在李某的哀求下，雍成将部分现金还给李某，共计劫得3000余元现金及价值1635.4元的苹果牌ipad mini型平板电脑一台。顾磊在雍成先行离开后，又从雍成还给李某的现金中劫取600元。2013年12月30日，被告人顾磊、雍成被公安机关抓获，均如实供述了上述主要犯罪事实。

【裁判结果】

一审判决：被告人顾磊犯抢劫罪，判处有期徒刑十一年，剥夺政治权利三年，并处罚金12000元；被告人雍成犯抢劫罪，判处有期徒刑十年六个月，剥夺政治权利三年，并处罚金11000元。

二审判决：被告人顾磊犯抢劫罪，判处有期徒刑八年六个月，剥夺政治权利二年，并处罚金12000元；被告人雍成犯抢劫罪，判处有期徒刑八年，剥夺政治权利二年，并处罚金11000元。

【裁判理由】

一审法院认为，被告人顾磊、雍成结伙或顾磊单独，以非法占有为目的，入户劫取他人财物。其中，顾磊抢劫他人价值5000余元财物，雍成抢劫他人价值4000余元财物，其行为均已构成抢劫罪，部分系共同犯罪，应予处罚。公诉机关指控罪名成立。针对顾磊的辩护人关于本案系一般抢劫的辩护意见，经查，被害人虽在租借的涉案房屋内进行卖淫，但亦在其中居住，并不完全对外开放，属兼具非法经营性和日常家居性场所，在被告人进入该房前或没有进行卖淫嫖娼时，具有供被害人生活并与外界相对隔离的特性，理应认定为刑法意义上的户，且"户"的认定也不以是否一人居住或家庭成员多人居住而改变，故二被告人以嫖娼为名，有预谋地携带作案工具骗开被害人住所房门后进行抢劫，具有入户的非法性，依法应认定为入户抢劫，辩护人的该项辩护意见本院不予采纳。鉴于被告人顾磊、雍成有坦白情节，被抢财物基本已被追回，依法可以从轻处罚。被告人雍成积极退赃，并有检举同案人的行为，虽依法不构成立功，但酌情可从轻处罚。

二审法院认为，入户抢劫的"户"是指住所，其特征表现为供他人家庭生活和与外界相对隔离两个方面，前者为功能特征，后者为场所特征。认定顾磊等人的行为构成一般抢劫还是入户抢劫，就需要分析被害人租住的房屋在约定卖淫嫖娼期间是否还具有居住功能，是否具有隔离性和封闭性。本案中，顾磊等人通过网络及电话与被害人联系好嫖娼事宜，并按照约定来到被害人的住处。从被害人允许顾磊等人进入房屋之时起，就可以视为被害人开始实施约定的卖淫活动，其住处也失去了家庭生活这一"户"的功能性特征。被害人的住处在卖淫期间具有一定的开放性。被害人租住的房屋是一处普通的住宅公寓，看似在物理空间上具有封闭性，但是被害人通过网络向不特定的多数人发布招嫖信息，其他人只要以嫖娼为名联系被害人，很容易就能进入被害人的住处。故在从事卖淫活动时，被害人实际上主动放弃了对其住处私密性的保护，其住处仅有公民住宅的外形，而实质上与其他用于非法经营活动的开放性场所没有本质区别。综上所述，本案中被害人李某租住的房屋在约定从事卖淫活动期间不属于刑法意义上的户，上诉人顾磊等人以嫖娼为名进入李某的住处，并采用暴力、威胁手段劫取李某的财物，其行为构成一般抢劫而非入户抢劫。

 **思考问题**

1. 如何理解入户抢劫中的"户"？

2. 兼具经营和居住两用的住所是否可以认定为刑法中的"户"？
3. 如何理解刑法中的"卖淫场所"？

案例2　王佰玲故意杀人案

内容摘要：本案是将遗弃致人死亡和以遗弃方式所实施的不作为故意杀人行为严格区分的典型案例。本案一审终审，被告人未上诉。判决明确了遗弃罪与故意杀人罪的界限，对遗弃致死与不作为故意杀人进行了准确的界分。遗弃致死与不作为的故意杀人，二者均属不作为犯罪，并且造成被害人健康权利或生命权利受损的结果，相互之间在构成要件层面上存在部分范围的交叉。但因为《刑法》对二者法定刑的设置殊为不同，若无法准确辨别二者之间的界限，极有可能导致罪名认定与刑罚适用中的混淆。本案在我国的刑法体系下，坚持主客观相统一的定罪量刑原则，结合行为人主客观方面的各种要素进行综合评价，妥善处理了两者的混淆问题。案例对审理类似案件和统一裁判尺度具有借鉴意义。

关键词：故意杀人；不作为犯；遗弃罪；主客观相统一

【裁判要旨】

以不履行抚养义务的遗弃行为，致使年幼的被害人因饥饿导致机体能量耗竭而死亡，形式上符合遗弃罪的法律规定，但该行为远超过损害被害人身体健康权利的危害程度，适用遗弃罪对其进行定罪处罚不能体现与该情形相当的社会危害性和刑事处罚的必要性。以犯罪构成要件为分析视角，清晰界定遗弃致死与不作为故意杀人的界限，既有利于妥善处理个案的定罪处罚，又能实现现代法治的正义与公平价值。

【相关法条】

1. 《中华人民共和国刑法》

第五十七条　对于被判处死刑、无期徒刑的犯罪分子，应当剥夺政治权利终身。

在死刑缓期执行减为有期徒刑或者无期徒刑减为有期徒刑的时候，应当把附加剥夺政治权利的期限改为三年以上十年以下。

第六十七条　犯罪以后自动投案，如实供述自己的罪行的，是自首。对于自首的犯罪分子，可以从轻或者减轻处罚。其中，犯罪较轻的，可以免除处罚。

被采取强制措施的犯罪嫌疑人、被告人和正在服刑的罪犯，如实供述司法机关还未掌握的本人其他罪行的，以自首论。

犯罪嫌疑人虽不具有前两款规定的自首情节，但是如实供述自己罪行的，可以从轻处罚；因其如实供述自己罪行，避免特别严重后果发生的，可以减轻处罚。

第二百三十二条 故意杀人的，处死刑、无期徒刑或者十年以上有期徒刑；情节较轻的，处三年以上十年以下有期徒刑。

第二百六十一条 对于年老、年幼、患病或者其他没有独立生活能力的人，负有扶养义务而拒绝扶养，情节恶劣的，处五年以下有期徒刑、拘役或者管制。

2.《最高人民法院、最高人民检察院、公安部、司法部关于依法办理家庭暴力犯罪案件的意见》

第十七条第四款 准确区分遗弃罪与故意杀人罪的界限，要根据被告人的主观故意、所实施行为的时间与地点、是否立即造成被害人死亡，以及被害人对被告人的依赖程度等进行综合判断。对于只是为了逃避扶养义务，并不希望或者放任被害人死亡，将生活不能自理的被害人弃置在福利院、医院、派出所等单位或者广场、车站等行人较多的场所，希望被害人得到他人救助的，一般以遗弃罪定罪处罚。对于希望或者放任被害人死亡，不履行必要的扶养义务，致使被害人因缺乏生活照料而死亡，或者将生活不能自理的被害人带至荒山野岭等人迹罕至的场所扔弃，使被害人难以得到他人救助的，应当以故意杀人罪定罪处罚。

【案例索引】

一审：吉林省吉林市中级人民法院（2017）吉02刑初（59）号刑事判决书。

【基本案情】

被告人王佰玲与金某甲育有一子金某乙（被害人，殁年3岁，患脑积水疾病）。2017年4月，金某甲到韩国打工，金某乙由王佰玲抚养。同年5月11日晚，王佰玲及男友佟某与金某甲通话，王佰玲欲与金某甲分手，金某甲表示不承担抚养孩子义务。王佰玲认为金某乙系其生活负担。次日6时许，王佰玲将金某乙独自锁在家中欲与佟某离开，佟某问及孩子如何处置，王佰玲称金某甲及亲属会照顾孩子，二人遂前往吉林市丰满区共同生活。同年5月17日12时30分许，归国的金某甲发现金某乙死于家中。金某乙系因监护人放弃照料，不进食物引发肝脏等器官脂肪变性等能量消耗并发症出现，最终饥饿而死。被告人王佰玲于2017年5月23日被公安机关抓获。

【裁判结果】

一审判决：被告人王佰玲犯故意杀人罪，判处无期徒刑，剥夺政治权利终身。判决宣判后，被告人表示不上诉，检察机关没有异议。被告人的辩护人没有意见。

【裁判理由】

法院经审理认为，被告人王佰玲身为被害人金某乙的法定监护人，将无独立生活能力的被害人独自一人锁在家中，不履行抚养义务，致使被害人因饥饿导致机体能量耗竭而死亡，其行为已构成故意杀人罪。公诉机关指控事实清楚，证据确实、充分，指控罪名成立。王佰玲不能冷静、妥善处理家庭纠纷与矛盾，身为人母却不履行法定监护职责与抚养义务，违背社会伦理与道德，将患病幼子独自置于家中致其饥饿而死，犯罪动机卑劣，手段残忍，后果严重，应依法惩处。鉴于案件发生于家庭内部，其认罪态度较好，已取得其他家庭成员谅解，可对其酌情从轻处罚，辩护人相关意见予以采纳。

思考问题

1. 被告人王佰玲的行为构成遗弃罪还是以遗弃方式实施的不作为的故意杀人罪？
2. 司法实践中在两个罪名竞合时如何正确选择适用罪名？

第三章 刑法的效力范围

■■■ 案例1 郭永峰、景攀峰非法经营案

内容摘要：本案是中国裁判文书网涉及溯及既往的典型案例，历经一审与二审。一审判决应用了当时最新出台的《最高人民法院、最高人民检察院关于办理利用信息网络实施诽谤等刑事案件适用法律若干问题的解释》，面对上诉人质疑司法解释的溯及力并上诉时，二审判决再次明确了我国关于司法解释效力的有关规定，两审判决最后得出同样的结论。针对在司法解释出台前发生的行为，在司法解释出台后未处理或正在处理的案件适用该司法解释。案件两次判决皆判处被告人有罪，依据行为发生后的司法解释使原本无罪的行为认定为有罪，是否符合我国刑法传统溯及既往的原则，是否具有合理性，让人深思。

关键词：司法解释；溯及既往有利于被告人原则

【裁判要旨】

针对行为时没有相关司法解释，依据当时的刑法规定，该行为不构成犯罪，但在相关司法解释出台后，该案件正在处理或尚未处理则适用相关司法解释进行定罪处罚，而不论相关司法解释是否有利于被告人。学界对于刑事司法解释溯及力问题尚存在争议，司法实务直接适用《最高人民法院、最高人民检察院关于适用刑事司法解释时间效力问题的规定》中的规定进行断案，其合理性尚存在疑问。

【相关法条】

1.《中华人民共和国刑法》

第二十五条第一款　共同犯罪是指二人以上共同故意犯罪。

第六十四条　犯罪分子违法所得的一切财物，应当予以追缴或者责令退赔；对被害人的合法财产，应当及时返还；违禁品和供犯罪所用的本人财物，应当予以没收。没收的财物和罚金，一律上缴国库，不得挪用和自行处理。

第二百二十五条　违反国家规定，有下列非法经营行为之一，扰乱市场秩序，情节严重的，处五年以下有期徒刑或者拘役，并处或者单处违法所得一倍以上五倍以下罚金；情节特别严重的，处五年以上有期徒刑，并处违法所得一倍以上五倍以下罚金或者没收财产：（一）未经许可经营法律、行政法规规定的专营、专卖物品或者其他限制买卖

的物品的;(二)买卖进出口许可证、进出口原产地证明以及其他法律、行政法规规定的经营许可证或者批准文件的;(三)未经国家有关主管部门批准非法经营证券、期货、保险业务的,或者非法从事资金支付结算业务的;(四)其他严重扰乱市场秩序的非法经营行为。

2.《最高人民法院、最高人民检察院关于办理利用信息网络实施诽谤等刑事案件适用法律若干问题的解释》

第七条 违反国家规定,以营利为目的,通过信息网络有偿提供删除信息服务,或者明知是虚假信息,通过信息网络有偿提供发布信息等服务,扰乱市场秩序,具有下列情形之一的,属于非法经营行为"情节严重",依照刑法第二百二十五条第(四)项的规定,以非法经营罪定罪处罚:(一)个人非法经营数额在五万元以上,或者违法所得数额在二万元以上的;(二)单位非法经营数额在十五万元以上,或者违法所得数额在五万元以上的。

实施前款规定的行为,数额达到前款规定的数额五倍以上的,应当认定为刑法第二百二十五条规定的"情节特别严重"。

【案例索引】

一审:福建省福州市仓山区人民法院(2014)仓刑初字第400号刑事判决书。
二审:福建省福州市中级人民法院(2014)榕刑终字第814号刑事裁定书。

【基本案情】

2011年6月,被告人郭永峰在未取得经营性互联网信息服务许可的情况下,招聘林某、吴某某等员工成立"颠覆传媒工作室",违法从事互联网信息有偿服务业务,后到福建省榆霖翔科技有限公司等单位上班,个人成立"福州推"网站,继续从事网络推广、搜索引擎优化等有偿业务,直至2013年8月28日被公安机关抓获。

【裁判结果】

一审判决:(1)被告人郭永峰犯非法经营罪,判处有期徒刑五年二个月,并处罚金7万元;被告人景攀峰犯非法经营罪,判处有期徒刑五年,并处罚金5万元。(2)追缴被告人郭永峰、景攀峰的违法所得,予以没收,上缴国库。(3)扣押的作案工具黑色三星牌笔记本电脑一台,予以没收,由暂扣单位福州市公安局仓山分局上缴国库。

二审裁定:驳回上诉,维持原判。

【裁判理由】

一审法院认为,2011年2月,被告人郭永峰在"福州中易动力公司"工作期间,受理李某某委托的删除互联网上"董氏家族"负面信息的有偿业务,后因删帖效果不佳而中止。7月，被告人郭永峰成立"颠覆传媒工作室"后找到李某某，个人继续受理删除"董氏家族"负面信息帖子的有偿业务。后被告人郭永峰在其位于福州市仓山区某小区的住所通过网络联系被告人景攀峰等网络中介、"黑客"帮助删除有关"董氏家族"负面信息等帖子数百条，并向被告人景攀峰等人支付删帖费。2011年7月至2012年1月，被告人郭永峰向李某某收取删帖费共计80余万元，从中获利约6万元；2011年4月至2012年5月，被告人景攀峰向被告人郭永峰收取删帖费共计63万余元，从中获利4万余元。被告人郭永峰、景攀峰违反国家规定，以营利为目的，通过信息网络有偿提供删除信息服务，扰乱市场秩序，情节特别严重，其行为均已构成非法经营罪。公诉机关指控的罪名成立。归案后，被告人郭永峰、景攀峰如实供述其罪行，认罪态度较好，依法予以从轻处罚。根据《最高人民法院、最高人民检察院关于适用刑事司法解释时间效力问题的规定》第2条规定，即对于司法解释实施前发生的行为，行为时没有相关司法解释，司法解释施行后尚未处理或者正在处理的案件，依照司法解释的规定办理，故2013年9月10日起施行的《最高人民法院、最高人民检察院关于办理利用信息网络实施诽谤等刑事案件适用法律若干问题的解释》适用于二被告人此前的非法经营行为，被告人郭永峰、景攀峰及其辩护人关于发生在司法解释施行前的相关行为不构成犯罪的意见不能成立，本院不予采纳。

宣判后，原审被告人郭永峰、景攀峰皆提起上诉，福建省福州市中级人民法院对本案进行二审。二审中，上诉人郭永峰提出其行为发生于《最高人民法院、最高人民检察院关于办理利用信息网络实施诽谤等刑事案件适用法律若干问题的解释》公布、施行之前，该规定没有溯及既往的效力，不能适用于本案。上诉人景攀峰提出：(1) 其为有偿删帖提供中介服务的行为均发生并结束于2011年，当时法律没有规定有偿删帖是犯罪行为，2013年9月施行的《最高人民法院、最高人民检察院关于办理利用信息网络实施诽谤等刑事案件适用法律若干问题的解释》没有溯及既往的效力，不能适用于本案；(2) 其属从犯，一审量刑过重，请求二审减轻处罚。其辩护人提出基本相同的辩护意见。

二审法院认为，福州市仓山区人民法院在判决书中列举了认定本案事实的证据，相关证据均在一审开庭审理时当庭出示并经质证。经依法全面审查，对一审判决认定的事实及所列证据予以确认。关于上诉人郭永峰、上诉人景攀峰及其辩护人诉、辩称的《最高人民法院、最高人民检察院关于办理利用信息网络实施诽谤等刑事案件适用法律若干问题的解释》不能适用于该解释之前行为的意见，原判已予详细阐述。关于上诉人景攀峰及其辩护人诉、辩的景攀峰属从犯、量刑过重的意见，经查，在案证据证实景攀峰在共同犯罪中不属从犯，按照景攀峰的非法经营数额应在五年以上有期徒刑量刑，原判已经根据其犯罪情节、认罪态度等对其从轻处罚。上述诉、辩意见均不能成立，不予采纳。

第三章 刑法的效力范围

思考问题

1. 被告人郭永峰、景攀峰能否以行为时新法未颁布而出罪?
2. 刑法司法解释是否适用从旧兼从轻原则?

■■■ 案例2 梁胜勇强迫交易案

内容摘要：本案是为数不多的二审法院根据法不溯及既往原则改判的案例。本案历经一审与二审，一审法院认为被告人梁胜勇伙同他人以拦车堵路等方式强迫他人退出特定经营活动，情节严重，其行为已构成强迫交易罪。二审中，上诉人及其辩护人与新余市人民检察院就其行为能否适用《刑法修正案（八）》的规定展开辩论。二审法院采纳了辩护人就第一项事实的辩护理由，故在二审判决中重判了量刑部分。本案的改判是从旧兼从轻原则在实践中的体现，尤其是在刑法立法修正较为频繁的如今，司法判决严格遵循法不溯及既往原则对保护被告人权利的价值更为突显。

关键词：强迫交易；《刑法修正案（八）》；法不溯及既往原则

【裁判要旨】

上诉人梁胜勇伙同他人以拦车堵路等方式强迫他人退出特定经营活动，情节严重，其行为已构成强迫交易罪。但由于原审认定的第一项事实发生于《刑法修正案（八）》施行前，根据法不溯及既往的原则，该行为不应认定为强迫交易罪。

【相关法条】

《中华人民共和国刑法》

第十二条 中华人民共和国成立以后本法施行以前的行为，如果当时的法律不认为是犯罪的，适用当时的法律；如果当时的法律认为是犯罪的，依照本法总则第四章第八节的规定应当追诉的，按照当时的法律追究刑事责任，但是如果本法不认为是犯罪或者处刑较轻的，适用本法。

本法施行以前，依照当时的法律已经作出的生效判决，继续有效。

第二十五条 共同犯罪是指二人以上共同故意犯罪。

二人以上共同过失犯罪，不以共同犯罪论处；应当负刑事责任的，按照他们所犯的罪分别处罚。

第六十四条 犯罪分子违法所得的一切财物，应当予以追缴或者责令退赔；对被害人的合法财产，应当及时返还；违禁品和供犯罪所用的本人财物，应当予以没收。没收的财物和罚金，一律上缴国库，不得挪用和自行处理。

第六十七条　犯罪以后自动投案，如实供述自己的罪行的，是自首。对于自首的犯罪分子，可以从轻或者减轻处罚。其中，犯罪较轻的，可以免除处罚。

被采取强制措施的犯罪嫌疑人、被告人和正在服刑的罪犯，如实供述司法机关还未掌握的本人其他罪行的，以自首论。

犯罪嫌疑人虽不具有前两款规定的自首情节，但是如实供述自己罪行的，可以从轻处罚；因其如实供述自己罪行，避免特别严重后果发生的，可以减轻处罚。

第二百二十六条　以暴力、威胁手段，实施下列行为之一，情节严重的，处三年以下有期徒刑或者拘役，并处或者单处罚金；情节特别严重的，处三年以上七年以下有期徒刑，并处罚金：（一）强买强卖商品的；（二）强迫他人提供或者接受服务的；（三）强迫他人参与或者退出投标、拍卖的；（四）强迫他人转让或者收购公司、企业的股份、债券或者其他资产的；（五）强迫他人参与或者退出特定的经营活动的。

【案例索引】

一审：江西省分宜县人民法院（2016）赣0521刑初55号刑事判决书。

二审：江西省新余市中级人民法院（2016）赣05刑终116号刑事判决书。

【基本案情】

在2010年8月至同年年底期间，被告人梁胜勇组织本村的袁某、兰某等年纪较大的村民多次站在马路上拦截其他公司托运黄沙的货车，并按每天20元的标准给参与堵路拦车的村民发放工钱。被告人和陈锦峰等人通过上述方式陆续逼迫宜春市五环园林工程有限公司、分宜县东铿实业有限公司等退出了该工程项目，由分宜县启源工贸有限公司垄断了黄沙运输项目，直至2012年年底高铁三工区施工结束，已从中非法获利32万元，其中被告人分得2.7万元。在垄断黄沙项目后不久，陈锦峰、袁志军与被告人等人再次经过商量，决定垄断高铁三工区的碎石运输项目（其中被告人占25％股份，陈锦峰、袁志军、王某、吴永根、吴爱根、李荷梅占75％股份），仍通过被告人组织本村年纪大的村民在高铁三工区附近堵路拦车，阻止运输碎石的货车通行。被告人和陈锦峰等人通过上述逼迫手段，先后与横溪采石场、仙师庙采石场签订了碎石运输承包合同，垄断了高铁三工区的碎石运输项目，直至2012年年底高铁三工区施工结束，已从中非法获利16万元，其中被告人分得3万元。2015年9月4日，被告人经公安机关电话通知后主动到案，同年12月29日，被告人向分宜县公安局刑侦大队上交6万元。被告人因涉嫌犯强迫交易罪于2015年9月5日被取保候审，2016年8月18日被逮捕。

【裁判结果】

一审判决：(1) 被告人梁胜勇犯强迫交易罪，判处有期徒刑一年，并处罚金 20000 元。(2) 没收其违法所得 57000 元上缴国库。

二审判决：(1) 维持江西省分宜县人民法院（2016）赣 0521 刑初 55 号刑事判决第（二）项，即被告人梁胜勇的违法所得 57000 元，予以没收，上缴国库。(2) 撤销江西省分宜县人民法院（2016）赣 0521 刑初 55 号刑事判决第（一）项的量刑部分。(3) 上诉人梁胜勇犯强迫交易罪，判处有期徒刑九个月，并处罚金 20000 元。

【裁判理由】

一审法院认为，被告人梁胜勇伙同他人以拦车堵路等方式强迫他人退出特定经营活动，情节严重，其行为已构成强迫交易罪。被告人能自动投案，如实供述犯罪事实，具有自首情节，依法可从轻或减轻处罚。

二审中，上诉人梁胜勇的辩护人提出以下辩护意见：(1) 原审判决认定的梁胜勇的第一项事实发生在《刑法修正案（八）》施行之前，按照法不溯及既往的原则，不能认定为犯罪；(2) 鉴于一审判决适用法律错误，梁胜勇具有自首、退赃情节，请求二审法院依法改判。江西省新余市人民检察院出庭检察员提出以下出庭意见：(1) 梁胜勇通过强迫他人所获得的两个项目持续至 2012 年年底方才结束，其行为自《刑法修正案（八）》施行前持续至施行后，根据有关司法解释的规定，本案可以适用《刑法修正案（八）》的有关规定。(2) 一审判决认定事实清楚，适用法律正确，量刑恰当，审判程序合法，建议法院予以维持。

二审法院认为，上诉人梁胜勇伙同他人通过组织人员堵路拦车等手段强迫他人接受运输服务，情节严重，其行为构成强迫交易罪，应予惩处。对其违法犯罪所得亦应予以收缴。另外，虽然一审判决所认定的第一项事实本院依法不认定为犯罪，但相关行为严重扰乱社会主义市场经济秩序，损害他人合法权益，对梁胜勇通过该非法手段所获得非法利益应与其其他犯罪所得一并予以收缴。梁胜勇能自动投案并如实供述罪行，系自首，且能退出全部非法所得，可依法从轻处罚。梁胜勇及其辩护人所提，其第一项事实不构成强迫交易罪的上诉理由和辩护意见，于法有据，本院予以采纳；出庭检察员所提该项事实构成强迫交易罪的意见，于法无据，本院不予采纳。梁胜勇所提其第二项事实不构成强迫交易罪的上诉理由于法无据，本院不予采纳。一审判决事实认定清楚，审判程序合法，但由于对部分事实适用法律错误，导致定性错误，应予纠正，故对辩护人所提请求本院依法改判的意见予以采纳，对出庭检察员所提维持原判的意见不予采纳。

思考问题

1. 上诉人梁胜勇实施的原审中认定的第（一）项行为是否构成犯罪？
2. 《刑法修正案（八）》强迫交易罪所增罪状是否具有溯及力？
3. 如何理解法不溯及既往原则？

第四章 犯罪与犯罪论体系

■■■ 案例1 乐燕故意杀人案

内容摘要：本案是2015年最高人民法院发布的依法惩治侵犯儿童权益犯罪典型案例之二。本案一审终审，被告人未上诉。法院认为被告人乐燕明知两年幼的被害人无人抚养照料，其不尽抚养义务必将会导致两被害人因缺少食物和饮水而死亡，却仍然将两被害人置于封闭房间内，仅留少量食物和饮水，离家长达一个多月，在外沉溺于吸食毒品、打游戏机和上网，导致两被害人因无人照料饥渴而死，主观上具有放任被害人死亡的间接故意，客观上造成两被害人死亡的结果，其行为构成故意杀人罪。抚育未成年子女不但是人类社会得以繁衍发展所必须遵循的最基本的人伦准则，更是每一位父母应尽的法定义务与责任，个人的文化、受教育程度、经济条件乃至境遇的不同，均不能成为逃避义务的理由。任何违反义务、漠视生命的行为终将受到法律的制裁。本案的处理结果达到了法律效果和社会效果的统一，体现了国家司法对未成年人权益的关注与保护。

关键词：不作为；抚养义务；故意杀人；无期徒刑

【裁判要旨】

将婴幼儿留置在与外界完全隔绝的房间，为了满足其他欲求而放任婴幼儿死亡危险的系犯罪，被告人乐燕在负有抚养义务、具备抚养能力的情况下，不履行抚养义务，造成严重后果，鉴于其审判时系怀孕的妇女，且归案后认罪态度较好，依照刑法规定，认定被告人乐燕构成故意杀人罪，判处无期徒刑，剥夺政治权利终身。

【相关法条】

《中华人民共和国刑法》

第十四条　明知自己的行为会发生危害社会的结果，并且希望或者放任这种结果发生，因而构成犯罪的，是故意犯罪。

故意犯罪，应当负刑事责任。

第四十九条第一款　犯罪的时候不满十八周岁的人和审判的时候怀孕的妇女，不适用死刑。

第五十七条第一款　对于被判处死刑、无期徒刑的犯罪分子，应当剥夺政治权利终身。

第二百三十二条　故意杀人的，处死刑、无期徒刑或者十年以上有期徒刑；情节较轻的，处三年以上十年以下有期徒刑。

【案例索引】

一审：江苏省南京市中级人民法院（2013）宁少刑初字第5号刑事判决书。

【基本案情】

被告人乐燕系非婚生子女，自幼由其祖父母抚养，16岁左右离家独自生活，有多年吸毒史，曾因吸毒被行政处罚。2011年1月乐燕生育一女李梦某（殁年2岁，生父不详）后，与李文某同居。2012年3月乐燕再生育一女李某（殁年1岁）。在李文某于2013年2月27日因犯罪被羁押后，乐燕依靠社区发放的救助和亲友、邻居的帮扶，抚养两个女儿。乐燕因沉溺于毒品，疏于照料女儿。2013年4月17日，乐燕离家数日，李梦某由于饥饿独自跑出家门，社区干部及邻居发现后将两幼女送往医院救治，后乐燕于当日将两女儿接回。2013年4月底的一天下午，乐燕将两幼女置于其住所的主卧室内，留下少量食物、饮水，用布条反复缠裹窗户锁扣并用尿不湿夹紧主卧室房门以防止小孩跑出，之后即离家不归。

乐燕离家后曾多次向当地有关部门索要救助金，领取后即用于在外吸食毒品、玩乐，直至案发仍未曾回家。2013年6月21日，社区民警至乐燕家探望时，让锁匠打开房门后发现李梦某、李某已死于主卧室内。经法医鉴定，两被害人无机械性损伤和常见毒物中毒致死的依据，不排除其因脱水、饥饿、疾病等因素衰竭死亡。当日14时许，公安机关将乐燕抓获归案。经司法鉴定，乐燕系精神活性物质（毒品）所致精神障碍，作案时有完全刑事责任能力。

【裁判结果】

一审判决：被告人乐燕犯故意杀人罪，判处无期徒刑，剥夺政治权利终身。一审宣判后，被告人乐燕未提起上诉，检察机关亦未抗诉，该判决发生法律效力。

【裁判理由】

法院经审理认为，被告人乐燕身为两被害人的生母，对被害人负有法定的抚养义务。乐燕明知两年幼的被害人无人抚养照料，其不尽抚养义务必将会导致两被害人因缺少食物和饮水而死亡，但却仍然将两被害人置于封闭房间内，仅留少量食物和饮水，离家长达一个多月，不回家抚养照料两被害人，在外沉溺于吸食毒品、打游戏机和上网，从而导致两被害人因无人照料饥渴而死。乐燕主观上具有放任被害人死亡的间接故意，客观上造成两被害人死亡的结果，其行为构成故意杀人罪。公诉机关指控被告人乐燕的罪名成立。乐燕在负有抚养义务、具备抚养能力的情况下，不履行抚养义务，造成两被害人死亡,情节特别恶劣,后果特别严重,鉴于被告人乐燕审判时系怀孕的妇女,且归案后认罪态度较好,依照刑法规定,认定被告人乐燕犯故意杀人罪,判处无期徒刑,剥夺政治权利终身。

思考问题

1. 被告人乐燕的不作为行为构成何罪?
2. 不作为的故意杀人与虐待行为、遗弃行为如何界分?

案例2 韦风强奸、故意杀人案

内容摘要:本案是被收入《刑事审判参考》一书(2013年第1集,总第90集)的最高人民法院第834号指导案例,历经一审与死刑复核程序。一审宣判后,被告人韦风没有上诉,公诉机关没有抗诉,江苏省无锡市中级人民法院依法报送江苏省高级人民法院核准。一审法院认为,被告人韦风采用暴力手段,强奸妇女,构成强奸罪,系未遂,其对被害人李某反抗后滑落河中溺水而亡结果的发生持放任态度,同时构成故意杀人罪,应当实行数罪并罚。本案中,韦风明知李某不会游泳而陷入危险境地,却不履行救助义务,并逃离现场,致使李某溺水而亡。李某的死亡结果是归因于强奸行为还是另成立故意杀人,关键之处在于如何评价死亡结果与强奸中暴力行为之间的关系,即是否存在刑法意义上的因果关系。强奸犯罪中非强奸行为直接导致被害人死亡情形的司法认定,应该结合刑法中的因果关系理论进行辨析,不能一刀切地认为是"造成其他严重后果"。本案中,强奸行为作为前条件与被害人溺水死亡这一结果之间并不存在直接的因果关系,强奸行为因为被害人的反抗挣扎导致出现未遂的犯罪停止状态,强奸罪的犯罪形态已经停止,与后来发生的结果已经失去了因果关联性,因而受害人死亡的结果不属于强奸罪中的加重情节。在司法认定时,对法律的解释应该本着谦抑、谨慎和善意的原则,不可对特定的法律规定进行肆意的扩张解释。

关键词:因果关系;犯罪未遂;结果加重犯;间接故意

【裁判要旨】

强奸犯罪中造成被害人死亡的后果,在排除适用《刑法》第二百三十六条第三款第(五)项前段中的"致使被害人重伤、死亡"的规定之外,不应一概认定为第(五)项后段中的"造成其他严重后果",而应结合刑法中的因果关系理论和犯罪停止形态理论,具体分析被害人死亡的结果与强奸行为之间是否具有刑法意义上的因果关系。在责任要件的认定中,直接故意与间接故意的区分应当着重注意认识因素的特殊情节,如果行为人认识到法益侵害发生的必然性，对此情形只能认定为直接故意，反之则可能成立间接故意。

【相关法条】

1. 《中华人民共和国刑法》

第二十三条 已经着手实行犯罪，由于犯罪分子意志以外的原因而未得逞的，是犯罪未遂。

对于未遂犯，可以比照既遂犯从轻或者减轻处罚。

第四十八条第一款 死刑只适用于罪行极其严重的犯罪分子。对于应当判处死刑的犯罪分子，如果不是必须立即执行的，可以判处死刑同时宣告缓期二年执行。

第五十条第二款 对被判处死刑缓期执行的累犯以及因故意杀人、强奸、抢劫、绑架、放火、爆炸、投放危险物质或者有组织的暴力性犯罪被判处死刑缓期执行的犯罪分子，人民法院根据犯罪情节等情况可以同时决定对其限制减刑。

第六十九条 判决宣告以前一人犯数罪的，除判处死刑和无期徒刑的以外，应当在总和刑期以下、数刑中最高刑期以上，酌情决定执行的刑期，但是管制最高不能超过三年，拘役最高不能超过一年，有期徒刑总和刑期不满三十五年的，最高不能超过二十年，总和刑期在三十五年以上的，最高不能超过二十五年。

数罪中有判处有期徒刑和拘役的，执行有期徒刑。数罪中有判处有期徒刑和管制，或者拘役和管制的，有期徒刑、拘役执行完毕后，管制仍须执行。

数罪中有判处附加刑的，附加刑仍须执行，其中附加刑种类相同的，合并执行，种类不同的，分别执行。

第二百三十二条 故意杀人的，处死刑、无期徒刑或者十年以上有期徒刑；情节较轻的，处三年以上十年以下有期徒刑。

第二百三十六条第一款 以暴力、胁迫或者其他手段强奸妇女的，处三年以上十年以下有期徒刑。

2. 《最高人民法院关于适用〈中华人民共和国刑事诉讼法〉的解释》

第三百四十九条第一款 高级人民法院复核死刑缓期执行案件，应当按照下列情形分别处理：（一）原判认定事实和适用法律正确、量刑适当、诉讼程序合法的，应当裁定核准；……

【案例索引】

一审：江苏省无锡市中级人民法院（2012）锡刑初字第20号刑事判决书。

复核：江苏省高级人民法院（2012）苏刑一复字第0031号复核裁定书。

【基本案情】

2011年6月26日晚，被告人韦风驾驶摩托车外出。当晚22时40分许，被告人韦风在无锡市崇安区广勤中学附近看到被害人李某（女，殁年17岁）独行，即上前搭讪，后将被害人李某强行带至无锡市通江大道安福桥南岸桥洞下斜坡处，采用语言威胁、拳打、卡喉咙等暴力手段欲对李某实施强奸，因遭到李某反抗而未果。被害人李某在反抗过程中滑落河中，被告人韦风看到李某在水中挣扎，明知其不会游泳，处于危险状态，而不履行救助义务，并逃离现场，致李某溺水死亡。

【裁判结果】

一审判决：被告人韦风犯故意杀人罪，判处死刑，缓期二年执行，剥夺政治权利终身；犯强奸罪，判处有期徒刑三年。决定执行死刑，缓期二年执行，剥夺政治权利终身。对被告人韦风限制减刑。一审宣判后，被告人韦风没有上诉，公诉机关没有抗诉，无锡市中级人民法院依法报送江苏省高级人民法院核准。

复核裁定：核准无锡市中级人民法院以故意杀人罪判处被告人韦风死刑，缓期二年执行，剥夺政治权利终身，以强奸罪判处有期徒刑三年，决定执行死刑，缓期二年执行，剥夺政治权利终身，并对其限制减刑的刑事判决。

【裁判理由】

法院经审理认为，被告人韦风采用暴力手段，强奸妇女，构成强奸罪，系未遂。被告人韦风对被害人李某反抗后滑落河中溺水而亡结果的发生持放任态度，还构成故意杀人罪，系间接故意。被告人韦风犯故意杀人罪和强奸罪，应当实行数罪并罚。行为人因盗窃嫌疑被抓获后主动如实供述本案犯罪事实，系坦白。被告人韦风采用暴力手段强奸妇女，并因其强奸行为置被害人李某于危险境地，负有抢救义务，但未予施救，而持放任态度，最终导致被害人李某溺水死亡，该行为符合间接故意杀人的法律特征，不属于刑法规定的强奸造成其他严重后果的情形。被告人韦风故意杀人，致一人死亡，后果严重，论罪应当被判处死刑，但鉴于其系间接故意杀人，且有坦白情节，对其判处死刑，可不立即执行。被告人韦风曾两次因犯罪被判过刑，犯罪的人身危险性较大，又未能赔偿被害人近亲属的经济损失，亦未取得被害人近亲属的谅解，据此决定对其依法适用限制减刑。

 思考问题

1. 如何认定强奸犯罪中非强奸行为直接导致被害人死亡的情形？
2. 如何把握不作为故意杀人行为中直接故意与间接故意的区别？

■■■ 案例3 冯刚故意杀人案

内容摘要：本案是一则由安乐死引发的故意杀人案件，其中涉及被害人承诺这一事由。本案一审终审，被告人未上诉。一审法院认为，根据刑法理论，被害人的同意是阻却或减少可归责性的重要事由。但我国普遍伦理、社会舆论与立法实践，尚不认可安乐死行为的合法性。故被告人行为仍应以故意杀人罪追究责任。虽然目前我国在立法中并没有针对被害人承诺的明确立法，但是在学界看来这是一项重要的违法阻却事由。一审判决表明了在我国当前的司法实践中并不承认积极的"安乐死"做法，规范了被害人承诺在司法适用中的标准，对限制司法中不当适用被害人承诺这一违法阻却事由，统一裁判尺度具有一定的参照意义。案例通过对安乐死的非合法性分析，出于对生命权法益的保护，并结合被害人承诺这一违法阻却事由的成立要件及效力的分析，在遵循罪刑适应原则和刑事司法谦抑性理念的前提下，明确了被害人承诺的适用条件，对于不合法的被害人承诺进行了排除，尤其是在涉及"安乐死"这一热点问题的情况下对于被害人承诺进行了限制，这对于实现法律效果与社会效果的统一，以及在审理类似案件中统一裁判尺度具有一定的积极作用。

关键词：被害人承诺；安乐死；无效；故意杀人

【裁判要旨】

根据刑法理论，被害人承诺是阻却违法性的重要事由。但在我国的普遍伦理、社会舆论与立法实践中，尚不认可安乐死行为的合法性。被害人承诺是法益主体放弃自己法益的行为，原则上符合成立条件的被害人承诺可以有效阻却违法性或者阻却构成要件符合性，但是损害生命法益的"安乐死"行为并不具有合法性，因此违反立法精神的被害人承诺无效。虽然因被害人承诺所作出的犯罪行为社会危害性较小，但其仍具有刑事处罚的必要性。关于被害人承诺的效力，应当严格依据具体情况进行认定，对于符合犯罪构成要件的承诺应当依法定罪。同时，在刑事案件中取得被害人家属的谅解，对于量刑时得以从宽处罚具有一定作用。

【相关法条】

1.《中华人民共和国刑法》

第五条 刑罚的轻重，应当与犯罪分子所犯罪行和承担的刑事责任相适应。

第十四条 明知自己的行为会发生危害社会的结果，并且希望或者放任这种结果发生，因而构成犯罪的，是故意犯罪。

故意犯罪,应当负刑事责任。

第六十一条　对于犯罪分子决定刑罚的时候,应当根据犯罪的事实、犯罪的性质、情节和对于社会的危害程度,依照本法的有关规定判处。

第六十二条　犯罪分子具有本法规定的从重处罚、从轻处罚情节的,应当在法定刑的限度以内判处刑罚。

第六十三条第一款　犯罪分子具有本法规定的减轻处罚情节的,应当在法定刑以下判处刑罚;本法规定有数个量刑幅度的,应当在法定量刑幅度的下一个量刑幅度内判处刑罚。

第七十二条第一款　对于被判处拘役、三年以下有期徒刑的犯罪分子,同时符合下列条件的,可以宣告缓刑,对其中不满十八周岁的人、怀孕的妇女和已满七十五周岁的人,应当宣告缓刑:(一)犯罪情节较轻;(二)有悔罪表现;(三)没有再犯罪的危险;(四)宣告缓刑对所居住社区没有重大不良影响。

第七十三条第二款　有期徒刑的缓刑考验期限为原判刑期以上五年以下,但是不能少于一年。

第七十三条第三款　缓刑考验期限,从判决确定之日起计算。

第二百三十二条　故意杀人的,处死刑、无期徒刑或者十年以上有期徒刑;情节较轻的,处三年以上十年以下有期徒刑。

2.《中华人民共和国刑事诉讼法》

第三十七条　辩护人的责任是根据事实和法律,提出犯罪嫌疑人、被告人无罪、罪轻或者减轻、免除其刑事责任的材料和意见,维护犯罪嫌疑人、被告人的诉讼权利和其他合法权益。

第六十七条　人民法院、人民检察院和公安机关对有下列情形之一的犯罪嫌疑人、被告人,可以取保候审:(一)可能判处管制、拘役或者独立适用附加刑的;(二)可能判处有期徒刑以上刑罚,采取取保候审不致发生社会危险性的;(三)患有严重疾病、生活不能自理,怀孕或者正在哺乳自己婴儿的妇女,采取取保候审不致发生社会危险性的;(四)羁押期限届满,案件尚未办结,需要采取取保候审的。

取保候审由公安机关执行。

第二百九十条　对于达成和解协议的案件,公安机关可以向人民检察院提出从宽处理的建议。人民检察院可以向人民法院提出从宽处罚的建议;对于犯罪情节轻微,不需要判处刑罚的,可以作出不起诉的决定。人民法院可以依法对被告人从宽处罚。

【案例索引】

一审:山东省武城县人民法院(2015)武刑初字第10号刑事判决书。

【基本案情】

2014年9月，被害人刘某美（1934年12月24日出生）不慎摔伤，导致右侧股骨颈骨折，瘫痪在床且非常疼痛，遂产生轻生念头并多次向照料她的孙女纪某娥、孙女女婿冯刚夫妇索要安眠药欲自杀。2014年10月3日，刘某美又向被告人冯刚夫妇索要安眠药，被告人冯刚在明知刘某美欲自杀且过量安眠药物会导致死亡的情况下，将一瓶阿普唑仑安眠药交给刘某美服用，直至2014年10月7日被告人冯刚迫于其他亲属的压力对刘某美进行救治，次日刘某美因救治无效死亡。经法医鉴定，被害人刘某美系阿普唑仑中毒合并肺部感染死亡。另查明，被害人刘某美的亲属对被告人冯刚表示谅解，请求对被告人从轻处理。

【裁判结果】

一审判决：被告人冯刚犯故意杀人罪，判处有期徒刑三年，缓刑四年。

【裁判理由】

法院经审理认为，被告人冯刚对于他人要求自杀的行为提供了帮助，且在自杀行为施行后未履行抢救义务，其行为与被害人的死亡之间具有刑法上的因果关系，触犯了《刑法》第二百三十二条之规定，构成故意杀人罪。武城县人民检察院的指控成立。同时，被告人冯刚的行为基于其家庭生活特别困难、被害人非常痛苦且无有效治疗手段等前提下，其主要目的是帮助被害人解脱痛苦，其主观恶性与客观危害性都较他种杀人行为明显为轻。根据刑法理论，被害人的同意是阻却或减少可归责性的重要事由。但我国普遍伦理、社会舆论与立法实践，尚不认可安乐死行为的合法性。故对被告人仍应以故意杀人罪追究责任。被告人冯刚对被害人的死亡持放任态度，是间接故意杀人，属于故意杀人中情节较轻的情况。被告人与被害人系祖孙关系，其故意杀人的行为系应被害人的主动要求，社会危害性较小，被害人其他家属对被告人冯刚表示谅解，并请求法院对其从轻处罚，被告人冯刚认罪态度较好，可酌情从轻处罚。判处其缓刑不会对社区造成重大不良影响，可依法适用缓刑。

思考问题

1. 被告人冯刚的行为是否构成故意杀人罪？
2. 帮助自杀案件中被害人承诺是否具有对行为人免责的效力？

■■■ 案例 4　肖国臣故意伤害案

内容摘要：本案是近年来关于故意伤害罪的一则刑事案例。本案一审终审。一审法院认为，本案中的两家人群体打架的过程中，被告人肖国臣驾车冲向对方人群，这在当时的情况之下并不是唯一可采取的不得已行为。被告人肖国臣驾驶车辆来回开车并倒车冲撞对方人群的行为，在客观方面造成了两人死亡、一人轻伤二级的严重后果，已经构成了故意伤害罪。在本案中，一审判决明确了紧急避险与故意伤害之间的界限，规范了避险行为的适用情形，对紧急避险的成立条件和避险行为的限度作出了一定的要求，进而对被告人的伤害行为进行了罪与非罪的区分，其判决结果也得到了被告人和被害人家属的一致认可。本案的判决结果拿掉了在认定故意伤害罪中的"紧急避险"这一保护伞，有利于实现法律效果与社会效果的统一，更有利于实现法律定分止争的功能。同时，本案的判决结果也为司法中审慎适用紧急避险这一违法阻却事由提供了参照，对于之后在审理类似的案件中统一裁判尺度具有一定的参考意义。

关键词：紧急避险；限度标准；故意伤害；从轻处罚

【裁判要旨】

紧急避险是指为了使国家、公共利益、本人或者他人的人身、财产和其他权利免受正在发生的危险，不得已而采取的避险行为，其本质是避免现实危险，在法益冲突的情况下保护较大或同等的法益。而在非不得已情形下采取积极危害他人生命安全的行为去保护另一方的人身安全并不属于紧急避险，这种避险行为具有极大的人身危险性和社会危害性，显然不符合紧急避险所追求的法益保护效果。要严格区分紧急避险与故意伤害之间的区别与界限，并结合紧急避险行为发生的实际情形来认定行为性质。紧急避险具有严格的成立条件的要求，对不符合紧急避险成立要件的行为要排除适用这一违法阻却事由，及时准确地惩罚犯罪、保护人权，不能让紧急避险成为故意伤害的"保护伞"。

【相关法条】

1.《中华人民共和国刑法》

第二十一条　为了使国家、公共利益、本人或者他人的人身、财产和其他权利免受正在发生的危险，不得已采取的紧急避险行为，造成损害的，不负刑事责任。

紧急避险超过必要限度造成不应有的损害的，应当负刑事责任，但是应当减轻或者免除处罚。

第一款中关于避免本人危险的规定，不适用于职务上、业务上负有特定责任的人。

第二百三十四条　故意伤害他人身体的，处三年以下有期徒刑、拘役或者管制。

犯前款罪，致人重伤的，处三年以上十年以下有期徒刑；致人死亡或者以特别残忍手段致人重伤造成严重残疾的，处十年以上有期徒刑、无期徒刑或者死刑。本法另有规定的，依照规定。

2.《中华人民共和国刑事诉讼法》

第五十五条 对一切案件的判处都要重证据，重调查研究，不轻信口供。只有被告人供述，没有其他证据的，不能认定被告人有罪和处以刑罚；没有被告人供述，证据确实、充分的，可以认定被告人有罪和处以刑罚。

证据确实、充分，应当符合以下条件：（一）定罪量刑的事实都有证据证明；（二）据以定案的证据均经法定程序查证属实；（三）综合全案证据，对所认定事实已排除合理怀疑。

第二百八十八条 下列公诉案件，犯罪嫌疑人、被告人真诚悔罪，通过向被害人赔偿损失、赔礼道歉等方式获得被害人谅解，被害人自愿和解的，双方当事人可以和解：（一）因民间纠纷引起，涉嫌刑法分则第四章、第五章规定的犯罪案件，可能判处三年有期徒刑以下刑罚的；（二）除渎职犯罪以外的可能判处七年有期徒刑以下刑罚的过失犯罪案件。

犯罪嫌疑人、被告人在五年以内曾经故意犯罪的，不适用本章规定的程序。

第二百八十九条 双方当事人和解的，公安机关、人民检察院、人民法院应当听取当事人和其他有关人员的意见，对和解的自愿性、合法性进行审查，并主持制作和解协议书。

第二百九十条 对于达成和解协议的案件，公安机关可以向人民检察院提出从宽处理的建议。人民检察院可以向人民法院提出从宽处罚的建议；对于犯罪情节轻微，不需要判处刑罚的，可以作出不起诉的决定。人民法院可以依法对被告人从宽处罚。

【案例索引】

一审：河南省安阳市滑县人民法院（2014）滑刑初字第428号刑事判决书。

【基本案情】

2003年1月23日，被告人肖国臣和其哥肖某某被同村的肖某甲、肖某乙兄弟打伤，肖国臣损伤构成重伤，肖某某损伤构成轻伤，公安机关立案侦查后，肖某甲、肖某乙在逃。2004年6月11日17时许，被告人肖国臣和肖某某、司机肖某丙去河南省长垣县探望病人后回滑县高平镇肖潭村老家。行至肖潭村南地，看到正在地里浇地的肖某甲。被告人肖国臣、肖某某欲扭送肖某甲归案，便下车追赶肖某甲，至肖某丁家，正值肖某甲之父肖某丙、之弟肖某丁、肖某戊为肖某乙运麦入仓。双方见面即发生厮打，肖国臣、肖某某二人从院子里被追打出来，在肖某乙家房北边，肖某某被肖某戊等人打伤倒地

（肖某某的伤情经鉴定为轻伤），肖国臣被打跑。此时被害人肖某庚等人加入肖某甲、肖某戊行列追打肖某辛（肖国臣侄子）至村南街西头 T 字路口，与肖某壬（肖国臣的大哥）相遇，肖某戊、肖某甲等人将肖某壬打倒在地（肖某壬颅脑损伤，后经鉴定为重伤）。被告人肖国臣见对方人多势众，肖某壬被打倒，就驾驶黑色丰田霸道 400 型越野车，冲向前去救助其哥，肖某甲、肖某庚等人随持铁锨、木棍等物击打车玻璃，被告人肖国臣明知开车继续前行将会撞倒车周围的人，但仍故意开车驾驶并来回打方向盘撞向肖某丙家这一方的人群，在来回前进倒车的过程中，撞上被害人肖某癸（肖某乙之子，4 岁）、肖某甲、肖某庚，致使肖某癸当场死亡、肖某甲在抢救路程中死亡、肖某庚左股骨受伤的严重后果。后被告人肖国臣外逃多年。经法医鉴定：肖某癸系机动车辆肇事致颅脑损伤死亡，肖某甲系机动车辆肇事失血性休克抢救无效死亡，肖某庚左股骨上段骨折构成轻伤二级。案发后，被告人家属赔偿肖某癸家属各项经济损失 100 万元，赔偿肖某甲家属各项经济损失 100 万元，赔偿肖某庚各项经济损失 50 万元。所有被害方均已撤诉并表示谅解。

【裁判结果】

一审判决：被告人肖国臣犯故意伤害罪，判处有期徒刑十一年，附加剥夺政治权利三年。一审宣判后，被告人肖国臣未进行上诉，检察院也未提起抗诉，一审判决发生法律效力。

【裁判理由】

法院经审理认为，被告人肖国臣驾车冲撞人群，故意伤害他人身体，致两人死亡、一人轻伤二级，其行为已构成故意伤害罪，滑县人民检察院指控罪名成立，适用法律正确，本院予以支持。但鉴于本案的发生是因为被告人肖国臣及其三哥肖某某为了扭送之前致其受伤的犯罪嫌疑人；在本案发生过程中，被告人的大哥被对方打致重伤，三哥被对方打致两处骨折；同时还考虑到被告人肖国臣当庭认罪态度较好，案发后被告人肖国臣及其家人也能积极赔偿被害方的经济损失，与被害方积极和解，得到了被害方谅解，综合以上因素考虑可以对其酌情从轻处罚。

紧急避险系为了使国家、公共利益、本人或者他人人身、财产和其他权利免受正在发生的危险，不得已而采取的紧急避险行为。而在本案中的两家人群体打架的过程中，被告人肖国臣驾车冲向对方人群，这在当时的情况之下并不是唯一可采取的不得已行为。被告人肖国臣虽对被害人的死亡结果并不积极追求，但主观上明显有故意伤害他人身体的故意，在客观上也实施了驾驶车辆来回开车并倒车冲撞对方人群的行为，在客观方面造成了两人死亡、一人轻伤二级的严重后果，并且其自身具有刑事责任能力，因此被告人肖国臣之行为并不符合紧急避险、过失致人死亡的构成要件，其已经构成故意伤害罪。

思考问题

1. 被告人肖国臣当时所处的情况是否符合紧急避险的情形?
2. 被告人肖国臣的行为是否属于紧急避险行为?
3. 如何理解成立紧急避险的限度要求?

■■■ 案例5 邓玉娇故意伤害案

内容摘要: 本案是近年来热点刑事案件之一。本案一审终审。法院认定了邓玉娇在本案中具有正当防卫情节,但其防卫超过必要限度,构成防卫过当,鉴于邓玉娇是部分刑事责任能力人,并具有防卫过当和自首等法定从轻、减轻或者免除处罚情节,可以对邓玉娇免除处罚。本案具有示范性,司法机关在正当防卫的语境中,应对必要限度进行再审视。评判防卫是否过当,应当从不法侵害的性质、手段、紧迫程度、严重程度,防卫的条件、方式、强度以及后果等情节综合判定。

关键词: 正当防卫;防卫过当;必要限度

【裁判要旨】

评判防卫是否过当,应当从不法侵害的性质、手段、紧迫程度、严重程度,防卫的条件、方式、强度以及后果等情节综合判定。邓玉娇的防卫行为明显超过必要限度造成重大伤亡后果,鉴于邓玉娇是部分刑事责任能力人,并具有防卫过当和自首等法定从轻、减轻或者免除处罚情节,可以对邓玉娇免除处罚。

【相关法条】

《中华人民共和国刑法》

第二十条 为了使国家、公共利益、本人或者他人的人身、财产和其他权利免受正在进行的不法侵害,而采取的制止不法侵害的行为,对不法侵害人造成损害的,属于正当防卫,不负刑事责任。

正当防卫明显超过必要限度造成重大损害的,应当负刑事责任,但是应当减轻或者免除处罚。

对正在进行行凶、杀人、抢劫、强奸、绑架以及其他严重危及人身安全的暴力犯罪,采取防卫行为,造成不法侵害人伤亡的,不属于防卫过当,不负刑事责任。

第六十一条 对于犯罪分子决定刑罚的时候,应当根据犯罪的事实、犯罪的性质、情节和对于社会的危害程度,依照本法的有关规定判处。

第六十七条第一款 犯罪以后自动投案,如实供述自己的罪行的,是自首。对于自首的犯罪分子，可以从轻或者减轻处罚。其中，犯罪较轻的，可以免除处罚。

第六十七条第二款　被采取强制措施的犯罪嫌疑人、被告人和正在服刑的罪犯，如实供述司法机关还未掌握的本人其他罪行的，以自首论。

第二百三十四条　故意伤害他人身体的，处三年以下有期徒刑、拘役或者管制。

犯前款罪，致人重伤的，处三年以上十年以下有期徒刑；致人死亡或者以特别残忍手段致人重伤造成严重残疾的，处十年以上有期徒刑、无期徒刑或者死刑。本法另有规定的，依照规定。

【案例索引】

一审：巴东县人民法院（2009）巴刑初字第82号刑事判决书。

【基本案情】

2009年5月10日晚上8时许，时任巴东县野三关镇招商办主任的邓某大和副主任黄某智等人酗酒后到巴东县野三关镇"雄风宾馆梦幻城"玩乐。黄某智进入5号包房，要求正在该房内洗衣的宾馆服务员邓玉娇为其提供异性洗浴服务。邓玉娇向黄某智解释自己不是从事异性洗浴服务的服务员，拒绝了其要求，并摆脱拉扯，走出该包房，与服务员唐某一同进入服务员休息室。黄某智对此极为不满，紧随邓玉娇进入休息室，辱骂邓玉娇。闻声赶到休息室的邓某大与黄某智一起纠缠、辱骂邓玉娇，还拿出一沓人民币向邓玉娇炫耀并搧击其面部和肩部。在服务员罗某建、阮某凡等人的先后劝解下，邓玉娇两次欲离开休息室，均被邓某大拦住并被推倒在身后的单人沙发上。倒在沙发上的邓玉娇朝邓某大乱蹬，将邓某大蹬开。当邓某大再次逼近邓玉娇时，邓玉娇起身用随身携带的水果刀朝邓某大刺击，致邓某大左颈、左小臂、右胸、右肩受伤。一直在现场的黄某智见状上前阻拦，被刺伤右肘关节内侧。邓某大因伤势严重，在送往医院抢救途中死亡（殁年45岁）。经法医鉴定：邓某大系他人用锐器致颈部大血管断裂、右肺破裂致急性失血休克死亡。黄某智的损伤程度为轻伤。案发后，邓玉娇主动向公安机关投案，如实供述罪行，构成自首。经司法精神病医学鉴定，邓玉娇为心境障碍（双相），属部分（限定）刑事责任能力。

【裁判结果】

一审判决：被告人邓玉娇犯故意伤害罪，免予刑事处罚。

【裁判理由】

法院经审理认为，被告人邓玉娇故意伤害他人身体，致人死亡，其行为已构成故意伤害罪，公诉机关指控的罪名成立。关于邓玉娇的辩护人提出邓玉娇的行为属于正当防卫，不构成犯罪的辩护意见，经审查：邓玉娇在遭受邓某大、黄某智无理纠缠、拉扯推搡、言行侮辱等不法侵害的情况下，实施的反击行为具有防卫性质，但明显超过了必要限度，属于防卫过当，邓玉娇的行为构成犯罪。故对此辩护意见本院不予采纳。鉴于邓玉娇是部分刑事责任能力人，并具有防卫过当和自首等法定从轻、减轻或者免除处罚情节，可以对邓玉娇免除处罚，邓玉娇的辩护人提出如果认定邓玉娇构成犯罪，应当对其免予刑事处罚的辩护意见成立，本院予以采纳。

思考问题

1. 如何理解《刑法》第二十条第二款的"明显超过必要限度"与"造成重大损害"？
2. 如何理解防卫过当中免除处罚的适用条件？
3. 本案对邓玉娇认定为防卫过当是否存在偏误？

案例6　田玉富过失致人死亡案

内容摘要：本案是涉及被害人自陷风险问题的一个典型案例。本案一审终审，一审后被告人未上诉。法院经审理认为，夫妻协商由一方将另一方用绳子从高楼吊下，由于绳子发生断裂导致另一方死亡的，拉绳子的一方应当预料到此种行为的危险性，但是由于其疏忽大意，被告人认为绳子不会发生断裂或其他意外，最终导致了其妻子死亡事实的发生，其行为构成过失致人死亡罪。在过失犯罪中，最终危害结果的形成除犯罪人疏忽大意或过于自信的过失之外，被害人的行为在其中可能也起到了一定的作用。本案即属于此种情形。本案的判决书中虽然没有认定被害人自陷风险，但从最终的刑罚裁量可以看出法官考虑了这一因素。一审判决后，被告人没有上诉，公诉机关也没有抗诉，取得了较为良好的法律效果和社会效果。本案被收录于《人民法院案例选》2008年第2辑，在理论界和实务界也引发了广泛的关注和讨论。

关键词：过失犯罪；被害人自陷风险；自由意志；违法阻却

【裁判要旨】

过失致人死亡罪，是指因过失造成他人死亡的行为，这种过失包括过于自信的过失和疏忽大意的过失，且这种过失是对死亡结果而言的。本案中，田玉富夫妇为了逃避计划生育措施，冒险用绳索从楼上滑下，结果因绳索断裂造成田妻死亡。在这种冒险行为中，田玉富夫妇均存在共同的过失，即认为系上绳索可以从高楼安全下滑，不会造成损害结果，属于疏忽大意的过失。在我国，共同犯罪不包括共同过失的罪过，因此，本案中的共同过失行为不能作为一种刑法类型化的整体行为来评价，需单独评价田玉富夫妇的行为。就田玉富的行为而言，他应当预见到绳索可能发生断裂等危险但没有预见到，从而导致其妻从三楼摔下，故可以认定其构成过失致人死亡罪。①

【相关法条】

《中华人民共和国刑法》

第七十二条第一款　对于被判处拘役、三年以下有期徒刑的犯罪分子，同时符合下列条件的，可以宣告缓刑，对其中不满十八周岁的人、怀孕的妇女和已满七十五周岁的人，应当宣告缓刑：（一）犯罪情节较轻；（二）有悔罪表现；（三）没有再犯罪的危险；（四）宣告缓刑对所居住社区没有重大不良影响。

第七十三条第二款　有期徒刑的缓刑考验期限为原判刑期以上五年以下，但是不能少于一年。

第七十三条第三款　缓刑考验期限，从判决确定之日起计算。

第二百三十三条　过失致人死亡的，处三年以上七年以下有期徒刑；情节较轻的，处三年以下有期徒刑。本法另有规定的，依照规定。

【案例索引】

一审：湖南省麻阳苗族自治县人民法院（2005）麻刑初字第111号刑事判决书。

【基本案情】

2005年6月，被告人田玉富与其妻康某某因为违法生育第三胎而被本县板栗树乡计划生育工作人员带至县计划生育技术指导站实施结扎手术。6月25日上午11时许，被告人田玉富为使其妻逃避结扎手术，而对计生工作人员谎称其妻要到指导站住院部三楼厕所洗澡。骗取计生工作人员信任后，在厕所里，被告人田玉富先用手掰开木窗户，然后用事先准备好的尼龙绳系在其妻胸前，企图用绳子将其妻从厕所窗户吊下去逃跑，但由于绳子在中途断裂，致使康某某从三楼摔下后当场死亡。被告人田玉富犯罪以后认罪态度好，有悔罪表现。

【裁判结果】

一审判决：被告人田玉富犯过失致人死亡罪，判处有期徒刑三年，缓刑三年。宣判后，被告人未提出上诉，公诉机关也未抗诉，一审判决发生法律效力。

【裁判理由】

法院经审理认为，按照罪刑法定原则，只有《刑法》明文规定的违法行为才构成犯

---

① 参见最高人民法院应用法学所编：《人民法院案例选》（2008年第2辑），人民法院出版社2009年版，第16—18页。

罪。过失致人死亡罪是指因过失造成他人死亡的行为。这种过失包括过于自信的过失和疏忽大意的过失，且这种过失是对死亡结果而言的。夫妻协商由一方将另一方用绳子从高楼吊下，由于绳子发生断裂导致另一方死亡的，拉绳子的一方应当预料到此种行为的危险性，但是由于其疏忽大意，被告人认为绳子不会发生断裂或其他意外，最终导致了其妻子死亡事实的发生。因此，夫妻协商由一方将另一方用绳子从高楼吊下，由于绳子发生断裂导致另一方死亡的，拉绳子的一方构成过失致人死亡罪。

公诉机关指控被告人田玉富的犯罪事实清楚，证据确实、充分，罪名成立，提请依法追究刑事责任的意见予以采纳。被告人田玉富犯罪以后认罪态度好，有悔罪表现，对其适用缓刑确实不致再危害社会，因此适用《刑法》第七十二条第一款和第七十三条第二款、第三款规定，从轻处罚。据此，作出如上的判决。

思考问题

1. 被害人自陷风险何以在犯罪构成要件中作为违法性阻却事由被考虑？
2. 被害人自陷风险阻却责任的基本原理是什么？

■■■ 案例7 陈天杰正当防卫案

内容摘要：本案是发生在2014年于2016年审结的二审案例，历经一审与二审。一审法院认为，在整个案发过程中，被害人的侵害行为始终没有停止，被告人陈天杰一边护着妻子，一边用小刀挥划，始终处于被动防御状态，且被害人离开时还向被告人扔石头、酒瓶等，被告人没有追击的行为，故认为被告人陈天杰的行为属于为维护自己的正当权利而进行的防卫行为。一审后检察院提出抗诉。二审判决维持了一审的判决，明确了《刑法》第二十条有关正当防卫的规定在本案中的适用，对检察院的抗诉意见作出了合理的综合评析。在面对检察院的抗诉意见时，人民法院在二审中从案件事实、当事人供述、证人证言等方面一一进行审查和确认，在综合审查和确认的基础上，根据案件事实、法律规定和情理出发对本案作出了维持原判的合理判决。本案例运用了犯罪构成阶层理论和正当防卫要件，从防卫的起因条件、时间条件、对象条件和主观条件等方面分析当事人的违法性、有责性，遵循罪刑法定原则和刑事司法的谦抑性理念，在面对检察院的抗诉时坚持审查并作出合理的评析和判决，维护了案件当事人的合法权益和刑法惩罚犯罪、保护人民的作用。

关键词：不法侵害行为；正当防卫；特殊防卫；行凶行为

【裁判要旨】

正当防卫属于当事人自力救济的方式，成立正当防卫的行为不构成犯罪，不具有有责性。正当防卫制度高度重视和切实保障公民的防卫权，倡导和鼓励公民对一切不法侵害行为和严重暴力犯罪行为，积极充分地行使防卫权。在判断案件被告人的伤害行为是否具有有责性，是否成立正当防卫时要根据正当防卫的构成要件进行判断。同时，也要判断当事人防卫的限度是否合理，结合案情判断防卫的限度是正当防卫型案件中的主要判断内容。正当防卫中还存在特殊防卫的情形。如何判断案件当事人的防卫行为是否属于特殊防卫的情形也是该类案件的重点和难点。正当防卫鼓励了当事人的自救行为，鼓励了当事人为保护自身利益、保护国家、公共利益或者保护他人的人身、财产和其他合法权利不受侵害，进行正当合理的抗争，保障了当事人在受到不法侵害时进行自我救济的权利，充分发挥了刑法的作用。

【相关法条】

1.《中华人民共和国刑法》

第二十条　为了使国家、公共利益、本人或者他人的人身、财产和其他权利免受正在进行的不法侵害，而采取的制止不法侵害的行为，对不法侵害人造成损害的，属于正当防卫，不负刑事责任。

正当防卫明显超过必要限度造成重大损害的，应当负刑事责任，但是应当减轻或者免除处罚。

对正在进行行凶、杀人、抢劫、强奸、绑架以及其他严重危及人身安全的暴力犯罪，采取防卫行为，造成不法侵害人伤亡的，不属于防卫过当，不负刑事责任。

2.《中华人民共和国刑事诉讼法》

第二百三十六条　第二审人民法院对不服第一审判决的上诉、抗诉案件，经过审理后，应当按照下列情形分别处理：（一）原判决认定事实和适用法律正确、量刑适当的，应当裁定驳回上诉或者抗诉，维持原判；（二）原判决认定事实没有错误，但适用法律有错误，或者量刑不当的，应当改判；（三）原判决事实不清楚或者证据不足的，可以在查清事实后改判；也可以裁定撤销原判，发回原审人民法院重新审判。

原审人民法院对于依照前款第三项规定发回重新审判的案件作出判决后，被告人提出上诉或者人民检察院提出抗诉的，第二审人民法院应当依法作出判决或者裁定，不得再发回原审人民法院重新审判。

第二百五十四条第四款　人民检察院抗诉的案件，接受抗诉的人民法院应当组成合议庭重新审理，对于原判决事实不清或者证据不足的，也可以指令下级人民法院再审。

3.《中华人民共和国民法典》

第一百八十一条　因正当防卫造成损害的，不承担民事责任。

正当防卫超过必要的限度，造成不应有的损害的，正当防卫人应承担适当的民事责任。

【案例索引】

一审：海南省三亚市城郊人民法院（2014）城刑初字第745号刑事判决书。

二审：海南省三亚市中级人民法院（2016）琼02刑终28号刑事裁定书。

【基本案情】

2014年3月12日22时许，周某某、容某甲、容某乙和纪某某在工地调戏被告人陈天杰的妻子孙某某，还骂站在孙某某身边的被告人陈天杰，双方因此发生争执。容某乙被被告人陈天杰持小刀捅伤后跑到工地的地下室里倒在地上，后因失血过多死亡。伤亡情况经过鉴定得出，被害人容某乙系生前被单刃锐器刺伤左腹股沟区下方，造成左股动静脉断裂致失血性休克死亡；周某某被捅致左膝部皮肤裂伤伴髌上韧带断裂，其伤势为轻伤；纪某某呈左腹股沟区裂创痕，刘某某呈右大腿远端前侧裂创痕，二人的伤势均为轻微伤；陈天杰被打后呈左头顶部浅表挫裂伤，其伤势为轻微伤。

【裁判结果】

一审判决：被告人陈天杰无罪。驳回附带民事诉讼原告人周某某的诉讼请求。

二审裁定：驳回抗诉，维持原判。

【裁判理由】

一审法院认为，本案的发生是基于被害人容某乙、周某某等人酒后无端调戏被告人陈天杰的妻子孙某某，在遭到陈天杰的斥责后，对被告人陈天杰和孙某某挑衅、攻击而引发。本案中，无论是被告人的供述，还是被害人本身的陈述、证人证言，均证实在整个案发过程中，被告人陈天杰是在妻子受到调戏、侮辱的情况下与对方发生争吵，在陈天杰扶持被推倒的孙某某时，先是被害人周某某动手殴打陈天杰，接着被害人容某乙和纪某某先后对陈天杰拳脚相加，后容某乙和纪某某又手持钢管一同围殴陈天杰，且纪某某的钢管已打到了陈天杰的头上，只是因为陈天杰头戴安全帽才避免了严重后果。而被害人周某某在殴打陈天杰的过程中从最先的空手到从旁边捡起铁铲欲进一步伤害陈天杰。被害人的不法侵害行为无论是强度还是情节都已严重威胁到被告人陈天杰的生命安全，在整个案发过程中，被害人的侵害行为始终没有停止，被告人陈天杰一边护着妻子，一边用小刀挥划，始终处于被动防御状态，且被害人离开时还向被告人扔石头、酒瓶等，被告人没有追击的行为。故本案中，一审法院认为被告人陈天杰的行为属于为维护自己的正当权利而进行的防卫行为。

一审判决后，原公诉机关海南省三亚市城郊人民检察院对一审法院的判决提出抗诉，认为一审判决认定原审被告人陈天杰的行为属于正当防卫而判决无罪，错误地认定行为性质,导致适用法律错误。理由如下:(1)陈天杰实施的行为不具有正当性,属于互殴行为,陈天杰主观上具有伤害他人的犯罪故意,客观上实施了伤害他人的犯罪行为,造成一人死亡、三人受伤的危害结果,应当构成故意伤害罪。(2)无限防卫权只能适用于特定的严重危及人身安全的暴力犯罪侵害。本案中,从双方关系和起因看,纪某某等人和陈天杰是同为一个工地的工人,平时没有深仇大恨,只是因案发当天调戏孙某某而引发双方斗殴;从纪某某等人选择打击的部位及强度看,以及周某某因害怕出事,而将铁铲扔掉,空手对打,说明纪某某等人主观上没有要致陈天杰于重伤、死亡的故意。故一审判决认定陈天杰在生命安全受到现实、紧迫及严重威胁的不法侵害时行使无限防卫权,确属错误。(3)一审法院判决认定陈天杰行为既属于正当防卫,又属于无限防卫,依照《刑法》第二十条第一款、第三款的规定,属于适用法律错误。检察院认为应当以故意伤害罪追究被告人的刑事责任。

二审法院认为,本案中,被害人容某乙等人酒后滋事,调戏原审被告人陈天杰的妻子,辱骂陈天杰,不听劝阻,使用足以造成严重危及他人重大人身安全的凶器殴打陈天杰。陈天杰是被羞辱、被打后为维护自己的尊严、保护自己及其妻子的人身安全,防止被害人的不法侵害而被动地进行还击,陈天杰的行为不属于互殴,不能认定陈天杰具有伤害他人的犯罪故意。而且容某乙等人是持足以严重危及他人重大人身安全的凶器主动攻击陈天杰,使陈天杰的人身安全处于现实的、急迫的、严重的危险之下,应当认定为"行凶"。此时,陈天杰为保护自己及其妻子的人身安全,用小刀刺、划正在围殴其的容某乙等人,符合特殊防卫的条件,虽致容某乙死亡、周某某轻伤、纪某某轻微伤,但依法不负刑事责任。

思考问题

1. 被告人陈天杰的行为是否属于互殴行为?
2. 被害人容某乙等人的行为是否属于"行凶"?
3. 被告人的行为是否满足正当防卫的条件?

案例8　纪满英故意杀人案

内容摘要: 本案历经一审与二审。一审法院宣判后,原审附带民事诉讼双方当事人对原审附带民事部分判决均未提出上诉,原审附带民事部分判决发生法律效力。被告人纪满英对原审刑事部分判决不服,提出上诉。湖北省高级人民法院组成合议庭,经过阅卷、讯问原审被告人、听取辩护人的意见,认为事实清楚,决定不开庭审理。最后湖北省高级人民法院作出驳回上诉,维持原判的终审裁定。案件的处理符合责任能力阻却理论和法律对限制刑事责任能力人犯罪的相关规定。同时在实践中明确了限制刑事责任能力人在某些特定情形下作出激情杀人举动亦是属于自我辨识和控制能力受限之范围,且其本身已经包括在对限制责任能力人定罪量刑范围之内,无须重复考量。实行责任能力阻却理论可以更好地对行为人定罪量刑,但是应具体情况具体分析,不应进行无差别的适用,使犯罪分子逃脱应有的惩罚,以至于突破刑法罪责刑相适应之原则。本案例最终确定的审判结果对其他类似案件有重要的参考意义。

关键词:责任能力;阻却事由;激情杀人;坦白

【裁判要旨】

故意非法剥夺他人生命致他人死亡的,对行为人定罪量刑之时还需考量其刑事责任能力。对于限制刑事责任能力人,依法可以从轻或减轻处罚。行为人归案后能如实供述自己罪行的,具有坦白情节,依法可以从轻处罚。

【相关法条】

1.《中华人民共和国刑法》

第十八条 精神病人在不能辨认或者不能控制自己行为的时候造成危害结果,经法定程序鉴定确认的,不负刑事责任,但是应当责令他的家属或者监护人严加看管和医疗;在必要的时候,由政府强制医疗。

间歇性的精神病人在精神正常的时候犯罪,应当负刑事责任。

尚未完全丧失辨认或者控制自己行为能力的精神病人犯罪的,应当负刑事责任,但是可以从轻或者减轻处罚。

醉酒的人犯罪,应当负刑事责任。

第五十七条 对于被判处死刑、无期徒刑的犯罪分子,应当剥夺政治权利终身。

在死刑缓期执行减为有期徒刑或者无期徒刑减为有期徒刑的时候,应当把附加剥夺政治权利的期限改为三年以上十年以下。

第二百三十二条 故意杀人的,处死刑、无期徒刑或者十年以上有期徒刑;情节较轻的,处三年以上十年以下有期徒刑。

2.《中华人民共和国民法典》

第一千一百七十九条 侵害他人造成人身损害的,应当赔偿医疗费、护理费、交通费、营养费、住院伙食补助费等为治疗和康复支出的合理费用,以及因误工减少的收入。造成残疾的,还应当赔偿辅助器具费和残疾赔偿金;造成死亡的,还应当赔偿丧葬费和死亡赔偿金。

3.《最高人民法院关于审理人身损害赔偿案件适用法律若干问题的解释》

第二十七条 丧葬费按照受诉法院所在地上一年度职工月平均工资标准,以六个月总额计算。

4.《中华人民共和国刑事诉讼法》

第一百零一条　被害人由于被告人的犯罪行为而遭受物质损失的，在刑事诉讼过程中，有权提起附带民事诉讼。被害人死亡或者丧失行为能力的，被害人的法定代理人、近亲属有权提起附带民事诉讼。

如果是国家财产、集体财产遭受损失的，人民检察院在提起公诉的时候，可以提起附带民事诉讼。

第一百零三条　人民法院审理附带民事诉讼案件，可以进行调解，或者根据物质损失情况作出判决、裁定。

【案例索引】

一审：湖北省黄石市中级人民法院（2015）鄂黄石中刑初字第00011号刑事判决书。

二审：湖北省高级人民法院（2015）鄂刑三终字第00096号刑事裁定书。

【基本案情】

被害人张某甲（男，殁年10岁）的姑父陈某能、姑姑张某乙因公司经营需要，向被告人纪满英借款80万元未能如期偿还，被告人纪满英因此迁怒于张某甲的父母张某乙、闵某，埋怨他们当初不该将其电话号码提供给陈某能夫妇，且多次找张某乙、闵某催讨借款。2014年8月21日下午，纪满英驾乘摩托车再次来到张某乙、闵某家中催促还款，双方因言语不和发生争吵，纪满英受到张某乙、闵某的辱骂后将饭桌掀翻。闻讯赶来的纪满英的姐姐纪某甲、纪某乙等人劝其回家，但纪满英当晚执意要留宿张某乙、闵某家。次日上午，纪满英见张某甲一人在一楼卧室内看电视，联想到昨晚与其父母争执的情形，遂起杀心。纪满英持卧室床上一根白色衣服腰带勒住张某甲的颈部，直至张某甲死亡。随后，纪满英持水果刀割腕自杀未遂。其间11点16分，被告人纪满英打电话告诉其姐纪某乙，称其"把张某甲搞死了，自己要死了，把手割了"。经法医学鉴定，张某甲符合颈部受压导致机械性窒息死亡。经武汉市××医院司法鉴定所鉴定，纪满英患有精神性症状的抑郁症，为限制刑事责任能力人。

【裁判结果】

一审判决：被告人纪满英犯故意杀人罪，判处无期徒刑，剥夺政治权利终身。被告人纪满英赔偿附带民事诉讼原告人张某乙、闵某直接经济损失共计21608.5元。

二审裁定：驳回上诉，维持原判。

【裁判理由】

　　一审法院认为,被告人纪满英故意非法剥夺他人生命,致一人死亡,已构成故意杀人罪。公诉机关指控的罪名成立。被告人纪满英系限制刑事责任能力人,依法可以从轻或减轻处罚。同时,被告人纪满英对其犯罪行为造成附带民事诉讼原告人的物质损失应当予以赔偿,依法应当赔偿附带民事诉讼原告人张某乙、闫某直接经济损失合计21608.5元。附带民事诉讼原告人张某乙、闫某的其他诉讼请求,无法律依据,本院不予支持。对于被告人纪满英和其辩护人提出的"纪满英遭警察粗暴执法导致流产"的辩护意见,经审查认为,纪满英是否怀孕流产应有医疗机构的检测证明,纪满英声称自己怀孕流产,但其没有做过孕检,无证据证明,且即便如其所述,流产也是发生在犯罪前非羁押期间,不影响对其量刑。该节辩解辩护意见,本院不予采纳。对于被告人纪满英的辩护人提出的其他辩护意见,本院已据实认定,并在量刑时酌情考虑。

　　二审法院认为,上诉人纪满英故意非法剥夺他人生命致一人死亡,其行为已构成故意杀人罪。纪满英系限制刑事责任能力人,依法可以从轻或减轻处罚。关于纪满英及其辩护人提出纪满英患有××,为限制刑事责任能力人,依法可以从轻或减轻处罚;本案因民事纠纷而起,在遭到被害人父母侮辱及民警粗暴执法导致流产后,纪满英××发作后作案,属激情杀人,其主观恶性和人身危险性相对较小;纪满英归案后能如实供述自己的罪行,具有坦白情节,依法可以从轻处罚的上诉理由和辩护意见,经查,张某乙、闫某并不是向纪满英借款之人,纪满英上门讨债,张某乙、闫某二人与之发生言语争执,张某乙、闫某对引发本案没有过错。原判已认定纪满英系限制刑事责任能力人并予以从轻处罚。纪满英归案后能够如实供述自己的罪行,原审判决亦已予以考虑。故对上述上诉理由和辩护意见,本院不予采纳。关于纪满英的辩护人提出纪满英愿意向被害人亲属赔偿30万元,以取得被害人亲属的谅解,请求对纪满英从轻处罚的辩护意见,经查,上诉人纪满英虽有赔偿意愿,但并没有予以实际履行,因此,对该辩护意见,本院不予采纳。原审判决定罪准确,量刑适当,审判程序合法。

思考问题

1. 被告人纪满英是否具有刑事责任能力?
2. 如何理解刑事责任能力中的"辨认和控制能力"?

案例9　张殿如故意杀人案

　　内容摘要:本案是广受社会关注与热议的受虐妇女杀夫的典型案例。本案一审终审,被告人未上诉,检察院未抗诉。法院经审理认为,张殿如最终实施杀害张某甲的行为,并对进行劝阻的女儿表示杀人是为了不再受到折磨,其行为具有防卫因素,因被害人在案件起因上具有明显过错,可对被告人酌情从宽处罚。判决中明确了刑法虽将行为人实施杀人的行为定性为违法犯罪行为,但是在有责性判断即量刑方面采取了从宽的态度。期待可能性虽然并未出现在刑事判决书的文字中,但不能否认其理论精神是指导合议庭形成最终判决的重要理由。案件审理过程中,有家庭暴力相关知识的专家辅助人参与了庭审,接受控、辩、审三方的询问并作出专业回答,对最终刑事判决作出具有重要影响。本案之审理不仅运用了犯罪构成的阶层理论,从犯罪构成要件之角度分析案件情况,还从违法性和有责性入手作出最终判决。本案体现了宽严相济刑事政策在司法裁判中的具体运用,也体现了法院在判决时灵活运用超法规责任阻却事由、追求实质正义的信心与担当。

关键词:受虐妇女;故意杀人;期待可能性;防卫因素;减轻处罚

【裁判要旨】

受虐妇女杀夫案件最终成立故意杀人罪、从宽处罚的判决依据为刑法理论中的期待可能性理论。运用期待可能性理论时应注意判断客观环境是否存在附随情况异常的情形,并判断异常情形是否达到影响行为人心理状态使其作出违法行为的程度。期待可能性作为超法规的责任阻却事由,在司法实践中运用时需要明确适用之范围、条件与限制,区分从宽处罚与无罪认定,做到于理有据,不得滥用。

【相关法条】

1.《中华人民共和国刑法》

第三十六条 由于犯罪行为而使被害人遭受经济损失的,对犯罪分子除依法给予刑事处罚外,并应根据情况判处赔偿经济损失。

承担民事赔偿责任的犯罪分子,同时被判处罚金,其财产不足以全部支付的,或者被判处没收财产的,应当先承担对被害人的民事赔偿责任。

第六十四条 犯罪分子违法所得的一切财物,应当予以追缴或者责令退赔;对被害人的合法财产,应当及时返还;违禁品和供犯罪所用的本人财物,应当予以没收。没收的财物和罚金,一律上缴国库,不得挪用和自行处理。

第六十七条第一款 犯罪以后自动投案,如实供述自己的罪行的,是自首。对于自首的犯罪分子,可以从轻或者减轻处罚。其中,犯罪较轻的,可以免除处罚。

第二百三十二条 故意杀人的,处死刑、无期徒刑或者十年以上有期徒刑;情节较轻的,处三年以上十年以下有期徒刑。

2.《中华人民共和国民法典》

第一千一百七十九条 侵害他人造成人身损害的,应当赔偿医疗费、护理费、交通费、营养费、住院伙食补助费等为治疗和康复支出的合理费用,以及因误工减少的收入。造成残疾的,还应当赔偿辅助器具费和残疾赔偿金;造成死亡的,还应当赔偿丧葬费和死亡赔偿金。

【案例索引】

一审:云南省楚雄彝族自治州中级人民法院(2015)楚中刑初114号刑事判决书。

【基本案情】

被告人张殿如长期遭受其丈夫张某甲的家庭暴力,通过报警、到妇联申诉、找亲友帮忙等各种其认知范围内的方式寻求帮助均无法制止其家庭暴力行为。案发当晚即2015年4月12日1时30分许,被告人张殿如又遭醉酒后的张某甲辱骂后,乘其熟睡之机,从家中找到作案工具,击打张某甲头面部,用刀刺其后脑部,致张某甲重型开放性颅脑损伤死亡,在发现张某甲死亡后又用跳刀刺其胸腹部数十刀,并割下张某甲的生殖器。案发后,即2015年4月12日3时14分,被告人张殿如主动向公安机关投案自首,并如实供述犯罪事实。

【裁判结果】

一审判决:被告人张殿如犯故意杀人罪,判处有期徒刑八年。随案移送的作案工具秤砣一个、钉锤一把、扳手一把、跳刀一把予以没收。被告人张殿如赔偿附带民事诉讼原告人张某乙、普某某物质损失40000元(已付5000元,余款限判决生效后一个月内付清)。宣判后,被告人表示不上诉,检察机关没有异议,被告人之辩护人没有意见。

【裁判理由】

法院经审理认为,被害人张某甲在婚姻生活中为了达到控制被告人、使被告人服从的目的,对张殿如实施了长期的殴打辱骂威胁和经济控制,并要求被告人以其不愿意的方式发生性关系,被告人通过多种方式均无法有效制止张某甲的家庭暴力,要求离婚未果,属于受暴妇女。案发当晚,张某甲又对被告人进行辱骂,并在辱骂中威胁其家人安全,在激愤、恐惧状态下,张殿如最终实施杀害张某甲的行为,并对进行劝阻的女儿表示杀人是为了不再受到折磨,其行为具有防卫因素。因被害人在案件起因上具有明显过错,可对被告人酌情从宽处罚。被告人作案过程中发现张某甲已死亡,但仍出于泄愤、恐惧心理用跳刀对被害人尸体胸腹部刺数十刀,并将被害人生殖器割下,但其作案的动机、手段、过程、结果之犯罪行为仅针对实施家暴者本人,作案后即向公安机关投案,在作案现场等候公安民警,归案后如实供述犯罪事实,系自首,有认罪、悔罪情节,对他人不再有危害性,其犯罪的社会危害性有别于其他故意杀人犯罪,可从轻、减轻处罚。此外，本案的附带民事诉讼原告人即被害人之父张某乙在庭审后出具谅解书，要求对其从轻减轻处罚。根据本案的犯罪事实和上述法定、酌定量刑情节，法院认为被告人张殿如犯故意杀人罪，但同时应采纳公诉机关提出的各种依法量刑的建议和辩护人提出的相应辩护意见，对被告人张殿如减轻处罚。但是，对于张殿如辩护人提出的本案属于《刑法》第二百三十二条故意杀人罪中的情节较轻，因证据不足，法院不予采纳，辩护人提出对张殿如适用缓刑的量刑意见，与张殿如的罪行不相适应，亦不予采纳。被告人应当结合本案实际情况赔偿其行为给附带民事诉讼原告人张某乙、普某某造成的物质损失。

 思考问题

1. 本案中行为人的行为能否用期待可能性理论解释？
2. 如何在宽严相济刑事政策背景下理解本案的判决结果？

■■■ 案例10　王鹏、谢田福非法收购、出售珍贵、濒危野生动物案

内容摘要：本案也属于近年来受公众关注的刑事案件之一，历经一审与二审。一审法院认为，本案所涉的鹦鹉虽为人工驯养，亦属于法律规定的"珍贵、濒危野生动物"。二审法院认为原判认定的事实清楚，证据确实、充分，审判程序合法，对谢田福定罪准确，量刑适当，原判对王鹏量刑过重，依法予以纠正。正是通过这起吸引舆论的深圳"鹦鹉案"，以及近年来的"大学生掏鸟窝案""农民采三株野草案"等个案，野生动植物资源保护法规上的滞后之处，开始进入立法者的视野。针对《最高人民法院关于审理破坏野生动物资源刑事案件具体应用法律若干问题的解释》第一条提出的审查建议，已经得到了全国人大常委会法制工作委员会法规备案审查室的回复，称"最高人民法院回函表示，已经启动了新的野生动植物资源犯罪司法解释制定工作"。

关键词：深圳"鹦鹉案"；违法性认识错误；非法出售珍贵、濒危野生动物罪

【裁判要旨】

《最高人民法院关于审理破坏野生动物资源刑事案件具体应用法律若干问题的解释》规定：《刑法》第三百四十一条第一款规定的"珍贵、濒危野生动物"，包括列入国家重点保护野生动物名录的国家一、二级保护野生动物、列入《濒危野生动植物种国际贸易公约》附录一、附录二的野生动物以及驯养繁殖的上述物种。因此，本案所涉的鹦鹉虽为人工驯养，亦属于法律规定的"珍贵、濒危野生动物"。

【相关法条】

1.《中华人民共和国刑法》

第六十七条第三款 犯罪嫌疑人虽不具有前两款规定的自首情节，但是如实供述自己罪行的，可以从轻处罚；因其如实供述自己罪行，避免特别严重后果发生的，可以减轻处罚。

第七十二条第一款 对于被判处拘役、三年以下有期徒刑的犯罪分子，同时符合下列条件的，可以宣告缓刑，对其中不满十八周岁的人、怀孕的妇女和已满七十五周岁的人，应当宣告缓刑：（一）犯罪情节较轻；（二）有悔罪表现；（三）没有再犯罪的危险；（四）宣告缓刑对所居住社区没有重大不良影响。

第七十三条第二款 有期徒刑的缓刑考验期限为原判刑期以上五年以下，但是不能少于一年。

第七十三条第三款 缓刑考验期限，从判决确定之日起计算。

第七十六条 对宣告缓刑的犯罪分子，在缓刑考验期限内，依法实行社区矫正，如果没有本法第七十七条规定的情形，缓刑考验期满，原判的刑罚就不再执行，并公开予以宣告。

第一百二十八条第一款 违反枪支管理规定，非法持有、私藏枪支、弹药的，处三年以下有期徒刑、拘役或者管制；情节严重的，处三年以上七年以下有期徒刑。

2.《最高人民法院关于审理破坏野生动物资源刑事案件具体应用法律若干问题的解释》

第一条 刑法第三百四十一条第一款规定的"珍贵、濒危野生动物"，包括列入国家重点保护野生动物名录的国家一、二级保护野生动物、列入《濒危野生动植物种国际贸易公约》附录一、附录二的野生动物以及驯养繁殖的上述物种。

第二条 刑法第三百四十一条第一款规定的"收购"，包括以营利、自用等为目的的购买行为；"运输"，包括采用携带、邮寄、利用他人、使用交通工具等方法进行运送的行为；"出售"，包括出卖和以营利为目的的加工利用行为。

第三条 非法猎捕、杀害、收购、运输、出售珍贵、濒危野生动物具有下列情形之一的，属于"情节严重"：（一）达到本解释附表所列相应数量标准的；（二）非法猎捕、杀害、收购、运输、出售不同种类的珍贵、濒危野生动物，其中两种以上分别达到附表所列"情节严重"数量标准一半以上的。

非法猎捕、杀害、收购、运输、出售珍贵、濒危野生动物具有下列情形之一的，属于"情节特别严重"：（一）达到本解释附表所列相应数量标准的；（二）非法猎捕、杀害、收购、运输、出售不同种类的珍贵、濒危野生动物，其中两种以上分别达到附表所列"情节特别严重"数量标准一半以上的。

【案例索引】

一审：深圳市宝安区人民法院（2017）粤 0306 刑初 323 号刑事判决书。
二审：深圳市中级人民法院（2017）粤 03 刑终 1098 号刑事判决书。

【基本案情】

2015 年 2 月，王鹏在网上看到有人出售灰鹦鹉，便与对方约定好，以 4200 元的价格购得一只灰鹦鹉。该鹦鹉经鉴定学名为非洲灰鹦鹉，被列入《濒危野生动植物种国际贸易公约》附录二。王鹏出于偶然养起了鹦鹉，2016 年 4 月他卖了 6 只给朋友谢田福，结果两人都被抓。一审法院认定，其中 2 只是受国际公约和法律保护的小金太阳鹦鹉。王鹏因此被判定犯非法出售珍贵、濒危野生动物罪，获刑五年。随后，他提出上诉，称其是卖给谢田福 2 只小金太阳鹦鹉，但没有证据证明查获自其家的 45 只鹦鹉是收购而来或将要出售，且其中 13 只鹦鹉是朋友寄养和赠送的，故不能认定为犯罪未遂；其因儿子需要手术治疗而没时间和精力再去喂养鹦鹉幼仔，所以发布过出售鹦鹉幼仔的广告，但广告提及的幼仔鹦鹉与 45 只成年鹦鹉品种不同，没有鉴定报告证明广告提及的鹦鹉属于国家保护动物；归案后，其能主动、如实地供述，并提供信息协助公安民警去东莞抓捕犯罪嫌疑人，虽因没能成功抓获而不构成立功，但量刑时希望从宽处罚。

【裁判结果】

一审判决：（1）被告人王鹏犯非法出售珍贵、濒危野生动物罪，判处有期徒刑五年，并处罚金 3000 元。（2）被告人谢田福犯非法收购珍贵、濒危野生动物罪，判处有期徒刑一年六个月，缓刑二年，并处罚金 3000 元。

二审判决：（1）维持深圳市宝安区人民法院（2017）粤 0306 刑初 323 号刑事判决第（二）项对被告人谢田福的定罪量刑部分，即被告人谢田福犯非法收购珍贵、濒危野生动物罪，判处有期徒刑一年六个月，缓刑二年，并处罚金 3000 元。（2）撤销深圳市宝安区人民法院（2017）粤 0306 刑初 323 号刑事判决第（一）项对被告人王鹏的定罪量刑部分，即被告人王鹏犯非法出售珍贵、濒危野生动物罪，判处有期徒刑五年，并处罚金 3000 元。（3）上诉人王鹏犯非法收购、出售珍贵、濒危野生动物罪，在法定刑以下判处有期徒刑二年，并处罚金 3000 元。本判决依法层报最高人民法院核准。

【裁判理由】

一审法院认为，被告人王鹏未经有关部门批准，以牟利为目的出售国家重点保护的珍贵、濒危野生动物，其行为已构成非法出售珍贵、濒危野生动物罪。被告人谢田福违反法律、法规的规定，购买国家二级保护的鹦鹉 2 只，其行为已构成非法收购珍贵、濒危野生动物罪。因王鹏购买小太阳鹦鹉和非洲灰鹦鹉各1只的出卖方未归案,付款及交货方式不明,无法确定该交易的真实性及所交易鹦鹉的品种、数量,故不能认定王鹏有非法收购珍贵、濒危鹦鹉的行为。公诉机关指控王鹏犯非法收购、出售珍贵、濒危野生动物罪不当,应予变更。基于同样理由,现有证据仅能认定王鹏出售给谢田福的2只小金太阳鹦鹉。在王鹏处查获的45只鹦鹉应为其自己繁殖孵化而来,王鹏虽辩称其中有他人赠送的,但未提供赠送人的具体身份及赠送的具体数量。虽不能证明王鹏有收购珍贵、濒危鹦鹉的行为,但其卖2只小金太阳鹦鹉给谢田福的事实清楚,证据充分。另还查获45只列入《濒危野生动植物种国际贸易公约》附录二的被保护鹦鹉待售,属犯罪未遂,依法可比照既遂减轻处罚。《最高人民法院关于审理破坏野生动物资源刑事案件具体应用法律若干问题的解释》规定:《刑法》第三百四十一条第一款规定的"珍贵、濒危野生动物",包括列入国家重点保护野生动物名录的国家一、二级保护野生动物、列入《濒危野生动植物种国际贸易公约》附录一、附录二的野生动物以及驯养繁殖的上述物种。因此,本案所涉的鹦鹉虽为人工驯养,亦属于法律规定的"珍贵、濒危野生动物"。鉴于被告人王鹏、谢田福均自愿认罪,故可从轻处罚;公安机关根据谢田福的供述抓获王鹏,虽不构成立功,但量刑时可酌情从轻处罚。谢田福的犯罪情节较轻,有悔罪表现,没有再犯罪的危险,对其宣告缓刑对所居住社区没有重大不良影响,决定对其宣告缓刑。

　　二审法院认为,司法解释具有无可争辩的法律效力,各级人民法院在审理破坏野生动物资源类刑事案件时,应当严格遵照执行《最高人民法院关于审理破坏野生动物资源刑事案件具体应用法律若干问题的解释》。辩护人对该司法解释提出严重质疑,并要求本院"不能机械地适用"该司法解释,已明显超越其法定辩护范畴,且违背基本的法治原则。上诉人王鹏非法收购、出售珍贵、濒危的野生鹦鹉,其行为已构成非法收购、出售珍贵、濒危野生动物罪。原审被告人谢田福非法收购珍贵、濒危的野生鹦鹉,其行为已构成非法收购珍贵、濒危野生动物罪。王鹏和谢田福均自愿认罪。公安机关根据谢田福的供述抓获王鹏,谢田福虽不构成立功,但量刑时可酌情从轻处罚。谢田福犯罪情节较轻,有悔罪表现,再犯可能性小,故可对谢田福宣告缓刑。原判认定的事实清楚,证据确实、充分,审判程序合法,对谢田福定罪准确,量刑适当。但未认定王鹏构成非法收购珍贵、濒危野生动物罪不当,检察院所提王鹏构成非法收购、出售珍贵濒危野生动物罪的意见成立,本院依法予以采纳。原判对王鹏量刑过重,本院依法予以纠正。王鹏所提请求从宽处罚的上诉理由成立,本院予以采纳。其辩护人所提王鹏无罪等辩护意见不能成立,本院依法不予采纳。检察院所提对王鹏应维持原判的量刑意见,本院依法不予采纳。

 **思考问题**

1. 错误的司法解释是否具有司法裁判的效力？是否可以对其进行合宪性审查？
2. 本案是否成立非法收购、出售珍贵、濒危野生动物罪？
3. 本案被告人王鹏是否具有"明知"？
4. 如何理解犯罪的违法性认识？

第五章　故意犯罪未完成形态

案例1　王胜杰、伏建才绑架案

内容摘要：本案是近年来较为典型的明确区分犯罪停止形态的案件，并被摘录在《中国审判案例要览（2014年刑事审判案例卷）》中作为典型案例进行指导。本案一审终审，被告人未上诉，检察院也未抗诉。一审判决厘清了犯罪预备和犯罪未遂的界限，规范了犯罪预备案件的裁量尺度，处理结果达到了法律效果和社会效果的统一。案例运用犯罪预备相关理论，分析了共同犯罪预备行为的构成要件，对被告人犯罪预备行为的"危险"进行判断，明确了犯罪预备和犯罪未遂的区别，厘清了犯罪预备和预备犯的界限，并且对犯罪预备可罚性范围的限缩和犯罪预备的实行化进行了拓展和思考，阐明了犯罪预备的相关理论，对在审理类似案件中统一裁判尺度有指导意义。

关键词：绑架；犯罪预备；预备犯；犯罪预备实行化

【裁判要旨】

行为人以勒索钱财为目的，准备绑架他人，其行为构成绑架罪。行为人事先准备好口罩、帽子、牌照套等犯罪工具接近被害人的行为属于犯罪的预备行为，又因被害人的发觉而被迫放弃犯罪行为，并非主观上的主动放弃，应当认定为犯罪预备。行为人到案后如实供述犯罪行为，依法可以从轻处罚，且得到了被害人家属的谅解，可酌情从轻处罚。

【相关法条】

《中华人民共和国刑法》

第二十二条　为了犯罪，准备工具、制造条件的，是犯罪预备。对于预备犯，可以比照既遂犯从轻、减轻处罚或者免除处罚。

第五十二条　判处罚金，应当根据犯罪情节决定罚金数额。

第六十七条第三款　犯罪嫌疑人虽不具有前两款规定的自首情节，但是如实供述自己罪行的，可以从轻处罚；因其如实供述自己罪行，避免特别严重后果发生的，可以减轻处罚。

第二百三十九条第一款　以勒索财物为目的绑架他人的，或者绑架他人作为人质的，处十年以上有期徒刑或者无期徒刑，并处罚金或者没收财产；情节较轻的，处五年以上十年以下有期徒刑，并处罚金。

【案例索引】

一审：河北省任丘市人民法院（2013）任刑初字第370号刑事判决书。

【基本案情】

2013年3月26日中午，被告人王胜杰伙同被告人伏建才租用一辆灰色雪铁龙轿车，事先准备好口罩、帽子、牌照套等物品，到北汉乡约保村小学附近伺机绑架及某某（2000年12月5日出生），并向及某某的同学王某询问及某某上学的情况。王某到学校后将有二人打听及某某的情况告知了及某某。当日下午放学后，及某某与同学一起回家，王胜杰发现及某某后，对伏建才说跟上前面放学的孩子，看其中有没有及某某，后因怕被发现而告诉伏建才，那些孩子里没有及某某，二人离开。及某某回家后将发现有人尾随他们的情况告知了其父及某方。2013年3月27日早晨，及某方护送及某某等人去上学，发现二被告人开车停在约保村西的路上，及某方遂上前盘问二被告人，二被告人意识到被发觉后逃走。本案审理过程中，被害人亲属表示对二被告人谅解，并请求对二被告人减轻处罚。

【裁判结果】

一审判决：被告人王胜杰犯绑架罪，判处有期徒刑二年，并处罚金1万元；被告人伏建才犯绑架罪，判处有期徒刑二年，并处罚金1万元。

【裁判理由】

法院经审理认为，被告人王胜杰、伏建才以勒索财物为目的，准备绑架他人作为人质而索要财物，其行为已构成绑架罪。公诉机关指控的犯罪事实及罪名均成立。二被告人欲绑架未成年被害人，应酌情予以从重处罚，但鉴于被告人王胜杰、伏建才没有准备凶器，且未造成损害后果，属于犯罪情节较轻。二被告人是在为了犯罪制造条件时被查获，未造成法律后果，系预备犯，且到案后能够如实供述其犯罪事实，依法均予以减轻处罚；二被告人取得了被害人亲属的谅解，酌情予以从轻处罚。对辩护人的相关辩护意见予以采纳。

 思考问题

1. 本案中二被告人的行为属于犯罪预备还是犯罪未遂？
2. 如何认定共同犯罪中的预备行为？
3. 如何看待预备行为实行化问题？

案例 2　姜文康受贿案

内容摘要：本案是近年来四川省高级人民法院审理的受贿案件二审的典型案例，历经一审与二审。一审法院认为被告人姜文康身为国家工作人员，利用其分管动物疫苗政府招投标采购的职务便利为他人谋取利益，非法收受他人财物数额特别巨大，其行为已构成受贿罪。公诉机关指控的事实和罪名成立，应予支持。一审结束后被告人提出上诉，认为一审判决量刑太重，经济处罚偏高，请求二审依法改判。二审法院明确作出对受贿未遂中违法所得财物应当进行追缴的裁定。本案在对受贿既遂和受贿未遂的认定，及在受贿未遂中明确适用对于犯罪分子违法所得的一切财物应当予以追缴的裁判尺度，并不以犯罪既遂为追缴前提等方面具有借鉴意义。裁定书的处理结果达到了法律效果和社会效果的统一，并对于受贿罪的司法实践具有重要的借鉴意义。近年来，贪腐犯罪中受贿的比重越来越大，随着受贿手段的推陈出新，受贿犯罪的既遂与未遂愈加难以区分。本案例运用主客观相统一原则，明晰受贿罪既遂与受贿罪未遂的区别，即是否实际控制财物。这对于在实践中的犯罪未遂的违法所得财物的追缴裁定具有借鉴意义。

关键词：受贿罪；未遂；违法所得的追缴

【裁判要旨】

姜文康的行为违反了《刑法》中的规定，其行为完全符合受贿罪既遂和受贿罪未遂的基本条件。其身为国家工作人员，利用职务上的便利为他人谋取利益，先后多次非法收受他人财物折合共计 1801.827 万元人民币，数额特别巨大，其行为已构成受贿罪。受贿数额中有 576.2 万元人民币因意志以外的原因未能收取，是犯罪未遂，对该部分比照既遂犯从轻处罚。受贿罪的客体应当是国家工作人员职务行为的廉洁性，即国家工作人员通过收受贿赂对其职务行为的公正性、合理性、廉洁性进行影响，作出有利于行贿者一方的职务行为，这是对公民利益直接或者间接的损害，所以依据罪责刑相适应和法律面前人人平等原则，从维护社会秩序、保障公民权益的角度出发，对于受贿犯罪中的犯罪未遂的犯罪分子违法所得的财物，不应以犯罪既遂为追缴前提。本案中 576.2 万元人民币已经存在且应认定为受贿财物，予以追缴。

【相关法条】

《中华人民共和国刑法》

第二十三条　已经着手实行犯罪，由于犯罪分子意志以外的原因而未得逞的，是犯罪未遂。对于未遂犯，可以比照既遂犯从轻或者减轻处罚。

第三百八十五条　国家工作人员利用职务上的便利，索取他人财物的，或者非法收受他人财物,为他人谋取利益的,是受贿罪。

国家工作人员在经济往来中,违反国家规定,收受各种名义的回扣、手续费,归个人所有的,以受贿论处。

第三百八十六条　对犯受贿罪的,根据受贿所得数额及情节,依照本法第三百八十三条的规定处罚。索贿的从重处罚。

第三百八十八条　国家工作人员利用本人职权或者地位形成的便利条件,通过其他国家工作人员职务上的行为,为请托人谋取不正当利益,索取请托人财物或者收受请托人财物的,以受贿论处。

第三百八十八条之一　国家工作人员的近亲属或者其他与该国家工作人员关系密切的人,通过该国家工作人员职务上的行为,或者利用该国家工作人员职权或者地位形成的便利条件,通过其他国家工作人员职务上的行为,为请托人谋取不正当利益,索取请托人财物或者收受请托人财物,数额较大或者有其他较重情节的,处三年以下有期徒刑或者拘役,并处罚金;数额巨大或者有其他严重情节的,处三年以上七年以下有期徒刑,并处罚金;数额特别巨大或者有其他特别严重情节的,处七年以上有期徒刑,并处罚金或者没收财产。

离职的国家工作人员或者其近亲属以及其他与其关系密切的人,利用该离职的国家工作人员原职权或者地位形成的便利条件实施前款行为的,依照前款的规定定罪处罚。

【案例索引】

一审:四川省泸州市中级人民法院(2015)泸刑初字第 44 号刑事判决书。

二审:四川省高级人民法院(2017)川刑终 23 号刑事裁定书。

【基本案情】

被告人姜文康自 2006 年 12 月起任四川省畜牧食品局副局长、党组成员。2010 年 7 月至 2014 年 7 月,四川省畜牧食品局调整党组成员分工后,姜文康分管兽医兽药处,联系省动物卫生监督所(执法总队)、省兽药监察所、省动物疫病预防控制中心等。自 2010 年 8 月起,姜文康任四川省畜牧食品局重大动物疫病疫苗招标工作领导小组组长,负责招标工作的组织领导和重大事项的会商确定。2014 年 7 月,原四川省畜牧食品局行政管理职责划入四川省农业厅,姜文康任四川省农业厅副厅长、党组成员,分管兽医兽药处、省动物卫生监督所(执法总队)、省动物疫病预防控制中心等。2010 年至 2014 年,被告人姜文康利用职务上的便利,在动物疫苗、牲畜耳标、检测试纸等招投标采购事项中为他人谋取利益,收受他人财物。

【裁判结果】

一审判决:被告人姜文康犯受贿罪,判处有期徒刑十二年六个月,并处罚金 100 万元人民币；违法所得财物1707万元人民币、4.5万美元、6万英镑和面值8万元人民币的购物卡予以追缴，上缴国库。

二审裁定：驳回上诉，维持原判。

【裁判理由】

一审法院认为，被告人姜文康身为国家工作人员，利用其分管动物疫苗政府招投标采购的职务便利为他人谋取利益，非法收受他人财物共计1707万元人民币、4.5万美元、6万英镑和面值8万元人民币的购物卡，数额特别巨大，其行为已构成受贿罪。公诉机关指控的事实和罪名成立，应予支持。鉴于姜文康受贿数额中有576.2万元人民币未实际分配控制即案发，系犯罪未遂，对该部分事实可以比照既遂犯从轻或者减轻处罚。姜文康在接受调查期间，办案机关已经掌握其部分受贿事实，对其采取调查措施后姜文康如实供述犯罪事实，依法可以从轻处罚，但不构成自首，故姜文康所提其具有自首情节的理由不能成立，不予采纳。案发后，姜文康及其亲属主动退缴部分违法所得，可以酌情从轻处罚

案件审理后，姜文康及其辩护人上诉提出：（1）应当认定姜文康具有自首情节，请求二审法院在一审判决量刑基础上从轻、减轻处罚；（2）一审判决对576.2万元人民币认定受贿未遂，不能按照既遂追缴；认定姜文康收受明某公司价值400万元人民币的股权构成受贿罪的证据并不充分；姜文康收受他人财物能够确认的折合共计300多万元人民币；（3）案发后，姜文康积极配合组织审查和侦查工作，其亲属积极协助退赃，依法应从轻处罚；（4）一审判决量刑太重，经济处罚偏高，请求二审依法改判。

二审法院经审理查明的事实和采信的证据与原判认定相同，法院予以确认。另查明，姜文康收受的4.5万美元、6万英镑，折合共计86.827万元人民币。上诉人（原审被告人）姜文康身为国家工作人员，利用职务上的便利为他人谋取利益，先后多次非法收受他人财物折合共计1801.827万元人民币，数额特别巨大，其行为已构成受贿罪。姜文康受贿数额中有576.2万元人民币因案发未收取，是犯罪未遂，对该部分比照既遂犯从轻处罚。姜文康在接受办案机关调查并采取调查措施后，如实供述办案机关已经掌握的部分受贿事实和未掌握的大部分受贿事实，系坦白，且当庭认罪悔罪，依法可以从轻处罚。案发后，姜文康及其亲属主动退缴部分受贿所得，依法可以酌情从轻处罚。姜文康及其辩护人上诉提出姜文康具有自首情节。经查，姜文康没有自动投案，到案后如实交代办案机关未掌握的大部分受贿罪行，与办案机关已经掌握的罪行属同种罪行，依法不能认定为自首，故该上诉、辩护意见不能成立，本院不予采纳。姜文康及其辩护人上诉提出受贿未遂的576.2万元人民币不能按照受贿既遂追缴。经查，我国《刑法》第六十四条明确规定犯罪分子违法所得的一切财物应当予以追缴，并未以犯罪既遂为追缴前提，本案中576.2万元人民币已经存在且认定为受贿财物，仅因案发姜文康未及时收取，因此依法仍应予以追缴，故该上诉、辩护意见不能成立，本院不予采纳。姜文康及

其辩护人上诉提出认定姜文康收受明某公司价值人民币400万元的股权构成受贿罪的证据并不充分。经查,在案证人何某等人证言、姜文康的供述与大量书证均能相互印证,一致证实姜文康与何某等人商定利用姜文康职务上的便利,帮助何某控制的天合公司、金和公司代理其他企业的疫苗产品参与政府采购招投标并成功中标,后姜文康将按约定应分得的代理费利润400万元人民币作为股份投资款入股公司从而取得明某公司400万元对价股权,由此表明该400万元人民币姜文康已经实际分配处置并以公司对价股权的形式完成收取,符合受贿罪权钱交易的本质特征,应以受贿罪追究刑事责任,故该上诉、辩护意见不能成立,本院不予采纳。姜文康及其辩护人上诉提出姜文康收受他人财物能够确认的折合共计300多万元人民币。经查,认定姜文康收受他人财物折合共计1801.827万元人民币,有侦查机关依法取得的行贿人的证言、相关证人证言、姜文康的供述及大量书证等证据相互印证,已形成完整的证据锁链,一致证实姜文康收受他人财物折合共计1801.827万元人民币的事实清楚、证据确实充分,故该上诉、辩护意见不能成立,本院不予采纳。姜文康及其辩护人上诉提出一审判决量刑太重,经济处罚偏高,请求依法改判。经查,一审判决综合考虑姜文康受贿犯罪的事实、犯罪的性质、情节和对于社会的危害程度,依法决定对姜文康从轻处罚,所判处的主刑、附加刑恰当,量刑已属适当,故该上诉、辩护意见不能成立,本院亦不予采纳。

思考问题

1. 受贿罪中如何评价犯罪的既遂与未遂?
2. 受贿未遂中对违法财物追缴如何裁定?

案例3 王新明合同诈骗案

内容摘要:本案是最高人民法院第13批指导案例之一,历经一审与二审。一审法院认为,被告人王新明以非法占有为目的,冒用他人名义签订合同,骗取对方当事人钱款,数额巨大,其行为已构成合同诈骗罪。判决宣告后,北京市石景山区人民检察院提出抗诉认为,王新明的犯罪数额应为100万元,属数额特别巨大,而原判未评价70万元未遂的事实,仅依据既遂30万元认定王新明犯罪数额巨大,系适用法律错误。法院二审认为,未评价未遂70万元的犯罪事实不当,予以纠正。根据刑法及司法解释的有关规定,考虑王新明合同诈骗既遂30万元,未遂70万元但可对该部分减轻处罚。该指导案例进一步明确了犯罪既遂与未遂并存情况下的量刑规则,解决了仅因存在部分未遂就认定整个犯罪属于未遂的困境,又避免了因对全案运用部分行为未遂的情节减轻处罚导致量刑畸轻的问题,也解决了如何确定未遂部分对应的法定刑幅度,以及如何减轻处罚等具体问题,也是最高人民法院发布的首例与量刑规范化紧密相关的指导案例,对类似案件的处理具有较强的指导意义。

关键词：合同诈骗；数额犯；犯罪未遂；犯罪既遂

【裁判要旨】

在数额犯中，犯罪既遂部分与未遂部分分别对应不同法定刑幅度的，应当先决定对未遂部分是否减轻处罚，确定未遂部分对应的法定刑幅度，再与既遂部分对应的法定刑幅度进行比较，选择适用处罚较重的法定刑幅度，并酌情从重处罚，若二者在同一量刑幅度的，以犯罪既遂酌情从重处罚。

【相关法条】

1.《中华人民共和国刑法》

第二十三条 已经着手实行犯罪，由于犯罪分子意志以外的原因而未得逞的，是犯罪未遂。

对于未遂犯，可以比照既遂犯从轻或者减轻处罚。

第五十二条 判处罚金，应当根据犯罪情节决定罚金数额。

第五十三条 罚金在判决指定的期限内一次或者分期缴纳。期满不缴纳的，强制缴纳。对于不能全部缴纳罚金的，人民法院在任何时候发现被执行人有可以执行的财产，应当随时追缴。

由于遭遇不能抗拒的灾祸等原因缴纳确实有困难的，经人民法院裁定，可以延期缴纳、酌情减少或者免除。

第六十一条 对于犯罪分子决定刑罚的时候，应当根据犯罪的事实、犯罪的性质、情节和对于社会的危害程度，依照本法的有关规定判处。

第六十七条第三款 犯罪嫌疑人虽不具有前两款规定的自首情节，但是如实供述自己罪行的，可以从轻处罚；因其如实供述自己罪行，避免特别严重后果发生的，可以减轻处罚。

第二百二十四条 有下列情形之一，以非法占有为目的，在签订、履行合同过程中，骗取对方当事人财物，数额较大的，处三年以下有期徒刑或者拘役，并处或者单处罚金；数额巨大或者有其他严重情节的，处三年以上十年以下有期徒刑，并处罚金；数额特别巨大或者有其他特别严重情节的，处十年以上有期徒刑或者无期徒刑，并处罚金或者没收财产：（一）以虚构的单位或者冒用他人名义签订合同的；（二）以伪造、变造、作废的票据或者其他虚假的产权证明作担保的；（三）没有实际履行能力，以先履行小额合同或者部分履行合同的方法，诱骗对方当事人继续签订和履行合同的；（四）收受对方当事人给付的货物、货款、预付款或者担保财产后逃匿的；（五）以其他方法骗取对方当事人财物的。

2.《最高人民法院、最高人民检察院关于办理诈骗刑事案件具体应用法律若干问题的解释》

第五条 诈骗未遂，以数额巨大的财物为诈骗目标的，或者具有其他严重情节的，应当定罪处罚。

利用发送短信、拨打电话、互联网等电信技术手段对不特定多数人实施诈骗，诈骗数额难以查证，但具有下列情形之一的，应当认定为刑法第二百六十六条规定的"其他严重情节"，以诈骗罪（未遂）定罪处罚：（一）发送诈骗信息五千条以上的；（二）拨打诈骗电话五百人次以上的；（三）诈骗手段恶劣、危害严重的。

实施前款规定行为，数量达到前款第（一）、（二）项规定标准十倍以上的，或者诈骗手段特别恶劣、危害特别严重的，应当认定为刑法第二百六十六条规定的"其他特别严重情节"，以诈骗罪（未遂）定罪处罚。

第六条 诈骗既有既遂，又有未遂，分别达到不同量刑幅度的，依照处罚较重的规定处罚；达到同一量刑幅度的，以诈骗罪既遂处罚。

3.《最高人民法院关于适用〈中华人民共和国刑事诉讼法〉的解释》

第三百零五条第一款 上诉人在上诉期满后要求撤回上诉的，第二审人民法院应当审查。经审查，认为原判认定事实和适用法律正确，量刑适当的，应当裁定准许撤回上诉；认为原判事实不清、证据不足或者将无罪判为有罪、轻罪重判等的，应当不予准许，继续按照上诉案件审理。

第三百零八条 在上诉、抗诉期满前撤回上诉、抗诉的，第一审判决、裁定在上诉、抗诉期满之日起生效。在上诉、抗诉期满后要求撤回上诉、抗诉，第二审人民法院裁定准许的，第一审判决、裁定应当自第二审裁定书送达上诉人或者抗诉机关之日起生效。

【案例索引】

一审：北京市石景山区人民法院（2013）石刑初字第239号刑事判决书。

二审：北京市第一中级人民法院（2013）一中刑终字第4134号刑事裁定书。

【基本案情】

2012年7月29日，被告人王新明使用伪造的户口本、身份证，冒充房主即王新明之父的身份，在北京市石景山区链家房地产经纪有限公司古城公园店，以出售该区古城路28号楼一处房屋为由，与被害人徐某签订房屋买卖合同，约定购房款为100万元，并当场收取徐某定金1万元。同年8月12日，王新明又收取徐某支付的购房首付款29万元，并约定余款过户后给付。后双方在办理房产过户手续时，王新明虚假身份被石景山区住建委工作人员发现，余款未取得。2013年4月23日，王新明被公安机关查获。次日，王新明的亲属将赃款退还被害人徐某，被害人徐某对王新明表示谅解。

【裁判结果】

一审判决：被告人王新明犯合同诈骗罪，判处有期徒刑六年，并处罚金6000元。

二审裁定：准许上诉人王新明撤回上诉，维持原判。

【裁判理由】

一审法院认为，被告人王新明以非法占有为目的，冒用他人名义签订合同，骗取对方当事人钱款，数额巨大，其行为已构成合同诈骗罪，依法应予惩处。鉴于被告人王新明到案后能如实供述犯罪事实，且在亲属的帮助下退赔了全部赃款，取得了被害人的谅解，依法对其从轻处罚。北京市石景山区人民检察院指控被告人王新明犯合同诈骗罪的事实清楚，证据确实、充分，指控的罪名成立，但认为王新明合同诈骗数额特别巨大且系犯罪未遂的法律适用有误，予以更正。

判决宣告后，北京市石景山区人民检察院提出抗诉认为，王新明的犯罪数额应为100万元，属数额特别巨大，而原判未评价70万元未遂的事实，仅依据既遂30万元认定王新明犯罪数额巨大，系适用法律错误。北京市人民检察院第一分院的支持抗诉意见与北京市石景山区人民检察院的抗诉意见一致，原审被告人王新明以原判量刑过重提出上诉。

二审法院认为，王新明以非法占有为目的，冒用他人名义签订合同，其行为已构成合同诈骗罪。一审判决事实清楚，证据确实、充分，定性准确，审判程序合法，但未评价未遂70万元的犯罪事实不当，予以纠正。根据刑法及司法解释的有关规定，考虑王新明合同诈骗既遂30万元，未遂70万元但可对该部分减轻处罚，王新明如实供述犯罪事实，退赔全部赃款取得被害人的谅解等因素，原判量刑在法定刑幅度之内，且抗诉机关亦未对量刑提出异议，故应予维持。北京市石景山区人民检察院的抗诉意见及北京市人民检察院第一分院的支持抗诉意见，酌予采纳。鉴于二审期间王新明申请撤诉，撤回上诉的申请符合法律规定，故二审法院裁定依法准许撤回上诉，维持原判。

 思考问题

1. 本案中被告人王新明的犯罪数额认定是否正确？
2. 在数额犯中犯罪既遂与未遂并存时应如何量刑？
3. 应当根据犯罪总数额、既遂数额还是未遂数额确定法定刑幅度？
4. 在根据既遂部分与未遂部分择一重选法定刑幅度时，对于未遂部分法定刑幅度的确定，是否先行对未遂部分进行减轻的评价？

第五章 故意犯罪未完成形态

■■■ 案例 4 白云江故意杀人、抢劫、强奸案

内容摘要：本案是近年来引起社会广泛关注的热点案件之一，历经一审、二审及死刑复核程序。2013 年 7 月 24 日黑龙江省桦南县一孕妇谭蓓蓓以身体不适为由，骗取被害人胡某某信任，胡某某送其回家后，谭蓓蓓的丈夫白云江将胡某某强奸。事后，白云江和谭蓓蓓怕被人发现便心生杀念，将胡某某杀害并用皮箱将其尸体带出后掩埋。经最高人民法院核准，黑龙江省佳木斯市中级人民法院依法对犯故意杀人罪、强奸罪、抢劫罪的罪犯白云江执行死刑。这就是引起社会强烈反响的"孕妇为夫猎艳杀人案"。本案法官的裁判无论是在定罪上、还是在量刑上，都做到了"以事实为依据，以法律为准绳"，判决结果值得我们深入思考。本案的判决对于今后类似案件的审判起到了指导作用，对于这样道德沦丧的犯罪人也起到了一定的警示作用。

关键词：强奸；犯罪中止；故意杀人

【裁判要旨】

《刑法》第二十四条和第二十三条第一款明确规定："在犯罪过程中，自动放弃或者自动有效地防止犯罪结果发生的，是犯罪中止。""已经着手实行犯罪，由于犯罪分子意志以外的原因而未得逞的，是犯罪未遂。"在本案中，对于被害人苏某某，被告人白云江成立犯罪中止。而对于被害人胡某某，被告人白云江成立犯罪未遂。应当区分犯罪中止与犯罪未遂的问题。

强奸罪的结果加重犯——强奸致人重伤或死亡，一定要是强奸行为本身致人重伤或死亡，而不能是基于故意伤害或杀人的目的。在本案中，被告人白云江是在强奸之后，因害怕罪行败露而决定杀人灭口，构成故意杀人罪，应当与强奸罪并罚。

【相关法条】

1.《中华人民共和国刑法》

第二十三条 已经着手实行犯罪，由于犯罪分子意志以外的原因而未得逞的，是犯罪未遂。

对于未遂犯，可以比照既遂犯从轻或者减轻处罚。

第二十四条 在犯罪过程中，自动放弃犯罪或者自动有效地防止犯罪结果发生的，是犯罪中止。

对于中止犯，没有造成损害的，应当免除处罚；造成损害的，应当减轻处罚。

第四十九条 犯罪的时候不满十八周岁的人和审判的时候怀孕的妇女，不适用死刑。

审判的时候已满七十五周岁的人，不适用死刑，但以特别残忍手段致人死亡的除外。

第二百三十二条　故意杀人的，处死刑、无期徒刑或者十年以上有期徒刑；情节较轻的，处三年以上十年以下有期徒刑。

第二百三十六条　以暴力、胁迫或者其他手段强奸妇女的，处三年以上十年以下有期徒刑。

奸淫不满十四周岁的幼女的，以强奸论，从重处罚。

强奸妇女、奸淫幼女，有下列情形之一的，处十年以上有期徒刑、无期徒刑或者死刑：（一）强奸妇女、奸淫幼女情节恶劣的；（二）强奸妇女、奸淫幼女多人的；（三）在公共场所当众强奸妇女的；（四）二人以上轮奸的；（五）致使被害人重伤、死亡或者造成其他严重后果的。

第二百六十三条　以暴力、胁迫或者其他方法抢劫公私财物的，处三年以上十年以下有期徒刑，并处罚金；有下列情形之一的，处十年以上有期徒刑、无期徒刑或者死刑，并处罚金或者没收财产：（一）入户抢劫的；（二）在公共交通工具上抢劫的；（三）抢劫银行或者其他金融机构的；（四）多次抢劫或者抢劫数额巨大的；（五）抢劫致人重伤、死亡的；（六）冒充军警人员抢劫的；（七）持枪抢劫的；（八）抢劫军用物资或者抢险、救灾、救济物资的。

2.《中华人民共和国刑事诉讼法》

第二百四十六条　死刑由最高人民法院核准。

第二百五十条　最高人民法院复核死刑案件，应当作出核准或者不核准死刑的裁定。对于不核准死刑的，最高人民法院可以发回重新审判或者予以改判。

3.《最高人民法院关于适用〈中华人民共和国刑事诉讼法〉的解释》

第三百五十条　最高人民法院复核死刑案件，应当按照下列情形分别处理：（一）原判认定事实和适用法律正确、量刑适当、诉讼程序合法的，应当裁定核准；（二）原判认定的某一具体事实或者引用的法律条款等存在瑕疵，但判处被告人死刑并无不当的，可以在纠正后作出核准的判决、裁定；（三）原判事实不清、证据不足的，应当裁定不予核准，并撤销原判，发回重新审判；（四）复核期间出现新的影响定罪量刑的事实、证据的，应当裁定不予核准，并撤销原判，发回重新审判；（五）原判认定事实正确，但依法不应当判处死刑的，应当裁定不予核准，并撤销原判，发回重新审判；（六）原审违反法定诉讼程序，可能影响公正审判的，应当裁定不予核准，并撤销原判，发回重新审判。

【案例索引】

一审：黑龙江省佳木斯市中级人民法院（2014）佳少刑初字第3号刑事判决书。

二审：黑龙江省高级人民法院（2014）黑刑一终字第152号刑事裁定书。

复核：最高人民法院死刑复核刑事裁定书。

【基本案情】

2013年5月，被告人白云江从他人处获知妻子谭蓓蓓（同案被告人，已判刑）在与其恋爱期间还曾与多名男子发生两性关系。白云江为此很生气，经常打骂谭蓓蓓，谭蓓蓓遂产生寻找少女供白云江奸淫，使白云江达到心理平衡。同年6月25日18时许，白云江之女白某甲将同学苏某某（被害人，女，时年16岁）带回位于黑龙江省桦南县××大院×号楼×单元×××室的住处留宿。当日21时许，白云江、谭蓓蓓将以前购买的数片氯硝安定片剂碾碎后放入两盒酸奶，谭蓓蓓将酸奶给苏某某、白某甲喝下，致苏某某、白某甲昏迷。白云江欲奸淫苏某某，后自动放弃。次日，苏某某、白某甲参加中考时在考场中分别出现昏睡、呕吐等症状，不能正常考试。

2013年7月，被告人白云江又购买了一瓶氯硝安定，并与谭蓓蓓将数片氯硝安定片剂碾碎后掺入一盒酸奶，伺机作案。同月24日15时许，怀孕八个多月的谭蓓蓓在桦南县文林街遇到被害人胡某某（女，殁年16岁），即以腹痛需要帮助为由，将胡某某骗至桦南县××大院×号楼×单元×××室谭蓓蓓、白云江租住处。白云江假装感谢胡某某，让胡某某喝下掺入氯硝安定的酸奶，致胡某某昏迷，并用此前购买的手铐将胡某某铐在床头栏杆上。白云江欲对胡某某实施奸淫，因胡某某正值经期及白云江的生理原因而未得逞。白云江、谭蓓蓓因恐罪行败露决定杀人灭口，共同采用枕头捂压口鼻、按压手脚的方法致胡某某窒息死亡，并将胡某某的尸体装入旅行箱，驾车运至桦南县福山村西南勃利铁路林场松林掩埋。

上述事实，有第一审、第二审开庭审理中经质证确认的从被告人白云江父亲家提取的被害人胡某某的手机、钥匙及从现场提取的作案所用氯硝安定等物证，证实白云江以曾用名白杨购买氯硝安定的快递单等书证，证人胡某甲、白某乙、赵某某、白某甲等的证言，被害人苏某某的陈述，尸体鉴定意见、药物鉴定意见，根据同案被告人谭蓓蓓指认找到胡某某尸体的现场勘验、检查笔录和辨认笔录，显示胡某某搀扶谭蓓蓓进入案发单元门的监控录像及胡某某告诉朋友其送一孕妇回家的微信截图，同案被告人谭蓓蓓的供述等证据证实。被告人白云江亦供认不讳。

被告人白云江、谭蓓蓓见白云江的同学康某某佩戴一条黄金项链、一条黄金手链、一枚铂金戒指、一枚白金钻戒（共计价值56829元），产生抢劫之念。白云江、谭蓓蓓预谋将康某某骗至住处抢劫后杀害，并购买了编织袋、胶带、手机卡等物，将数片氯硝安定片剂碾碎后用注射器注入一罐易拉罐啤酒和一瓶饮料。2013年7月19日16时许，白云江、谭蓓蓓以请吃饭为名邀请康某某及其妻子董某某到桦南县××大院×号楼×单元×××室二人租住处。席间，因白云江不断问及康某某、董某某的经济状况，引起康某某反感，白云江、谭蓓蓓尚未将注入氯硝安定的啤酒让康某某饮用，康某某即带着董某某离开。后白云江、谭蓓蓓为继续实施抢劫，还多次分别邀约康某某、董某某，康某某、董某某均未前往。

上述事实，有第一审、第二审开庭审理中经质证确认的从被告人白云江、同案被告人谭蓓蓓暂住处查获的含有氯硝安定成分的啤酒，通话清单，被害人康某某、董某某的陈述，药物鉴定意见、价格鉴定意见，辨认笔录，同案被告人谭蓓蓓的供述等证据证实。被告人白云江亦供认不讳。

【裁判结果】

一审判决：被告人白云江犯故意杀人罪，判处死刑，剥夺政治权利终身；犯抢劫罪，判处有期徒刑八年，并处罚金 5000 元；犯强奸罪，判处有期徒刑六年。决定执行死刑，剥夺政治权利终身，并处罚金 5000 元。

二审裁定：驳回上诉，维持原判。

复核裁定：核准黑龙江省高级人民法院（2014）黑刑一终字第 152 号刑事裁定书，维持第一审对被告人白云江以故意杀人罪判处死刑，剥夺政治权利终身，以抢劫罪判处有期徒刑八年，并处罚金 5000 元，以强奸罪判处有期徒刑六年，决定执行死刑，剥夺政治权利终身，并处罚金 5000 元的刑事判决。

【裁判理由】

一审法院认为，被告人白云江、谭蓓蓓共同故意非法剥夺他人生命，致一人死亡；违背妇女意志，以镇静催眠类药物致人昏迷的手段强奸两名妇女；以镇静催眠类药物致人昏迷的方法抢劫他人财物，指向财物数额巨大，并意欲杀害被害人，其行为均已构成故意杀人罪、强奸罪、抢劫罪。公诉机关指控的罪名成立。二被告人在共同犯罪中均积极实施犯罪行为，起主要作用，均系主犯，应当按照其所参与的全部犯罪处罚。被告人白云江、谭蓓蓓犯数罪，应当实行数罪并罚。二被告人利用谭蓓蓓系孕妇的特殊身份和善良少女助人为乐的良好品德，实施强奸、故意杀害少女的犯罪行为，犯罪动机极其卑劣、社会影响极坏；采取药物麻醉和捂口鼻致人窒息的方法致一人死亡并埋尸灭迹，情节特别恶劣，后果特别严重；为一己私利，采用药物麻醉的方法，连续实施强奸、抢劫、故意杀人犯罪，主观恶性极深、人身危险性极大。其故意杀人犯罪确属罪行极其严重，应当判处被告人白云江死刑并立即执行。故对白云江的指定辩护人关于白云江认罪态度较好，有酌情从轻处罚情节的辩护意见不予采纳。

被告人谭蓓蓓在实施犯罪和被采取监视居住强制措施时系已怀孕数月的妇女，属于《刑法》第四十九条第一款所规定的"审判的时候怀孕的妇女"，对其依法不能适用死刑。因被告人白云江、谭蓓蓓均供述系谭蓓蓓首先提议迷奸少女，并在共同犯罪中积极实施行为，谭蓓蓓的辩护人亦未提供谭蓓蓓系因受到白云江胁迫才参与犯罪的证据材料，故对谭蓓蓓的辩护人关于"不是谭蓓蓓提议杀人，谭蓓蓓是在白云江对其实施精神强制的情况下，与白云江共同实施了强奸、杀害胡某某的行为，谭蓓蓓在该起共同犯罪中应为胁从犯，应当对谭蓓蓓该起犯罪减轻处罚"的辩护意见不予采纳。

二被告人在实施奸淫胡某某犯罪过程中,因白云江发现胡某某处于生理期和白云江自身原因而奸淫未得逞,系犯罪未遂,可以比照既遂犯从轻处罚。故对谭蓓蓓的辩护人请求就该起犯罪对谭蓓蓓减轻处罚的辩护意见不予采纳。二被告人在实施奸淫苏某某犯罪过程中,白云江自动放弃犯罪,虽系犯罪中止,但造成了被害人苏某某的身心损害,应当酌情处罚。二被告人为实施抢劫康某某、董某某犯罪行为,准备作案工具、制造犯罪条件,系犯罪预备,可以比照既遂犯减轻处罚。被告人谭蓓蓓在被采取强制措施后,如实供述司法机关还未掌握的本人和白云江抢劫康某某、董某某的罪行,应以自首论,谭蓓蓓有法定从轻处罚情节。

二被告人强奸、杀害未成年人,有从重处罚情节。被告人白云江参与强奸苏某某、抢劫康某某、董某某的犯罪事实清楚,证据确实、充分,白云江、谭蓓蓓在被害人康某某、董某某离开其家后,还继续打电话或者发短信相约,准备继续实施抢劫犯罪行为,故对白云江关于"没想强奸苏某某,后来也不想抢劫同学康某某了"的辩解理由均不予采纳。附带民事诉讼原告人胡某乙、孙某某诉讼请求中的合理部分,即死亡赔偿金355200元(2013年黑龙江省城镇居民家庭人均年可支配收入17760元×20年)、丧葬费19299元(2013年黑龙江省在岗职工半年平均工资),共计374499元,依法应当由被告人白云江、谭蓓蓓共同赔偿。根据二被告人在共同犯罪中地位和作用,应当分别承担赔偿责任的50%,即分别承担187249.5元。被告人白云江、谭蓓蓓共同侵权致被害人胡某某死亡,应当承担连带责任。因附带民事诉讼原告人胡某乙、孙某某未提供能够证明自己丧失劳动能力的证据,故对其关于赔偿被扶养人生活费的诉讼请求不予支持。

最高人民法院认为,被告人白云江结伙利用药物麻醉手段奸淫少女,其行为已构成强奸罪;为灭口,将被害少女杀害,其行为已构成故意杀人罪;以非法占有为目的,采用药物麻醉方法劫取他人财物,其行为已构成抢劫罪,应依法予以并罚。犯罪动机卑劣,情节、后果严重,社会影响极其恶劣,系共同犯罪中罪行最为严重的主犯,应依法惩处。白云江实施的强奸犯罪一起为犯罪中止、一起为犯罪未遂,实施的抢劫犯罪系犯罪预备,原判已对其依法从轻或减轻处罚。第一审判决、第二审裁定认定的事实清楚,证据确实、充分,定罪准确,量刑适当,审判程序合法。

思考问题

1. 本案中如何区分强奸罪的犯罪中止与犯罪未遂?
2. 如何认定强奸罪的结果加重犯?

第六章 共同犯罪

■■■ 案例1 吴雅等贩卖、制造毒品案

内容摘要：本案是近几年来最高人民法院处理犯罪集团的典型案例，历经一审、二审及死刑复核程序。一审中，被告人吴雅、王杰、苏怀志、陈冬均犯贩卖、制造毒品罪，分别判处死刑，剥夺政治权利终身，并处没收个人全部财产。一审后被告人提起上诉，二审法院驳回上诉，维持原审判决。在本案当中，最高人民法院核准第二审裁定，维持第一审判决，认为吴雅、王杰、苏怀志、陈冬构成犯罪集团性质的贩卖、制造毒品罪的事实清楚，证据确实、充分，定罪准确，量刑适当，并依据他们在贩卖、制造毒品犯罪集团中所起的作用，作出了核准四人的死刑，剥夺政治权利终身，并处没收个人全部财产的刑事裁定。集团犯罪的核心问题是如何准确认定犯罪集团，以及如何恰当地追究集团犯罪参与者的刑事责任问题，而这些问题的解决归根到底要以犯罪集团的科学界定为前提，可以说，恰当地界定犯罪集团的概念是深入研究犯罪集团的前提。

关键词：犯罪集团；共同犯罪；首要分子

【裁判要旨】

被告人吴雅、王杰、苏怀志、陈冬违反国家毒品管制法规，结伙制造甲基苯丙胺并予以贩卖，其行为均已构成贩卖、制造毒品罪。吴雅系贩卖、制造毒品犯罪集团中起组织、领导作用的首要分子，应当按照集团所犯贩卖、制造毒品的全部罪行处罚；贩卖、制造毒品数量大，社会危害性极大，主观恶性极深，应依法惩处。王杰积极参加贩卖、制造毒品犯罪集团，学习并掌握制毒技术，组织生产毒品，系犯罪集团中作用突出的主犯，贩卖、制造毒品数量大；在犯罪集团停止活动后，另行结伙贩卖、制造数量大的毒品，在共同犯罪中系主犯，社会危害性极大，且系累犯，应依法从重处罚。苏怀志积极参加贩卖、制造毒品犯罪集团，参与共谋、出资并购买制毒材料、设备，系犯罪集团中作用突出的主犯，贩卖、制造毒品数量大，社会危害性极大，应依法惩处。陈冬积极参加贩卖、制造毒品犯罪集团，参与共谋，介绍制毒技术人员，积极贩卖毒品，系犯罪集团中作用突出的主犯，贩卖、制造毒品数量大，社会危害性极大，应依法惩处。

第六章　共同犯罪

【相关法条】

1.《中华人民共和国刑法》

第三百四十七条　走私、贩卖、运输、制造毒品，无论数量多少，都应当追究刑事责任，予以刑事处罚。

走私、贩卖、运输、制造毒品，有下列情形之一的，处十五年有期徒刑、无期徒刑或者死刑，并处没收财产：（一）走私、贩卖、运输、制造鸦片一千克以上、海洛因或者甲基苯丙胺五十克以上或者其他毒品数量大的；（二）走私、贩卖、运输、制造毒品集团的首要分子；（三）武装掩护走私、贩卖、运输、制造毒品的；（四）以暴力抗拒检查、拘留、逮捕，情节严重的；（五）参与有组织的国际贩毒活动的。

走私、贩卖、运输、制造鸦片二百克以上不满一千克、海洛因或者甲基苯丙胺十克以上不满五十克或者其他毒品数量较大的，处七年以上有期徒刑，并处罚金。

走私、贩卖、运输、制造鸦片不满二百克、海洛因或者甲基苯丙胺不满十克或者其他少量毒品的，处三年以下有期徒刑、拘役或者管制，并处罚金；情节严重的，处三年以上七年以下有期徒刑，并处罚金。

单位犯第二款、第三款、第四款罪的，对单位判处罚金，并对其直接负责的主管人员和其他直接责任人员，依照各该款的规定处罚。

利用、教唆未成年人走私、贩卖、运输、制造毒品，或者向未成年人出售毒品的，从重处罚。

对多次走私、贩卖、运输、制造毒品，未经处理的，毒品数量累计计算。

2.《中华人民共和国刑事诉讼法》

第二百四十六条　死刑由最高人民法院核准。

第二百五十条　最高人民法院复核死刑案件，应当作出核准或者不核准死刑的裁定。对于不核准死刑的，最高人民法院可以发回重新审判或者予以改判。

3.《最高人民法院关于适用〈中华人民共和国刑事诉讼法〉的解释》

第三百五十条　最高人民法院复核死刑案件，应当按照下列情形分别处理：（一）原判认定事实和适用法律正确、量刑适当、诉讼程序合法的，应当裁定核准；……

【案例索引】

一审：重庆市第三中级人民法院（2011）渝三中法刑初字第00031号刑事判决书。
二审：重庆市高级人民法院（2012）渝高法刑终字第00163号刑事裁定书。
复核：最高人民法院死刑复核裁定书。

【基本案情】

2008 年年底，被告人吴雅、苏怀志、陈冬与余正忠（在逃）等人共谋用麻黄素制造甲基苯丙胺。陈冬经苟志涌（另案处理，已判刑）介绍联系到同案被告人吴忠东、霍飞（均已判刑），在吴雅的安排下，陈冬与被告人王杰携带麻黄素前往广东省东莞市吴忠东、霍飞处试制甲基苯丙胺。不久，吴雅将吴忠东、霍飞接到重庆市继续进行试制。2009 年年初，在吴雅的安排下，霍飞到制毒人员"王木匠"（身份不详）处学得甲基苯丙胺合成结晶技术并传授给吴忠东、王杰，三人共同制造出甲基苯丙胺 140 克。

为大量制造毒品，吴雅、苏怀志、陈冬、余正忠等人经共谋，商定由吴雅、苏怀志、余正忠共同筹钱，霍飞、吴忠东、陈冬、苟志涌以技术入股出资，并约定了分工及获利分配方案。吴雅纠集王杰及同案被告人陈云朋、张建波、刘家燕、邓正权、杨忠麟（均已判刑）等人参与制毒，并以他人名义购买车牌号为渝 A×××××的江铃牌厢式货车，由苏怀志安排自己公司的员工改装为流动制毒车。吴雅又安排陈云朋制造用于制毒的反应釜，并让刘家燕租赁房屋，保管制毒材料、毒品及登记制毒、贩毒情况。苏怀志与霍飞一起到上海购买制毒设备，还安排公司员工另定做一反应釜。

2009 年 3 月至 4 月，吴雅安排刘家燕将 54 公斤麻黄素交给王杰。在王杰的具体组织下，吴忠东、霍飞、陈云朋、张建波、杨忠麟、邓正权等人多次使用制毒车，在重庆市九龙坡区山洞镇中梁五队凉枫桠的桠口采石场将 54 公斤麻黄素进行化料，并在重庆市巴南区龙洲湾新区道角村 15 组租住房合成结晶，先后制造出甲基苯丙胺共计 35642 克。

2009 年 4 月 18 日，吴雅、苏怀志、余正忠共同出资准备再购买麻黄素。吴雅等人携带毒资驾车前往四川省成都市途中被抓获，公安人员从吴雅的车上当场缴获 620 万元及甲基苯丙胺 4.81 克、麻古 21.99 克。吴雅未供述集团贩卖、制造毒品的事实。苏怀志、余正忠得知吴雅被抓后，继续组织制造、贩卖甲基苯丙胺，并为吴雅保留利润份额。

2009 年 4 月至 6 月，王杰、吴忠东、霍飞、刘家燕、陈云朋、张建波、杨忠麟、邓正权等人多次使用制毒车，将购买的麻黄素及吴雅留下的 35 公斤麻黄素，在上述采石场进行化料，并分别在上述租住房及重庆市涪陵区荔枝办事处乌江村 4 组租住房合成结晶，先后制造出甲基苯丙胺共计 112542 克。

在制毒期间，刘家燕按照吴雅、余正忠的安排，先后将制造出的甲基苯丙胺交给陈冬、张建波等人贩卖，其中，陈冬共计贩卖 38000 克。吴雅、余正忠分给陈冬、吴忠东、霍飞各数十万元报酬，并支付给参与制毒的王杰、刘家燕、杨忠麟、张建波、邓正权每月数千至数万元不等的工资。

2010 年 4 月，被告人王杰与同案被告人陈云朋、张建波共谋合伙出资，利用吴雅犯罪集团的制毒工艺及工具制造甲基苯丙胺。陈云朋租下涪陵区江东办事处群沱子村 8 社一民房，将制毒工具等运至该处，并邀约同案被告人邓正权、杨松（均已判刑）参与制毒。张建波购买 10 公斤麻黄素后，王杰又邀约杨忠麟参与制毒。同年 5 月至 8 月，王杰、陈云朋、张建波、杨忠麟、邓正权、杨松先后制造出甲基苯丙胺共计 1000 余克，由王杰、张建波予以贩卖。同年 8 月 13 日，公安人员从上述制毒场所查获含有甲基苯丙胺成分的结晶状、液状、粉末状、膏状物品共计 10002.66 克以及反应釜等制毒工具，并在抓获陈云朋时从其处查获张建波贩毒所余甲基苯丙胺 19.16 克。

【裁判结果】

一审判决：被告人吴雅、王杰、苏怀志、陈冬均犯贩卖、制造毒品罪，分别判处死刑，剥夺政治权利终身，并处没收个人全部财产。

二审裁定：驳回上诉，维持原判。

复核裁定：核准重庆市高级人民法院（2012）渝高法刑终字第 00163 号刑事裁定书，维持第一审对被告人吴雅、王杰、苏怀志、陈冬均以贩卖、制造毒品罪分别判处死刑，剥夺政治权利终身，并处没收个人全部财产的刑事判决。

【裁判理由】

一审法院认为，被告人吴雅、王杰、苏怀志、陈冬违反国家毒品管制法规，结伙制造甲基苯丙胺并予以贩卖，其行为均已构成贩卖、制造毒品罪。吴雅系贩卖、制造毒品犯罪集团中起组织、领导作用的首要分子，应当按照集团所犯贩卖、制造毒品的全部罪行处罚；贩卖、制造毒品数量大，社会危害性极大，主观恶性极深，应依法惩处。王杰积极参加贩卖、制造毒品犯罪集团，学习并掌握制毒技术，组织生产毒品，系犯罪集团中作用突出的主犯，贩卖、制造毒品数量大；在犯罪集团停止活动后，另行结伙贩卖、制造数量大的毒品，在共同犯罪中系主犯，社会危害性极大，且系累犯，应依法从重处罚。苏怀志积极参加贩卖、制造毒品犯罪集团，参与共谋、出资并购买制毒材料、设备，系犯罪集团中作用突出的主犯，贩卖、制造毒品数量大，社会危害性极大，应依法惩处。陈冬积极参加贩卖、制造毒品犯罪集团，参与共谋，介绍制毒技术人员，积极贩卖毒品，系犯罪集团中作用突出的主犯，贩卖、制造毒品数量大，社会危害性极大，应依法惩处。

思考问题

1. 本案中如何认定犯罪人之间形成的犯罪集团？
2. 犯罪集团与普通共同犯罪之间是何种关系？

■■■ 案例2 许某某、王某某故意伤害案

内容摘要：本案是具有社会争议性的刑事案件，一审终审，被告人未上诉，检察院也未抗诉。一审法院综合考虑被告人许某某、王某某在共同犯罪中的不同作用、案件的起因以及其他具体情节，分别对二被告人予以量刑。案中直接实行犯的行为定性与处罚并无争议，而争议主要集中在教唆犯的犯罪行为定性与处罚之中，主要体现在行为人的行为是否属于实行过限。这是解决本案争议的一大突破口。案例运用共同犯罪理论，通过对于本案案情以及对于行为人主观心理的认识，解决法院对于本案的定性问题，并且对于本案的量刑辨别出教唆犯罪中教唆者对于被教唆人超出教唆意图之外的犯罪是否担责的问题，解决了刑事犯罪中的难题。

关键词：教唆；实行过限；故意伤害；过失致人死亡

【裁判要旨】

教唆他人实施故意伤害的教唆内容属于概然性教唆，教唆者应对实际发生的结果负责。而且对于正犯可能造成受害者重伤的可能性，教唆者事先有所预见，虽然提醒正犯不可带刀，但在预见后果的基础上仍指认受害人并立即离开现场，总体上仍对于后果持放任态度。这种行为不属于实行过限。

【相关法条】

1.《中华人民共和国刑法》

第二十五条 共同犯罪是指二人以上共同故意犯罪。

二人以上共同过失犯罪，不以共同犯罪论处；应当负刑事责任的，按照他们所犯的罪分别处罚。

第三十六条 由于犯罪行为而使被害人遭受经济损失的，对犯罪分子除依法给予刑事处罚外，并应根据情况判处赔偿经济损失。

承担民事赔偿责任的犯罪分子，同时被判处罚金，其财产不足以全部支付的，或者被判处没收财产的，应当先承担对被害人的民事赔偿责任。

第九十五条 本法所称重伤，是指有下列情形之一的伤害：（一）使人肢体残废或者毁人容貌的；（二）使人丧失听觉、视觉或者其他器官机能的；（三）其他对于人身健康有重大伤害的。

第二百三十四条 故意伤害他人身体的，处三年以下有期徒刑、拘役或者管制。

犯前款罪，致人重伤的，处三年以上十年以下有期徒刑；致人死亡或者以特别残忍手段致人重伤造成严重残疾的，处十年以上有期徒刑、无期徒刑或者死刑。本法另有规

定的，依照规定。

第二百三十五条　过失伤害他人致人重伤的，处三年以下有期徒刑或者拘役。本法另有规定的，依照规定。

2.《中华人民共和国刑事诉讼法》

第一百零一条　被害人由于被告人的犯罪行为而遭受物质损失的，在刑事诉讼过程中，有权提起附带民事诉讼。被害人死亡或者丧失行为能力的，被害人的法定代理人、近亲属有权提起附带民事诉讼。

如果是国家财产、集体财产遭受损失的，人民检察院在提起公诉的时候，可以提起附带民事诉讼。

3.《最高人民法院关于适用〈中华人民共和国刑事诉讼法〉的解释》

第一百三十八条　被害人因人身权利受到犯罪侵犯或者财物被犯罪分子毁坏而遭受物质损失的，有权在刑事诉讼过程中提起附带民事诉讼；被害人死亡或者丧失行为能力的，其法定代理人、近亲属有权提起附带民事诉讼。

因受到犯罪侵犯，提起附带民事诉讼或者单独提起民事诉讼要求赔偿精神损失的，人民法院不予受理。

第一百五十五条第一款　对附带民事诉讼作出判决，应当根据犯罪行为造成的物质损失，结合案件具体情况，确定被告人应当赔偿的数额。

第一百五十五条第二款　犯罪行为造成被害人人身损害的，应当赔偿医疗费、护理费、交通费等为治疗和康复支付的合理费用，以及因误工减少的收入。造成被害人残疾的，还应当赔偿残疾生活辅助具费等费用；造成被害人死亡的，还应当赔偿丧葬费等费用。

【案例索引】

一审：北京市昌平区人民法院（2014）昌刑初字第261号刑事判决书。

【基本案情】

2013年8月26日凌晨1时许，被告人王某某于北京市昌平区天通苑京樽KTV包房内，因为一些小事与被害人何某发生口角。之后不久王某某告知其男友被告人许某某有人与自己发生冲突，要求许某某来教训一下被害人。但是王某某害怕会造成重大后果，又通知被告人许某某"不能用刀"。

被告人许某某在京樽KTV门口，在被告人王某某指认下，伙同他人对何某等人进行殴打。而王某某指认之后就立即离开了现场，被告人许某某持刀将沈某某、张某某、康某某扎伤，致沈某某腹部开放性损伤、大腿外伤、小肠多处破裂伤，张某某左大腿多处穿刺伤,康某某左臀部多处穿刺伤。之后王某某于许某某回到家中才知道其带了刀具。经法医学鉴定,沈某某的损伤构成重伤(二级),张某某、康某某的损伤均构成轻微伤。

【裁判结果】

一审判决:(1)被告人许某某犯故意伤害罪,判处有期徒刑五年。(2)被告人王某某犯故意伤害罪,判处有期徒刑三年。(3)公诉机关随按移送的作案工具,依法予以没收。(4)附带民事诉讼被告人许某某、王某某连带赔偿附带民事诉讼原告人沈某某医疗费、误工费,共计33031.26元。(5)驳回附带民事诉讼原告人沈某某的其他诉讼请求。(6)附带民事诉讼被告人许某某、王某某连带赔偿附带民事诉讼原告人张某某医疗费、误工费,共计7118.41元。(7)附带民事诉讼被告人许某某、王某某连带赔偿附带民事诉讼原告人康某某医疗费、误工费,共计5665.05元。(8)驳回附带民事诉讼原告人康某某的其他诉讼请求。

【裁判理由】

法院经审理认为,被告人许某某、王某某故意伤害他人身体,致一人重伤、二人轻微伤,其行为已构成故意伤害罪,依法应予惩处。北京市昌平区人民检察院指控被告人许某某、王某某犯故意伤害罪的事实清楚,证据确实充分,罪名成立。被告人王某某虽发短信不让被告人许某某带刀,但王某某在明知许某某会和对方打架的情况下仍指认何某,且在许某某和何某打起来之后立即离开现场,被告人对于之后的危害结果有所预见,但放任结果发生,故许某某的故意伤害行为不属于实行过限,被告人王某某应对发生的危害后果承担刑事责任。被告人王某某到案后如实供述自己的罪行,可依法从轻处罚。本院综合考虑被告人许某某、王某某在共同犯罪中的不同作用、案件的起因以及其他具体情节,分别对二被告人予以量刑。对于被告人许某某、王某某的犯罪行为给附带民事诉讼原告人沈某某、张某某、康某某造成的合理经济损失,二被告人依法应当承担连带赔偿责任。

思考问题

1. 本案中被告人王某某的行为如何定性?
2. 教唆犯实行过限的判断标准是什么?

案例3 张某等电信诈骗案

内容摘要:本案是被《人民司法》收录的关于从犯与胁从犯认定的经典案例,历经一审与二审。一审法院认为，本案九名被告人文化程度较低，参与犯罪时间相对较短且被告人均不掌握获取被害人钱款的指定账户的信息，九名被告人在共同犯罪中所起的作用是次要的，应当认定为从犯。但是各被告人虽然护照被收走、外出必须经核心成员同意，但其平时生活受看管、行动受严格限制的证据并不充分，被告人及同案关系人均提到其若提出要求可以得到预支的生活费，在宾馆入住期间也曾出去吃饭，故没有证据可以证实本案被告人系受到暴力或非暴力胁迫而不得不参与实施诈骗行为，故不应认定为胁从犯。本案通过对九名被告人的具体行为抽象出胁从犯的要件，并阐明了从犯与胁从犯的区别，对胁从犯的认定作了严格的限制，对以后胁从犯的认定起到了规范作用。

关键词：胁迫；主观意志；从犯；胁从犯

【裁判要旨】

九名被告人出于赚钱的目的被招募到犯罪团伙，虽然护照被收走，外出必须经核心成员同意，但其平时生活并未受严格看管，行动未受实际限制，故不可因其是因为被诱导蒙骗才进入犯罪团伙为由而认定其为胁从犯。胁从犯的认定至少具备受胁迫和违背嫌疑人主观意志两个条件，不能简单地把受威胁作为胁从犯的唯一认定条件。

【相关法条】

《中华人民共和国刑法》

第二十五条　共同犯罪是指二人以上共同故意犯罪。

二人以上共同过失犯罪，不以共同犯罪论处；应当负刑事责任的，按照他们所犯的罪分别处罚。

第二十六条　组织、领导犯罪集团进行犯罪活动的或者在共同犯罪中起主要作用的，是主犯。

三人以上为共同实施犯罪而组成的较为固定的犯罪组织，是犯罪集团。

对组织、领导犯罪集团的首要分子，按照集团所犯的全部罪行处罚。

对于第三款规定以外的主犯，应当按照其所参与的或者组织、指挥的全部犯罪处罚。

第二十七条　在共同犯罪中起次要或者辅助作用的，是从犯。

对于从犯，应当从轻、减轻处罚或者免除处罚。

第二十八条　对于被胁迫参加犯罪的，应当按照他的犯罪情节减轻处罚或者免除处罚。

第二百六十六条　诈骗公私财物，数额较大的，处三年以下有期徒刑、拘役或者管制，并处或者单处罚金；数额巨大或者有其他严重情节的，处三年以上十年以下有期徒刑，并处罚金；数额特别巨大或者有其他特别严重情节的，处十年以上有期徒刑或者无期徒刑，并处罚金或者没收财产。本法另有规定的，依照规定。

【案例索引】

一审：上海市浦东新区人民法院（2014）浦刑初字第5287号刑事判决书。

二审：上海市第一中级人民法院（2015）沪一中刑终字第949号刑事裁定书。

【基本案情】

2013年10月至12月，被告人张某、崔某、李某、韦某某、王某、辛某某、陆某、姜某某、龚某某等人在柬埔寨王国金边市319大道5号别墅内，由被告人韦某某、王某、辛某某、陆某、姜某某、龚某某等人冒充中国电信工作人员，被告人张某、崔某、李某等人冒充公安民警或检察官等身份，通过拨打网络电话和电信技术手段，虚构被害人信息遭到泄露且涉嫌贩毒、洗钱案等虚假内容，要求被害人将资金汇入该团伙指定的所谓"安全账户"内，骗取钱财。

【裁判结果】

一审判决：（1）被告人张某犯诈骗罪，判处有期徒刑六年，罚金6000元；被告人崔某犯诈骗罪，判处有期徒刑六年四个月，罚金6500元；被告人李某犯诈骗罪，判处有期徒刑三年，罚金3000元；被告人韦某某犯诈骗罪，判处有期徒刑二年六个月，罚金2500元；被告人王某犯诈骗罪，判处有期徒刑二年六个月，罚金2500元；被告人辛某某犯诈骗罪，判处有期徒刑六年六个月，罚金6500元；被告人陆某犯诈骗罪，判处有期徒刑二年，罚金2000元；被告人姜某某犯诈骗罪，判处有期徒刑二年三个月，罚金2500元；被告人龚某某犯诈骗罪，判处有期徒刑一年六个月，罚金1500元。（2）责令被告人张某、崔某、李某、韦某某、王某、辛某某、陆某、姜某某、龚某某退赔违法所得，发还相关被害人。（3）扣押在案的作案工具，依法予以没收。

二审裁定：准许上诉人龚某某撤回上诉。上海市浦东新区人民法院（2014）浦刑初字第5287号刑事判决自本裁定送达之日起发生法律效力。

【裁判理由】

一审法院认为，本案九名被告人文化程度较低，参与犯罪时间相对较短且被告人均不掌握获取被害人钱款的指定账户的信息，九名被告人在共同犯罪中所起的作用是次要的，应当认定为从犯。但是各被告人虽然护照被收走、外出必须经核心成员同意，但其平时生活受看管、行动受严格限制的证据并不充分，被告人及同案关系人均提到其若提出要求可以得到预支的生活费，在宾馆入住期间也曾出去吃饭，没有证据可以证实本案被告人系受到暴力或非暴力胁迫而不得不参与实施诈骗行为，故不应认定为胁从犯。

 **思考问题**

1. 本案中九名被告人属于从犯还是胁从犯？
2. 如何认识共同犯罪中胁从犯的转化问题？

■■■ 案例4　李兴云等故意杀人案

内容摘要：本案是近年来四川省高级人民法院关于刑事案件罪责刑相适应原则准确适用的典型案例，历经一审与二审。一审法院认定被告人李兴云、谢瑞有、赖永辉故意杀死被害人何某某的行为已构成故意杀人罪，且属共同犯罪。李兴云、谢瑞有起主要作用，系主犯；赖永辉起次要作用，系从犯。一审后，被告人上诉。二审判决根据案件事实，从犯意的提起、犯罪的实际参与程度、对危害结果的原因力大小等方面明确区分主犯和从犯，在认定多个被告人均为主犯的情况下，根据各自的作用大小，分别给予被告人不同程度的刑罚，严格依照罪责刑相适应原则定罪量刑。对共同犯罪主从犯地位的认定标准、解决共同犯罪量刑问题具有标杆意义。在共同犯罪中认定每个犯罪行为人在具体的犯罪活动中的具体地位，是还原犯罪事实真相的需要，也是给予每个犯罪行为人客观公正刑罚的需要。每个犯罪行为人在共同犯罪活动中处于什么样的地位，就将受到与之相适应的处罚。在司法实践中，认定共同犯罪行为人的主从犯地位就显得尤为必要，需要司法部门严格遵循罪刑法定原则与罪刑均衡原则，理清主从犯认定标准的思路，做到罪刑法定与罪责刑相适应。

关键词：共同犯罪；主从犯区分；罪责刑相适应

【裁判要旨】

在共同犯罪中，从犯意的提起、犯罪的实际参与程度、对危害结果的原因力大小等方面区分主犯和从犯；即使在认定多个被告人均为主犯的情况下，也应根据各自的作用大小，分别给予被告人不同程度的刑罚，做到罪责刑相适应。

【相关法条】

1. 《中华人民共和国刑法》

第二十五条第一款　共同犯罪是指二人以上共同故意犯罪。

第二十六条第一款　组织、领导犯罪集团进行犯罪活动的或者在共同犯罪中起主要作用的，是主犯。

第二十七条　在共同犯罪中起次要或者辅助作用的，是从犯。

对于从犯，应当从轻、减轻处罚或者免除处罚。

第六十七条第一款　犯罪以后自动投案，如实供述自己的罪行的，属自首。对于自首的犯罪分子，可以从轻或者减轻处罚。其中，犯罪较轻的，可以免除处罚。

第二百三十二条　故意杀人的，处死刑、无期徒刑或者十年以上有期徒刑；情节较轻的，处三年以上十年以下有期徒刑。

2.《中华人民共和国刑事诉讼法》

第二百三十六条第一款　第二审人民法院对不服第一审判决的上诉、抗诉案件，经过审理后，应当按照下列情形分别处理：……（二）原判决认定事实没有错误，但适用法律错误，或者量刑不当的，应当改判；……

【案例索引】

一审：四川省成都市中级人民法院（2014）成刑初字第95号刑事判决书。

二审：四川省高级人民法院（2014）川刑终字第630号刑事判决书。

【基本案情】

2013年6月15日，谢瑞有与女友李某、李兴云在成都市成华区青龙乡西林村闲逛时，发现何某某在一家店铺内。李兴云、谢瑞有遂找到何某某，谢瑞有向何某某索要债务未果后离开。后与谢瑞有之子谢志伟（另案处理）相遇。李某随即离开，李兴云、谢瑞有、谢志伟三人前往李兴云住处。在该处谢瑞有要求谢志伟为其购烟，谢志伟从外返回时又将朋友即原审被告人赖永辉带至李兴云住处。当日16时许，何某某持刀来到李兴云住处，意欲与谢瑞有理论，因李兴云予以阻止，何某某遂用刀刺伤李兴云，而后逃离。李兴云随即持刀追赶，并向在场的赖永辉、谢志伟指认家中刀具位置。谢瑞有、赖永辉、谢志伟也随即追赶，其间谢志伟持在李兴云家中找到一把砍刀，赖永辉持门外的一把铁铲，谢瑞有从路边的肉摊处拿得一把尖刀。在西林村11组综合市场路边，四人追上逃离的何某某，遂持手中的工具分别对何某某进行刺杀和击打。其间李兴云持匕首捅刺何某某胸、肩、背、腰等部位四刀，谢瑞有持尖刀捅刺何某某臀、腿等部位两刀，赖永辉持铁铲殴打何某某，致何某某受伤死亡。作案后四人逃离现场。经鉴定，何某某的死因为左胸部、左背部、右腰背部刺创导致左肺上叶破裂、左心室破裂、左肺下叶破裂、右肝叶破裂引起失血性休克死亡。同日18时30分许，李兴云向公安机关投案；次日凌晨0时30分许，谢瑞有向公安机关投案。2013年7月18日17时许，公安机关在成都市成华区青龙乡石岭村6组将赖永辉抓获。

【裁判结果】

一审判决：（1）被告人李兴云犯故意杀人罪，判处无期徒刑，剥夺政治权利终身。（2）被告人谢瑞有犯故意杀人罪，判处有期徒刑十四年。（3）被告人赖永辉犯故意杀人罪，判处有期徒刑八年。（4）被告人李兴云、谢瑞有、赖永辉赔偿附带民事诉讼原告人李某某、陈某某、何某甲、何某乙、何某丙交通费、住宿费12000元，误工费8000元，何某某的丧葬费16718元。（5）驳回附带民事诉讼原告人的其他诉讼请求。

二审判决：（1）维持四川省成都市中级人民法院（2014）成刑初字第95号刑事附带民事判决第（三）项，即被告人赖永辉犯故意杀人罪，判处有期徒刑八年。（2）撤销四川省成都市中级人民法院（2014）成刑初字第95号刑事附带民事判决第（一）项、第（二）项，即被告人李兴云犯故意杀人罪，判处无期徒刑，剥夺政治权利终身；被告人谢瑞有犯故意杀人罪，判处有期徒刑十四年。（3）上诉人（原审被告人）李兴云犯故意杀人罪，判处有期徒刑十五年，剥夺政治权利四年。（4）上诉人（原审被告人）谢瑞有犯故意杀人罪，判处有期徒刑十年。

【裁判理由】

一审法院认为，被告人李兴云、谢瑞有、赖永辉故意杀死被害人何某某的行为已构成故意杀人罪，且属共同犯罪。在共同犯罪中，李兴云、谢瑞有起主要作用，系主犯；赖永辉起次要作用，系从犯。李兴云、谢瑞有作案后主动向公安机关投案，在庭审中如实供述自己的犯罪事实，属自首。案发当时何某某持刀上门滋事，并先行刺伤李兴云，从而导致本案的发生，对案件的发生存有过错。鉴于案发后，谢瑞有、赖永辉的家属积极对附带民事诉讼原告人进行赔偿，因此可综合上述情节，对李兴云、谢瑞有从轻处罚，对赖永辉减轻处罚。三被告人理应赔偿因其犯罪行为给附带民事诉讼原告人造成的直接经济损失。

李兴云上诉称：原判定罪错误，不是故意杀人，是故意伤害；自己刺杀的是被害人背部，原判认定刺杀部位是胸、肩、腰、背系认定事实错误；被害人欠债不还，还上门滋事并先动刀伤人，有重大过错；自己有自首情节，认罪态度好，原判量刑过重。其辩护人提出：应遵循主客观相统一原则，不能客观归罪，本案李兴云作案时只有伤害的故意，没有杀人的故意，应定性为故意伤害，原判定罪错误；被害人何某某借钱不还，主动挑起事端，先动刀伤人，有重大过错，可减轻对李兴云的处罚；李兴云有自首情节，可从轻或减轻处罚；李兴云到案后认罪态度好，可酌情从轻处罚；本案是民间纠纷引发，在量刑时应有区别。综上，原判量刑过重，请求二审法院对李兴云减轻处罚。

谢瑞有上诉称：自己没有杀人的故意，所伤部位均非致命伤，主观上仅有伤害的故意，原判定罪错误；原判仅认定被害人有过错而不是重大过错，导致对上诉人没有适用减轻处罚，量刑不当；上诉人有自首情节，且系初犯，原判在量刑时没有充分体现；上诉人积极赔偿，取得了被害人亲属的谅解，原判量刑未予充分体现。请求二审法院依法改判。其辩护人提出：谢瑞有主观上没有杀人的故意，客观上没有杀人的行为，应定故意伤害罪，且情节较轻；本案事端由被害人挑起，事态升级亦是由被害人造成，被害人有重大过错，可相对减轻谢瑞有的罪责；本案中，谢瑞有的行为明显起次要和辅助作用,应定从犯;谢瑞有到案后打电话让其亲属带儿子投案自首,属立功,原判对此行为未予认定有误;案发后谢瑞有亲属积极赔偿,可相对减轻谢瑞有的罪责;谢瑞有系初犯、偶犯,认罪态度好,有悔罪表现。综上,原判定罪有误,量刑时未充分考虑谢瑞有的从轻和减轻处罚情节,量刑过重,请求二审法院对其从轻处罚,在有期徒刑七年以下量刑。

赖永辉称:看见死者(何某某)持刀上门挑衅,并动刀刺伤李兴云,跟随李兴云等人追赶出去,用铁锹打了一下被害人腿部,没有杀人故意,系故意伤害,原判定性错误,自己犯罪作用很小,原判量刑过重。

二审法院认为,上诉人(原审被告人)李兴云、谢瑞有、原审被告人赖永辉故意杀死被害人何某某的行为已构成故意杀人罪,且属共同犯罪。李兴云、谢瑞有案发后主动投案,并如实供述主要犯罪事实,构成自首,依法应从轻或减轻处罚。何某某持刀上门滋事,并率先动手刺伤李兴云,对本案的引发,有重大过错,可相对减轻各原审被告人的罪责,原判仅认定何某某有过错不当,应予纠正。本案中,何某某在李兴云的暂住处与李兴云发生斗殴并刺伤李兴云后,李兴云追赶何某某,并向其余被告人喊道"床上有刀",大家共同追赶出去,此时各原审被告人的意思进行了联络,形成了共同的犯意。在持械围攻中,被害人何某某身中数刀,反映出各原审被告人对何某某生命的灭失采取了放任的态度,其主观心态是间接故意杀人。因此,李兴云、谢瑞有上诉称及赖永辉当庭辩解自己不是故意杀人而是故意伤害的理由,不能成立。谢瑞有的辩护人提出,谢瑞有到案后电话通知其子归案构成立功,原判未予认定有误。经查,谢瑞有给他妹夫打电话让他儿子谢志伟到公安机关,公安机关对谢志伟的到案情况说明认定谢志伟属于自首,也就是说谢志伟是主动到公安机关投案,而不是谢瑞有协助抓捕同案人。谢志伟到案这一事实不能分别在谢志伟自首和谢瑞有立功情节同时予以评价,谢瑞有不构成立功。该辩护意见不予采纳。但谢瑞有打电话通知其子到公安机关协助调查,表明谢瑞有具有悔罪表现,对此情节,本院予以认定。谢瑞有的辩护人还提出,谢瑞有在案件起因上没有任何过错,在作案时没有授意同案被告人对被害人何某某进行攻击,仅是跟随李兴云对何某某进行了捅刺,且捅刺部位是身体非致命部位,其犯罪地位和作用未达到主犯的犯罪构成,原判认定谢瑞有与李兴云一样系主犯不当。经查,首先,谢瑞有对被害人实施了捅刺行为,而根据尸检报告,其捅刺行为加速了被害人死亡,对死亡结果起了实质性作用。其次,因为谢瑞有的加入,使得双方力量对比发生了变化,更使得被害人无法反抗或者躲避同案人的致命伤害。谢瑞有在犯罪中的作用明显大于同案人赖永辉,原判认定谢瑞有为主犯并无不当,该意见不予采纳。原判认定事实清楚,审判程序合法,对赖永辉适用减轻处罚适当,对被害人何某某引发本案有重大过错未予认定有误,对谢瑞有悔罪表现未充分认定不当,本院依法予以纠正。

思考问题

1. 如何认定在本案故意杀人罪中的主犯与从犯?依据是什么?
2. 如何理解在故意杀人罪中的"主要作用""次要作用"或者"辅助作用"?

案例5 梁庆康等故意伤害案

内容摘要:本案是经过山东省德州市中级人民法院审理后,被山东省高级人民法院改判,后又经最高人民检察院抗诉,最高人民法院指令再审,经山东省高级人民法院最终发回重审的案件。再审判决明确了在共同犯罪中,教唆、组织他人使用暴力手段对他人实施伤害行为,即对行为人进行概然性授意,行为人造成死亡后果的,教唆、组织者主观上虽没有致被害人死亡的故意,但客观上放任了他人的伤害行为、伤害手段,死亡结果基于伤害行为发生,教唆、组织者对于伤害是故意,其应当对伤害致人死亡结果承担责任。案件的处理符合实行过限理论和法律对主从犯的相关规定,同时明确了在实践中组织犯、教唆犯进行概然性授意,在可预见理论下,其应当对实行犯的行为承担责任。实行过限理论下可以减轻相关共犯的刑责,但是不能将其作为手段,使犯罪分子逃脱应有的惩罚,突破刑法的罪责刑相适应原则。本案的再审判决对其他类似案件有重要的参考意义。

关键词:实行过限;共同犯罪;授意可预见性

【裁判要旨】

授意他人实施故意伤害行为,行为人故意伤害致人死亡的,授意人客观上放任了他人的伤害行为、伤害手段,此时不属于实行过限,授意人应当对伤害致人死亡的结果承担责任。

【相关法条】

《中华人民共和国刑法》

第二十五条 共同犯罪是指二人以上共同故意犯罪。

二人以上共同过失犯罪,不以共同犯罪论处;应当负刑事责任的,按照他们所犯的罪分别处罚。

第二十六条 组织、领导犯罪集团进行犯罪活动的或者在共同犯罪中起主要作用的,是主犯。

三人以上为共同实施犯罪而组成的较为固定的犯罪组织,是犯罪集团。

对组织、领导犯罪集团的首要分子,按照集团所犯的全部罪行处罚。

对于第三款规定以外的主犯，应当按照其所参与的或者组织、指挥的全部犯罪处罚。

第二十七条 在共同犯罪中起次要或者辅助作用的，是从犯。

对于从犯，应当从轻、减轻处罚或者免除处罚。

第六十五条 被判处有期徒刑以上刑罚的犯罪分子，刑罚执行完毕或者赦免以后，在五年以内再犯应当判处有期徒刑以上刑罚之罪的，是累犯，应当从重处罚，但是过失犯罪和不满十八周岁的人犯罪的除外。

前款规定的期限，对于被假释的犯罪分子，从假释期满之日起计算。

第七十二条 对于被判处拘役、三年以下有期徒刑的犯罪分子，同时符合下列条件的，可以宣告缓刑，对其中不满十八周岁的人、怀孕的妇女和已满七十五周岁的人，应当宣告缓刑：（一）犯罪情节较轻；（二）有悔罪表现；（三）没有再犯罪的危险；（四）宣告缓刑对所居住社区没有重大不良影响。

宣告缓刑，可以根据犯罪情况，同时禁止犯罪分子在缓刑考验期限内从事特定活动，进入特定区域、场所，接触特定的人。

被宣告缓刑的犯罪分子，如果被判处附加刑，附加刑仍须执行。

第二百三十四条 故意伤害他人身体的，处三年以下有期徒刑、拘役或者管制。

犯前款罪，致人重伤的，处三年以上十年以下有期徒刑；致人死亡或者以特别残忍手段致人重伤造成严重残疾的，处十年以上有期徒刑、无期徒刑或者死刑。本法另有规定的，依照规定。

第三百一十条第一款 明知是犯罪的人而为其提供隐藏处所、财物，帮助其逃匿或者作假证明包庇的，处三年以下有期徒刑、拘役或者管制；情节严重的，处三年以上十年以下有期徒刑。

【案例索引】

一审：山东省德州市中级人民法院（2010）德中刑一初字第16号刑事判决书。
二审：山东省高级人民法院（2010）鲁刑二终字第106号刑事判决书。
再审：山东省德州市中级人民法院（2012）德中刑再初字第3号刑事判决书。

【基本案情】

被告人梁庆康系聊城"家富富侨"足疗店的投资和加盟人，被告人张顺龙负责"家富富侨"足疗店的日常管理工作。被告人张顺龙得知"家富富侨"足疗店的员工被聊城"百草堂"足疗中心聘用，遂告知梁庆康。梁庆康让张顺龙联系被告人徐志勇，由梁庆康开车拉被告人徐志勇、张顺龙指认了聊城"百草堂"足疗店的位置，指使徐志勇去教训这些人，让他们离开"百草堂"或返回"家富富侨"工作。被告人梁庆康让被告人徐志勇从其亲属处拿1000元现金到"百草堂"消费并了解情况。被告人徐志勇、崔保宽、苏戈去"百草堂"足疗时摸清了女职工的住宿地点。2009年8月4日晚12时左右,被告人徐志勇、崔保宽、苏戈伙同崔保宽纠集的另外四人(另案处理)在"百草堂"员工租住的粮油公司家属楼房内,使用木棍等工具殴打苏某、徐某等人,并威胁让他们离开"百草堂",离开聊城。事后将打人情况告诉了梁庆康、张顺龙,并向梁庆康索要报酬。被告人梁庆康先让他人提供6000元,后又当面付给徐志勇、崔保宽、苏戈每人1000元。

几天后,被告人梁庆康发现在"百草堂"工作的员工并未离开,遂打电话责问被告人徐志勇,被告人张顺龙也责问被告人徐志勇,并将"百草堂"员工居住方位告诉了被告人徐志勇。2009年8月17日晚,被告人徐志勇、苏戈、崔保宽经预谋,徐志勇联系被告人秦贞驾驶出租车,接被告人朱国庆一起来到聊城铁塔商场南运河北岸等候"百草堂"员工下班,当晚12时许,"百草堂"员工下班行至南运河桥时,被告人崔保宽持棒球棍、被告人苏戈持钢鞭拦截、追打杨某某、欧某某等人。在打斗过程中,被告人徐志勇用刀子捅中欧某某右侧胸锁骨中线第三肋处一刀、左腹部一刀、左髋部一刀,致其右肺动脉破裂急性大出血抢救无效死亡。作案后,被告人徐志勇、崔保宽、苏戈、朱国庆乘被告人秦贞的出租车逃离现场,并将捅人情况告知被告人梁庆康,被告人梁庆康给崔保宽、苏戈现金5000元,在南京将徐志勇送上车,帮助三被告人逃匿。

2009年8月18日凌晨,被告人朱桂英在得知被告人徐志勇用刀子捅人后,到聊城市人民医院打探情况。得知被害人死亡后,当日9时许交给被告人徐志勇7300元现金,帮助其逃匿。

【裁判结果】

一审判决:(1)原审被告人徐志勇犯故意伤害罪,判处有期徒刑十五年。(2)原审被告人梁庆康犯故意伤害罪,判处有期徒刑十年。(3)原审被告人崔保宽犯故意伤害罪,判处有期徒刑三年。(4)原审被告人苏戈犯故意伤害罪,判处有期徒刑二年。(5)原审被告人朱国庆犯故意伤害罪,判处有期徒刑三年,缓刑五年。(6)原审被告人张顺龙犯故意伤害罪,判处有期徒刑三年,缓刑五年。(7)原审被告人秦贞犯故意伤害罪,判处有期徒刑三年,缓刑四年。(8)原审被告人朱桂英犯窝藏罪,判处有期徒刑三年,缓刑三年。

二审判决:(1)维持德州市中级人民法院(2010)德中刑一初字第16号刑事判决第(一)项和第(二)(三)(四)项中对梁庆康、崔保宽、苏戈所犯故意伤害罪的定罪部分及第(五)(六)(七)(八)项。(2)撤销德州市中级人民法院(2010)德中刑一初字第16号刑事判决第(二)(三)(四)项中对梁庆康、崔保宽、苏戈犯故意伤害罪的量刑部分。(3)上诉人梁庆康犯故意伤害罪,判处有期徒刑七年。(4)上诉人崔保宽犯故意伤害罪,判处有期徒刑三年。(5)上诉人苏戈犯故意伤害罪,判处有期徒刑二年。

再审判决：(1) 原审被告人徐志勇犯故意伤害罪，判处有期徒刑十五年。(2) 原审被告人梁庆康犯故意伤害罪，判处有期徒刑十年。(3) 原审被告人崔保宽犯故意伤害罪，判处有期徒刑三年。(4) 原审被告人苏戈犯故意伤害罪，判处有期徒刑二年。(5) 原审被告人朱国庆犯故意伤害罪，判处有期徒刑三年，缓刑五年。(6) 原审被告人张顺龙犯故意伤害罪，判处有期徒刑三年，缓刑五年。(7) 原审被告人秦贞犯故意伤害罪，判处有期徒刑三年，缓刑四年。(8) 原审被告人朱桂英犯窝藏罪，判处有期徒刑三年，缓刑三年。

【裁判理由】

一审法院认为，被告人徐志勇、崔保宽、苏戈、朱国庆故意非法伤害他人身体，致被害人死亡，其行为已构成故意伤害罪。被告人秦贞明知徐志勇等人去打架，仍驾车将徐志勇等人送至现场，事后又帮其逃离，构成故意伤害罪的共犯。被告人朱桂英明知徐志勇持刀将他人捅伤致死，而为其提供资金，帮助其逃匿，其行为构成窝藏罪。被告人梁庆康为排挤生意上的竞争者而多次与徐志勇联系，指使徐志勇等人殴打他人，并为其提供报酬，得知被害人死亡后，提供资金帮助被告人徐志勇、崔保宽、苏戈潜逃。被告人梁庆康系故意伤害行为的起意者、雇佣者。被告人张顺龙根据梁庆康的指示联系被告人徐志勇，并传达具体授意，系犯意的传达者、具体联系者，二被告人系共同故意伤害犯罪的共犯。被告人徐志勇系犯罪行为的积极实施者，系主犯。被告人梁庆康系故意伤害行为的起意者、雇佣者，系主犯，但鉴于其亲属积极赔偿被害人近亲属的经济损失，可从轻处罚。被告人崔保宽、苏戈、朱国庆、秦贞在共同犯罪中作用相对较小，系从犯。被告人张顺龙传达犯罪意图，系从犯。被告人崔保宽在刑满释放后五年内犯新罪，系累犯。被告人朱国庆、张顺龙、秦贞、朱桂英适用缓刑不致再危害社会，可依法宣告缓刑。

一审法院宣判后，被告人梁庆康以"一审判决认定事实错误、一审判决认定其构成故意伤害罪证据不足、理由不充分、徐志勇的行为属于实行过限"为由，被告人崔保宽以"其行为属寻衅滋事、徐志勇的行为属实行过限"为由，被告人苏戈以"应定性寻衅滋事、量刑畸重"为由，提出上诉。

二审法院认为，上诉人梁庆康、崔保宽、苏戈之行为构成故意伤害罪，原审被告人徐志勇的行为属实行过限，应当由徐志勇对致人死亡的结果承担责任，上诉人梁庆康系本案的教唆犯，应系从犯，原一审判决对上诉人崔保宽、苏戈的量刑失当，应减轻处罚。

最高人民法院于2012年4月16日作出（2012）刑抗字第1号再审决定书，指令山东省高级人民法院对本案进行再审。山东省高级人民法院于2012年9月25日作出（2012）鲁刑监字第70号再审决定书，决定撤销山东省高级人民法院（2010）鲁刑二终字第106号刑事判决。同日作出（2012）鲁刑监字第70号刑事裁定，以原审判决部分事实不清为由，撤销德州市中级人民法院（2010）德中刑一初字第16号刑事判决，发回德州市中级人民法院重新审判。再审法院经审查认定案件事实部分与原一审法院认定事实相同。

再审法院认为，原审被告人徐志勇、崔保宽、苏戈、朱国庆共同故意伤害他人身体，致被害人欧某某死亡，其行为已构成故意伤害罪，系共同犯罪。原审被告人徐志勇系致被害人欧某某死亡的直接实施者，系主犯。原审被告人崔保宽、苏戈虽积极参与殴打被害人等，但对原审被告人徐志勇用刀捅人之行为能加以阻止，在共同伤害犯罪中作用较小，可认定其系从犯，但原审被告人崔保宽在刑罚执行完毕后五年内再次犯罪，系累犯。原审被告人朱国庆在犯罪过程中作用相对较小，系从犯。原审被告人梁庆康为排挤生意上的竞争者，唆使原审被告人徐志勇找人教训其跳槽员工，并为其指认地点，提供报酬，在得知原审被告人徐志勇等人将被害人捅伤致死后，仍提供资金帮助其逃匿，已构成故意伤害罪的共犯，且系该行为的起意者、雇佣者，系主犯。原审被告人张顺龙根据原审被告人梁庆康的指示，联系原审被告人徐志勇，并为梁庆康传达授意，提供帮助，其已构成故意伤害罪的共犯，系从犯。原审被告人秦贞明知原审被告人徐志勇等人去殴打他人，仍驾车将原审被告人徐志勇送至现场，作案后，又驾车帮助其逃离，已构成故意伤害罪的共犯，系从犯。原审被告人朱桂英明知原审被告人徐志勇将他人捅伤致死，仍为其提供资金，帮助其逃匿，其行为已构成窝藏罪。

关于原审被告人徐志勇辩护人的徐志勇主观恶性不深的辩护意见，法院经查认为，原审被告人徐志勇先后两次纠集多人，殴打"百草堂"员工，并持刀捅刺被害人欧某某致其死亡，其主观恶性大，应予严惩，故不予采纳。被害人在其亲属、同事被无故殴打的情况下返回制止，其行为无任何过错，故对被害人存在过错的观点，不予采纳。被害人家属所获赔偿非被告人徐志勇或其亲属所为，故被害人亲属已获赔偿，可对其从轻处罚的观点不予采纳。辩护人的其他辩护意见经查属实，予以采纳。

原审被告人梁庆康之辩护人认为其应构成寻衅滋事罪，而非故意伤害罪。法院经查认为，原审被告人梁庆康主观上为排挤竞争对手，客观上唆使他人采取暴力手段，殴打曾为其工作过而跳槽到"百草堂"的员工，并为原审被告人徐志勇等提供报酬及资金支持，其所要侵害的客体明确，目的确定，不符合寻衅滋事罪的构成要件，故不予采纳。

原审被告人梁庆康及其辩护人认为原审被告人徐志勇系实行过限，原审被告人梁庆康不应对死亡结果承担责任。法院经查认为，原审被告人梁庆康授意原审被告人徐志勇等采取暴力手段并为其提供资金支持且支付了实施暴力后的报酬，在第一次暴力行为未达成目的后，打电话责问相关行为人，此为故意伤害授意的延续。在原审被告人徐志勇说"你别管了，不行让她们消失"时，原审被告人梁庆康进行了制止，故其为授意伤害，而非授意杀人；对原审被告人徐志勇"治狠着点""女的脸上有伤，男的骨折"的供述，原审被告人梁庆康、张顺龙均予以否认，但原审被告人梁庆康并未阻止被告人徐志勇继续实施伤害行为,其为达到迫使"百草堂"员工离开的目的,放任了原审被告人徐志勇等人为实施伤害行为所采取的暴力手段,为概然性授意,且"治狠着点""女的脸上有伤,男的骨折"的供述系徐志勇整个供述的一部分,不能割裂开来判断,应予综合分析,整体认定。在原审被告人梁庆康得知被害人欧某某被捅伤致死后,其积极为原审被告人徐志勇、崔保宽、苏戈等人提供资金,帮助其潜逃,企图逃避法律的制裁,其主观上虽没有致被害人死亡的故意,但客观上放任了原审被告人徐志勇等人的伤害行为、伤害手段,且故意伤害致死系对伤害行为主观上是故意,对死亡后果为过失,应当对伤害致人死亡结果的发生承担责任,故上述辩护观点不予采纳。其辩护人认为原审被告人梁庆康购买返回聊城车票的行为应构成自首,法院经查认为,原审被告人梁庆康作为一名法律工作者,对自首的界定应非常明确,其在得知被害人欧某某被徐志勇等人捅伤致死后,为逃避法律追究,尚提供资金帮助伤害行为的具体实施者逃匿,自身也未到其所处的当地公安机关投案,说明情况,却购买车票返回聊城,无证据证实其主观上有投案的目的,且其被公安机关抓获后,供述避重就轻,故其不构成自首,此辩护观点不予采纳。辩护人的其他辩护观点,经查属实,予以采纳。

原审被告人朱国庆、张顺龙、秦贞、朱桂英在犯罪中所起作用较小,社会危害性不大,适用缓刑不致再危害社会,可适用缓刑。

思考问题

1. 被告人徐志勇的实行行为是否过限?
2. 共同犯罪中实行行为过限的认定需要考虑哪些因素?

案例6 邛莫挖长等故意杀人案

内容摘要:本案是一起因婚姻感情纠纷未能妥善解决而引起的恶性杀人案,历经一审与二审。一审判决后,被告人提起上诉。二审法院裁定驳回上诉,维持原判。本案涉案人员众多且主要为缔结婚姻双方当事人的亲属,被告人邛莫支付虽无直接证据证明其实施杀人行为,但是其公然教唆行为致使后续被害人死亡的结果,根据法律规定,教唆犯应当按照他在共同犯罪中所起的作用处罚。邛莫支付的教唆行为是诱发其他人狠心杀人的重要心理支撑,是使犯罪扩大的重要原因,对其判决故意杀人罪符合罪刑法定原则,其客观行为、主观恶性都符合刑法对犯罪构成要件之规定。在一起刑事共同犯罪中,教唆犯是引发正犯实施犯罪的关键人物,他的存在,诱发了正犯实施犯罪的主观心理或者助长了其想实施犯罪的愿望。在本案中,邛莫支付公然煽动其他人让杀死邛某之人陪葬,在短暂的打斗之后,其教唆行为实际上助长了其他人的犯罪意图,根据其犯罪行为的处罚必要性和该当性来看，其教唆行为的主观恶性和客观上所导致的后果皆不亚于直接实施犯罪的正犯，因而就其行为所带来的社会危害和对他人法益的严重侵害是对其进行处罚的重要依据。

关键词：故意杀人；教唆犯；自首

【裁判要旨】

本案系邛莫广州与介某甲按照彝族风俗处理婚姻纠纷问题引发的冲突，导致本案四人死亡、五人受伤。对本案的发生，双方均负有一定的责任，量刑时综合予以考虑。各被告人均受邛莫村长的通知、邀约参与本案，但邛莫广长、邛莫广州和参与故意杀人犯罪的其他各被告人，以及邛莫根美和参与寻衅滋事犯罪的其他各被告人在共同犯罪中的作用和地位没有明显的主从之分，不宜划分主从犯。被害人一方虽对本案发生有一定责任，但未达到刑法上的重大过错，邛莫挖长、邛莫广长刺杀介某甲、介某乙致死，所起作用、地位相当，没有明显的主从之分，邛莫广长虽然是主动投案，但对自己及同案人的主要罪行并未如实供述，不符合自首的法律规定。

【相关法条】

1.《中华人民共和国刑法》

第二十五条　共同犯罪是指二人以上共同故意犯罪。

第二十九条　教唆他人犯罪的，应当按照他在共同犯罪中所起的作用处罚。教唆不满十八周岁的人犯罪的，应当从重处罚。

如果被教唆的人没有犯被教唆的罪，对于教唆犯，可以从轻或者减轻处罚。

第六十七条第一款　犯罪以后自动投案，如实供述自己的罪行的，是自首。对于自首的犯罪分子，可以从轻或者减轻处罚。其中，犯罪较轻的，可以免除处罚。

第七十二条第一款　对于被判处拘役、三年以下有期徒刑的犯罪分子，同时符合下列条件的，可以宣告缓刑，对其中不满十八周岁的人、怀孕的妇女和已满七十五周岁的人，应当宣告缓刑：（一）犯罪情节较轻；（二）有悔罪表现；（三）没有再犯罪的危险；（四）宣告缓刑对所居住社区没有重大不良影响。

第二百三十二条　故意杀人的，处死刑、无期徒刑或者十年以上有期徒刑；情节较轻的，处三年以上十年以下有期徒刑。

第二百九十三条　有下列寻衅滋事行为之一，破坏社会秩序的，处五年以下有期徒刑、拘役或者管制：（一）随意殴打他人，情节恶劣的；（二）追逐、拦截、辱骂、恐吓他人，情节恶劣的；（三）强拿硬要或者任意损毁、占用公私财物，情节严重的；（四）在公共场所起哄闹事，造成公共场所秩序严重混乱的。

纠集他人多次实施前款行为，严重破坏社会秩序的，处五年以上十年以下有期徒刑，可以并处罚金。

2. 《中华人民共和国刑事诉讼法》

第二百三十六条第一款　第二审人民法院对不服第一审判决的上诉、抗诉案件，经过审理后，应当按照下列情形分别处理：（一）原判决认定事实和适用法律正确、量刑适当的，应当裁定驳回上诉或者抗诉，维持原判；……

第二百四十八条　中级人民法院判处死刑缓期二年执行的案件，由高级人民法院核准。

【案例索引】

一审：四川省乐山市中级人民法院（2016）川11刑初7号刑事判决书。
二审：四川省高级人民法院（2017）川刑终105号刑事裁定书。

【基本案情】

四川省乐山市人民检察院指控原审被告人邛莫挖长、邛莫广长、邛莫广州、邛莫支付、邛莫小明犯故意杀人罪，原审被告人邛莫根美、邛莫乡长、邛莫支也、邛莫军军、邛莫者林犯寻衅滋事罪一案，四川省乐山市中级人民法院一审认定：2014年2月17日，被告人邛莫广州与介某甲按彝族风俗举行了婚礼，之后因二人产生矛盾，介某甲回到峨边彝族自治县新林镇金星村六组娘家居住。为解决二人纠纷，通过中间人，邛莫家和介日家进行了多次协商，均未达成共识。2015年3月8日下午，在邛莫广州大哥邛莫村长邀约下，邛莫广州与被告人邛莫乡长（二哥）、邛莫挖长（三哥）、邛莫广长（四哥）、邛莫支也（五伯）、邛莫支付（六伯）、邛莫小明（堂兄弟）、邛莫根美（堂兄弟）、邛莫军军（堂兄弟）、邛莫者林（堂兄弟）共十一人一同前往介日家欲接介某甲回去。众人会合后，在明知双方的纠纷还未协商一致情况下，仍然一同前往介日家。

同日15时许，众人来到介日家外，部分人进入介日家院坝，部分站于院坝外，邛莫广州随即与介某甲发生口角、扭打。介某甲的二哥介某乙上前帮助介某甲，邛莫村长、邛莫乡长等多人便上前用拳脚打介某乙，介某乙被围殴后回屋内拿刀向邛莫广州背部连刺数刀。邛莫村长、邛莫乡长、邛莫挖长、邛莫广长、邛莫根美、邛莫小明等人见状便围打介某乙。打斗中邛莫村长被介某乙刺中胸部。介某甲的父亲介某丙见子女被围殴，也持刀从屋内冲出，向邛莫乡长腹部捅了一刀，邛莫根美、邛莫村长、邛莫乡长、邛莫广长、邛莫挖长、邛莫小明等人又用板凳、棍棒殴打介某丙，打斗中邛莫根美被刺中左腋部。介某乙和介某丙在打斗中相继跑出院坝进入玉米地中。介某丙被邛莫小明、邛莫乡长、邛莫支也、邛莫支付等多人追打，被迫自行隐藏。介某乙翻出围墙后，邛莫挖长、邛莫广长、邛莫小明继续追打介某乙，邛莫挖长用刀将介某乙刺伤。同时，在介日家院坝内，介某甲刺中邛莫广州后立即往玉米地跑，邛莫根美上前将介某甲踢倒在玉米地内，邛莫广州追上后用刀多次刺杀介某甲胸腹部。

邛莫支付发现邛莫村长死亡后,与邛莫家其他人进行了通话,随即用彝语向在场人授意将杀了邛莫村长的人杀来陪葬。邛莫挖长、邛莫广长听后,立即前往介某乙、介某甲倒地处,不顾佘某(介某乙母亲)和鲁某(介某丁妻子)的劝阻,反复用刀刺杀介某乙、介某甲,直至二人停止挣扎。介某甲的大哥介某丁闻讯后从山上持斧头冲向现场,邛莫挖长、邛莫广长、邛莫小明、邛莫者林等人扔石头击打介某丁。介某丁在持斧头冲向邛莫小明过程中倒地,在倒地过程中斧头砍伤邛莫小明左手小指,邛莫小明夺过斧头用斧背击打倒地的介某丁头部一下后将该斧头丢弃。邛莫广长捡过该斧头多次击打介某丁头部,邛莫挖长则持刀刺杀介某丁多次,直至介某丁再无动静。之后邛莫家的人背扶伤员离开现场。

打斗造成邛莫村长、介某乙、介某甲当场死亡,介某丁在送医途中死亡,邛莫广州、邛莫乡长、邛莫根美、邛莫小明、介某丙受伤。经鉴定,邛莫村长系因左胸部刀刺创,心脏破裂,急性大失血死亡;介某乙系因左胸部多处刀刺创致纵膈、左肺上叶、右心房前壁、膈肌、肝左叶膈面破裂,急性大失血死亡;介某甲系因胸部刀刺创致胸骨骨折、心包膜、心脏破裂,急性大失血死亡;介某丁系因金属钝器致额、颞、顶骨凹陷性粉碎性骨折、蛛网膜下腔出血、左某脑挫裂伤,颅脑损伤死亡。邛莫乡长、邛莫广州的损伤程度评定为重伤二级,介某丙的损伤程度评定为轻伤二级,邛莫根美、邛莫小明的损伤程度评定为轻微伤。

事发后,邛莫军军、邛莫者林、邛莫支付、邛莫小明、邛莫根美、邛莫广长、邛莫挖长于2015年3月8日至10日分别到峨边彝族自治县公安局投案。其中,邛莫根美、邛莫军军对本人及所知道的同案的主要犯罪事实予以供述。

原判认定被告人邛莫支付犯故意杀人罪,判处无期徒刑,剥夺政治权利终身;原审被告人邛莫支付、邛莫小明、邛莫乡长不服,提出上诉。上诉人邛莫支付上诉提出:不构成故意杀人罪,原判适用法律错误,量刑过重。其辩护人提出:原判认定邛莫支付说过让人给邛莫村长陪葬的证据不足,本案是婚姻家庭纠纷引发,邛莫支付有自首情节,是初犯、偶犯,被害人有重大过错,原判量刑过重。

四川省高级人民法院于2017年2月20日受理后,依法组成合议庭审理本案。二审法院认定,上诉人邛莫支付及其辩护人所提"原判认定邛莫支付构成故意杀人罪证据不足,邛莫支付不构成故意杀人罪,原判适用法律错误,定性错误,量刑过重"的上诉理由及辩护意见,经查,邛莫支付说陪葬一事有其自己的多次供述以及多名同案被告人的多次供述相互印证,虽在一审庭审中翻供,但未作出合理解释,一审将此列为庭审重点进行审查,并当庭播放了部分讯问的同步录音录像。邛莫支付的行为属于教唆犯,与被教唆者的行为同罪,原判定性为故意杀人罪并无不当,故该上诉理由不能成立,该辩护意见不予采纳;所提"邛莫支付有自首情节"的辩护意见,经查,邛莫支付在一审庭审中翻供,未如实供述其主要犯罪事实,不符合自首的法律规定,故该辩护意见不予采纳;所提"邛莫支付是初犯、偶犯"的辩护意见,原判已予认定并在量刑时充分考虑;

所提"被害人一方有重大过错"的辩护意见,经查,被害人一方虽对本案发生有一定责任,但未达到刑法上的重大过错,故该辩护意见不予采纳。

【裁判结果】

一审判决:(1)被告人邛莫挖长犯故意杀人罪,判处死刑,缓期二年执行,剥夺政治权利终身;被告人邛莫广长犯故意杀人罪,判处死刑,缓期二年执行,剥夺政治权利终身;被告人邛莫支付犯故意杀人罪,判处无期徒刑,剥夺政治权利终身;被告人邛莫广州犯故意杀人罪,判处有期徒刑十三年,剥夺政治权利三年;被告人邛莫小明犯故意杀人罪,判处有期徒刑十一年六个月,剥夺政治权利二年;被告人邛莫乡长犯寻衅滋事罪,判处有期徒刑三年六个月;被告人邛莫根美犯寻衅滋事罪,判处有期徒刑三年;被告人邛莫支也犯寻衅滋事罪,判处有期徒刑二年六个月;被告人邛莫者林犯寻衅滋事罪,判处有期徒刑二年二个月,缓刑二年六个月;被告人邛莫军军犯寻衅滋事罪,判处有期徒刑一年十个月,缓刑二年。(2)作案工具匕首一把、斧头一把,依法予以没收。

二审裁定:驳回上诉,维持原判。

【裁判理由】

一审法院认为,被告人邛莫挖长、邛莫广长、邛莫广州、邛莫支付、邛莫小明、邛莫支也、邛莫乡长、邛莫根美、邛莫者林、邛莫军军不寻求合情、合理、合法的方式解决邛莫广州与被害人介某乙之间的情感纠纷,追逐、殴打他人,在此过程中,邛莫挖长持刀多次刺杀被害人介某丁、介某乙和介某丙,邛莫广长持刀多次刺杀介某丁、介某乙并持斧头多次击打介某丙头部,邛莫广州持刀多次刺杀介某乙胸腹部,邛莫小明持斧头击打介某丙头部,邛莫挖长、邛莫广长、邛莫广州、邛莫小明的行为导致介某丁、介某乙、介某丙死亡,构成故意杀人罪。本案发生过程中,邛莫支付鼓动在场的被告人将杀害邛莫村长的人杀死陪葬,邛莫挖长、邛莫广长在其鼓动下再次持刀多次刺杀介某丁、介某乙,邛莫支付的行为属于教唆他人犯罪,与邛莫挖长、邛莫广长的行为同罪,构成故意杀人罪。邛莫挖长、邛莫广长、邛莫广州的持刀刺杀行为是导致介某丁、介某乙死亡的直接因素,三被告人均应对二被害人的死亡承担相应的法律责任;邛莫广长、邛莫小明持斧头击打介某丙头部,是导致介某丙死亡的直接因素,对介某丙的死亡应承担相应的法律责任。邛莫挖长持刀伤害介某丙的行为虽不是导致介某丙死亡的直接因素,但其持刀多次刺杀介某丙的行为当属故意杀人犯罪行为,与其实施的其他故意杀人犯罪行为应当一并综合考虑。邛莫支也、邛莫乡长、邛莫根美、邛莫者林、邛莫军军随意殴打、追逐他人的行为触犯刑律,构成寻衅滋事罪,公诉机关指控的犯罪事实和罪名成立。案发后邛莫军军、邛莫根美主动到公安机关接受讯问并供述自己及同案被告人的主要犯罪事实,依法应当认定为自首,具有法定的可以从轻或减轻处罚的情节,邛莫小明、邛莫者林虽系主动投案，但在本案审理过程中却对曾经供述的同案人邛莫支付的重要犯罪情节予以否认，不属于如实供述，依法不能认定为自首。

邛莫挖长辩称没有到过现场，指控的事情与本人无关。经查，本案同案被告人的供述及证人证言证实邛莫挖长不仅到过案发现场，并且实施了围打被害人、持刀刺杀被害人的行为，邛莫挖长的辩解意见不能成立，不予采纳。其辩护人提出本案证据没有达到认定事实清楚、证据确实充分的定罪量刑标准。经查，本案据以定案的证据来源均合法且与本案关联，其相互能够印证的部分足以认定指控的犯罪事实及情节，辩护人的该项辩护意见不能成立，不予采纳。辩护人提出邛莫挖长主动投案且系初犯、偶犯，经查与本案事实相符，予以采纳，量刑时综合予以考虑。

邛莫广长辩称本案系因婚姻调解不成引发的冲突，不应当定性为故意杀人，本人是在遭到对方攻击的情况下才反击的，属于正当防卫；其辩护人提出本案系婚姻家庭邻里纠纷引发，邛莫广长的行为明显具有防卫性质。经查，本案确系邛莫广州与介某乙按照彝族风俗处理婚姻纠纷问题引发的冲突，但本案证据证实，邛莫广长不仅伙同同案人围打被害人，并且在被害人倒地后仍持械攻击被害人，其行为不符合我国刑法关于实施正当防卫的条件，具有明显的剥夺他人生命的故意，依法应当认定为故意杀人犯罪行为，邛莫广长及其辩护人的上述辩解辩护意见不能成立，不予采纳。辩护人提出邛莫广长主动投案，如实供述，具有自首情节。经查，邛莫广长主动投案的情况属实，但邛莫广长对自己及同案人实施的主要犯罪行为并未如实供述，而是避重就轻，依法不能认定为自首，辩护人的该项辩护意见不能成立，不予采纳。

邛莫广州辩称本人行为属于正当行为，不属于故意杀人；其辩护人提出本案事实不清，证据不足，不能认定邛莫广州的行为构成故意杀人罪，应认定为寻衅滋事罪。经查，邛莫广州虽然先被介某乙持刀伤害，但在介某乙已逃离的情况下，邛莫广州又追上去用刀多次捅刺介某乙，其行为不符合我国刑法规定的实施正当防卫的条件，具有明显的剥夺他人生命的故意，依法应当认定为故意杀人犯罪；本案的现场勘验检查笔录、鉴定意见、证人证言及被告人的供述能够相互印证，证实指控的事实和情节，邛莫广州及其辩护人的上述辩解辩护意见不能成立，不予采纳。辩护人提出邛莫广州是初犯、偶犯，经查与本案事实相符，予以采纳，量刑时综合予以考虑。

邛莫支付辩称没有打人、伤人，不构成故意杀人；其辩护人提出本案证据不能证实邛莫支付教唆过同案被告人杀人。经查，虽然本案没有证据证实邛莫支付直接实施了杀害他人的行为，但本案多名被告人的供述均证实，邛莫支付发现邛莫村长死后，公开鼓动在场的被告人杀死对方人员陪葬，同案多名被告人供述的该情节与邛莫支付曾经供述的情节能够相互印证，足以认定，邛莫挖长、邛莫广长正是在邛莫支付的鼓动下，不顾被害人亲属的极力阻止，再次持刀多次刺杀介某丁和介某乙，直到二人停止挣扎，邛莫支付的行为属于教唆他人犯罪，依法应与邛莫挖长、邛莫广长同罪，依照故意杀人罪定罪处罚，邛莫支付及其辩护人的上述辩解辩护意见不能成立，不予采纳。

邛莫小明辩称没有杀人的故意，其辩护人提出邛莫小明仅用斧头击打介某丙头部一下，其行为不构成故意杀人罪。经查，邛莫小明在被害人介某丙倒地后仍持斧头击打其头部这一人体极为重要又极为脆弱的部位，对可能造成介某丙死亡的后果持放任的心态，具有间接的杀人故意，其行为构成故意杀人罪，邛莫小明及其辩护人的上述辩解辩护意见不能成立，不予采纳。辩护人提出邛莫小明具有自首情节，经查与本案事实及法律规定不符，不能成立，不予采纳。

邛莫支也辩称拿了木棍，但没有打过人；其辩护人提出邛莫支也无前科，系初犯、偶犯。经查，本案证据不足以认定邛莫支也有持械殴打他人的行为，但本案证据能够证实邛莫支也参与本案并与同案其他被告人追打过被害人，其行为构成寻衅滋事罪，是否持械不影响指控罪名的成立。辩护人关于邛莫支也无前科，系初犯、偶犯的辩护意见与本案事实及法律规定相符，予以采纳，量刑时综合予以考虑。

邛莫乡长辩称本案是由婚姻纠纷引发，没有寻衅滋事的故意；邛莫根美辩称是去解决问题，不是去闹事，不构成寻衅滋事罪。经查，邛莫乡长、邛莫根美对邛莫广州与介某乙之间存在的情感纠纷不按正常途径解决，而是与本家族（家支）的人员纠集在一起，积极参与围殴、追打本案被害人，具有明显的寻衅滋事故意，其行为依法构成寻衅滋事罪，邛莫乡长、邛莫根美的辩解意见不能成立，不予采纳。邛莫根美的辩护人提出邛莫根美系主动投案并如实供述，应当认定为自首，邛莫根美在事情发生过程中都是在制止打斗的继续和升级。经查，邛莫根美系主动投案并如实供述主要犯罪，其前后供述的主要内容基本一致，属于如实供述，依法应当认定为自首，辩护人的该项辩护意见成立，予以采纳。辩护人关于邛莫根美在事情发生过程中都是在制止打斗的继续和升级的辩护意见与本案事实不符，不能成立，不予采纳。

邛莫者林辩称本人是用泥块而不是石块打过被害人；邛莫军军辩称本人没有参与打斗，其辩护人提出邛莫军军受邀约参与本案，但没有具体实施伤害他人的行为。经查，邛莫者林与邛莫军军明知邛莫广州与介某乙之间按照彝族风俗的婚姻情感纠纷并没有协商解决好，且家族的多名成员纠集在一起前往介某乙家，不符合当地的风俗，二被告人仍积极参与，具有明显的寻衅滋事的犯罪故意，邛莫者林、邛莫军军与同案其他被告人共同的行为导致本案的发生，构成寻衅滋事罪，至于邛莫者林是用石块还是泥块击打被害人、邛莫军军是否直接实施打斗，不影响公诉机关指控罪名的成立。邛莫军军的辩护人提出邛莫军军具有自首情节，经查与本案事实及法律规定相符，予以采纳。

邛莫挖长、邛莫广州、邛莫支付、邛莫小明、邛莫支也的辩护人均提出本案系因家庭婚姻纠纷引发，邛莫挖长、邛莫广长、邛莫广州、邛莫支付、邛莫小明、邛莫支也、邛莫根美、邛莫军军的辩护人则提出被害人在本案中有重大或严重过错。经查，邛莫广州与介某乙按照彝族风俗缔结所谓"婚姻"关系，其间二人发生感情纠纷，本案被告人并未寻求合理、合法的途径解决，而是在邛莫村长的召集下一起来到介某乙家，邛莫广州先与介某乙发生抓扯、打斗，双方人员遂发生打斗，介某乙及其父兄遂持刀、斧头先后攻击本案被告人，各被告人则先后对介某乙及其父兄进行围殴、追打，并抢过刀具、斧头刺杀和击打介某乙兄妹，导致本案四人死亡（包括邛莫村长）、五人不同程度受伤的严重后果，对本案的发生，双方均负有一定的责任，对辩护人上述辩护意见中的合理部分予以采纳，量刑时综合予以考虑。

邛莫广长的辩护人还提出邛莫广长系受邀约参与本案，属于从犯，邛莫广州的辩护人则提出邛莫广州是从犯，邛莫根美的辩护人也提出邛莫根美受邀约参与本案，在整个过程中处于从属地位，应当认定为从犯。经查，本案各被告人均受邛某村长的通知、邀约参与本案的情况属实，邛莫广长、邛莫广州与参与故意杀人犯罪的其他各被告人，邛莫根美与参与寻衅滋事犯罪的其他各被告人在共同犯罪中的作用和地位没有明显的主从之分，不宜划分主从，对上述辩护人关于从犯的辩护意见不予采纳。

综上，根据本案各被告人犯罪的性质、犯罪的社会危害后果、在共同犯罪中的具体行为、自首情节以及认罪悔罪表现等因素，本院决定对邛莫挖长、邛莫广长、邛莫广州、邛莫支付、邛莫支也、邛莫乡长在法律规定的幅度内确定其刑罚，对邛莫根美予以从轻处罚，对邛莫者林和邛莫军军予以从轻处罚并适用缓刑。

二审中，上诉人邛莫支付上诉提出：不构成故意杀人罪，原判适用法律错误，量刑过重。其辩护人提出：原判认定邛莫支付说过让人给邛莫村长陪葬的证据不足，本案是婚姻家庭纠纷引发，邛莫支付有自首情节，是初犯、偶犯，被害人有重大过错，原判量刑过重。上诉人邛莫小明上诉提出：不构成故意杀人罪，仅构成故意伤害罪，具有自首情节。其辩护人提出：邛莫小明并无杀人的主观故意，其行为也非直接致死原因，原判定性错误，量刑过重。上诉人邛莫乡长上诉提出：自己系自卫，纠纷事出有因，原判量刑过重。邛莫挖长的指定辩护人提出：请求对邛莫挖长是否具有刑事责任能力进行鉴定；本案部分事实不清、证据不足；本案系家庭纠纷引发，且被害人一方有过错；邛莫挖长为激情杀人，系初犯、偶犯，原判量刑过重。邛莫广长的指定辩护人提出：本案系婚姻、感情纠纷引发，且被害人一方有重大过错；邛莫广长在致死介某乙、介某甲中起次要作用；邛莫广长对介某丁的死亡为间接故意，有自首情节，原判量刑过重。

二审法院认定，为处理原审被告人邛莫广州与介某甲的婚恋纠纷，邛莫村长邀约上诉人（原审被告人）邛莫支付、邛莫小明、邛莫乡长、原审被告人邛莫挖长、邛莫广长、邛莫广州、邛莫根美、邛莫支也、邛莫者林、邛莫军军一同前往介日家，双方由此发生冲突；冲突中，邛莫广州持刀刺杀介某甲，邛莫挖长、邛莫广长共同刺杀介某乙、介某甲，邛莫挖长持刀捅刺介某丁，邛莫小明、邛莫广长分别用斧头击打介某丁头部，造成介某丁、介某甲、介某乙死亡，邛莫广州、邛莫挖长、邛莫广长、邛莫小明的行为均构成故意杀人罪。本案发生过程中，邛莫支付鼓动在场众人将杀害邛莫村长的人杀死陪葬，邛莫挖长、邛莫广长返回刺杀介某甲、介某乙致死，邛莫支付与邛莫挖长、邛莫广长构成故意杀人罪的共同犯罪。其中，邛莫挖长、邛莫广长、邛莫广州的持刀刺杀行为是导致介某乙、介某甲死亡的直接原因，三被告人均应对二人的死亡承担相应的法律责任；邛莫广长、邛莫小明持斧头击打介某丁头部，是导致介某丁死亡的直接原因，对介某丁的死亡应承担相应的法律责任；邛莫挖长持刀多次刺杀介某丁的行为，与其实施的其他故意杀人犯罪行为一并综合考虑。邛莫乡长、邛莫支也、邛莫根美、邛莫者林、邛莫军军随意殴打他人，其行为均构成寻衅滋事罪。案发后邛莫军军、邛莫根美主动到公安机关接受讯问，并供述自己及同案被告人的主要犯罪事实，系自首，依法可以从轻或减轻处罚。邛莫挖长主动投案，邛莫挖长、邛莫广州、邛莫支也系初犯、偶犯，量刑时综合予以考虑。本案确系邛莫广州与介某甲按照彝族风俗处理婚姻纠纷问题引发的冲突，导致本案四人死亡、五人受伤，对本案的发生，双方均负有一定的责任，量刑时综合予以考虑。各被告人均受邛莫村长的通知、邀约参与本案，但邛莫广长、邛莫广州和参与故意杀人犯罪的其他各被告人，邛莫根美和参与寻衅滋事犯罪的其他各被告人在共同犯罪中的作用和地位没有明显的主从之分，不宜划分主从犯。原判计算邛莫广州、邛莫乡长的刑期有出入，本院予以纠正。邛莫广州的刑期应自2015年4月2日起至2028年3月21日止；邛莫乡长的刑期应自2015年4月10日起至2018年9月24日止。

二审法院认为，上诉人邛莫支付及其辩护人所提"原判认定邛莫支付构成故意杀人罪证据不足，邛莫支付不构成故意杀人罪，原判适用法律错误，定性错误，量刑过重"的上诉理由及辩护意见，经查，邛莫支付说陪葬一事有其自己的多次供述以及多名同案被告人的多次供述相互印证，虽在一审庭审中翻供，但未作出合理解释，一审将此列为庭审重点进行审查，并当庭播放了部分讯问的同步录音录像。邛莫支付的行为属于教唆犯，与被教唆者的行为同罪，原判定性为故意杀人罪并无不当，故该上诉理由不能成立，该辩护意见不予采纳；所提"邛莫支付有自首情节"的辩护意见，经查，邛莫支付在一审庭审中翻供，未如实供述其主要犯罪事实，不符合自首的法律规定，故该辩护意见不予采纳；所提"邛莫支付是初犯、偶犯"的辩护意见，原判已予认定并在量刑时充分考虑；所提"被害人一方有重大过错"的辩护意见，经查，被害人一方虽对本案发生有一定责任，但未达到刑法上的重大过错，故该辩护意见不予采纳。

上诉人邛莫小明及其辩护人所提"邛莫小明无杀人的主观故意，其行为也非直接致死原因，原判定性错误，邛莫小明不构成故意杀人罪，仅构成故意伤害罪，邛莫小明有自首情节，原判量刑过重"的上诉理由及辩护意见，经查，邛莫小明在介某丁倒地后仍持斧头击打介某丁头部，用斧头击打人的头部的行为可能造成死亡为常识，邛莫小明对由此可能造成介某丁死亡的后果持放任态度，介某丁的死因与邛莫小明的击打行为直接相关。邛莫小明在一审庭审中翻供，未如实供述同案人邛莫支付的主要犯罪事实，不符合自首的法律规定，故该上诉理由不能成立，该辩护意见不予采纳。

上诉人邛莫乡长所提"其行为是自卫"的上诉理由,经查,邛莫乡长在被介某丙捅刺之前,同邛莫村长等人一同到介日家后与介日家众人产生冲突,互相殴打,其行为已经构成寻衅滋事罪,依法不构成自卫,故该上诉理由不能成立;所提"纠纷事出有因,原判量刑过重"的上诉理由,原判已认定并在量刑时予以充分考虑。

邛莫挖长的辩护人所提"请求对邛莫挖长的刑事责任能力进行鉴定"的辩护意见,经查,邛莫挖长在案发时精神状态正常,讯问时也能正常交流,故该辩护意见不予采纳;所提"邛莫挖长犯罪的事实不清、证据不足"的辩护意见,经查,本案同案被告人的供述、证人证言均相互印证邛莫挖长在案发现场参与围打被害人、持刀刺杀被害人,故该辩护意见不予采纳;所提"本案系家庭纠纷引发,且被害人一方有过错,邛莫挖长为激情杀人,系初犯、偶犯,原判量刑过重"的辩护意见,原判已经认定本案确系处理婚恋纠纷问题引发,双方对本案的发生均负有一定责任,亦认定了邛莫挖长的初犯、偶犯情节,并在量刑时综合予以考虑。

邛莫支付的辩护人、邛莫广长的辩护人所提"本案系婚姻、感情纠纷引发"的辩护意见,原判已予认定并在量刑时充分考虑;所提"被害人一方有重大过错;邛莫广长在致死介某乙、介某甲中起次要作用;邛莫广长对介某丁的死亡为间接故意,且构成自首,原判量刑过重"的辩护意见,经查,被害人一方虽对本案发生有一定责任,但未达到刑法上的重大过错,邛莫挖长、邛莫广长刺杀介某甲、介某乙致死,所起作用、地位相当,没有明显的主从之分,邛莫广长虽然是主动投案,但对自己及同案人的主要罪行并未如实供述,不符合自首的法律规定,故该辩护意见不予采纳。

 思考问题

1. 被告人邛莫支付是否属于教唆犯?
2. 邛莫支付的行为能否成立自首?

第七章 罪 数

案例1 杨业春等职务侵占、掩饰、隐瞒犯罪所得案

内容摘要：本案是教唆他人犯某罪与传授犯罪方法罪竞合的典型案例，历经一审与二审。一审法院判定杨业春犯职务侵占罪，判处有期徒刑五年，刘某某犯职务侵占罪，判处有期徒刑二年，被告人提起上诉，二审法院驳回上诉，维持一审判决。司法实践中行为人向他人传授犯罪方法后，教唆他人犯罪，或者先教唆他人犯罪顺便向他人传授犯罪方法的情况比较常见，如此便会存在如何评价行为人行为构成一罪还是数罪的问题。在本案的认定中，向他人传授犯罪方法，并教唆他人犯此罪的，属于想象竞合犯。本案的判决结果对该类案件具有一定的类型化启示。

关键词：教唆犯；职务侵占罪；传授犯罪方法罪；想象竞合犯

【裁判要旨】

教唆犯自己不参与所教唆之罪的犯罪实行，而是通过教唆行为激发他人的犯罪意图，唆使他人实行犯罪，此与共同实行犯中的造意犯在制造他人犯意后还与他人共同实行犯罪不同。行为人向他人传授犯罪方法，并教唆他人犯此罪的，属于想象竞合犯，其行为同时构成传授犯罪方法罪与所教唆之罪，原则上应择一重罪论处，并按照其在共同犯罪中所起的作用处罚。

【相关法条】

1.《中华人民共和国刑法》

第二十五条第一款　共同犯罪是指二人以上共同故意犯罪。

第六十七条第一款　犯罪以后自动投案，如实供述自己的罪行的，是自首。对于自首的犯罪分子，可以从轻或减轻处罚。其中，犯罪较轻的，可以免除处罚。

第六十七条第三款　犯罪嫌疑人虽不具有前两款规定的自首情节，但是如实供述自己罪行的，可以从轻处罚；因其如实供述自己罪行，避免特别严重后果发生的，可以减轻刑罚。

第二百七十一条第一款　公司、企业或者其他单位的人员，利用职务上的便利，将本单位财物非法占为己有，数额较大的，处五年以下有期徒刑或者拘役；数额巨大的，处五年以上有期徒刑，可以并处没收财产。

第二百九十五条 传授犯罪方法的，处五年以下有期徒刑、拘役或者管制；情节严重的，处五年以上十年以下有期徒刑；情节特别严重的，处十年以上有期徒刑或者无期徒刑。

第三百一十二条第一款 明知是犯罪所得及其产生的收益而予以窝藏、转移、收购、代为销售或者以其他方式掩饰、隐瞒的，处三年以下有期徒刑、拘役或者管制，并处或者单处罚金；情节严重的，处三年以上七年以下有期徒刑，并处罚金。

2.《中华人民共和国刑事诉讼法》

第二百三十六条 第二审人民法院对不服第一审判决的上诉、抗诉案件，经过审理后，应当按照下列情形分别处理：（一）原判决认定事实和适用法律正确、量刑适当的，应当裁定驳回上诉或者抗诉，维持原判；（二）原判决认定事实没有错误，但适用法律有错误，或者量刑不当的，应当改判；（三）原判决事实不清楚或者证据不足的，可以在查清事实后改判；也可以裁定撤销原判，发回原审人民法院重新审判。

原审人民法院对于依照前款第三项规定发回重新审判的案件作出判决后，被告人提出上诉或者人民检察院提出抗诉的，第二审人民法院应当依法作出判决或者裁定，不得再发回原审人民法院重新审判。

【案例索引】

一审：天津市滨海新区人民法院（2015）滨功刑初字第12号刑事判决书。
二审：天津市第二中级人民法院（2015）二中刑终字第157号刑事裁定书。

【基本案情】

被告人杨业春原系公司物料员，负责给维修主板的工作人员领料等工作；被告人刘某某和田某原系公司物料区的仓库管理员，负责物料的接收、发放、回收及核对等工作。杨业春了解到该公司IC2000347型手机芯片的价值较高，且知道携带芯片通过公司安检门时不会报警，便图谋乘公司搬迁在即，自己即将离职之机，偷卖公司的手机芯片牟利。2014年7月中旬某日，杨业春几次找到田某，让其将该手机芯片偷出来，由他负责销赃，二人再分赃，但田某最终未答应与杨业春合作。几天后杨业春又主动找到刘某某，刘某某表示同意。刘某某随后利用职务上的便利，从仓库里偷拿10个手机芯片交给杨业春，让杨业春作为样品带出去寻价，并告诉杨业春仓库里还有900多个。杨业春告诉刘某某，可以将芯片直接装在口袋里带出，过安检门时检查不出来。其后，刘某某将剩下的960个手机芯片分批陆续偷出仓库，并转移至物料区的柜子内藏匿。刘某某随后向杨业春催问是否找到了买家，并告知杨业春，960个芯片放在柜子里不安全。杨业春便让刘某某将所盗芯片都带出公司，等其找到买家后再作处理。后刘某某采取随身夹带方式将该960个手机芯片分批偷出公司。杨业春因未能寻找到买家，将其手中的10

个手机芯片丢弃。刘某某在得知杨业春未能找到买家后，随即自己上网联系到被告人朱某某，将所盗960个手机芯片销赃予朱某某和朱某（另案处理），获利9600元。经天津市滨海新区塘沽价格认证中心鉴定，被盗的该批手机芯片总价值为256070.3元。

【裁判结果】

一审判决：被告人杨业春犯职务侵占罪，判处有期徒刑五年，被告人刘某某犯职务侵占罪，判处有期徒刑二年。起获赃款15300元，依法发还赫比公司；不足部分，责令各被告人予以退赔。

二审裁定：驳回上诉，维持原判。

【裁判理由】

一审法院认为，被告人杨业春是否实施了唆使被告人刘某某盗窃本单位手机芯片的行为，是本案的焦点问题。被告人杨业春在侦查阶段所作的具备实体内容的供述共四次，时间分别为2014年8月22日、8月26日、9月1日、11月4日；在审查批捕和审查起诉阶段各供述一次，时间分别为2014年9月10日、12月18日。上述供述中，8月22日、8月26日与9月10日的供述前后基本一致，9月1日、11月4日与12月18日的供述前后基本一致。其中在8月22日、8月26日、9月10日的供述中，杨业春对唆使刘某某盗窃本单位手机芯片的事实供认不讳，但在9月1日、11月4日、12月18日的供述中，杨业春予以部分翻供，对唆使刘某某盗窃本单位手机芯片的事实予以否认。关于翻供所持的辩解理由，杨业春在庭审中称，8月22日、8月26日的供述受到了侦查人员的欺骗，是不属实的，同时在庭审中承认，其在检察人员提讯时所作的供述都是属实的，且未受到刑讯逼供和诱供。但在检察人员于审查批捕阶段（9月10日）提讯时所作的供述中，杨业春对唆使刘某某盗窃本单位手机芯片的事实供认不讳，同时还供述了实施该行为的动机和具体经过，该供述与其在8月22日、8月26日所作的供述亦前后一致。同时，杨业春在批捕阶段还承认侦查人员没有对其实施刑讯逼供等违法行为，此前在侦查阶段所作的供述属实。杨业春不能合理说明翻供原因，得不到其他在案证据的印证，也不符合本案事实和常理，该辩解意见不能成立，不予采纳。而杨业春庭前所作的关于唆使刘某某盗窃本单位手机芯片的供述，在细节上能与刘某某的供述相互印证，其他在案证据亦佐证，已经形成完整的证明体系，排除了诱供的可能性，该庭前供述应予采信。综上，杨业春出于牟利的目的，唆使刘某某利用职务上的便利盗窃本单位财物，价值256070.3元，属数额巨大，二人行为均已构成职务侵占罪，且系共同犯罪。

被告人刘某某在其罪行尚未被司法机关发觉时，仅因形迹可疑，被单位相关主管人员盘问后主动交代自己的罪行，应当视为自动投案。到案后亦能如实供述自己的罪行，当庭自愿认罪，是自首，依法可以从轻或者减轻处罚；其协助公安机关抓捕同案人，具备立功表现，依法可以从轻或者减轻处罚；其自愿退赔部分赃款，可酌情从轻处罚。

二审法院认为，上诉人杨业春出于牟利的目的，勾结原审被告人刘某某，利用职务上的便利，窃取本单位财物，价值256070.3元，属数额巨大，二人行为均已构成职务侵占罪，且系共同犯罪，依法均应予惩处。针对上诉人杨业春所提上诉理由，经审查，上诉人杨业春到案之初虽对自己的罪行供认不讳，但其后又部分翻供，未能如实供述自己的犯罪事实，依法不能构成自首；本案中有证人证言、同案人供述等证据，能够形成证据锁链，证实上诉人杨业春唆使他人犯罪并在共同犯罪中起主要作用，依法不能构成从犯。故依法驳回上诉，维持原判。

思考问题

1. 杨业春在本案中是教唆犯，还是共同实行犯中的造意犯？
2. 杨业春在唆使他人犯罪过程中还同时伴随着向他人传授犯罪方法，对此如何评价？
3. 杨业春在共同犯罪中是主犯还是从犯？

案例2　周某、陈某诈骗案

内容摘要：本案是经过一审上诉后二审法院改判的典型案例。二审判决明确了法条竞合中特殊法优于普通法的原则和重法优于轻法的原则的适用规则。法条竞合是刑事司法中常见的现象，也是探讨异常激烈的刑法理论问题，二审法院对在两种原则相冲突的情形下应如何合理适用进行了完整的阐述和论证，使裁判结果达到了法律效果和社会效果的统一，也体现了人民法院有错必究的信心与担当。案例争议焦点主要在法条竞合中的重法优于轻法的原则是否适用于一切特殊法的法定刑低于普通法的情形。本案从重法优于轻法原则的适用条件及普通诈骗罪和特殊诈骗罪立法目的的角度出发，厘清了重法优于轻法原则和特殊法优于普通法原则的关系，体现了刑法对不同法益保护的尺度，实现了刑与罚的有机统一，对在审理类似案件中统一裁判尺度具有指导意义。

关键词：法条竞合；保险诈骗；特别法与普通法

【裁判要旨】

诈骗罪并不是刑法分则明文规定的有关特殊诈骗罪的兜底罪名，两者所保护的不同法益决定了两者适用不同的刑罚尺度。有关法条竞合中的从重处罚原则限于法律明文规定按重罪定罪量刑或是法律虽未明文规定按普通法条规定定罪量刑，但对此亦未作禁止性规定，且按特别法条定罪罪刑不相适应的情形，在其他情形下还是需要坚持特别法优于普通法的一般原则处理法条竞合问题。

【相关法条】

1. 《中华人民共和国刑法》

第二百二十四条 有下列情形之一，以非法占有为目的，在签订、履行合同过程中，骗取对方当事人财物，数额较大的，处三年以下有期徒刑或者拘役，并处或者单处罚金；数额巨大或者有其他严重情节的，处三年以上十年以下有期徒刑，并处罚金；数额特别巨大或者有其他特别严重情节的，处十年以上有期徒刑或者无期徒刑，并处罚金或者没收财产：（一）以虚构的单位或者冒用他人名义签订合同的；（二）以伪造、变造、作废的票据或者其他虚假的产权证明作担保的；（三）没有实际履行能力，以先履行小额合同或者部分履行合同的方法，诱骗对方当事人继续签订和履行合同的；（四）收受对方当事人给付的货物、货款、预付款或者担保财产后逃匿的；（五）以其他方法骗取对方当事人财物的。

第二百六十六条 诈骗公私财物，数额较大的，处三年以下有期徒刑、拘役或者管制，并处或者单处罚金；数额巨大或者有其他严重情节的，处三年以上十年以下有期徒刑，并处罚金；数额特别巨大或者有其他特别严重情节的，处十年以上有期徒刑或者无期徒刑，并处罚金或者没收财产。本法另有规定的，依照规定。

2. 《中华人民共和国刑事诉讼法》

第二百二十七条 被告人、自诉人和他们的法定代理人，不服地方各级人民法院第一审的判决、裁定，有权用书状或者口头向上一级人民法院上诉。被告人的辩护人和近亲属，经被告人同意，可以提出上诉。

附带民事诉讼的当事人和他们的法定代理人，可以对地方各级人民法院第一审的判决、裁定中的附带民事诉讼部分，提出上诉。

对被告人的上诉权，不得以任何借口加以剥夺。

【案例索引】

一审：广东省珠海市香洲区人民法院（2016）粤 0402 刑初 1 号刑事判决书。
二审：广东省珠海市中级人民法院（2016）粤 04 刑终 125 号刑事判决书。

【基本案情】

2013 年年底，被告人周某、陈某将粤 C×××××奔驰汽车以 10 万元的价格抵押给珠海宝路华投资公司，因没有及时给付利息导致粤 C×××××奔驰汽车被珠海宝路华投资公司处理变卖。2014 年 6 月 22 日，被告人周某、陈某经密谋后以粤 C××××× 白色奔驰小汽车被盗为由向中国人民财产保险股份公司珠海分公司申请索赔，并提交了两把粤 C×××××奔驰汽车钥匙。中国人民财产保险股份公司珠海分公司工作人员对陈某递交的索赔申请资料进行审核,并将被告人周某、陈某提交的两把粤C×××××奔驰汽车钥匙委托奔驰公司进行鉴定,经鉴定为假冒,于是怀疑被告人周某、陈某有诈骗保险金的行为,暂停支付了粤C×××××白色奔驰小汽车保险赔偿金250966.24元并报案。

【裁判结果】

一审判决:(1)被告人周某犯诈骗罪,判处有期徒刑二年九个月,并处罚金5万元。(2)被告人陈某犯诈骗罪,判处有期徒刑二年六个月,并处罚金5万元。(3)扣押在案的作案工具两把假粤C×××××奔驰汽车钥匙,均予以没收。

二审判决:(1)维持广东省珠海市香洲区人民法院(2016)粤0402刑初1号刑事判决第(三)项。(2)撤销广东省珠海市香洲区人民法院(2016)粤0402刑初1号刑事判决第(一)项、第(二)项。(3)上诉人周某犯保险诈骗罪,判处有期徒刑一年六个月,并处罚金1.5万元。(4)上诉人陈某犯保险诈骗罪,判处有期徒刑一年,并处罚金1万元。

【裁判理由】

二审法院认为,关于二上诉人应以何种罪名定罪处罚的问题,陈某作为涉案车辆保险的投保人、被保险人,与周某共谋后编造未曾发生的车辆被盗保险事故,向保险公司索赔骗取保险金,其行为同时符合刑法所规定的诈骗罪和保险诈骗罪的犯罪构成,是法条竞合,应择一罪处罚。在现行刑法中,诈骗罪属普通法条,保险诈骗罪属特别法条。根据刑法理论,当一个行为同时触犯同一法律的普通法条与特别法条时,在通常情况下,应依照特别法条优于普通法条的原则论处。仅在两种特殊情况下适用重法条优于轻法条的原则,一是法律明文规定按重罪定罪量刑;二是法律虽未明文规定按普通法条规定定罪量刑,但对此亦未作禁止性规定,且按特别法条定罪罪刑不相适应。即当刑法条文规定"本法另有规定的,依照规定"时,禁止适用普通法条。具体到本案,二上诉人行为所触犯的诈骗罪和保险诈骗罪,从刑法规定两罪的数个量刑幅度以及相关定罪量刑的数额标准看,作为普通法条的诈骗罪为重罪,由于刑法在诈骗罪条文中已明确规定"本法另有规定的,依照规定",依照上述理论不能适用重法条优于轻法条的原则,而应适用特别法条优于普通法条的原则,即应以保险诈骗罪定罪处罚。此外,由于诈骗罪相较于保险诈骗罪等特别诈骗犯罪而言属于重罪,如依重法条优于轻法条原则将导致特别法条被架空,显然与立法设定特别法条的原意相悖。故,上诉人周某、陈某的行为应以保险诈骗罪论处,出庭检察员所发表的意见、二上诉人及辩护人就原判决认定罪名所提上诉理由和辩护意见均成立,本院予以采纳。

关于上诉人周某、陈某在共同犯罪中的地位、作用问题,经查,周某供述涉案车辆是其出资购买,按揭款由其每月存入陈某账户,车辆平时二人轮流使用。从抵押汽车套现到后来的报假案骗保,全是其安排、策划。由于陈某是车主,所有程序都要陈某出面。陈某开始表示反对,认为这是犯罪行为,经周某多次游说、教唆才被逼同意配合。周某与陈某一同到派出所报案,一同向保险公司索赔,两把假的车钥匙是周某购买交给保险公司的。陈某亦供述涉案车辆是周某买给其,由周某支付首期款并分期供车,车大多是周某开。周某提出将车抵押换钱应急而被车行处理后,周某提议报警说车被盗并报保险公司理赔,并教陈某陈述被盗经过。二人一同到派出所报案并向保险公司索赔,并由周某提供两把假的车钥匙。二上诉人的供述相互印证,可以认定涉案车辆系周某所购,车辆抵押处置是周某决定,实施保险诈骗的犯意是周某提起,周某还与陈某共同实施向派出所报假案、向保险公司索赔的行为,而陈某报假案、申请索赔均是受周某唆使并且是在周某的教授下为之。陈某仅因车辆登记在其名下,而报假案、申请索赔须由车主亲自办理,其作为周某的女朋友被动地配合实施保险诈骗行为。故,在共同犯罪中,周某起主要作用,系主犯,陈某起次要作用,系从犯,对上诉人陈某及其辩护人所提陈某系从犯的上诉理由和辩护意见予以采纳,对上诉人周某的辩护人所提周某系从犯的辩护意见则不予采纳。

关于本案的犯罪形态是犯罪未遂还是犯罪中止的问题,经查,刑法规定的犯罪中止是指,在犯罪过程中自动放弃犯罪或者自动有效地防止犯罪结果发生。具体到本案,上诉人周某、陈某已向保险公司申请索赔并提供了保险赔付款的划款账户,亦即成功理赔后保险赔付款将直接划至上诉人指定的银行账户。二上诉人已着手实行犯罪且保险诈骗行为均已实施完毕,此种情形下犯罪中止的成立须以行为人自动有效地防止犯罪结果发生为前提。事实上,二上诉人并无任何积极举措防止犯罪结果的发生,如非保险公司发现汽车钥匙有假,怀疑二上诉人有诈骗保险金的行为进而停止赔付并报案,保险赔付款无疑将支付至上诉人的指定账户,故本案犯罪结果未发生是因犯罪分子意志以外的原因造成,应当认定为犯罪未遂而非犯罪中止。此外,黄某的陈述证明保险公司已于2014年7月8日以陈某骗保为由向公安机关报案,故陈某及其辩护人提出2015年5月保险公司曾通知陈某收取理赔款项而陈某未办理,据此推导出本案系犯罪中止不能成立,周某提出其是自动放弃犯罪亦不能成立,对该部分上诉理由和辩护意见均不予采纳,而调取陈某手机号码通话记录亦无必要,对调取该证据申请不予准许。

思考问题

1. 被告人周某的行为构成诈骗罪还是保险诈骗罪?
2. 当诈骗罪与保险诈骗罪出现竞合时应当如何选择适用?

案例 3 程敬涛等非法拘禁、敲诈勒索案

内容摘要：本案是涉及牵连犯认定的经典案例，历经一审与二审。本案两审中，被告人辩护律师均提出被告人的行为构成牵连犯，应当从一重罪处罚即可公正地完成对此犯罪行为的评价而不应数罪并罚，而两审法院均未对被告人辩护律师的这一观点予以认可。两审法院案件承办法官均认为被告人的前后两个犯罪行为虽然从客观通常角度看似乎具有牵连犯理论所要求的目的、方法、结果的牵连关系，但在主观上，行为人为前一犯罪行为时并无后一犯罪行为的犯意，也即主观上两个犯罪行为之间并不存在牵连关系，加之两个罪的犯罪构成要件是相互独立的，因此并非牵连犯，而是两个独立的犯罪行为，故应分别构成两个犯罪，并应数罪并罚。本案判决生效后，就牵连犯的判定问题引发了一系列的讨论。本案虽对实践中牵连犯的判定难以具有统一的指导作用，但是在牵连犯理论尚不完善，实务中对牵连关系的认定尚存在争议的情况下，依旧是值得思考和探讨的。遵循主客观相一致的原则，应对牵连犯中牵连关系的构成进行严格把握，既肯定非法拘禁行为与敲诈勒索行为在客观现实中的通常性联系，又提出要根据个案的具体情况具体分析认定牵连犯的构成与否，严格把握，以期就此归纳出实务中牵连犯认定的一般步骤，对类似案件的审理提供一定的借鉴意义。

关键词：犯罪目的；牵连犯；数罪并罚；犯罪未遂

【裁判要旨】

牵连犯，是指以实施某一犯罪为目的，而其犯罪的方法或者手段行为又触犯其他罪名的情形。因此，牵连犯虽然在客观上涉及多个罪名，但犯罪目的是唯一的，多个犯罪行为紧密牵连在一起。以此来看，在非法拘禁期间以威胁方式向被害人强行索要财物的，不仅涉及两个不同的客观犯罪手段（拘禁和索要财物），而且主观犯罪目的也是不同的，因此，属于两个独立的犯罪行为，不构成牵连犯，应以非法拘禁罪和敲诈勒索罪数罪并罚。

【相关法条】

《中华人民共和国刑法》

第二十三条　已经着手实行犯罪，由于犯罪分子意志以外的原因而未得逞的，是犯罪未遂。

对于未遂犯，可以比照既遂犯从轻或者减轻处罚。

第二十五条第一款　共同犯罪是指二人以上共同故意犯罪。

第六十七条第一款　犯罪以后自动投案，如实供述自己的罪行的，是自首。对于自

首的犯罪分子，可以从轻或者减轻处罚。其中，犯罪较轻的，可以免除处罚。

第六十七条第二款　被采取强制措施的犯罪嫌疑人、被告人和正在服刑的罪犯，如实供述司法机关还未掌握的本人其他罪行的，以自首论。

第六十九条第一款　判决宣告以前一人犯数罪的，除判处死刑和无期徒刑的以外，应当在总和刑期以下、数刑中最高刑期以上，酌情决定执行的刑期，但是管制最高不能超过三年，拘役最高不能超过一年，有期徒刑总和刑期不满三十五年的，最高不能超过二十年，总和刑期在三十五年以上的，最高不能超过二十五年。

第七十二条　对于被判处拘役、三年以下有期徒刑的犯罪分子，同时符合下列条件的，可以宣告缓刑，对其中不满十八周岁的人、怀孕的妇女和已满七十五周岁的人，应当宣告缓刑：（一）犯罪情节较轻；（二）有悔罪表现；（三）没有再犯罪的危险；（四）宣告缓刑对所居住社区没有重大不良影响。

宣告缓刑，可以根据犯罪情况，同时禁止犯罪分子在缓刑考验期限内从事特定活动，进入特定区域、场所，接触特定的人。

被宣告缓刑的犯罪分子，如果被判处附加刑，附加刑仍须执行。

第二百三十八条第一款　非法拘禁他人或者以其他方法非法剥夺他人人身自由的，处三年以下有期徒刑、拘役、管制或者剥夺政治权利。具有殴打、侮辱情节的，从重处罚。

第二百七十四条　敲诈勒索公私财物，数额较大或者多次敲诈勒索的，处三年以下有期徒刑、拘役或者管制，并处或者单处罚金；数额巨大或者有其他严重情节的，处三年以上十年以下有期徒刑，并处罚金；数额特别巨大或者有其他特别严重情节的，处十年以上有期徒刑，并处罚金。

【案例索引】

一审：天津市滨海新区人民法院（2012）滨塘刑初字第155号刑事判决书。

二审：天津市第二中级人民法院（2012）二中刑终字第225号刑事裁定书。

【基本案情】

2010年11月27日8时许，被告人王磊因发现其女友解某某与被害人凌某某发生不正当男女关系，遂将凌某某叫到塘沽远洋宾馆，后纠集被告人程敬涛、程跃、彭广涛、张纪迎，将被害人凌某某带至天津港东海路停车场旅馆内，剥夺其人身自由，并对其进行殴打。后被告人王磊、程敬涛、程跃、彭广涛对被害人进行殴打、辱骂，并向其索要5万元。当日22时许，因被害人亲属报警，被害人被公安人员解救。被告人王磊、程敬涛、程跃、彭广涛勒索钱财未逞，被告人王磊、程敬涛、程跃、彭广涛、张纪迎被公安人员抓获归案。经法医鉴定，被害人凌某某鼻部的损伤为轻伤，双眼及头面部软组织的损伤为轻微伤。案发后，被告人亲属赔偿了被害人经济损失5万元，取得了被害人谅解。一审法院认为，被告人王磊、程敬涛、程跃、彭广涛、张纪迎非法剥夺被害人人身自由，并对被害人进行殴打、辱骂，致被害人轻伤后果，其行为均已构成非法拘禁罪；拘禁过程中，被告人王磊、程敬涛、程跃、彭广涛对被害人实施威胁、恐吓，索取钱财，数额巨大，其行为均已构成敲诈勒索罪。公诉机关指控的罪名成立。被告人王磊、程敬涛、程跃、彭广涛已着手实施敲诈勒索犯罪，因意志以外的原因未能得逞，系犯罪未遂，依法可比照既遂犯减轻处罚。被告人王磊、程敬涛、程跃、彭广涛、张纪迎如实供述自己罪行，且已赔偿了被害人经济损失，取得了被害人谅解。

【裁判结果】

一审判决：王磊犯非法拘禁罪，判处有期徒刑八个月；犯敲诈勒索罪，判处有期徒刑一年六个月；数罪并罚，决定执行的刑罚为有期徒刑二年。程敬涛犯非法拘禁罪，判处有期徒刑六个月；犯敲诈勒索罪，判处有期徒刑一年；数罪并罚，决定执行的刑罚为有期徒刑一年三个月。程跃犯非法拘禁罪，判处有期徒刑六个月；犯敲诈勒索罪，判处有期徒刑一年；数罪并罚，决定执行的刑罚为有期徒刑一年三个月。彭广涛犯非法拘禁罪，判处有期徒刑六个月；犯敲诈勒索罪，判处有期徒刑一年；数罪并罚，决定执行的刑罚为有期徒刑一年三个月。张纪迎犯非法拘禁罪，判处有期徒刑六个月，缓刑一年。禁止张纪迎在一年内，未经对方同意，接触被害人凌某某。对张纪迎在缓刑考验期限内，依法实行社区矫正。

二审裁定：驳回上诉，维持原判。

【裁判理由】

一审法院认为，一审中被告人程敬涛辩护人提出本案属于牵连犯，不应以敲诈勒索罪定罪的辩护意见。所谓牵连犯是指行为人只具有一个犯罪目的，实施了数个行为，数个行为之间具有手段行为与目的行为或原因行为与结果行为的牵连，数个行为分别触犯了不同罪名的犯罪形态。本案中被告人王磊等人起初非法限制被害人人身自由的主观目的是通过这件事要回以前送给解某某的房子，并摆脱与解某某之间的情人关系，索要钱财是在被告人王磊等人上述目的达到之后产生的犯意，这一点可以通过本案经过庭审质证的证人证言及诸被告人的供述相互印证确认，属于另起犯意；并且非法拘禁罪侵犯的客体是公民的人身权利，其无法涵盖本案中诸被告人对于公民财产权益侵害的行为，故一审法院对被告人程敬涛辩护人上述辩护意见未予采纳。所提其他辩护意见中的合理部分，予以采纳。

上诉期内，一审被告人王磊、程敬涛、程跃、彭广涛不服一审判决，向天津市第二中级人民法院提起上诉。二审中，天津市人民检察院第二分院认为，本案非法拘禁的事实清楚，证据充分，定性准确，同时除王磊之外的上诉人在敲诈勒索的犯罪事实上，情节轻微，处理上可以从轻，非法拘禁罪与敲诈勒索罪之间属于牵连关系，应以非法拘禁罪判处刑罚,而不是数罪并罚,故建议二审对上诉人作出罚当其罪的判决。认定原审被告人张纪迎的犯罪事实清楚,证据充分,应予维持。天津市第二中级人民法院经审理,确认一审法院认定的事实和证据。

二审法院认为,上诉人王磊、程敬涛、程跃、彭广涛、原审被告人张纪迎非法剥夺他人人身自由,并对被害人进行殴打、辱骂,致被害人轻伤后果,其行为均已构成非法拘禁罪;在非法拘禁他人的过程中,上诉人王磊、程敬涛、程跃、彭广涛勒索被害人钱财,数额巨大,其行为均构成敲诈勒索罪,均应予惩处。原审判决认定事实清楚,证据充分,定罪准确,量刑适当,审判程序合法。关于上诉人辩解和辩护人的不构成敲诈勒索罪的辩护意见,经审查认为,关于四名上诉人参与非法拘禁和敲诈勒索的事实,不仅有其原始供述,并有多名证人的证据在案佐证,能够形成证据锁链,同时四名上诉人的行为分别符合非法拘禁罪和敲诈勒索罪的两个犯罪构成要件,原审认定其四人分别构成两罪并数罪并罚,并无不当。上诉人针对其上诉理由和辩护人提出的辩护意见,均未能提供证据证实,本院不予支持和采纳。关于本案是否属于牵连犯的问题,本院作如下评判:牵连犯,是指以实施某一犯罪为目的,而其犯罪的方法或者手段行为又触犯其他罪名的情况。非法拘禁罪,是指以拘押、禁闭或者其他强制方法,非法剥夺他人人身自由的行为;敲诈勒索罪,是指以非法占有为目的,对被害人使用威胁或要挟的方法,强行索要公私财物的行为。非法拘禁罪并非以非法占有他人财物为犯罪构成要件,而敲诈勒索罪的犯罪构成,亦并非要求以非法拘禁他人人身自由的犯罪手段为要件,这两个罪的犯罪构成要件是相互独立的,并非牵连犯。上诉人分别有非法拘禁的行为和敲诈勒索的行为,故应分别构成两个犯罪,并应数罪并罚。

思考问题

1. 被告人程敬涛的非法拘禁行为与敲诈勒索未遂的行为是否具有牵连关系?
2. 本案中对被告人程敬涛的量刑是否合适?

■■■■ 案例4 杨某、黄某非法获取公民个人信息并诈骗案

内容摘要: 本案是非法获取公民个人信息并诈骗的典型案例,历经一审与二审。一审判决后,被告人提起上诉,二审法院审理过程中,上诉人黄某提出申请撤回上诉。《刑法修正案(九)》将原本的非法获取公民个人信息罪变更为侵犯公民个人信息罪,扩大了公民个人信息的刑法保护范围。近年来,侵犯公民个人信息刑事案件增长明显,由于对该罪名中"个人信息"的界定及其保护法益都存在不明确和争议之处,因此在司法实践中,对个案裁判及说理就显得尤为重要,合理公正的判决结果与充分详尽、合理合法的说理过程,都可以为实务界和学术界提供好的范例与思路。本案中,行为人实施犯

罪行为时《刑法修正案（九）》还未实行，但在审理时，非法获取公民个人信息罪已经变更为侵犯公民个人信息罪。当然本案的焦点并不在刑法溯及力问题上，主要在于行为人侵犯公民个人信息后进一步通过信息进行诈骗，对该种行为应当认定为数罪还是牵连犯存在理论上的可讨论之处。

关键词：一罪与数罪；牵连犯；限制加重

【裁判要旨】

杨某、黄某二被告人在非法获取公民的个人信息后，伙同被告人吴某通过拨打公民个人信息中的手机号码，骗取诸多被害人钱款。虽然杨某、黄某二被告人获取公民个人信息的行为与三被告人的诈骗行为存在一定的关联性，但是这种关联性不足以成立牵连犯，因此对杨某与黄某二被告人应当数罪并罚。

【相关法条】

《中华人民共和国刑法》

第二百五十三条之一第三款　窃取或者以其他方法非法获取公民个人信息的，依照第一款的规定处罚。

第二百六十六条　诈骗公私财物，数额较大的，处三年以下有期徒刑、拘役或者管制，并处或者单处罚金；数额巨大或者有其他严重情节的，处三年以上十年以下有期徒刑，并处罚金；数额特别巨大或者有其他特别严重情节的，处十年以上有期徒刑或者无期徒刑，并处罚金或者没收财产。本法另有规定的，依照规定。

【案例索引】

一审：福建省安溪县人民法院（2016）闽0524刑初98号刑事判决书。

二审：福建省泉州市中级人民法院（2016）闽05刑终437号刑事裁定书。

【基本案情】

2015年7月至9月9日，被告人杨某单独或伙同被告人黄某通过购买的方式非法获取公民个人信息2万余条，并雇用被告人吴某在福建省龙岩市武平县平川镇西门路某花园租房等地，通过拨打上述公民个人信息中的手机号码，谎称可以向对方发放残疾人补贴、教育补贴等方式，骗被害人邓某等人将钱款转入其指定的账户。截至2015年9月9日被查获时，被告人杨某、吴某共骗取70000元，其中，被告人黄某自2015年8月12日以来参与骗取17700元。2015年9月9日，公安机关在武平县查获三被告人，并扣押到手机、电脑、银行卡等作案工具。归案后，被告人杨某、黄某、吴某均能如实供述自己的罪行。

【裁判结果】

一审判决：(1) 被告人杨某犯诈骗罪，判处有期徒刑二年四个月，并处罚金15000元；犯侵犯公民个人信息罪，判处拘役五个月，并处罚金2000元。决定执行有期徒刑二年四个月，并处罚金17000元。被告人吴某犯诈骗罪，判处有期徒刑一年三个月，并处罚金3000元。被告人黄某犯诈骗罪，判处有期徒刑八个月，并处罚金4000元；犯侵犯公民个人信息罪，判处拘役四个月，并处罚金2000元。决定执行有期徒刑八个月，并处罚金6000元。(2) 追缴被告人杨某、吴某、黄某的违法所得70000元（其中被告人黄某参与诈骗17700元）；其中发还给被害人张某25789元、赵某6037元、邓某3000元、王某9832.63元、赖某2680元；余款22661.37元，查无被害人，没收上缴国库。(3) 没收三被告人被扣押的作案工具。

二审裁定：依照《最高人民法院关于适用〈中华人民共和国刑事诉讼法〉的解释》第三百零五条第一款、第三百零八条的规定，准许上诉人黄某撤回上诉。福建省安溪县人民法院（2016）闽0524刑初98号刑事判决自裁定送达之日起发生法律效力。

【裁判理由】

一审法院认为，被告人杨某、黄某、吴某以非法占有为目的，采用虚构事实的方法，骗取公民财物，数额较大，其行为均已构成诈骗罪，属共同犯罪；被告人杨某单独或伙同被告人黄某通过购买的方式非法获取公民个人信息，情节严重，其行为均已构成侵犯公民个人信息罪，部分属共同犯罪。公诉机关指控被告人杨某、黄某犯诈骗罪、侵犯公民个人信息罪、被告人吴某犯诈骗罪的罪名成立，适用法律正确。在诈骗的共同犯罪中，被告人杨某、黄某起主要作用，是主犯，均应按其参与的全部犯罪处罚；被告人吴某起次要作用，是从犯，依法从轻处罚。被告人杨某、黄某在判决宣告前一人犯数罪，应当数罪并罚。归案后，三被告人均能如实供述自己的罪行，均依法从轻处罚。公诉机关的量刑建议适当。

宣判后，原审被告人黄某提出上诉。二审法院审理过程中，黄某提出申请撤回上诉。

二审法院认为，原审判决认定上诉人黄某、原审被告人杨某、吴某犯诈骗罪，上诉人黄某、原审被告人杨某犯侵犯公民个人信息罪的事实清楚，适用法律正确，量刑适当，审判程序合法；上诉人黄某申请撤回上诉的要求符合法律规定。

思考问题

1. 如何评价被告人杨某与黄某非法获取公民个人信息的行为？
2. 被告人杨某与黄某的行为构成一罪还是数罪？
3. 有期徒刑与拘役刑如何数罪并罚？

第八章 刑罚的体系与种类

■■■ 案例 1 薄谷开来故意杀人案

内容摘要:本案是社会的热点案件,一直备受人们的关注,案件中涉及的事实和法律规定也受到了社会的广泛关注。本案是最高人民法院中国司法案例网的推荐案例,历经一审与死刑复核程序。一审法院在查明案件事实、综合全案庞杂的证据的基础上对薄谷开来的故意杀人行为进行全面考量,作出了判处死刑缓期二年执行,剥夺政治权利终身的判决结果。2015年9月,薄谷开来死刑缓期执行期满,执行期间并无故意犯罪。同年12月,北京市高级人民法院作出了将罪犯薄谷开来死刑缓期二年执行的刑罚减为无期徒刑的刑事裁定。本案历审法院皆以事实为依据,以法律为准绳,遵循罪刑法定原则和罪刑相适应原则,具有较好的示范作用。

关键词:故意杀人;死刑缓期二年执行;减刑

【裁判要旨】

被告人薄谷开来经事先预谋投毒杀人,犯罪情节恶劣,后果严重,且其在共同犯罪中起主要作用,系主犯,论罪应当判处死刑。鉴于本案被害人尼尔·伍德对薄谷开来之子薄某某使用威胁言辞,使双方矛盾激化;司法鉴定意见表明薄谷开来有完全刑事责任能力,但患有精神障碍,对本次作案行为性质和后果的辨认能力完整,控制能力削弱;薄谷开来在归案后向有关部门提供他人违纪、违法线索,为有关案件的查处起到了积极作用;薄谷开来当庭认罪、悔罪,故对其判处死刑,可不立即执行。

罪犯薄谷开来在死刑缓期二年执行期间,没有故意犯罪,符合法定减刑条件,应予减刑。裁定将罪犯薄谷开来死刑缓期二年执行的刑罚减为无期徒刑,原判附加刑剥夺政治权利终身不变。

【相关法条】

1.《中华人民共和国刑法》

第四十八条第一款 死刑只适用于罪行极其严重的犯罪分子。对于应当判处死刑的犯罪分子,如果不是必须立即执行的,可以判处死刑同时宣告缓期二年执行。

第五十条 判处死刑缓期执行的,在死刑缓期执行期间,如果没有故意犯罪,二年期满以后,减为无期徒刑;如果确有重大立功表现,二年期满以后,减为二十五年有期徒刑；如果故意犯罪，情节恶劣的，报请最高人民法院核准后执行死刑；对于故意犯罪未执行死刑的，死刑缓期执行的期间重新计算，并报最高人民法院备案。

对被判处死刑缓期执行的累犯以及因故意杀人、强奸、抢劫、绑架、放火、爆炸、投放危险物质或者有组织的暴力性犯罪被判处死刑缓期执行的犯罪分子，人民法院根据犯罪情节等情况可以同时决定对其限制减刑。

第五十七条　对于被判处死刑、无期徒刑的犯罪分子，应当剥夺政治权利终身。

在死刑缓期执行减为有期徒刑或者无期徒刑减为有期徒刑的时候，应当把附加剥夺政治权利的期限改为三年以上十年以下。

第六十七条第三款　犯罪嫌疑人虽不具有前两款规定的自首情节，但是如实供述自己罪行的，可以从轻处罚；因其如实供述自己罪行，避免特别严重后果发生的，可以减轻处罚。

第二百三十二条　故意杀人的，处死刑、无期徒刑或者十年以上有期徒刑；情节较轻的，处三年以上十年以下有期徒刑。

2.《中华人民共和国刑事诉讼法》

第二百六十一条　最高人民法院判处和核准的死刑立即执行的判决，应当由最高人民法院院长签发执行死刑的命令。

被判处死刑缓期二年执行的罪犯，在死刑缓期执行期间，如果没有故意犯罪，死刑缓期执行期满，应当予以减刑的，由执行机关提出书面意见，报请高级人民法院裁定；如果故意犯罪，情形恶劣，查证属实，应当执行死刑的，由高级人民法院报请最高人民法院核准；对于故意犯罪未执行死刑的，死刑缓期执行的期间重新计算，并报最高人民法院备案。

【案例索引】

一审：合肥市中级人民法院（2012）合刑初字第00082号刑事判决书。
复核：安徽省高级人民法院（2012）皖刑复字第00049号刑事裁定书。
减刑：北京市高级人民法院（2015）高刑执字第601号刑事裁定书。

【基本案情】

2011年下半年，被告人薄谷开来及其子薄某某与英国公民尼尔·伍德因经济利益发生矛盾，尼尔·伍德在电子邮件中对薄某某进行言辞威胁，薄谷开来认为尼尔·伍德已威胁到薄某某的人身安全，后决意将其杀害。应薄谷开来要求，被告人张晓军在北京邀约并陪同尼尔·伍德于同年11月13日来到重庆市，将尼尔·伍德安排在××酒店16栋1605室入住。当日，薄谷开来在自己住处准备了玻璃瓶盛装的含有氰化物的毒药和药瓶盛装的毒品胶囊、药丸，并将毒药交给张晓军，告知其系毒药。当日21时许，被告人薄谷开来、张晓军携带上述物品以及酒、茶等物来到尼尔·伍德入住的酒店，薄谷开来进入 1605 室与尼尔·伍德饮酒、喝茶，张晓军在外等候。后尼尔·伍德因醉酒倒在卫生间，薄谷开来叫张晓军进入房间并要去其随身携带的毒药，张晓军将尼尔·伍德扶到床上，薄谷开来乘尼尔·伍德呕吐后要喝水之机，将毒药倒入其口中。之后，薄谷开来又将事先准备的毒品胶囊等物倒在房间地面上伪造现场，造成尼尔·伍德吸毒的假象。离开房间时，薄谷开来将"请勿打扰"的提示牌挂到门把手上，并叮嘱酒店服务员不要打扰客人。返回自己住处后，薄谷开来让张晓军将作案时所用盛装毒药的玻璃瓶等物品丢弃。11 月 15 日上午，尼尔·伍德在××酒店 1605 室被发现死亡。后经公安部门物证鉴定中心毒化检验，尼尔·伍德的死亡原因符合氰化物中毒所致。

【裁判结果】

一审判决：被告人薄谷开来犯故意杀人罪，判处死刑，缓期二年执行，剥夺政治权利终身。

复核裁定：核准以故意杀人罪判处被告人薄谷开来死刑，缓期二年执行，剥夺政治权利终身。

减刑裁定：将罪犯薄谷开来死刑缓期二年执行的刑罚减为无期徒刑，原判附加刑剥夺政治权利终身不变。

【裁判理由】

一审法院认为，被告人薄谷开来采用投毒手段故意非法剥夺他人生命，其行为构成故意杀人罪，犯罪情节恶劣，后果严重，且其在共同犯罪中起主要作用，系主犯，论罪应当判处死刑。鉴于本案被害人尼尔·伍德对薄谷开来之子薄某某使用威胁言辞，使双方矛盾激化；司法鉴定意见表明薄谷开来有完全刑事责任能力，但患有精神障碍，对本次作案行为性质和后果的辨认能力完整，控制能力削弱；薄谷开来在归案后向有关部门提供他人违纪、违法线索，为有关案件的查处起到了积极作用；薄谷开来当庭认罪、悔罪，故对其判处死刑，可不立即执行。北京市高级人民法院认为，罪犯薄谷开来在死刑缓期二年执行期间，没有故意犯罪，符合法定减刑条件，应予减刑。

 思考问题

1. 本案中减刑的适用是否符合法律规定？
2. 如何认识死刑立即执行与死缓之间适用的关系？

案例2　林森浩故意杀人案

内容摘要：本案是近年来少数能引起极大的社会轰动的案件之一，历经一审与二审。一审法院认为，被告人林森浩故意杀人的手段残忍，后果严重，社会危害性极大，罪行极其严重；林森浩到案后虽能如实供述罪行，尚不足以从轻处罚。宣判后，林森浩不服判决，提起上诉。二审法院认为，林森浩到案后虽能如实供述自己的罪行，但其所犯罪行极其严重，不足以对其从轻处罚。本案案发于2013年3月，2015年12月林森浩被执行死刑，在此期间，此案一直广受关注，被各大媒体争相报道，引发了舆论热潮。公众的高度关注势必会给法院造成一定的压力，在舆论的影响下，法院对林森浩的量刑畸重。林森浩归案后如实供述犯罪事实，认罪态度好，但法官并未进行量刑的减让。本案件的裁判结果没能体现出"对民间矛盾引发的故意杀人案件慎用死刑"这一最高人民法院会议纪要的基本精神，也并未遵循由最高人民法院指导案例4号和12号确立的"因民间矛盾引发的案件，兼具有从重处罚情节和从轻处罚情节的，一般应选择死缓限制减刑"的裁判规则。

关键词：故意杀人；死刑；社会舆论

【裁判要旨】

本案系因同舍矛盾而引发的故意杀人案件，被告人林森浩明知二甲基亚硝胺系剧毒化学品且有严重危害性，而向饮水机内投放大剂量的二甲基亚硝胺原液，致被害人接水饮用后中毒。在被害人入院特别是转入重症监护室救治期间，林森浩仍刻意隐瞒真相，编造谎言，杀人故意明显，其行为已构成故意杀人罪。林森浩仅因日常琐事对被害人不满，即利用自己所掌握的医学知识，蓄意采取隐蔽的手法，向饮水机内投放剧毒化学品，杀死无辜被害人，应依法惩处。

【相关法条】

1.《中华人民共和国刑法》

第五十七条第一款　对于被判处死刑、无期徒刑的犯罪分子，应当剥夺政治权利终身。

第二百三十二条　故意杀人的，处死刑、无期徒刑或者十年以上有期徒刑；情节较轻的，处三年以上十年以下有期徒刑。

2.《中华人民共和国刑事诉讼法》

第二百三十六条第一款　第二审人民法院对不服第一审判决的上诉、抗诉案件，经过审理后,应当按照下列情形分别处理:(一)原判决认定事实和适用法律正确、量刑适当的,应当裁定驳回上诉或者抗诉,维持原判;……

第二百四十六条 死刑由最高人民法院核准。

第二百五十条 最高人民法院复核死刑案件,应当作出核准或者不核准死刑的裁定。对于不核准死刑的,最高人民法院可以发回重新审判或者予以改判。

【案例索引】

一审:上海市第二中级人民法院(2013)沪二中刑初字第110号刑事判决书。

二审:上海市高级人民法院(2014)沪高刑终字第31号刑事裁定书。

【基本案情】

被告人林森浩和被害人黄某均系××大学××医学院××××级硕士研究生,分属不同的医学专业。2010年8月起,林森浩与葛某某等同学同住于××大学××校区西××宿舍楼×××室(以下简称"×××室")。2011年8月,黄某调入×××室,与林森浩、葛某某同住。之后,林森浩因琐事对黄某不满,逐渐对黄某怀恨在心,决意采用投毒的方法加害黄某。

2013年3月31日下午,被告人林森浩以取物为名,通过同学吕某进入××大学附属××医院(以下简称"××医院")××号楼X楼影像医学实验室×××室,乘室内无人,取出其于2011年参与动物实验时剩余的装有剧毒化学品二甲基亚硝胺的试剂瓶和注射器,并装入一只黄色医疗废弃物袋中随身带离。当日17时50分许,林森浩将前述物品带至×××室,乘无人之机,将二甲基亚硝胺投入该室的饮水机内,尔后,将试剂瓶等物连同黄色医疗废弃物袋带出宿舍楼予以丢弃。

同年4月1日上午,黄某从×××室饮水机中接取并喝下已被林森浩投入二甲基亚硝胺的饮用水。之后,黄某发生呕吐,于当日中午至××医院就诊。次日下午,黄某再次至××医院就诊,被发现肝功能受损严重,遂留院观察。4月3日下午,黄某因病情严重被转至外科重症监护室治疗。在黄某就医期间,林森浩故意隐瞒黄某的病因。4月11日,林森浩在两次接受公安人员询问时均未供述投毒事实,直至次日凌晨经公安机关依法予以刑事传唤到案后,才如实供述了上述投毒事实。被害人黄某经抢救无效于2013年4月16日死亡。经鉴定,被害人黄某符合二甲基亚硝胺中毒致急性肝坏死引起急性肝功能衰竭,继发多器官功能衰竭死亡。

【裁判结果】

一审判决:以故意杀人罪判处被告人林森浩死刑,剥夺政治权利终身。

二审裁定:驳回上诉,维持原判。

【裁判理由】

一审法院认为，被告人林森浩为泄愤采用投放毒物的方法故意杀人，致被害人黄某死亡，其行为已构成故意杀人罪，依法应予惩处。被告人林森浩故意杀人的手段残忍，后果严重，社会危害性极大，罪行极其严重；林森浩到案后虽能如实供述罪行，尚不足以从轻处罚。

宣判后，原审被告人林森浩不服判决，向上海市高级人民法院提起上诉。林森浩上诉辩称，其系为作弄被害人黄某而投毒，投毒后曾将饮水机内部分水舀出倒掉并用自来水对饮水机内剩余水进行稀释，主观上没有杀人故意。辩护人认为，认定本案涉案毒物系二甲基亚硝胺证据不足，并申请调取相关检验报告的质谱图；认定被害人黄某系死于二甲基亚硝胺中毒证据不足，相关鉴定意见的鉴定程序不合法，申请对黄某死亡原因进行重新鉴定；林森浩主观上没有杀人故意，其行为不构成故意杀人罪。据此，辩护人斯伟江认为，林森浩故意伤害致一人死亡，其行为应构成故意伤害罪，请求二审法院对林森浩在十年以上、十五年以下有期徒刑幅度内量刑；辩护人唐志坚认为，林森浩基于开玩笑而实施了投毒行为，轻信不会发生致黄某死亡的后果，属于过于自信的过失，应构成过失致人死亡罪。此外，辩护人认为上海市第二中级人民法院对本案无管辖权。

二审法院认为，上诉人林森浩为泄愤采用投放毒物的方法故意杀人，致一人死亡，其行为已构成故意杀人罪，依法应予惩处。林森浩的犯罪手段残忍，犯罪后果严重，社会危害性极大。林森浩到案后虽能如实供述自己的罪行，但其所犯罪行极其严重，不足以对其从轻处罚。原判认定被告人林森浩故意杀人的犯罪事实清楚，证据确实、充分，适用法律正确，量刑适当，审判程序合法。林森浩的上诉理由不能成立。辩护人的辩护意见，本院不予采纳。上海市人民检察院建议驳回上诉，维持原判的意见，应予支持。

思考问题

1. 被告人林森浩在主观上成立间接故意还是直接故意？
2. 被告人林森浩适用死刑立即执行是否符合当下我国适用死刑的刑事政策？
3. 通过林森浩案的判决结果，思考舆论对我国刑事司法的影响。

案例3　杨建霞、贺国祥故意杀人案

内容摘要： 本案在案发地甘肃省引发了较为广泛的社会关注，中央电视台（CCTV）和贵州卫视均以专题——《没有咽下的死亡之酒》进行了相关的报道。本案历经一审、二审。一审法院认为，本案系由婚姻家庭矛盾引发，被害人存在较严重的家庭暴力行为，对本案的发生有一定诱因作用，故对于二人可不适用死刑立即执行。宣判后被告人提起上诉,认为一审量刑过重,二审法院对其上诉理由不予采纳,维持一审判决。一审和二审人民法院对案件的全部情况作了综合考量,详细分析了案件性质、犯罪情节、危害后果、被告人的主观恶性和人身危害程度、被害人之过错、被害人亲属情绪以及社会影响等方面,判决、裁定事实认定和法律适用方面说理充分、论证合理,体现了"对民间矛盾引发的故意杀人案件慎用死刑"这一最高人民法院会议纪要的基本精神,以及由指导案例4号和12号确立的"因民间矛盾引发的案件,兼具有从重处罚情节和从轻处罚情节的,一般应选择死缓限制减刑"的裁判规则。实现了惩治犯罪、慎用死刑和促进社会和谐之间的统一。

关键词:民间纠纷;共同犯罪;故意杀人;死缓限制减刑

【裁判要旨】

本案系由因婚姻家庭矛盾激化引发的故意杀人案件。被告人伙同情夫、精心谋划,并伪造现场,罪行极其严重,论罪应当判处死刑。但被告人具有坦白悔罪等情形,认罪态度较好,存在从轻处罚情节。被害人对被告人确有家庭暴力之事实,亦存在相应的过错。同时,被告人并未取得被害人亲属的谅解——被害人亲属要求对被告人严惩。人民法院应综合考量上述之案件性质、犯罪情节、危害后果、被告人的主观恶性和人身危害程度、被告人之过错和社会影响等方面,同时亦应当明确婚姻家庭纠纷应通过协商或法律途径解决,家暴只会激化而不能解决矛盾。综合考虑上述因素,可以依法判处被告人死刑缓期二年执行,同时限制减刑,从而有效化解原、被告和法院之间的矛盾,促进社会和谐稳定。

【相关法条】

1. 《中华人民共和国刑法》

第二十五条第一款 共同犯罪是指二人以上共同故意犯罪。

第二十六条第一款 组织、领导犯罪集团进行犯罪活动的或者在共同犯罪中起主要作用的,是主犯。

第三十六条第一款 由于犯罪行为而使被害人遭受经济损失的,对犯罪分子除依法给予刑事处罚外,并应根据情况判处赔偿经济损失。

第四十八条第一款 死刑只适用于罪行极其严重的犯罪分子。对于应当判处死刑的犯罪分子,如果不是必须立即执行的,可以判处死刑同时宣告缓期二年执行。

第五十条第二款 对判处死刑缓期执行的累犯以及因故意杀人、强奸、抢劫、绑架、防火、爆炸、投放危险物质或者有组织的暴力性犯罪被判处死刑缓期执行的犯罪分子,人民法院根据犯罪情节等情况可以同时决定对其限制减刑。

第五十七条第一款 对于被判处死刑、无期徒刑的犯罪分子,应当剥夺政治权利终身。

第六十四条　犯罪分子违法所得的一切财物，应当予以追缴或者责令退赔；对被害人的合法财产，应当及时返还；违禁品和供犯罪所用的本人财物，应当予以没收。没收的财物和罚金，一律上缴国库，不得挪用和自行处理。

第六十七条第三款　犯罪嫌疑人虽不具有前两款规定的自首情节，但是如实供述自己罪行的，可以从轻处罚；因其如实供述自己罪行，避免特别严重后果发生的，可以减轻处罚。

第二百三十二条　故意杀人的，处死刑、无期徒刑或者十年以上有期徒刑；情节较轻的，处三年以上十年以下有期徒刑。

2.《中华人民共和国刑事诉讼法》

第一百零一条第一款　被害人由于被告人的犯罪行为而遭受物质损失的，在刑事诉讼过程中，有权提起附带民事诉讼。被害人死亡或者丧失行为能力的，被害人的法定代理人、近亲属有权提起附带民事诉讼。

第二百三十六条第一款　第二审人民法院对不服第一审判决的上诉、抗诉案件，经过审理后，应当按照下列情形分别处理：（一）原判决认定事实和适用法律正确、量刑适当的，应当裁定驳回上诉或者抗诉，维持原判；……

第二百四十四条　第二审的判决、裁定和最高人民法院的判决、裁定，都是终审的判决、裁定。

【案例索引】

一审：甘肃省天水市中级人民法院（2013）天刑一初字第 12 号刑事判决书。

二审：甘肃省高级人民法院（2014）甘刑三终字第 51 号刑事裁定书。

【基本案情】

被告人杨建霞因感情不和经常与丈夫庞某甲争吵、打架。案发前，二人矛盾进一步激化，杨建霞遂产生将丈夫庞某甲杀死的犯意，便和与其有不正当男女关系的被告人贺国祥预谋杀害庞某甲。2012 年 12 月 22 日晚 23 时许，杨建霞伙同贺国祥在自己家中用被子捂压被害人庞某甲头面部，致庞某甲机械性窒息死亡。后二被告人将庞某甲的尸体抬至"众富果蔬"果库对面村民家房院背后的小路上，并将白酒灌入庞某甲口中，伪造庞某甲酒后死亡的假象后逃离。案发后，杨建霞于 2012 年 12 月 25 日被刑事拘留，2013 年 1 月 8 日被逮捕；贺国祥于 2012 年 12 月 25 日被刑事拘留，2013 年 1 月 7 日被逮捕。

【裁判结果】

一审判决：（1）被告人杨建霞犯故意杀人罪，判处死刑，缓期二年执行，剥夺政治权利终身;被告人贺国祥犯故意杀人罪,判处死刑,缓期二年执行,剥夺政治权利终身。(2) 对被告人杨建霞限制减刑。(3) 由被告人杨建霞、贺国祥赔偿附带民事诉讼原告人庞某乙、丁某某、庞某丙、庞某丁、庞某戊丧葬费 19566 元,交通费 1094 元,共计 20660 元。(4) 驳回附带民事诉讼原告人的其他诉讼请求。(5) 作案工具被子一条、酒瓶盖一个依法予以没收。

二审裁定:驳回上诉,维持原判。

【裁判理由】

一审法院认为,被告人杨建霞、贺国祥的行为已构成故意杀人罪,且系共同犯罪,均为主犯。二人到案后能够如实供述自己的罪行,有悔罪表现,认罪态度较好,存在坦白情节。且本案系由婚姻家庭矛盾引发,被害人存在较严重的家庭暴力行为,对本案的发生有一定诱因作用。故对于二人可不适用死刑立即执行。对于附带民事诉讼原告人庞某乙、丁某某、庞某丙、庞某丁、庞某戊请求赔偿丧葬费 19566 元、交通费 1094 元的诉讼请求依法予以支持,对被扶养人生活费、死亡赔偿金二项诉讼请求不予支持。

杨建霞上诉称,其案发前一直遭受严重的家庭暴力,被害人具有过错,致被害人死亡的原因主要是同案人的加害。且其到案后如实供述所犯罪行,有从轻量刑情节,一审量刑过重。贺国祥的辩护人提出,贺国祥系初犯、偶犯,到案后能供述自己的罪行,具有悔罪表现,应从轻处罚。各附带民事诉讼原告人上诉提出,被告人杨建霞、贺国祥应判赔死亡赔偿金和被扶养人生活费,原判认定"本案系由婚姻家庭矛盾引发,被害人存在较严重的家庭暴力行为,对本案的发生有一定诱因作用"错误,请求判处二被告人死刑立即执行。

二审法院认为,杨建霞违背婚姻道德,长期与贺国祥保持不正当两性关系,应对家庭矛盾激化负责任;其勾结贺国祥,精心预谋,在家中将丈夫庞某甲杀害,并抛尸、伪造现场,罪行极其严重。原判依据其犯罪事实、情节对其量刑适当,故对于其上诉理由不予采纳。贺国祥插足被害人庞某甲家庭,又在杨建霞唆使下共谋杀害庞某甲,其在共同犯罪中积极主动、作用明显。原判依据其犯罪事实、情节量刑适当,判处正确。故对于其辩护意见不予采纳;原判依据法律规定对各上诉人所遭受经济损失已予以认定,各附带民事诉讼上诉人请求判赔死亡赔偿金和被抚养人生活费的上诉理由于法无据;原判认定家庭暴力"对本案的发生有一定的诱因作用"并无不当。故对于所提上诉理由不予支持。

 思考问题

1. 故意杀人罪适用死刑时应当考虑哪些因素?
2. 对被告人杨建霞判处死缓,并限制减刑是否恰当?
3. 民间纠纷引起的故意杀人有何特殊性?

案例 4　陈某某故意伤害案

内容摘要：本案历经一审与二审。一审法院判决被告人陈某某犯故意伤害罪，判处有期徒刑十个月，并承担相应的民事责任。宣判后，原审被告人陈某某不服，提出上诉。二审法院综合考虑本案的发生地点和起因，系在上诉人陈某某家门口，被害人陈某甲对本案的引发有一定过错，且上诉人陈某某年近七十，系初犯、偶犯，对其处以管制对社会无不良影响，决定对上诉人改判管制，管制期间依法实行社区矫正。本案二审判决撤销了一审判决中判处被告人有期徒刑十个月的量刑部分，改判为管制刑一年，管制期间实行社区矫正。二审判决体现了在宽严相济的刑事政策视野下我国刑事执行一体化趋势日益完善。二审法院通过对事实经过、争议焦点的进一步调查，在事实认定方面通过优势证据否定了上诉人陈某某认为被害人不构成轻伤的主张和其提供的具有专门知识的人的主张，仍以故意伤害罪定罪，但又进一步综合被告人的个人情况、改造方式优化及社会影响，将原有剥夺自由刑改为限制自由刑。改造方式的变更，符合当今社会所提倡的刑罚轻缓化和行刑社会化的趋势，使刑罚目标更加丰盈。

关键词：管制；刑罚；刑事执行一体化；宽严相济；刑事政策

【裁判要旨】

对于社会危害性不大、易于改造的被告人，在法律规定的刑罚可选择范围内对刑罚进行最优选择，使用限制自由刑——管制，足以达到刑法之目的，而无须固守"重刑"之观念对其处以剥夺自由刑。

【相关法条】

1.《中华人民共和国刑法》

第三十八条　管制的期限，为三个月以上二年以下。

判处管制，可以根据犯罪情况，同时禁止犯罪分子在执行期间从事特定活动，进入特定区域、场所，接触特定的人。

对判处管制的犯罪分子，依法实行社区矫正。

违反第二款规定的禁止令的，由公安机关依照《中华人民共和国治安管理处罚法》的规定处罚。

第四十一条　管制的刑期，从判决执行之日起计算；判决执行以前先行羁押的，羁押一日折抵刑期二日。

第二百三十四条第一款　故意伤害他人身体的，处三年以下有期徒刑、拘役或者管制。

2.《中华人民共和国刑事诉讼法》

第二百三十六条第一款 第二审人民法院对不服第一审判决的上诉、抗诉案件，经过审理后，应当按照下列情形分别处理：……（二）原判决认定事实没有错误，但适用法律有错误，或者量刑不当的，应当改判；……

3.《最高人民法院关于适用〈中华人民共和国刑事诉讼法〉的解释》

第一百五十五条第一款 对附带民事诉讼作出判决，应当根据犯罪行为造成的物质损失，结合案件具体情况，确定被告人应当赔偿的数额。

第一百五十五条第二款 犯罪行为造成被害人人身损害的，应当赔偿医疗费、护理费、交通费等为治疗和康复支付的合理费用，以及因误工减少的收入。造成被害人残疾的，还应当赔偿残疾生活辅助具费等费用；造成被害人死亡的，还应当赔偿丧葬费等费用。

【案例索引】

一审：山东省莒县人民法院（2014）莒刑初字第231号刑事判决书。
二审：山东省日照市中级人民法院（2016）鲁11刑终59号刑事判决书。

【基本案情】

2013年7月9日17时许，附带民事诉讼原告人陈某甲路过被告人陈某某家门口，与被告人陈某某相互争执对骂厮打，被告人陈某某用木锨将陈某甲打致面部、右上肢软组织损伤及额骨凹陷性骨折。在厮打过程中，被告人陈某某面部、双上肢、双下肢软组织亦受到损伤。经莒县公安局法医鉴定，陈某甲的损伤程度属轻伤，后经日照市公安局法医鉴定及补充说明，陈某甲的损伤程度构成轻伤二级。经莒县公安局法医鉴定，被告人陈某某的损伤程度不构成轻伤。

【裁判结果】

一审判决：（1）被告人陈某某犯故意伤害罪，判处有期徒刑十个月。（2）被告人陈某某承担相应的民事责任。

二审判决：（1）维持山东省莒县人民法院（2014）莒刑初字第231号刑事附带民事判决第（一）项的定罪部分即"被告人陈某某犯故意伤害罪"和第（二）项的附带民事部分；（2）撤销山东省莒县人民法院（2014）莒刑初字第231号刑事附带民事判决第（一）项的量刑部分，即"判处有期徒刑十个月"；（3）上诉人陈某某犯故意伤害罪，判处管制一年，管制期间依法实行社区矫正；（4）鉴定费3200元由上诉人陈某某承担。

【裁判理由】

一审法院认为，被告人陈某某故意伤害他人身体，并致人轻伤，其行为侵犯了公民的人身权利，已构成故意伤害罪，应追究其刑事责任。被告人陈某某虽当庭辩解未打陈某甲，陈某甲的伤不是其造成的，但其在侦查阶段的两次供述与在审查起诉阶段的供述均证实其用木锨打陈某甲，该供述与证人证言、被害人陈述等其他证据相吻合，能够形成完整的证据链条，足以认定被告人陈某某伤害陈某甲的事实，故该辩解不成立，不予采纳。辩护人关于对于检察院提交的莒县公安局店子集派出所出具的办案说明及法院对陈某甲主治医生王某的调查笔录，未为辩护人留必要的准备时间，程序违法；日照市公安局法医鉴定意见不合法、不真实，不能作为裁判依据；被害人陈某甲不存在新伤，其治疗方法不符合额窦前壁凹陷性骨折的治疗方法，多次CT片显示陈某甲多发性额窦；莒县检察院对被告人陈某某的讯问笔录系骗取而来，陈某某在公安机关及检察院的有罪供述均不可信等辩护意见，综合全案证据，均不能成立，不予采纳。被告人陈某某对其犯罪行为给附带民事诉讼原告人陈某甲造成的经济损失，应予赔偿。

宣判后，原审被告人陈某某不服，提出上诉。其辩护人提出如下辩护意见：（1）陈某某在莒县检察院的有罪供述不应作为定案依据，证人证言系伪证；（2）陈某甲新鲜骨折的结论是错误的；（3）假设陈某甲的伤是新鲜骨折，也不构成轻伤二级，仅属于颅骨外板骨折，并非是颅骨全层骨折，故不构成轻伤二级。

二审法院认为，一审法院以上诉人犯故意伤害罪，判处有期徒刑十个月，定罪量刑适当。但综合考虑本案的发生地点和起因，系在上诉人陈某某家门口，被害人陈某甲对本案的引发有一定过错，且上诉人陈某某年近七十，系初犯、偶犯，对其处以管制对社会无不良影响，本院决定对上诉人改判管制，管制期间依法实行社区矫正。

思考问题

1. 法院对被告人陈某某的改判是否体现宽严相济刑事政策？
2. 法院对被告人陈某某的改判是否符合罪责刑相适应原则？
3. 社区矫正对犯罪人有哪些积极作用？

案例5　白恩培受贿、巨额财产来源不明案

内容摘要： 本案作为终身监禁第一案备受公众关注，也是2016年中国十大影响性诉讼之一。法院认为，根据白恩培的犯罪事实和情节，依据刑法的有关规定，决定在其死刑缓期执行二年期满依法减为无期徒刑后，终身监禁，不得减刑、假释。作为刑法体系的最新执行措施，终身监禁于2015年8月29日正式列于中国腐败犯罪刑事治理机制，

成为专门针对特别重大贪污受贿犯罪的处罚措施。在全社会对其付诸实施的期待目光中，我们终于看到了我国适用终身监禁新规的第一案，这就是由河南省安阳市中级人民法院作出一审判决的原正部级高官白恩培受贿、巨额财产来源不明案。《刑法修正案（九）》对于终身监禁的规定是贯彻宽严相济刑事政策的典范。首先是慎用死刑立即执行，同时综合考虑贪贿案件的严重危害以及案件各种从严情节如数额特别巨大、情节特别严重，判处死缓、终身监禁（不得减刑、假释）的严惩措施，从而在慎用死刑立即执行的基础上尽可能从严惩处重特大贪污受贿罪犯，很好地体现了宽严相济刑事政策的精神。白恩培案作为我国终身监禁制度司法化的第一案，彰显了国家反腐战略的基本立场，具有积极的法治示范意义，因此考察、分析白恩培案的罪与罚尤其是其刑罚裁量问题，对于我们正确理解和适用终身监禁新规无疑具有重要价值。

关键词：贪污罪；受贿罪；死刑缓期执行；终身监禁

【裁判要旨】

根据《刑法》第三百八十五条的规定，国家工作人员利用职务上的便利，索取他人财物的，或者非法收受他人财物，为他人谋取利益的，是受贿罪；根据《刑法》第三百九十五条的规定，巨额财产来源不明罪，是指国家工作人员的财产、支出明显超出合法收入，差额巨大，而本人又不能说明其来源合法的行为。被告人白恩培身为国家工作人员，利用其职务上的便利以及职权和地位形成的便利条件，为他人在房地产开发、获取矿权、职务晋升等事项上谋取利益，直接或者通过其妻非法收受他人财物折合人民币共计2.4亿余元，其行为完全符合受贿罪的构成特征，应当认定构成受贿罪；同时，白恩培的财产、支出明显超过合法收入，差额特别巨大，不能说明其合法来源，符合巨额财产来源不明罪的构成特征，应当认定构成巨额财产来源不明罪；依法应当数罪并罚。从公布的资料看，安阳市中级人民法院对白恩培案的定罪事实清楚，证据充分，法理充分，于法有据。

【相关法条】

1.《中华人民共和国刑法》

第三百八十三条　对犯贪污罪的，根据情节轻重，分别依照下列规定处罚：（一）贪污数额较大或者有其他较重情节的，处三年以下有期徒刑或者拘役，并处罚金。（二）贪污数额巨大或者有其他严重情节的，处三年以上十年以下有期徒刑，并处罚金或者没收财产。（三）贪污数额特别巨大或者有其他特别严重情节的，处十年以上有期徒刑或者无期徒刑，并处罚金或者没收财产；数额特别巨大，并使国家和人民利益遭受特别重大损失的，处无期徒刑或者死刑，并处没收财产。

对多次贪污未经处理的，按照累计贪污数额处罚。

犯第一款罪，在提起公诉前如实供述自己罪行、真诚悔罪、积极退赃，避免、减少损害结果的发生,有第一项规定情形的,可以从轻、减轻或者免除处罚;有第二项、第三项规定情形的,可以从轻处罚。

犯第一款罪,有第三项规定情形被判处死刑缓期执行的,人民法院根据犯罪情节等情况可以同时决定在其死刑缓期执行二年期满依法减为无期徒刑后,终身监禁,不得减刑、假释。

第三百八十五条　国家工作人员利用职务上的便利,索取他人财物的,或者非法收受他人财物,为他人谋取利益的,是受贿罪。

国家工作人员在经济往来中,违反国家规定,收受各种名义的回扣、手续费,归个人所有的,以受贿论处。

第三百八十六条　对犯受贿罪的,根据受贿所得数额及情节,依照本法第三百八十三条的规定处罚。索贿的从重处罚。

第三百九十五条　国家工作人员的财产、支出明显超过合法收入,差额巨大的,可以责令该国家工作人员说明来源,不能说明来源的,差额部分以非法所得论,处五年以下有期徒刑或者拘役;差额特别巨大的,处五年以上十年以下有期徒刑。财产的差额部分予以追缴。

国家工作人员在境外的存款,应当依照国家规定申报。数额较大、隐瞒不报的,处二年以下有期徒刑或者拘役;情节较轻的,由其所在单位或者上级主管机关酌情给予行政处分。

2.《最高人民法院、最高人民检察院关于办理贪污贿赂刑事案件适用法律若干问题的解释》

第三条　贪污或者受贿数额在三百万元以上的,应当认定为刑法第三百八十三条第一款规定的"数额特别巨大",依法判处十年以上有期徒刑、无期徒刑或者死刑,并处罚金或者没收财产。

贪污数额在一百五十万以上不满三百万元,具有本解释第一条第二款规定的情形之一的,应当认定为刑法第三百八十三条第一款规定的"其他特别严重情节",依法判处十年以上有期徒刑、无期徒刑或者死刑,并处罚金或者没收财产。

受贿数额在一百五十万以上不满三百万元,具有本解释第一条第三款规定的情形之一的,应当认定为刑法第三百八十三条第一款规定的"其他特别严重情节",依法判处十年以上有期徒刑、无期徒刑或者死刑,并处罚金或者没收财产。

第四条　贪污、受贿数额特别巨大,犯罪情节特别严重、社会影响特别恶劣、给国家和人民利益造成特别重大损失的,可以判处死刑。

符合前款规定的情形,但具有自首,立功,如实供述自己罪行、真诚悔罪、积极退赃,或者避免、减轻损害结果的发生等情节,不是必须立即执行的,可以判处死刑缓期二年执行。

符合第一款规定情形的,根据犯罪情节等情况可以判处死刑缓期二年执行,同时裁判决定在其死刑缓期执行二年期满依法减为无期徒刑后,终身监禁,不得减刑、假释。

【案例索引】

2016年中国十大影响性诉讼之二:白恩培受贿终身监禁案。(本案判决书未向社会公开)

【基本案情】

2000年至2013年,被告人白恩培利用担任青海省委书记、云南省委书记、全国人大环境与资源保护委员会副主任委员等职务上的便利以及职权和地位形成的便利条件,为他人在房地产开发、获取矿权、职务晋升等事项上谋取利益,直接或通过其妻非法收受他人财物,折合人民币共计246764511元;白恩培还有巨额财产明显超过合法收入,不能说明来源。

【裁判结果】

白恩培犯受贿、巨额财产来源不明罪,对被告人白恩培以受贿罪判处死刑,缓期二年执行,剥夺政治权利终身,并处没收个人全部财产,在其死刑缓期执行二年期满依法减为无期徒刑后,终身监禁,不得减刑、假释;以巨额财产来源不明罪判处有期徒刑十年,决定执行死刑,缓期二年执行,剥夺政治权利终身,并处没收个人全部财产,在其死刑缓期执行二年期满依法减为无期徒刑后,终身监禁,不得减刑、假释。对白恩培受贿所得财物和来源不明财产予以追缴,上缴国库。

【裁判理由】

法院经审理认为,被告人白恩培身为国家工作人员,利用职务上的便利,为他人谋取利益,利用职权和地位形成的便利条件,通过其他国家工作人员职务上的行为,为他人谋取不正当利益,非法收受他人财物,其行为构成受贿罪;白恩培的财产、支出明显超过合法收入,差额特别巨大,不能说明来源,构成巨额财产来源不明罪,应数罪并罚。其中,白恩培受贿数额特别巨大,犯罪情节特别严重,社会影响特别恶劣,给国家和人民利益造成特别重大损失,论罪应当判处死刑。鉴于其到案后,如实供述自己罪行,主动交代办案机关尚未掌握的大部分受贿犯罪事实;认罪悔罪,赃款赃物已全部追缴,具有法定、酌定从轻处罚情节,对其判处死刑,可不立即执行。同时,根据白恩培的犯罪事实和情节,依据刑法的有关规定,决定在其死刑缓期执行二年期满依法减为无期徒刑后,终身监禁,不得减刑、假释。

思考问题

1. 如何理解终身监禁的性质及其适用范围？
2. 如何看待终身监禁制度在刑法总论中的体系定位？

■■■ 案例6　董某某、宋某某抢劫案

内容摘要：本案是近年来对于未成年人犯抢劫罪并运用禁止令的一起成功的典型案例。本案一审终审，被告人未上诉，检察院也未抗诉。一审法院认为，考虑到被告人主要是因上网吧需要网费而诱发了抢劫犯罪，二被告人长期迷恋网络游戏，网吧等场所与其犯罪有密切联系，如果将被告人与引发其犯罪的场所相隔离，有利于家长和社区在缓刑期间对其进行有效管教，预防再次犯罪；被告人犯罪时不满18周岁，平时自我控制能力较差，对其适用禁止令的期限确定为与缓刑考验期相同的三年，有利于其改过自新。因此，依法判决禁止二被告人在缓刑考验期内进入网吧等特定场所。本案的处理结果达到了法律效果和社会效果的统一，也体现了人民法院的人道主义精神。该案件裁判的目的不仅在于惩戒未成年人犯罪，更在于规制和预防未成年人再犯。案例运用犯罪构成理论，从犯罪成立的必要条件即构成要件符合性、违法性、有责性角度，并结合当事人的年龄、主观恶性、手段、情节、目的等，遵循罪刑法定原则，对在审理类似案件中统一裁判尺度有指导意义，也对于未成年人禁止令的适用具有指导意义。

关键词：抢劫罪；未成年人犯罪；禁止令

【裁判要旨】

被告人构成抢劫罪，但是鉴于被告人是未成年人，对判处管制或者宣告缓刑的未成年被告人，可以根据其犯罪的具体情况以及禁止事项与所犯罪行的关联程度，对其适用禁止令。对于未成年人因上网诱发犯罪的，可以禁止其在一定期限内进入网吧等特定场所。

【相关法条】

1.《中华人民共和国刑法》

第七十二条　对于被判处拘役、三年以下有期徒刑的犯罪分子，同时符合下列条件的，可以宣告缓刑，对其中不满十八周岁的人、怀孕的妇女和已满七十五周岁的人，应当宣告缓刑：（一）犯罪情节较轻；（二）有悔罪表现；（三）没有再犯罪的危险；（四）宣告缓刑对所居住社区没有重大不良影响。

宣告缓刑，可以根据犯罪情况，同时禁止犯罪分子在缓刑考验期限内从事特定活

动,进入特定区域、场所,接触特定的人。

被宣告缓刑的犯罪分子,如果被判处附加刑,附加刑仍须执行。

第二百六十三条 以暴力、胁迫或者其他方法抢劫公私财物的,处三年以上十年以下有期徒刑,并处罚金;有下列情形之一的,处十年以上有期徒刑、无期徒刑或者死刑,并处罚金或者没收财产:(一)入户抢劫的;(二)在公共交通工具上抢劫的;(三)抢劫银行或者其他金融机构的;(四)多次抢劫或者抢劫数额巨大的;(五)抢劫致人重伤、死亡的;(六)冒充军警人员抢劫的;(七)持枪抢劫的;(八)抢劫军用物资或者抢险、救灾、救济物资的。

第二百六十九条 犯盗窃、诈骗、抢夺罪,为窝藏赃物、抗拒抓捕或者毁灭罪证而当场使用暴力或者以暴力相威胁的,依照本法第二百六十三条的规定定罪处罚。

第二百八十九条 聚众"打砸抢",致人伤残、死亡的,依照本法第二百三十四条、第二百三十二条的规定定罪处罚。毁坏或者抢走公私财物的,除判令退赔外,对首要分子,依照本法第二百六十三条的规定定罪处罚。

2.《最高人民法院关于审理抢劫、抢夺刑事案件适用法律若干问题的意见》

三、关于"多次抢劫"的认定

刑法第二百六十三条第(四)项中的"多次抢劫"是指抢劫三次以上。

对于"多次"的认定,应以行为人实施的每一次抢劫行为均已构成犯罪为前提,综合考虑犯罪故意的产生、犯罪行为实施的时间、地点等因素,客观分析、认定。对于行为人基于一个犯意实施犯罪的,如在同一地点同时对在场的多人实施抢劫的;或基于同一犯意在同一地点实施连续抢劫犯罪的,如在同一地点连续地对途经此地的多人进行抢劫的;或在一次犯罪中对一栋居民楼房中的几户居民连续实施入户抢劫的,一般应认定为一次犯罪。

四、关于"携带凶器抢夺"的认定

《抢劫解释》①第六条规定,"携带凶器抢夺",是指行为人随身携带枪支、爆炸物、管制刀具等国家禁止个人携带的器械进行抢夺或者为了实施犯罪而携带其他器械进行抢夺的行为。行为人随身携带国家禁止个人携带的器械以外的其他器械抢夺,但有证据证明该器械确实不是为了实施犯罪准备的,不以抢劫罪定罪;行为人将随身携带凶器有意加以显示、能为被害人察觉到的,直接适用刑法第二百六十三条的规定定罪处罚;行为人携带凶器抢夺后,在逃跑过程中为窝藏赃物、抗拒抓捕或者毁灭罪证而当场使用暴力或者以暴力相威胁的,适用刑法第二百六十七条第二款的规定定罪处罚。

【案例索引】

一审:河南省平顶山市新华区人民法院(2011)新刑未初字第 29 号刑事判决书。

---

① 即《最高人民法院关于审理抢劫案件具体应用法律若干问题的解释》。

【基本案情】

被告人董某某、宋某某（时年17周岁）迷恋网络游戏，平时经常结伴到网吧上网，时常彻夜不归。2010年7月27日11时许，因在网吧上网的网费用完，二被告人即伙同王某（作案时未达到刑事责任年龄）到河南省平顶山市红旗街社区健身器材处，持刀对被害人张某某和王某某实施抢劫，抢走张某某5元现金及手机一部。后将所抢的手机卖掉，所得赃款用于上网。

【裁判结果】

一审判决：被告人董某某、宋某某犯抢劫罪，分别判处有期徒刑二年六个月，缓刑三年，并处罚金1000元。同时禁止董某某和宋某某在三十六个月内进入网吧、游戏机房等场所。宣判后，二被告人均未上诉，判决发生法律效力。

【裁判理由】

法院经审理认为，被告人董某某、宋某某以非法占有为目的，以暴力威胁方法劫取他人财物，其行为均已构成抢劫罪。鉴于董某某、宋某某系持刀抢劫；犯罪时不满18周岁，且均为初犯，到案后认罪悔罪态度较好，宋某某还是在校学生，符合缓刑条件，决定分别判处二被告人有期徒刑二年六个月，缓刑三年。考虑到被告人主要是因上网吧需要网费而诱发了抢劫犯罪；二被告人长期迷恋网络游戏，网吧等场所与其犯罪有密切联系；如果将被告人与引发其犯罪的场所相隔离，有利于家长和社区在缓刑期间对其进行有效管教，预防再次犯罪；被告人犯罪时不满18周岁，平时自我控制能力较差，对其适用禁止令的期限确定为与缓刑考验期相同的三年，有利于其改过自新。因此，依法判决禁止二被告人在缓刑考验期内进入网吧等特定场所。

 思考问题

1. 司法裁判判处禁止令的适用条件是什么？
2. 关于影响未成年人犯抢劫罪的量刑的因素有哪些？
3. 携带凶器抢夺型抢劫罪之不同年龄段司法认定的区分如何操作？

第九章 量刑情节与量刑制度

■■■ 案例 1 马乐利用未公开信息交易案

内容摘要：本案属于近年来最高人民法院和最高人民检察院发布的指导案例和典型案例之一，历经一审、二审与再审。一审法院认为，刑法中并未对利用未公开信息交易罪规定"情节特别严重"的情形，因此，依法只能认定马乐的行为属于"情节严重"。一审后，检察院提起抗诉，认为被告人马乐的行为应认定为犯罪情节特别严重，依照"情节特别严重"的量刑档次处罚，一审判决适用法律错误，量刑明显不当，应当依法改判。二审法院裁定驳回抗诉，维持原判。最高人民法院认为被告人马乐的情形属于"情节特别严重"。本案通过由最高检抗诉、最高法进行再审的方式，明确了《刑法》第一百八十条第四款规定的利用未公开信息交易罪中援引法定刑的情形应当是对其第一款规定的内幕交易、泄露内幕信息罪中法定刑的全部援引，也即存在"情节严重"和"情节特别严重"两个量刑档次，应当根据具体案件情形判断属于何种量刑区间。本案严格遵循"罪刑法定"和"罪刑相适应"的立法理念，以文义解释为基础，综合运用体系解释、目的解释等多种解释方法正确理解和适用法律条文，对于统一裁判尺度、明确类似案件的处理具有标杆意义，对于严厉打击破坏金融管理秩序的行为、维护社会主义市场经济秩序的稳定具有重要作用。

关键词：利用未公开信息交易；刑法解释；援引法定刑

【裁判要旨】

《刑法》第一百八十条第四款规定的利用未公开信息交易罪中援引法定刑的情形应当是对其第一款规定的内幕交易、泄露内幕信息罪中法定刑的全部援引，也即存在"情节严重"和"情节特别严重"两个量刑档次，应当根据具体案件情形判断属于何种量刑情节。

【相关法条】

1.《中华人民共和国刑法》

第一百八十条 证券、期货交易内幕信息的知情人员或者非法获取证券、期货交易内幕信息的人员，在涉及证券的发行，证券、期货交易或者其他对证券、期货交易价格有重大影响的信息尚未公开前，买入或者卖出该证券，或者从事与该内幕信息有关的期货交易，或者泄露该信息，或者明示、暗示他人从事上述交易活动，情节严重的，处五年以下有期徒刑或者拘役，并处或者单处违法所得一倍以上五倍以下罚金；情节特别严重的，处五年以上十年以下有期徒刑，并处违法所得一倍以上五倍以下罚金。

单位犯前款罪的，对单位判处罚金，并对其直接负责的主管人员和其他直接责任人员，处五年以下有期徒刑或者拘役。

内幕信息、知情人员的范围，依照法律、行政法规的规定确定。

证券交易所、期货交易所、证券公司、期货经纪公司、基金管理公司、商业银行、保险公司等金融机构的从业人员以及有关监管部门或者行业协会的工作人员，利用因职务便利获取的内幕信息以外的其他未公开的信息，违反规定，从事与该信息相关的证券、期货交易活动，或者明示、暗示他人从事相关交易活动，情节严重的，依照第一款的规定处罚。

2.《中华人民共和国刑事诉讼法》

第二百五十四条第二款　最高人民法院对各级人民法院已经发生法律效力的判决和裁定，上级人民法院对下级人民法院已经发生法律效力的判决和裁定，如果发现确有错误，有权提审或者指令下级人民法院再审。

第二百五十六条第一款　人民法院按照审判监督程序重新审判的案件，由原审人民法院审理的，应当另行组成合议庭进行。如果原来是第一审案件，应当依照第一审程序进行审判，所作的判决、裁定，可以上诉、抗诉；如果原来是第二审案件，或者是上级人民法院提审的案件，应当依照第二审程序进行审判，所作的判决、裁定，是终审的判决、裁定。

3.《最高人民法院、最高人民检察院关于办理内幕交易、泄露内幕信息刑事案件具体应用法律若干问题的解释》

第七条　在内幕信息敏感期内从事或者明示、暗示他人从事或者泄露内幕信息导致他人从事与该内幕信息有关的证券、期货交易，具有下列情形之一的，应当认定为刑法第一百八十条第一款规定的"情节特别严重"：（一）证券交易成交额在二百五十万元以上的；（二）期货交易占用保证金数额在一百五十万元以上的；（三）获利或者避免损失数额在七十五万元以上的；（四）具有其他特别严重情节的。

4.《最高人民检察院、公安部关于公安机关管辖的刑事案件立案追诉标准的规定（二）》

第三十五条　证券、期货交易内幕信息的知情人员、单位或者非法获取证券、期货交易内幕信息的人员、单位，在涉及证券的发行，证券、期货交易或者其他对证券、期货交易价格有重大影响的信息尚未公开前，买入或者卖出该证券，或者从事与该内幕信息有关的期货交易，或者泄露该信息，或者明示、暗示他人从事上述交易活动，涉嫌下列情形之一的,应予立案追诉:(一)证券交易成交额累计在五十万元以上的;(二)期货交易占用保证金数额累计在三十万元以上的;(三)获利或者避免损失数额累计在十五万元以上的;(四)多次进行内幕交易、泄露内幕信息的;(五)其他情节严重的情形。

第三十六条 证券交易所、期货交易所、证券公司、期货公司、基金管理公司、商业银行、保险公司等金融机构的从业人员以及有关监管部门或者行业协会的工作人员,利用因职务便利获取的内幕信息以外的其他未公开的信息,违反规定,从事与该信息相关的证券、期货交易活动,或者明示、暗示他人从事相关交易活动,涉嫌下列情形之一的,应予立案追诉:(一)证券交易成交额累计在五十万元以上的;(二)期货交易占用保证金数额累计在三十万元以上的;(三)获利或者避免损失数额累计在十五万元以上的;(四)多次利用内幕信息以外的其他未公开信息进行交易活动的;(五)其他情节严重的情形。

5.《最高人民法院关于适用〈中华人民共和国刑事诉讼法〉的解释》

第三百八十九条第一款 再审案件经过重新审理后,应当按照下列情形分别处理:……(三)原判决、裁定认定事实没有错误,但适用法律错误,或者量刑不当的,应当撤销原判决、裁定,依法改判;……

【案例索引】

一审:广东省深圳市中级人民法院(2014)深中法刑二初字第27号刑事判决书。
二审:广东省高级人民法院(2014)粤高法刑二终字第137号刑事裁定书。
再审:最高人民法院(2015)刑抗字第1号刑事判决书。

【基本案情】

2011年3月9日至2013年5月30日期间,被告人马乐担任某某基金管理有限公司旗下的某某精选股票证券投资基金经理,全权负责投资基金投资股票市场,掌握了某某精选股票证券投资基金交易的标的股票、交易时间和交易数量等未公开信息。马乐在任职期间利用其掌控的上述未公开信息,从事与该信息相关的证券交易活动,操作自己控制的"金某""严某甲""严某乙"三个股票账户,通过临时购买的不记名神州行电话卡下单,先于(1—5个交易日)、同期或稍晚于(1—2个交易日)其管理的"某某精选"基金账户买卖相同股票76只,累计成交金额10.5亿余元,非法获利18833374.74元。2013年7月17日,马乐主动到深圳市公安局投案,且到案之后能如实供述其所犯罪行,属自首;马乐认罪态度良好,违法所得能从扣押、冻结的财产中全额返还,判处的罚金亦能全额缴纳。

最高人民法院再审查明,原审被告人马乐在担任某某基金管理有限公司某某精选股票证券投资基金经理期间,利用其掌控的未公开信息,从事与该信息相关的证券交易活动,买卖股票76只,累计成交金额10.5亿余元,案发后马乐投案自首的事实与原审认定一致。证实以上事实的书证、证人证言、被告人供述等证据已经原审庭审举证、质证,再审予以确认。

另查明,原审被告人马乐利用未公开信息从事证券交易活动,非法获利数额应为19120246.98元。证明该事实的证据有再审中本院依职权调取的中国证券监督管理委员会深圳监管局出具的《深圳证监局关于马乐利用未公开信息交易案的复函》。该证据已在再审庭审中经出庭检察员和辩护人双方质证并予确认,马乐亦认可。原审认定马乐非法获利数额18833374.74元属计算错误,应予以更正。

【裁判结果】

一审判决:(1)被告人马乐犯利用未公开信息交易罪,判处有期徒刑三年,缓刑五年,并处罚金1884万元;(2)违法所得18833374.74元依法予以追缴,上缴国库。

二审裁定:驳回抗诉,维持原判。

再审判决:(1)维持广东省高级人民法院(2014)粤高法刑二终字第137号刑事裁定和广东省深圳市中级人民法院(2014)深中法刑二初字第27号刑事判决中对原审被告人马乐的定罪部分;(2)撤销广东省高级人民法院(2014)粤高法刑二终字第137号刑事裁定和广东省深圳市中级人民法院(2014)深中法刑二初字第27号刑事判决中对原审被告人马乐的量刑及追缴违法所得部分;(3)原审被告人马乐犯利用未公开信息交易罪,判处有期徒刑三年,并处罚金1913万元;(4)违法所得19120246.98元依法予以追缴,上缴国库。

【裁判理由】

一审法院认为,被告人马乐作为基金管理公司从业人员,利用其职务便利所获取的未公开信息,违反规定,从事与该信息相关的证券交易活动,情节严重,其行为已构成利用未公开信息交易罪。公诉机关指控的罪名成立,依法应予惩处。但刑法中并未对利用未公开信息交易罪规定"情节特别严重"的情形,因此,依法只能认定马乐的行为属于"情节严重"。马乐具有自动投案的情节,且到案之后能如实供述其所犯罪行,是自首,依法可以从轻处罚。马乐认罪态度良好,其违法所得能从扣押冻结的财产中全额返还,判处的罚金亦能全额缴纳,确有悔罪表现,另经深圳市福田区司法局社区矫正和安置帮教科调查评估,对马乐宣告缓刑对其所居住的社区没有重大不良影响,符合适用缓刑的条件,决定对其适用缓刑。

检察院抗诉认为,《刑法》第一百八十条第一款规定的内幕交易、泄露内幕信息罪存在"情节严重"和"情节特别严重"两种情形和两个量刑档次,该条第四款规定,利用未公开信息交易情节严重的,依照第一款的规定处罚。从刑法设置上来说,同一法条的不同款项在处罚上应该具有协调性,这种处罚的参照不可能只是部分参照,而必须是全部参照。本案中,马乐的证券交易成交额为 10.5 亿余元,获利 1800 多万元,应认定其犯罪"情节特别严重",一审判决认定其犯罪"情节严重",属于认定情节错误,应予纠正。马乐有自首情节,且积极退赃,一审对其作出有期徒刑三年、缓刑五年的处罚,基本符合法定的量刑幅度。

二审法院认为,《刑法》第一百八十条第四款规定,证券交易所、期货交易所等金融机构从业人员以及有关监管部门或者行业协会的工作人员,利用未公开信息交易,情节严重的,依照第一款的规定处罚,该条款并未对利用未公开信息交易罪规定有"情节特别严重"情形;而根据第一百八十条第一款的规定,情节严重的,处五年以下有期徒刑或者拘役,并处或者单处违法所得一倍以上五倍以下罚金。故本案马乐利用未公开信息,非法交易股票 76 只,累计成交金额 10.5 亿余元,从中获利 1883 万余元,属于犯罪情节严重,应在该量刑幅度内判处刑罚。原审判决认定事实清楚,证据确实、充分,量刑适当,审判程序合法。抗诉机关的抗诉理由不成立,不予采纳。

二审裁定生效后,广东省人民检察院提请最高人民检察院按照审判监督程序向最高人民法院提出抗诉。最高人民检察院抗诉提出,《刑法》第一百八十条第四款属于援引法定刑的情形,应当引用第一款处罚的全部规定;利用未公开信息交易罪与内幕交易、泄露内幕信息罪的违法与责任程度相当,法定刑亦应相当;马乐的行为应当认定为犯罪情节特别严重,对其适用缓刑明显不当;本案二审裁定以《刑法》第一百八十条第四款未对利用未公开信息交易罪规定有"情节特别严重"为由,对此情形不作认定,降格评价被告人的犯罪行为,属于适用法律确有错误,导致量刑不当,并且对类似案件及法律适用有重大误导,应当依法纠正。

最高人民法院生效裁判认为,本案事实清楚,定罪准确,争议的焦点在于如何正确理解《刑法》第一百八十条第四款对于第一款的援引以及如何把握利用未公开信息交易罪"情节特别严重"的认定标准。

(1) 对《刑法》第一百八十条第四款援引第一款量刑情节的理解和把握

《刑法》第一百八十条第一款对内幕交易、泄露内幕信息罪规定为:"证券、期货交易内幕信息的知情人员或者非法获取证券、期货交易内幕信息的人员,在涉及证券的发行,证券、期货交易或者其他对证券、期货交易价格有重大影响的信息尚未公开前,买入或者卖出该证券,或者从事与该内幕信息有关的期货交易,或者泄露该信息,或者明示、暗示他人从事上述交易活动,情节严重的,处五年以下有期徒刑或者拘役,并处或者单处违法所得一倍以上五倍以下罚金;情节特别严重的,处五年以上十年以下有期徒刑,并处违法所得一倍以上五倍以下罚金。"第四款对利用未公开信息交易罪规定为:"证券交易所、期货交易所、证券公司、期货经纪公司、基金管理公司、商业银行、保险公司等金融机构的从业人员以及有关监管部门或者行业协会的工作人员,利用因职务便利获取的内幕信息以外的其他未公开的信息,违反规定,从事与该信息相关的证券、期货交易活动，或者明示、暗示他人从事相关交易活动，情节严重的，依照第一款的规定处罚。"

对于第四款中"情节严重的，依照第一款的规定处罚"应如何理解，在司法实践中存在不同的认识。一种观点认为，第四款中只规定了"情节严重"的情形，而未规定"情节特别严重"的情形，因此，这里的"情节严重的，依照第一款的规定处罚"只能是依照第一款中"情节严重"的量刑档次予以处罚。另一种观点认为，第四款中的"情节严重"只是入罪条款，即达到了情节严重以上的情形，依据第一款的规定处罚。至于具体处罚，应看符合第一款中的"情节严重"还是"情节特别严重"的情形，分别情况依法判处：情节严重的，"处五年以下有期徒刑"；情节特别严重的，"处五年以上十年以下有期徒刑"。

最高人民法院认为，《刑法》第一百八十条第四款援引法定刑的情形，应当是对第一款全部法定刑的引用，即利用未公开信息交易罪应有"情节严重"和"情节特别严重"两种情形和两个量刑档次。这样理解的具体理由如下：

首先，符合刑法的立法目的。由于我国基金、证券、期货等领域中，利用未公开信息交易行为比较多发，行为人利用公众投入的巨额资金作后盾，以提前买入或者提前卖出的手段获得巨额非法利益，将风险与损失转嫁到其他投资者，不仅对其任职单位的财产利益造成损害，而且严重破坏了公开、公正、公平的证券市场原则，严重损害客户投资者或处于信息弱势的散户的利益，严重损害金融行业信誉，影响投资者对金融机构的信任，进而对资产管理和基金、证券、期货市场的健康发展产生严重影响。为此，《刑法修正案（七）》新增利用未公开信息交易罪，并将该罪与内幕交易、泄露内幕信息罪规定在同一法条中，说明两罪的违法与责任程度相当。利用未公开信息交易罪也应当适用"情节特别严重"。

其次，符合法条的文意。其一，《刑法》第一百八十条第四款中的"情节严重"是入罪条款。《最高人民检察院、公安部关于公安机关管辖的刑事案件立案追诉标准的规定（二）》对利用未公开信息交易罪规定了追诉的情节标准，说明该罪需达到"情节严重"才能被追诉。利用未公开信息交易罪属情节犯，立法要明确其情节犯属性，就必须借助"情节严重"的表述，以避免"情节不严重"的行为入罪。其二，该款中"情节严重"并不兼具量刑条款的性质。刑法条文中大量存在"情节严重"兼具定罪条款及量刑条款性质的情形，但无一例外均在其后列明了具体的法定刑。《刑法》第一百八十条第四款中"情节严重"之后，并未列明具体的法定刑，而是参照内幕交易、泄露内幕信息罪的法定刑。因此，本款中的"情节严重"仅具有定罪条款的性质，而不具有量刑条款的性质。

最后，符合援引法定刑立法技术的理解。援引法定刑是指对某一犯罪并不规定独立的法定刑，而是援引其他犯罪的法定刑作为该犯罪的法定刑。《刑法》第一百八十条第四款援引法定刑的目的是为了避免法条文字表述重复，并不属于法律规定不明确的情形。

综上，《刑法》第一百八十条第四款虽然没有明确表述"情节特别严重"，但是根据本条款设立的立法目的、法条文意及立法技术，应当包含"情节特别严重"的情形和量刑档次。

（2）利用未公开信息交易罪"情节特别严重"的认定标准

目前虽然没有关于利用未公开信息交易罪"情节特别严重"认定标准的专门规定，但鉴于刑法规定利用未公开信息交易罪是参照内幕交易、泄露内幕信息罪的规定处罚，《最高人民法院、最高人民检察院关于办理内幕交易、泄露内幕信息刑事案件具体应用法律若干问题的解释》将成交额 250 万元以上、获利 75 万元以上等情形认定为内幕交易、泄露内幕信息罪"情节特别严重"的标准，利用未公开信息交易罪也应当遵循相同的标准。马乐利用未公开信息进行交易活动，累计成交额达 10.5 亿余元，非法获利达 1912 万余元，已远远超过上述标准，且在案发时属全国查获的该类犯罪数额最大者，参照《最高人民法院、最高人民检察院关于办理内幕交易、泄露内幕信息刑事案件具体应用法律若干问题的解释》的规定，马乐的行为应该属于"情节特别严重"。

最高人民法院认为，原审被告人马乐作为基金管理公司从业人员，利用职务便利获取未公开信息，违反规定，从事与该信息相关证券交易活动的行为已构成利用未公开信息交易罪。马乐利用未公开信息交易股票 76 只，累计成交额 10.5 亿余元，非法获利 1912 万余元，属于情节特别严重，应当依法惩处。鉴于马乐主动从境外回国投案自首；在未受控制的情况下，将股票兑成现金存在涉案三个账户中并主动向中国证券监督管理委员会说明情况，退还了全部违法所得；认罪悔罪态度好；赃款未挥霍，原判罚金刑得已全部履行等情节，对马乐可予减轻处罚。第一审判决、第二审裁定认定事实清楚，证据确实、充分，定罪准确，但因对法律条文理解错误，导致量刑不当，应予纠正。

思考问题

1. 司法裁判援引法定刑的解释规则是什么？《刑法》第一百八十条第四款援引的法定刑是对《刑法》第一百八十条第一款的部分援引还是全部援引？
2. 如何确立"存疑时有利于被告人"的司法理念？
3. 刑法解释的方法与位阶是什么？
4. 对被告人马乐的量刑是否准确？
5. 马乐是否应当在"情节特别严重"的法定刑幅度内接受刑罚处罚？
6. 未公开信息交易罪"情节特别严重"的适用标准是什么？

▪▪▪▪ 案例 2　秦国浩非法行医案

内容摘要：本案是近年来最高人民法院核准在法定刑以下判处刑罚的案例，历经一审、二审与再审程序。一审法院认为，被告人秦国浩未取得医生执业资格非法行医，造成就诊人死亡，其行为已构成非法行医罪。宣判后，原审被告人秦国浩提出上诉。二审法院驳回上诉，维持原判。再审判决明确了秦国浩的行为属于非法行医罪，造成一人死亡，本应判处十年以上有期徒刑，但法院综合考量了被告人的主客观方面、过错及事后的态度，经最高人民法院核准对其在法定刑以下判处刑罚。本案明确《刑法》第六十三条第二款的司法适用规则，体现了司法中罪责刑相适应的原则，缓解了法条的僵化与滞后性带来的处罚结果的不可接受性，处理结果达到了法律效果和社会效果的统一。案例运用犯罪构成阶层理论，从犯罪成立的必要条件即构成要件符合性、违法性、有责性角度，遵循罪刑法定原则。但本案的裁判背景比较特殊，当时据以认定被告人秦国浩非法行医罪的司法解释在本案终审判决的两年后被废除。本案对推动该司法解释的修改有重要意义，同时利用刑法中的特别减轻条款，缓解了在法律规定僵化、滞后时尊重法律与保障刑罚的合理性与可接受性的冲突，阐明了《刑法》第六十三条第二款特别减轻的司法适用规则，对审理类似案件有指导意义。

关键词：非法行医；有期徒刑；并处罚金；法定刑以下

【裁判要旨】

虽具有医师资格证书，但注册的执业地点与实际执业地点不符，在未取得医疗机构执业许可证的情况下擅自开设诊所行医的行为，构成非法行医罪。非法行医造成就诊人死亡，依法本应在有期徒刑十年以上量刑。但鉴于被告具有医师资格证书和医师执业证书，此前已在当地从医多年，且案发后积极赔偿被害方经济损失，有明显悔罪表现，故可依照《刑法》第六十三条第二款的规定，在法定刑以下判处刑罚。

【相关法条】

1. 《中华人民共和国刑法》

第五十三条　罚金在判决指定的期限内一次或者分期缴纳。期满不缴纳的，强制缴纳。对于不能全部缴纳罚金的，人民法院在任何时候发现被执行人有可以执行的财产，应当随时追缴。

由于遭遇不能抗拒的灾祸等原因缴纳确实有困难的，经人民法院裁定，可以延期缴纳、酌情减少或者免除。

第六十三条第二款　犯罪分子虽然不具有本法规定的减轻处罚情节，但是根据案件的特殊情况，经最高人民法院核准，也可以在法定刑以下判处刑罚。

第六十四条　犯罪分子违法所得的一切财物，应当予以追缴或者责令退赔；对被害人的合法财产，应当及时返还；违禁品和供犯罪所用的本人财物，应当予以没收。没收的财物和罚金，一律上缴国库，不得挪用和自行处理。

第三百三十六条第一款　未取得医生执业资格的人非法行医，情节严重的，处三年以下有期徒刑、拘役或者管制，并处或者单处罚金；严重损害就诊人身体健康的，处三年以上十年以下有期徒刑，并处罚金；造成就诊人死亡的，处十年以上有期徒刑，并处罚金。

2.《中华人民共和国刑事诉讼法》

第二百五十六条第一款 人民法院按照审判监督程序重新审判的案件，由原审人民法院审理的，应当另行组成合议庭进行。如果原来是第一审案件，应当依照第一审程序进行审判，所作的判决、裁定，可以上诉、抗诉；如果原来是第二审案件，或者是上级人民法院提审的案件，应当依照第二审程序进行审判，所作的判决、裁定，是终审的判决、裁定。

3.《最高人民法院关于适用〈中华人民共和国刑事诉讼法〉的解释》

第三百八十四条第二款 原来是第一审的案件，应当依照第一审程序进行审判，所作的判决、裁定可以上诉、抗诉；原来是第二审案件，或者是上级人民法院提审的案件，应当依照第二审程序进行审判，所作的判决、裁定是终审的判决、裁定。

第三百八十九条第一款 再审案件经过重新审理后，应当按照下列情形分别处理：……（三）原判决、裁定认定事实没有错误，但适用法律错误，或者量刑不当的，应当撤销原判决、裁定，依法改判；……

4.《最高人民法院关于审理非法行医刑事案件具体应用法律若干问题的解释》[①]

第一条 具有下列情形之一的，应认定为刑法第三百三十六条第一款规定的"未取得医生执业资格的人非法行医"：（一）未取得或者以非法手段取得医师资格从事医疗活动的；（二）被依法吊销医师执业证书期间从事医疗活动的；（三）未取得乡村医生执业证书，从事乡村医疗活动的；（四）家庭接生员实施家庭接生以外的医疗行为的。

【案例索引】

一审：湖北省荆门市京山县人民法院（2009）京刑初字第162号刑事判决书。
二审：湖北省荆门市中级人民法院（2011）荆刑终字第00053号刑事裁定书。
再审：湖北省高级人民法院（2014）鄂刑监一再终字第00004号刑事判决书。
复核：最高人民法院（2014）刑核字第13号刑事裁定书。

【基本案情】

2007年6月，被告人秦国浩在未取得医疗机构执业许可证的情况下，在自家开设诊

[①]《最高人民法院关于审理非法行医刑事案件具体应用法律若干问题的解释》于2008年4月28日由最高人民法院审判委员会第1446次会议通过，第一条规定："具有下列情形之一的，应认定为刑法第三百三十六条第一款规定的'未取得医生执业资格的人非法行医'：（一）未取得或者以非法手段取得医师资格从事医疗活动的；（二）个人未取得《医疗机构执业许可证》开办医疗机构的；（三）被依法吊销医师执业证书期间从事医疗活动的；（四）未取得乡村医生执业证书，从事乡村医疗活动的；（五）家庭接生员实施家庭接生以外的医疗行为的。"2016年12月12日最高人民法院审判委员会第1703次会议通过《最高人民法院关于修改〈关于审理非法行医刑事案件具体应用法律若干问题的解释〉的决定》。2016年12月12日最高人民法院审判委员会第1703次会议通过《最高人民法院关于修改〈关于审理非法行医刑事案件具体应用法律若干问题的解释〉的决定》。

所行医。2008年2月12日8时许，罗店镇桥头湾村七组村民谢某甲、李某夫妇因其儿子谢某乙（2006年1月21日出生）生病找被告人秦国浩诊治。被告人秦国浩在对谢某乙检查、诊断后，即安排其女儿秦某按自己开具的处方对谢某乙进行输液治疗，在输液过程中，谢某乙出现呼吸困难，面色苍白，烦躁不安，被告人秦国浩即对谢某乙进行人工吸痰、皮下注射肾上腺素后，将谢某乙急转罗店镇卫生院经抢救无效死亡。湖北同济法医学司法鉴定中心法医病理学检验意见书和法大法庭科学技术鉴定研究所法医学鉴定意见书均认定谢某乙的死亡原因系被告人秦国浩所使用的药物导致过敏所致。事发后，经京山县公安局罗店派出所主持调解，被告人秦国浩与被害方达成了赔偿协议，被告人秦国浩赔偿了被害方经济损失8万元。

【裁判结果】

一审判决：（1）秦国浩犯非法行医罪，判处有期徒刑十年六个月，并处罚金1万元。（2）驳回附带民事诉讼原告人谢某甲、李某的诉讼请求。

二审裁定：驳回上诉，维持原判。

再审判决：（1）撤销湖北省荆门市中级人民法院（2011）荆刑终字第00053号刑事裁定，以及京山县人民法院（2009）京刑初字第162号刑事附带民事判决第（一）项中对申诉人秦国浩的量刑部分；（2）维持京山县人民法院（2009）京刑初字第162号刑事附带民事判决第（一）项中对申诉人秦国浩的定罪部分和第（二）项；（3）申诉人秦国浩犯非法行医罪，判处有期徒刑四年，并处罚金1万元。根据《刑法》第六十三条第二款的规定，本判决报请最高人民法院核准。

复核裁定：核准湖北省高级人民法院（2014）鄂刑监一再终字第00004号以原审被告人秦国浩犯非法行医罪，在法定刑以下判处有期徒刑四年，并处罚金1万元的刑事判决。

【裁判理由】

一审法院认为，被告人秦国浩未取得医生执业资格非法行医，造成就诊人死亡，其行为已构成非法行医罪，依法应追究其刑事责任。《最高人民法院关于审理非法行医刑事案件具体应用法律若干问题的解释》第一条第（二）项规定，"个人未取得《医疗机构执业许可证》开办医疗机构非法行医的"，应认定为《刑法》第三百三十六条第一款规定的"未取得医生执业资格的人非法行医"。被告人秦国浩虽然取得了医师资格、医师执业等证书，但其执业注册地为深圳华程门诊部，且未依法取得医疗机构执业许可证开办医疗机构非法行医，其行为符合非法行医罪的构成要件，被告人秦国浩的犯罪行为造成二附带民事诉讼原告人的经济损失应当予以赔偿。案发后，被告人秦国浩与被害方达成了赔偿协议并已实际履行完毕，在该调解协议不具有可撤销或无效情形下，附带民事诉讼原告人以同一法律事实又要求被告人承担侵权责任于法无据。根据《最高人民法院关于刑事附带民事诉讼范围问题的规定》的规定，对于被害人因犯罪行为遭受精神损失而提起附带民事诉讼的，人民法院不予受理。因此，附带民事诉讼原告人要求赔偿精神损害抚慰金的请求于法无据，不予支持。被告人秦国浩案发后赔偿了被害方经济损失，依法可酌情从轻处罚。

宣判后，原审被告人秦国浩提出上诉。湖北省荆门市中级人民法院于 2011 年 6 月 27 日作出（2011）荆刑终字第 00053 号刑事裁定，驳回上诉，维持原判。裁判发生法律效力后，秦国浩提出申诉，荆门市中级人民法院于 2012 年 7 月 31 日驳回其申诉。秦国浩继续申诉，2014 年 1 月 14 日湖北省高级人民法院以（2013）鄂刑申字第 00008 号再审决定，对本案进行再审。湖北省高级人民法院依法组成合议庭，经过阅卷、讯问申诉人，认为事实清楚，决定不开庭审理。秦国浩申诉及辩护人提出：（1）申诉人具备医师资格，且有医学中级职称，其不构成非法行医的主体；（2）秦国浩无医疗机构执业许可证行医，不应定性为刑法意义上的非法行医，而应定性为行政法意义上的非法行医；（3）申诉人为被害人看病就诊的行为没有违反医疗技术操作规程，导致被害人死亡属意外事件。请求依法改判。

再审法院认为，申诉人秦国浩在未取得医生执业资格的情形下非法行医，在诊疗的过程中，致一人死亡，其行为已构成非法行医罪。《最高人民法院关于审理非法行医刑事案件具体应用法律若干问题的解释》第一条第（二）项规定，"个人未取得《医疗机构执业许可证》开办医疗机构非法行医的"，应认定为《刑法》第三百三十六条第一款规定的"未取得医生执业资格的人非法行医"。秦国浩虽然取得了医师资格证书、医师执业证书等证书，其执业注册地为深圳华程门诊部，但在京山县未依法取得医疗机构执业许可证，申诉人及其辩护人认为秦国浩的行为不构成非法行医罪的申诉理由及辩护意见不能成立。考虑到案发后秦国浩积极赔偿被害方经济损失，与被害方达成了赔偿协议并已实际履行完毕及本案的特殊情况，可对秦国浩在法定刑以下判处刑罚。

思考问题

1. 被告人秦国浩的行为是否构成非法行医罪？
2. 如何认识非法行医罪的立法目的？
3. 如何理解非法行医罪的主体适用范围？
4. 在本案中如何理解特别减轻的司法适用规则？

案例 3　张宇危险驾驶案

内容摘要：本案是一起历经一审、二审与再审的危险驾驶案件。在一审和二审中，人民法院均以犯罪情节轻微为由对被告人判处免予拘役的刑事处罚，人民检察院两次提出抗诉。最终，再审法院撤销了一审判决与二审裁定，判决被告人拘役三个月，缓刑六个月，并处罚金 2000 元。再审判决明确了对被告人改判拘役是由于被告人的危险驾驶行为并不属于犯罪情节轻微，不得免予拘役的刑事处罚。

关键词：危险驾驶罪；犯罪情节轻微；拘役

【裁判要旨】

醉酒后驾驶机动车构成危险驾驶罪，根据《刑法》第一百三十三条之一第一款应判处拘役，并处罚金。被告人到案后如实交代犯罪事实，认罪态度好，仅属从轻处罚情节，并非法定减轻或免除处罚情节，不应对其减轻或免除拘役的处罚。另外，没有发生导致他人受伤的交通事故的情形，并非危险驾驶罪的法定从轻或减轻处罚情节，不属于犯罪情节轻微，不影响危险驾驶罪定罪量刑，不能因此否认被告人危险驾驶行为严重的社会危害性，不能以此为由对被告人免予拘役的刑事处罚。

【相关法条】

1.《中华人民共和国刑法》

第六十七条第三款 犯罪嫌疑人虽不具有前两款规定的自首情节，但是如实供述自己罪行的，可以从轻处罚；因其如实供述自己罪行，避免特别严重后果发生的，可以减轻处罚。

第七十二条 对于被判处拘役、三年以下有期徒刑的犯罪分子，同时符合下列条件的，可以宣告缓刑，对其中不满十八周岁的人、怀孕的妇女和已满七十五周岁的人，应当宣告缓刑：（一）犯罪情节较轻；（二）有悔罪表现；（三）没有再犯罪的危险；（四）宣告缓刑对所居住社区没有重大不良影响。

宣告缓刑，可以根据犯罪情况，同时禁止犯罪分子在缓刑考验期限内从事特定活动，进入特定区域、场所，接触特定的人。

被宣告缓刑的犯罪分子，如果被判处附加刑，附加刑仍须执行。

第七十三条 拘役的缓刑考验期限为原判刑期以上一年以下，但是不能少于二个月。

有期徒刑的缓刑考验期限为原判刑期以上五年以下，但是不能少于一年。

缓刑考验期限，从判决确定之日起计算。

第一百三十三条之一第一款 在道路上驾驶机动车，有下列情形之一的，处拘役，并处罚金：（一）追逐竞驶，情节恶劣的；（二）醉酒驾驶机动车的；（三）从事校车业务或者旅客运输，严重超过额定乘员载客，或者严重超过规定时速行驶的；（四）违反危险化学品安全管理规定运输危险化学品，危及公共安全的。

2.《最高人民法院关于适用财产刑若干问题的规定》

第一条 刑法规定"并处"没收财产或者罚金的犯罪，人民法院在对犯罪分子判处主刑的同时，必须依法判处相应的财产刑；刑法规定"可以并处"没收财产或者罚金的犯罪，人民法院应当根据案件具体情况及犯罪分子的财产状况，决定是否适用财产刑。

第二条第一款 人民法院应当根据犯罪情节，如违法所得数额、造成损失的大小等，并综合考虑犯罪分子缴纳罚金的能力，依法判处罚金。刑法没有明确规定罚金数额标准的，罚金的最低数额不能少于一千元。

【案例索引】

一审：四川省泸州市龙马潭区人民法院（2014）龙马刑初字第166号刑事判决书。
二审：四川省泸州市中级人民法院（2014）泸刑终字第95号刑事裁定书。
再审：四川省高级人民法院（2015）川刑提字第7号刑事判决书。

【基本案情】

被告人张宇酒后驾驶机动车，撞上高速公路左侧护栏，造成其自身受轻微伤、车辆及路产受损的道路交通事故。公安机关道路交通事故认定书认定张宇承担事故全部责任。经检验，张宇血液中酒精含量达169.5mg/100ml，属醉酒驾驶机动车。上述事实有经庭审质证、确认的书证、物证、证人证言、鉴定意见及被告人供述等证据在案佐证。

【裁判结果】

一审判决：被告人张宇犯危险驾驶罪，免予刑事处罚。
二审裁定：驳回抗诉，维持原判。
再审判决：(1) 撤销四川省泸州市中级人民法院（2014）泸刑终字第95号刑事裁定和泸州市龙马潭区人民法院（2014）龙马刑初字第166号刑事判决；(2) 原审被告人张宇犯危险驾驶罪，判处拘役三个月，缓刑六个月，并处罚金2000元。

【裁判理由】

一审法院认为，被告人张宇违反道路交通安全法规，醉酒驾驶机动车，其行为已构成危险驾驶罪。其醉酒驾驶机动车在高速公路上行驶，发生一起交通事故并承担全部责任，系从重处罚情节，但张宇在犯罪后如实供述自己的罪行，依法可以从轻处罚，综合考虑其悔罪表现及本案的具体情节，对张宇可以免予刑事处罚。

宣判后，四川省泸州市人民检察院提出抗诉。

二审法院认为，原审被告人张宇违反道路交通安全法规，在道路上驾驶机动车，血液中酒精含量达169.5mg/100ml，属于醉酒驾驶机动车，其行为已构成危险驾驶罪。张宇醉酒驾驶机动车，造成交通事故并负事故全部责任，且系醉酒后驾驶机动车在高速公路行驶，根据《最高人民法院、最高人民检察院、公安部关于办理醉酒驾驶机动车刑事案件适用法律若干问题的意见》第二条第（一）项、第（三）项的规定，应对张宇从重处罚。但张宇没有发生致他人受伤的交通事故，且案发后如实供述自己的犯罪事实，悔罪表现良好，依法应从轻处罚，对张宇的行为可以认定为犯罪情节轻微，对四川省泸州市人民检察院的抗诉意见不予采纳。一审判决认定事实清楚，证据确实、充分，适用法律正确，量刑适当，审判程序合法。依照《刑事诉讼法》第二百二十五条第一款第

（一）项的规定，四川省泸州市中级人民法院于 2014 年 12 月 31 日作出（2014）泸刑终字第 95 号刑事裁定，驳回抗诉，维持原判。

四川省人民检察院于 2015 年 4 月 7 日作出川检公一审刑抗（2015）5 号刑事抗诉书，提出抗诉。再审中，四川省人民检察院提出抗诉理由：（1）张宇醉酒后驾车造成交通事故并负事故全部责任，且系醉酒后在高速公路上驾驶机动车，具有两个从重处罚情节，应当从重处罚；（2）张宇到案后如实交代其犯罪事实，认罪态度好，仅属酌情从轻处罚情节，并非法定减轻或免除处罚情节，不应对其减轻或免除处罚；（3）张宇已实际造成公路防护栏和其驾驶车辆受损的交通事故，不能因交通事故中没有造成他人受伤而否认其行为的严重社会危害性。辩护人提出：（1）张宇没有犯罪前科；（2）张宇未逃离交通事故现场，并积极配合事故处理，已赔偿路产和车辆损失，未对其他车辆和行人造成伤害，属犯罪情节轻微。

再审法院认为，原审被告人张宇违反道路交通安全法规，在道路上驾驶机动车，血液酒精含量达到 80 mg/100 ml 以上，属于醉酒驾驶机动车，其行为已构成危险驾驶罪，依法应予处罚。张宇醉酒后驾车造成交通事故并负事故全部责任，且系醉酒后在高速公路上驾驶机动车，依法应当从重处罚；其犯罪后如实供述自己的罪行，依法可以从轻处罚。张宇积极赔偿路产和车辆损失，真诚悔罪，根据其犯罪情节和悔罪表现，适用缓刑确实不致再危害社会。

张宇提出，其已赔偿路产和车辆损失，未对其他车辆和行人造成伤害，属犯罪情节轻微，请求维持原审裁判。经查，第一，张宇具有醉酒后驾车造成交通事故并负事故全部责任，系醉酒后在高速公路上驾驶机动车等两个从重处罚情节，以及如实供述犯罪事实的从轻处罚情节；第二，张宇醉酒驾车行为已导致高速公路防护栏和其驾驶的由泸州南苑宾馆有限公司所有的车辆受损的危害后果；第三，张宇没有发生导致他人受伤的交通事故的情形，并非危险驾驶罪的法定从轻或减轻处罚情节，如果其醉酒驾车发生导致他人受伤的交通事故，则涉嫌构成其他犯罪，张宇不具有上述情形，不影响对其以危险驾驶罪定罪量刑。因此，张宇的行为不属于犯罪情节轻微，其提出的上述辩解不能成立。

思考问题

1. 危险驾驶罪中拘役量刑的影响因素有哪些？
2. 本案中被告人的行为能否评价为情节轻微，从而免除刑事处罚？
3. 拘役刑作为一种短期自由刑有何利弊？

■■■■ 案例 4　杨杰故意杀人案

内容摘要：本案历经一审与二审。一审法院认为，被告人杨杰故意杀人，情节较轻，其行为已构成故意杀人罪，应予处罚。鉴于被告人杨杰已着手实行犯罪，因意志以外的原因而未得逞，是犯罪未遂，又在犯罪以后自动投案，如实供述自己的罪行，系自首，可依法减轻处罚；二审中被告人及其辩护人提出本案行为性质属于故意伤害，原判定故意杀人罪不当。二审法院裁定驳回上诉，维持原判。本案将加害人积极主动进行赔偿获得被害人谅解作为量刑酌定情节，是谅解制度在司法适用中的普遍操作，当前刑法未对被害人谅解制度进行直接规定，仅在最高人民法院的司法解释和指导意见中明确将其作为酌情从轻处理的情节。刑法的谦抑性理论、恢复性司法理论、程序主体理论及司法效率理论要求被害人谅解制度成为酌定情节，符合法律效果和社会效果的统一要求。案例通过对被害人谅解制度相关法律依据的分析、正当化基础分析、在司法实践中适用的问题，提出该制度在量刑过程中的规范化适用的条件。

关键词：被害人谅解；酌定情节；量刑；规范化

【裁判要旨】

行为人持斧头此类凶猛器械连续砍击被害人头部等致命要害部位，积极追求被害人死亡结果的发生，客观上构成故意杀人的行为，并且主观上积极追求被害人死亡结果的发生，具有故意杀人的主观故意，构成故意杀人罪。在量刑上，综合犯罪未遂、自首、赔偿被害人经济损失取得其谅解、被害人过错的情节对其进行从轻、减轻处罚。其中，犯罪未遂和自首是法定减轻情节，积极赔偿并且取得被害人原谅属于酌定情节。

【相关法条】

《中华人民共和国刑法》

第二十三条第一款　已经着手实行犯罪，由于犯罪分子意志以外的原因而未得逞的，是犯罪未遂。

第六十四条　犯罪分子违法所得的一切财物，应当予以追缴或者责令退赔；对被害人的合法财产，应当及时返还；违禁品和供犯罪所用的本人财物，应当予以没收。没收的财物和罚金，一律上缴国库，不得挪用和自行处理。

第六十七条第一款　犯罪以后自动投案，如实供述自己的罪行的，是自首。对于自首的犯罪分子，可以从轻或者减轻处罚。其中，犯罪较轻的，可以免除处罚。

第二百三十二条　故意杀人的，处死刑、无期徒刑或者十年以上有期徒刑；情节较轻的，处三年以上十年以下有期徒刑。

【案例索引】

一审：浙江省温州市鹿城区人民法院（2017）浙0302刑初424号刑事判决书。

二审：浙江省温州市中级人民法院（2017）浙03刑终819号刑事裁定书。

【基本案情】

被告人杨杰因被害人李某与其妻子有染，持斧头砸破被害人李某所驾车辆的车窗玻璃，连砍被害人李某的头部。被害人李某用手臂抵挡，最终被砍伤头部、手掌、手腕、小腿等处，后从副驾驶车门逃离现场。经鉴定，被害人李某伤势为轻伤二级。被告人杨杰于案发后主动向公安机关投案，并且在案件审理过程中被告人杨杰的家属赔偿被害人李某 6.9 万元，被害人李某对被告人杨杰的致害行为表示谅解。

【裁判结果】

一审判决：被告人杨杰犯故意杀人罪，判处有期徒刑一年六个月；随案移送的作案工具斧头一把，予以没收。

二审裁定：驳回上诉，维持原判。

【裁判理由】

一审法院认为，被告人杨杰故意杀人，情节较轻，其行为已构成故意杀人罪，应予处罚。鉴于被告人杨杰已着手实行犯罪，因意志以外的原因而未得逞，是犯罪未遂，又在犯罪以后自动投案，如实供述自己的罪行，系自首，可依法减轻处罚；同时，被告人杨杰的家属已赔偿被害人的经济损失并取得其谅解，又因被害人李某有过错，可酌情从轻处罚。

二审中被告人及其辩护人提出本案行为性质属于故意伤害，原判定故意杀人罪不当；被害人对本案的发生具有重大过错；上诉人具有自首、初犯、偶犯、积极赔偿取得被害人谅解等法定或酌定从轻处罚情节，请求二审改判。二审法院认定，原判认定犯罪情节较轻不妥，但杨杰具有犯罪未遂、自首、赔偿被害人经济损失取得其谅解、被害人有过错等多项从轻、减轻处罚情节，可对其减两档处罚。

二审法院认为，杨杰明知用斧头砍击他人头部会致人死亡，却持斧头连续砍击被害人头部等致命要害部位，积极追求被害人死亡结果的发生，最终被害人侥幸逃脱才幸免于难，杨杰的行为已构成故意杀人罪。杨杰上诉及其辩护人提出杨杰行为应定故意伤害罪的理由不足，不予采纳。杨杰的杀人行为系持斧头此类凶猛器械连续砍击他人头部，原判认定犯罪情节较轻不妥，但杨杰具有犯罪未遂、自首、赔偿被害人经济损失取得其谅解、被害人有过错等多项从轻、减轻处罚情节，可对其减两档处罚。原判定罪和适用法律正确，量刑适当，审判程序合法。

思考问题

1. 本案中适用被害人谅解的酌定量刑情节是否正确？

2. 被害人谅解作为酌定量刑情节是否体现了恢复性司法？
3. 被害人谅解的适用有何利弊？

案例 5　罗海军盗窃案

内容摘要：本案是对行为人前罪的犯罪行为跨18周岁前后，而后再犯后罪的情形是否构成累犯问题的司法应对。本案历经一审与二审。一审法院判处被告人罗海军犯盗窃罪，判处有期徒刑一年，罚金2000元。被告人罗海军提出上诉，其理由是认为原审判决对其量刑过重。二审法院未采纳其意见，裁定驳回上诉，维持原判。本案为《刑法》第五十二条第一款有关累犯的法条适用提供了一定的司法适用规范和导向，亦为日后类似案件的处理产生一定的司法示范作用。本案的判决包括一审和二审在对罗海军是否构成累犯的认定上持有相同的判定方式和判定标准，即将行为人跨18周岁的前后犯罪行为分离查看，并着重分析行为人年满18周岁之后所犯的罪行，若其之后的行为可被单独评价为故意犯罪且已被判处或是明显应当被判处有期徒刑以上的刑罚的，而行为人在刑罚执行完毕后或被赦免后的五年内，又故意再犯应当判处有期徒刑以上刑罚之罪的，应当认定为累犯，并从重处罚。上述判定方式和标准并无不当，且符合《最高人民法院关于审理未成年人刑事案件具体应用法律若干问题的解释》第十二条所体现的司法解释精神，以及从跨18周岁犯罪的行为人的人身危害性来看，其亦符合法律适用平等、罪责刑相适应的刑法基本原则。

关键词：跨18周岁犯罪；再犯；累犯；区分分析

【裁判要旨】

行为人在18周岁前后实施数罪或者数个行为，如其已满18周岁后的犯罪为故意犯罪且被判处或者明显应当判处有期徒刑以上刑罚，在刑罚执行完毕或者赦免五年内，又故意再犯应当判处有期徒刑以上刑罚之罪的，应当认定为累犯。

【相关法条】

1.《中华人民共和国刑法》

第五十三条　罚金在判决指定的期限内一次或者分期缴纳。期满不缴纳的，强制缴纳。对于不能全部缴纳罚金的，人民法院在任何时候发现被执行人有可以执行的财产，应当随时追缴。

由于遭遇不能抗拒的灾祸等原因缴纳确实有困难的，经人民法院裁定，可以延期缴纳、酌情减少或者免除。

第六十五条第一款　被判处有期徒刑以上刑罚的犯罪分子，刑罚执行完毕或者赦免以后，在五年以内再犯应当判处有期徒刑以上刑罚之罪的，是累犯，应当从重处罚，但是过失犯罪和不满十八周岁的人犯罪的除外。

第六十七条第三款　犯罪嫌疑人虽不具有前两款规定的自首情节，但是如实供述自己罪行的，可以从轻处罚；因其如实供述自己罪行，避免特别严重后果发生的，可以减轻处罚。

第二百六十四条　盗窃公私财物，数额较大的，或者多次盗窃、入户盗窃、携带凶器盗窃、扒窃的，处三年以下有期徒刑、拘役或者管制，并处或者单处罚金；数额巨大或者有其他严重情节的，处三年以上十年以下有期徒刑，并处罚金；数额特别巨大或者有其他特别严重情节的，处十年以上有期徒刑或者无期徒刑，并处罚金或者没收财产。

2.《最高人民法院关于审理未成年人刑事案件具体应用法律若干问题的解释》

第十二条　行为人在达到法定刑事责任年龄前后均实施了犯罪行为，只能依法追究其达到法定刑事责任年龄后实施的犯罪行为的刑事责任。

行为人在年满十八周岁前后实施了不同种犯罪行为，对其年满十八周岁以前实施的犯罪应当依法从轻或者减轻处罚。行为人在年满十八周岁前后实施了同种犯罪行为，在量刑时应当考虑对年满十八周岁以前实施的犯罪，适当给予从轻或者减轻处罚。

3.《最高人民法院关于常见犯罪的量刑指导意见》

三、常见量刑情节的适用

6.对于坦白情节，综合考虑如实供述罪行的阶段、程度、罪行轻重以及悔罪程度等情况，确定从宽的幅度。(1) 如实供述自己罪行的，可以减少基准刑的20%以下；……

11.对于累犯，应当综合考虑前后罪的性质、刑罚执行完毕或赦免以后至再犯罪时间的长短以及前后罪罪行轻重等情况，增加基准刑的10%—40%，一般不少于3个月。

【案例索引】

一审：北京市海淀区人民法院（2015）海刑初字第1376号刑事判决书。

二审：北京市第一中级人民法院（2015）一中刑终字第2191号刑事裁定书。

【基本案情】

2015年2月2日14时许，被告人罗海军钻窗进入北京市海淀区四季青什坊院59号出租房内，窃取被害人王某（男，29岁）黑色联想牌H430型电脑主机一台，经鉴定价值2279.05元。2015年2月5日，被告人罗海军被抓获后，如实供述了上述犯罪事实。赃物已起获发还。此外，罗海军还于2013年7月因犯盗窃罪被海淀区人民法院以（2012）海刑初字第3977号刑事判决判处刑罚，2014年11月2日刑满释放。（2012）海刑初字第3977号刑事判决书显示：罗海军于2011年7月起，陆续纠集被告人赵成伟、陈晓利、赵忠及王灿等人，在北京市海淀区、石景山区、门头沟区、朝阳区等地实施盗窃行为。同年10月3日开始，上述人员共同租住房屋，经被告人罗海军统一安排，分组实施盗窃，共同挥霍赃款。法院认为罗海军在18周岁后实施的盗窃犯罪行为是故意犯罪且明显应当判处有期徒刑以上刑罚，因罗海军实施部分犯罪时不满18周岁，系未成年人犯罪，对其从轻处罚，判处有期徒刑一年，罚金2000元。

【裁判结果】

一审判决：被告人罗海军犯盗窃罪，判处有期徒刑一年，罚金2000元。
二审裁定：驳回上诉，维持原判。

【裁判理由】

一审法院认为，被告人罗海军以非法占有为目的，入户盗窃他人财物，数额较大，其行为已构成盗窃罪，应予惩处。北京市海淀区人民检察院指控被告人罗海军犯盗窃罪的事实清楚，证据确实充分，指控罪名成立。且被告人罗海军曾因故意犯罪被判处有期徒刑，仍不思悔改，在刑罚执行完毕后五年内又故意犯应当判处有期徒刑以上刑罚之罪，系累犯，故应对其依法从重处罚。但鉴于被告人罗海军在到案后及庭审过程中均能如实供认犯罪事实，认罪态度较好，故再依法对其从轻处罚。

一审法院宣判后，原审被告人罗海军提出上诉，其理由是认为原审判决对其量刑过重。

二审法院认为，上诉人罗海军以非法占有为目的，入户盗窃他人财物，数额较大，其行为已构成盗窃罪，依法应予惩处。且罗海军系累犯，依法对其从重处罚。鉴于罗海军到案后如实供述，认罪态度较好，依法可对其从轻处罚。而罗海军关于原判对其量刑过重的上诉理由，缺乏法律依据，本院不予采纳。一审法院根据罗海军犯罪的事实、犯罪的性质、情节及对于社会的危害程度所作出的判决，事实清楚，证据确实、充分，定罪及适用法律正确，量刑适当，审判程序合法，应予维持。

思考问题

1. 被告人罗海军能否认定为累犯？
2. 本案的判决是否符合累犯制度设置的立法意旨和罪责刑相适应原则？

■■■■ 案例6　王峰等贩卖毒品案

内容摘要：本案历经一审与二审。一审法院认为，被告人王峰、崔剑波、严国辉违反国家毒品管理法规，贩卖毒品，其行为均已构成贩卖毒品罪，且贩卖毒品数量大。宣判后，湖南省岳阳市人民检察院针对立功情节和量刑提起抗诉。二审法院认可了检察院对于一审判决的部分量刑意见。在本案中，分析崔剑波是否构成立功，就要看其是否在公安机关抓获同案犯张秦玲时起到了协助作用。确实，崔剑波符合2001年《全国法院审理毒品犯罪案件工作座谈会纪要》中规定的"提供了不为有关机关掌握或者有关机关按照正常工作程序无法掌握的同案犯藏匿的线索"，即张秦玲在缅甸居住的线索，而最终张秦玲也被公安机关抓获。但二审经审理查明，崔剑波提供线索和同案犯张秦玲被抓获这二者之间并没有因果关系，张秦玲其实是在云南投宿时触发网上追逃的警报而被抓获，因而崔剑波所供线索对抓获张秦玲并未起到协助作用，所以崔剑波不能构成立功。原审认定崔剑波构成立功，这表明在司法实践中对立功的认定还不够审慎、统一。二审的改判表明对于是否构成立功情形中的"协助司法机关抓捕其他重大犯罪嫌疑人（包括同案犯）"，必须要考量提供藏匿地点等线索行为和抓捕同案犯之间的因果关系，才能认定协助作用，进而认定是否构成立功。

关键词：毒品犯罪；立功；量刑

【裁判要旨】

同案犯张秦玲是在云南投宿时触发网上追逃的警报而被抓获，崔剑波所供张秦玲的情况对抓获张秦玲未起到协助作用，因而崔剑波依法不构成立功，更不构成重大立功。

【相关法条】

1.《中华人民共和国刑法》

第二十五条　共同犯罪是指二人以上共同故意犯罪。

二人以上共同过失犯罪，不以共同犯罪论处；应当负刑事责任的，按照他们所犯的罪分别处罚。

第二十六条　组织、领导犯罪集团进行犯罪活动的或者在共同犯罪中起主要作用的，是主犯。

三人以上为共同实施犯罪而组成的较为固定的犯罪组织，是犯罪集团。

对组织、领导犯罪集团的首要分子，按照集团所犯的全部罪行处罚。

对于第三款规定以外的主犯，应当按照其所参与的或者组织、指挥的全部犯罪处罚。

第六十五条　被判处有期徒刑以上刑罚的犯罪分子，刑罚执行完毕或者赦免以后，在五年以内再犯应当判处有期徒刑以上刑罚之罪的，是累犯，应当从重处罚，但是过失犯罪和不满十八周岁的人犯罪的除外。

前款规定的期限，对于被假释的犯罪分子，从假释期满之日起计算。

第六十七条第三款　犯罪嫌疑人虽不具有前两款规定的自首情节，但是如实供述自己罪行的，可以从轻处罚；因其如实供述自己罪行，避免特别严重后果发生的，可以减轻处罚。

第六十八条　犯罪分子有揭发他人犯罪行为，查证属实的，或者提供重要线索，从而得以侦破其他案件等立功表现的，可以从轻或者减轻处罚；有重大立功表现的，可以减轻或者免除处罚。

第三百四十七条第二款　走私、贩卖、运输、制造毒品，有下列情形之一的，处十五年有期徒刑、无期徒刑或者死刑，并处没收财产：（一）走私、贩卖、运输、制造鸦片一千克以上、海洛因或者甲基苯丙胺五十克以上或者其他毒品数量大的；……

第三百五十六条　因走私、贩卖、运输、制造、非法持有毒品罪被判过刑，又犯本节规定之罪的，从重处罚。

2.《中华人民共和国刑事诉讼法》

第二百三十六条第一款　第二审人民法院对不服第一审判决的上诉、抗诉案件，经过审理后，应当按照下列情形分别处理：（一）原判决认定事实和适用法律正确、量刑适当的，应当裁定驳回上诉或者抗诉，维持原判；（二）原判决认定事实没有错误，但适用法律有错误，或者量刑不当的，应当改判；……

【案例索引】

一审：湖南省岳阳市中级人民法院（2013）岳中刑一初字第16号刑事判决书。

二审：湖南省高级人民法院（2014）湘高法刑一终字第163号刑事判决书。

【基本案情】

2012年7月26日，被告人崔剑波从上线"小军"（在逃）处购得毒品海洛因202.8955克、冰毒22.9187克、麻古62粒，准备贩卖给下线吸毒人员。同年7月，崔剑波伙同被告人王峰、严国辉以及张秦玲（另案处理）准备到武汉贩卖毒品麻古6000粒，途中被查获，毒品被收缴。具体犯罪事实如下：

（1）2012年7月26日，被告人崔剑波在长沙市芙蓉南路林业学校附近从一名叫"小军"的人手中购进毒品海洛因202.8955克、冰毒22.9187克、麻古62粒（重约5.6克），并将毒品存放在崔剑波代管的一辆起亚汽车内（车牌号为湘A×××××）。

（2）2012年7月，被告人严国辉经人介绍认识长沙人张秦玲。张秦玲要严国辉帮忙联系毒品销路，严国辉遂将在武汉打工的朋友被告人王峰介绍给张秦玲。同年7月20日左右，王峰与张秦玲在武汉碰面商议贩毒事宜，王峰同意帮张秦玲联系毒品下线。次日，张秦玲返回长沙，王峰在武汉与下线"陈波""浪子"取得联系。同月30日，王峰从武汉坐车至长沙市芙蓉路某宾馆与张秦玲、严国辉碰面，三人商定一同贩毒，由张秦玲联系上线购买毒品，王峰负责在武汉联系下线进行贩卖。之后，张秦玲又邀约朋友崔剑波入伙。同月31日晚，王峰、崔剑波、严国辉伙同张秦玲共同筹集毒资18万元，其中崔剑波出资10万元、张秦玲出资4万元、严国辉出资3万元、王峰出资1万元，张秦玲随后从毒贩"小胖"手中购得毒品麻古6000粒，支付毒资18万元。当晚22时许，张秦玲在某宾馆一房间内将用纸袋装好的6000粒麻古交给王峰、严国辉，安排崔剑波开车送毒品收取毒资。之后，崔剑波驾驶其代管的起亚汽车（牌号为湘A×××××）与王峰、严国辉一同携带毒品从长沙出发前往武汉，途中王峰将6000粒麻古藏于汽车引擎盖内。同年8月1日凌晨3时许，三人途经京港澳高速公路临湘市羊楼司收费站时被公安民警查获。公安干警当场从该车的副驾驶座储物箱内搜出崔剑波所藏海洛因4砣，净重200.6920克，海洛因含量为66.3%；从崔剑波随身小布袋内查获海洛因4小包，净重2.2035克，海洛因含量为66.3%，1包麻古，62粒，重5.6克，甲基苯丙胺含量为15.5%，冰毒4小包，净重22.9187克；从该车前引擎盖内查获麻古一大包，净重561.7646克，甲基苯丙胺含量为15.5%。

综上，被告人崔剑波贩卖毒品海洛因202.8955克、冰毒22.9187克、毒品麻古567.3646克；被告人王峰贩卖毒品麻古561.7646克；被告人严国辉贩卖毒品麻古561.7646克。

【裁判结果】

一审判决：（1）被告人王峰犯贩卖毒品罪，判处有期徒刑十五年，剥夺政治权利五年，并处没收财产10万元；（2）被告人崔剑波犯贩卖毒品罪，判处有期徒刑十三年，剥夺政治权利三年，并处罚金8万元（已缴纳）；（3）被告人严国辉犯贩卖毒品罪，判处有期徒刑十二年，剥夺政治权利二年，并处罚金7万元。

二审判决：（1）维持湖南省岳阳市中级人民法院（2013）岳中刑一初字第16号刑事判决的第（三）项对被告人严国辉的定罪量刑和第（一）项对被告人王峰、第（二）项对被告人崔剑波定罪部分的判决；（2）撤销湖南省岳阳市中级人民法院（2013）岳中刑一初字第16号刑事判决的第（一）项对被告人王峰、第（二）项对被告人崔剑波量刑部分的判决；（3）被告人王峰犯贩卖毒品罪，判处无期徒刑，剥夺政治权利终身，并处没收财产10万元；（4）被告人崔剑波犯贩卖毒品罪，判处有期徒刑十五年，剥夺政治权利五年，并处没收财产8万元（已缴纳）。

【裁判理由】

一审法院认为，被告人王峰、崔剑波、严国辉违反国家毒品管理法规，贩卖毒品，其行为均已构成贩卖毒品罪，且贩卖毒品数量大。崔剑波、王峰、严国辉在贩卖6000粒麻古中系共同犯罪，均起次要作用，系从犯。被告人王峰曾因非法持有毒品被判处有期徒刑，刑罚执行完毕后，在五年内再犯应当判处有期徒刑以上刑罚的毒品犯罪，系累犯和毒品再犯。崔剑波提供了公安机关尚未掌握的同案犯张秦玲在缅甸居住的线索，公安机关通过司法途径将张秦玲抓获，结合该线索在抓获张秦玲中起到的具体作用，可以认定为立功,依法可以减轻处罚。被告人王峰认罪态度好,所查获的毒品没有流入社会,依法可以从轻处罚。被告人严国辉能如实供述犯罪事实,且是从犯,依法应当从轻或减轻处罚。据此,湖南省岳阳市中级人民法院作出判决。

宣判后,湖南省岳阳市人民检察院抗诉提出,一审认定被告人崔剑波有立功情节、被告人王峰系从犯不当;被告人王峰系累犯和毒品再犯,一审判处其有期徒刑十五年,属量刑偏轻;被告人崔剑波贩卖毒品数量大,一审判处其有期徒刑十三年,属量刑畸轻。湖南省人民检察院支持抗诉提出,崔剑波的重大立功表现不能成立;被告人崔剑波、王峰在共同犯罪中起主要作用,系主犯;一审判决对崔剑波、王峰二人量刑畸轻。建议二审依法纠正。被告人王峰的辩护人提出王峰系从犯,在共同犯罪中作用较小,所购毒品没有流入社会,认罪态度好,系坦白,原审量刑适当,请求二审维持原判。被告人崔剑波的辩护人提出崔剑波虽然立功情节不能成立,但有悔罪表现,系从犯,所购毒品未完全流入社会,请求二审从轻。

二审法院认为,被告人王峰、崔剑波、严国辉违反国家毒品管理法规,贩卖毒品,其行为均构成贩卖毒品罪,且数量大。在共同犯罪中,王峰、崔剑波起主要作用,均系主犯;严国辉起次要作用,系从犯。被告人王峰曾因毒品犯罪被判处有期徒刑,刑罚执行完毕后,在五年内再犯应当判处有期徒刑以上刑罚的毒品犯罪,系累犯和毒品再犯,依法应当从重处罚。王峰、崔剑波、严国辉归案后能如实供述自己的罪行,均系坦白。王峰的辩护人提出王峰在共同犯罪中作用较小,系从犯的意见。经查,王峰与崔剑波等人合谋贩毒,积极联系下线,提供毒资,运送毒品,在共同犯罪中起主要作用,系主犯,故上述辩护意见不成立。王峰的辩护人提出王峰所购毒品没有流入社会,认罪态度好,系坦白,原审量刑适当,请求二审维持原判的意见。经查,本案中王峰贩卖毒品麻古数量大,虽有坦白情节,所贩毒品被全部缴获,但王峰系累犯和毒品再犯,应从重处罚,原审量刑偏轻,故上述辩护意见不成立,不予采纳。崔剑波的辩护人提出崔剑波系从犯的辩护意见。经查,崔剑波与他人合谋贩毒,积极筹集毒资,提供运毒工具并亲自运送毒品,在共同犯罪中起主要作用,系主犯,故上述辩护意见不能成立。崔剑波的辩护人提出崔剑波有悔罪表现,系从犯,所购毒品未完全流入社会,请求二审从轻的意见。经查,本案崔剑波虽有坦白情节,所贩毒品已被全部缴获,但崔剑波系主犯,且贩卖毒品数量大,依法不宜从轻,故上述辩护意见不能成立,不予采纳。本案原审认定崔剑波构成立功,经查,同案人张秦玲是在云南投宿时触发网上追逃的警报而被抓获,崔剑波所供张秦玲的情况对抓获张秦玲未起到协助作用,崔剑波依法不构成立功,原审对崔剑波减轻处罚无据,量刑畸轻。岳阳市人民检察院抗诉及湖南省人民检察院支持抗诉提出崔剑波重大立功表现不能成立;被告人崔剑波、王峰在共同犯罪中起主要作用,系主犯;被告人王峰系累犯和毒品再犯,原审量刑偏轻;被告人崔剑波贩卖毒品数量大,原审量刑畸轻的意见成立,予以支持。

思考问题

1. 本案中被告人崔剑波是否构成立功?
2. 行为人在毒品犯罪中有立功情节是否一定能从宽量刑?
3. 立功与重大立功的界限是什么?

■■■ 案例7 夏克明等故意杀人案

内容摘要: 本案历经一审、再审、二审及死刑复核程序。重大立功的认定标准和从宽处罚的程度有模糊之处,在司法适用中各地法院存在分歧。本案件是共同犯罪,共造成七人死亡,案情复杂,危害性大,在社会上具有很大的影响力。其中,主犯之一具有协助抓捕同案人和检举揭发他人犯罪事实的情节,法院根据相关司法解释确定了其构成重大立功,并基于犯罪事实、犯罪性质、犯罪情节、危害后果、社会影响、被告人的主观恶性和人身危险性等对重大立功者是否从宽处罚进行了综合考量。本案例明确了重大立功的界限,规范了从宽处罚的司法适用规则,对限制司法中不当适用重大立功、统一裁判尺度具有标杆意义,处理结果达到了法律效果和社会效果的统一。

关键词: 共同故意杀人;重大立功;无期徒刑;从宽处罚

【裁判要旨】

本案被告人在共同犯罪的案件中,共同故意杀害七人,并以非常残忍的手段分尸、抛尸,部分被告人还有其他犯罪事实,主观恶性都非常之大,犯罪情节均非常恶劣。在此基础之上,主犯之一协助公安机关抓捕同案人,并且向公安机关检举揭发其中一名同案人的其他犯罪,并且查证属实,根据《刑法》和相关的司法解释,其行为构成重大立功,但是重大立功是否应该从宽处罚应该审慎对待。

【相关法条】

《中华人民共和国刑法》

第六十八条 犯罪分子有揭发他人犯罪行为,查证属实的,或者提供重要线索,从而得以侦破其他案件等立功表现的,可以从轻或者减轻处罚;有重大立功表现的,可以减轻或者免除处罚。

【案例索引】

一审:北京市第二中级人民法院(2008)二中刑初字第1442号刑事判决书。
再审1:北京市第二中级人民法院(2009)二中刑初字第1536号刑事判决书。

再审 2：北京市第二中级人民法院（2011）二中刑初字第 1326 号刑事判决书。
二审：北京市高级人民法院（2012）高刑终字第 465 号刑事裁定书。
复核：最高人民法院死刑复核裁定书。

【基本案情】

夏克明、夏克治、杨辉、陶纯曾分别因违法或犯罪行为被处以行政处罚或刑罚。1999 年 12 月至 2003 年 11 月，夏克明为掩盖罪行或因经济纠纷、侵占财产等原因而起意杀人。他指使夏克治等人，或是由夏克治纠集杨辉、陶纯等人，将被害人或挟持，或诱骗到房山区、朝阳区、大兴区等地，勒死刘某、李某等五人，并将尸体焚烧或碎尸后抛至河北。

夏克明曾与杜某关系密切，后来又发生了矛盾。他认为杜某知道他曾经杀过人，为掩盖罪行，夏克明又想杀了杜某和她的丈夫文某，为此，他事先租下了朝阳区一幢房子，指使杨辉等人准备了分尸工具。2007 年 1 月 25 日下午，夏克明将杜某骗来，夏克治、陶纯将杜某按住，杨辉将杜某勒死。接着，又用同样的方法骗来并勒死了文某。

此外，夏克明单独实施盗窃一起，行贿二起；杨辉单独杀死其妻子宋某，并实施盗窃一起，还非法持有枪支；夏克治明知杨辉杀死宋某，仍帮助抛尸灭迹。杨辉归案后，主动交代公安机关尚未掌握的盗窃罪行；夏克治归案后，揭发夏克明行贿的犯罪事实，经查属实；陶纯协助公安机关抓获杨辉，检举揭发杨辉杀死宋某，经查属实。

【裁判结果】

一审判决：被告人夏克明犯故意杀人罪，判处死刑，剥夺政治权利终身，犯盗窃罪，判处有期徒刑二年，并处罚金 2000 元，决定执行死刑，剥夺政治权利终身，并处罚金 2000 元；被告人夏克治犯故意杀人罪，判处死刑，剥夺政治权利终身，犯帮助毁灭证据罪，判处有期徒刑二年，决定执行死刑，剥夺政治权利终身；被告人杨辉犯故意杀人罪，判处死刑，剥夺政治权利终身，犯盗窃罪，判处有期徒刑五年，并处罚金 5000 元，犯非法持有枪支罪，判处有期徒刑一年，决定执行死刑，剥夺政治权利终身，并处罚金 5000 元；被告人陶纯犯故意杀人罪，判处死刑，剥夺政治权利终身。

再审判决 1：夏克明犯故意杀人罪，判处死刑，剥夺政治权利终身，犯盗窃罪，判处有期徒刑二年，并处罚金 2000 元，犯行贿罪，判处有期徒刑三年，决定执行死刑，剥夺政治权利终身，并处罚金 2000 元；被告人夏克治犯故意杀人罪，判处死刑，剥夺政治权利终身，犯帮助毁灭证据罪，判处有期徒刑二年，决定执行死刑，剥夺政治权利终身；被告人杨辉犯故意杀人罪，判处死刑，剥夺政治权利终身，犯盗窃罪，判处有期徒刑五年，并处罚金 5000 元，犯非法持有枪支罪，判处有期徒刑一年，决定执行死刑，剥夺政治权利终身，并处罚金 5000 元；被告人陶纯犯故意杀人罪，判处死刑，剥夺政治权利终身。

再审判决 2：夏克明犯故意杀人罪，判处死刑，剥夺政治权利终身，犯盗窃罪，判处有期徒刑二年，并处罚金 2000 元，犯行贿罪，判处有期徒刑四年，决定执行死刑，剥夺政治权利终身，并处罚金 2000 元；被告人夏克治犯故意杀人罪，判处死刑，剥夺政治权利终身，犯帮助毁灭证据罪，判处有期徒刑二年，决定执行死刑，剥夺政治权利终身；被告人杨辉犯故意杀人罪，判处死刑，剥夺政治权利终身，犯盗窃罪，判处有期徒刑四年，并处罚金 4000 元，犯非法持有枪支罪，判处有期徒刑一年，决定执行死刑，剥夺政治权利终身，并处罚金 4000 元；被告人陶纯犯故意杀人罪，判处死刑，剥夺政治权利终身。

二审裁定：驳回上诉，维持原判。

复核裁定：核准北京市高级人民法院（2012）高刑终字第 465 号维持第一审对被告人夏克明以故意杀人罪判处死刑，剥夺政治权利终身，以盗窃罪判处有期徒刑二年，并处罚金 2000 元，以行贿罪判处有期徒刑四年，决定执行死刑，剥夺政治权利终身，并处罚金 2000 元；对被告人夏克治以故意杀人罪判处死刑，剥夺政治权利终身，以帮助毁灭证据罪判处有期徒刑二年，决定执行死刑，剥夺政治权利终身；对被告人杨辉以故意杀人罪判处死刑，剥夺政治权利终身，以盗窃罪判处有期徒刑四年，并处罚金 4000 元，以非法持有枪支罪判处有期徒刑一年，决定执行死刑，剥夺政治权利终身，并处罚金 4000 元；对被告人陶纯以故意杀人罪判处死刑，剥夺政治权利终身的刑事判决。

【裁判理由】

最高人民法院认为，被告人夏克明、夏克治、杨辉、陶纯结伙及杨辉单独故意非法剥夺他人生命，其行为均已构成故意杀人罪。夏克明以非法占有为目的，窃取他人财物，数额较大，其行为构成盗窃罪；为谋取不正当利益，给予国家工作人员财物，其行为构成行贿罪。夏克治明知杨辉实施故意杀人，仍帮助杨辉抛尸灭迹，其行为构成帮助毁灭证据罪。杨辉以非法占有为目的，窃取他人财物，数额巨大，其行为构成盗窃罪；违反枪支管理规定，非法持有枪支，其行为构成非法持有枪支罪。在共同杀死被害人刘某、李某、米某、吴某、高某、杜某、文某的犯罪中，夏克明均指使他人杀人、提供杀人资金，租赁用于作案的房屋，将米某、吴某、高某、杜某、文某带到现场房间，在杨辉掐勒米某、吴某、文某的颈部时，帮助按住三人的手脚，参与抛尸；夏克治纠集杨辉、陶纯参与作案，该三人负责杀人、分尸、抛尸，其中杨辉策划作案，准备作案工具，具体实施了杀死七名被害人的行为，夏克治、陶纯在杨辉掐勒米某、吴某、高某、杜某、文某的颈部时，帮助按住五人的手脚，夏克明、夏克治、杨辉、陶纯均起主要作用，系主犯，且不可或缺，对夏克明应当按照其组织、指挥和参与的全部犯罪处罚；对夏克治、杨辉、陶纯应当按照其各自所参与的全部犯罪处罚。夏克明、夏克治、杨辉、陶纯共同实施故意杀人五起，致七人死亡，杨辉另将妻子宋某杀死，杀人后均碎尸、抛尸，犯罪情节特别恶劣，手段特别残忍，后果和罪行极其严重。夏克明还实施盗窃一起,行贿二起;杨辉还实施盗窃一起,并非法持有枪支;夏克治明知杨辉杀死宋某,仍帮助抛尸灭迹。杨辉归案后,主动交代公安机关尚未掌握的盗窃罪行,具有自首情节,对其所犯盗窃罪依法可以从轻处罚。夏克治归案后,揭发夏克明行贿的犯罪事实,经查属实,构成立功;陶纯协助公安机关抓获杨辉,检举揭发杨辉杀死宋某,经查属实,构成重大立功,但对夏克治、陶纯依法均不足以从轻处罚。夏克明、夏克治、杨辉、陶纯均曾因犯罪被判刑,主观恶性极深,人身危险性和社会危害性极大,对夏克明、夏克治、杨辉所犯数罪,应依法惩处并数罪并罚。

在夏克明、夏克治、杨辉、陶纯四人共同杀害七人的犯罪中,夏克明、夏克治、杨辉、陶纯均起主要作用,系主犯,且不可或缺,对夏克明应当按照其组织、指挥和参与的全部犯罪处罚;对夏克治、杨辉、陶纯应当按照其各自所参与的全部犯罪处罚,四人均构成故意杀人罪,并且情节非常恶劣。夏克明构成盗窃罪、行贿罪,与故意杀人罪数罪并罚。杨辉单独实施杀人行为,并且构成盗窃罪、非法持有枪支罪,与故意杀人罪数罪并罚,但其归案后,主动交代公安机关尚未掌握的盗窃罪行,构成自首。夏克治归案后,揭发夏克明行贿的犯罪事实,经查属实,构成立功;陶纯协助公安机关抓获杨辉,检举揭发杨辉杀死宋某,经查属实,构成重大立功,但对夏克治、陶纯依法均不足以从轻处罚。

被告人陶纯与其他三人共同犯罪,故意杀害七人,情节十分严重,罪行非常恶劣。并且,被告人陶纯曾因犯罪被判刑,主观恶性极深,人身危险性和社会危害性极大。虽然其协助公安机关抓获杨辉,检举揭发杨辉杀死宋某,经查属实,构成重大立功,但是根据其犯罪情节,依法不足以从轻处罚。

思考问题

1. 本案中被告人陶纯的行为是否构成重大立功?
2. 行为人构成重大立功是否一定意味着可以从宽处罚?

案例 8 何瑞祥受贿案

内容摘要:本案是中国裁判文书网上福建省三明市中级人民法院的推荐案例,历经一审与二审。一审法院认为,在何瑞祥缓刑考验期限内发现判决宣告以前还有其他罪没有判决,应依法撤销缓刑,实行数罪并罚。被告人提出上诉理由,请求二审予以更大幅度的从轻、减轻处罚并适用缓刑。二审法院对被告人适用缓刑的申诉予以驳回,但采纳了辩护人部分量刑意见。本案明确了判决宣告以后,刑罚执行完毕以前,发现被判刑的犯罪分子在判决宣告以前还有其他罪没有判决的,应当对新发现的罪作出判决,把前后两个判决所判处的刑罚,依照《刑法》第六十九条的规定进行并罚,决定执行的刑罚。

案例厘清了判决宣告后发现漏罪的并罚的问题，对审理类似案件有一定参照意义。

关键词：受贿罪；数罪并罚；漏罪

【裁判要旨】

刑罚执行完毕以前，发现被判刑的犯罪分子在判决宣告以前还有其他罪没有判决的，应当对新发现的罪作出判决，把前后两个判决所判处的刑罚进行并罚。

【相关法条】

1.《中华人民共和国刑法》

第六十七条　犯罪以后自动投案，如实供述自己的罪行的，是自首。对于自首的犯罪分子，可以从轻或者减轻处罚。其中，犯罪较轻的，可以免除处罚。

被采取强制措施的犯罪嫌疑人、被告人和正在服刑的罪犯，如实供述司法机关还未掌握的本人其他罪行的，以自首论。

犯罪嫌疑人虽不具有前两款规定的自首情节，但是如实供述自己罪行的，可以从轻处罚；因其如实供述自己罪行，避免特别严重后果发生的，可以减轻处罚。

第六十九条　判决宣告以前一人犯数罪的，除判处死刑和无期徒刑的以外，应当在总和刑期以下、数刑中最高刑期以上，酌情决定执行的刑期，但是管制最高不能超过三年，拘役最高不能超过一年，有期徒刑总和刑期不满三十五年的，最高不能超过二十年，总和刑期在三十五年以上的，最高不能超过二十五年。

数罪中有判处有期徒刑和拘役的，执行有期徒刑。数罪中有判处有期徒刑和管制，或者拘役和管制的，有期徒刑、拘役执行完毕后，管制仍须执行。

数罪中有判处附加刑的，附加刑仍须执行，其中附加刑种类相同的，合并执行，种类不同的，分别执行。

第七十条　判决宣告以后，刑罚执行完毕以前，发现被判刑的犯罪分子在判决宣告以前还有其他罪没有判决的，应当对新发现的罪作出判决，把前后两个判决所判处的刑罚，依照本法第六十九条的规定，决定执行的刑罚。已经执行的刑期，应当计算在新判决决定的刑期以内。

第七十七条第一款　被宣告缓刑的犯罪分子，在缓刑考验期限内犯新罪或者发现判决宣告以前还有其他罪没有判决的，应当撤销缓刑，对新犯的罪或者新发现的罪作出判决，把前罪和后罪所判处的刑罚，依照本法第六十九条的规定，决定执行的刑罚。

第三百八十三条　对犯贪污罪的，根据情节轻重，分别依照下列规定处罚：
（一）贪污数额较大或者有其他较重情节的，处三年以下有期徒刑或者拘役，并处罚金。（二）贪污数额巨大或者有其他严重情节的，处三年以上十年以下有期徒刑，并处罚金或者没收财产。（三）贪污数额特别巨大或者有其他特别严重情节的，处十年以上有期徒刑或者无期徒刑，并处罚金或者没收财产；数额特别巨大，并使国家和人民利益遭受特别重大损失的,处无期徒刑或者死刑,并处没收财产。

对多次贪污未经处理的,按照累计贪污数额处罚。

犯第一款罪,在提起公诉前如实供述自己罪行、真诚悔罪、积极退赃,避免、减少损害结果的发生,有第一项规定情形的,可以从轻、减轻或者免除处罚;有第二项、第三项规定情形的,可以从轻处罚。

犯第一款罪,有第三项规定情形被判处死刑缓期执行的,人民法院根据犯罪情节等情况可以同时决定在其死刑缓期执行二年期满依法减为无期徒刑后,终身监禁,不得减刑、假释。

第三百八十五条　国家工作人员利用职务上的便利,索取他人财物的,或者非法收受他人财物,为他人谋取利益的,是受贿罪。

国家工作人员在经济往来中,违反国家规定,收受各种名义的回扣、手续费,归个人所有的,以受贿论处。

第三百八十六条　对犯受贿罪的,根据受贿所得数额及情节,依照本法第三百八十三条的规定处罚。索贿的从重处罚。

2.《最高人民法院、最高人民检察院关于办理贪污贿赂刑事案件适用法律若干问题的解释》

第二条　贪污或者受贿数额在二十万元以上不满三百万元的,应当认定为刑法第三百八十三条第一款规定的"数额巨大",依法判处三年以上十年以下有期徒刑,并处罚金或者没收财产。

贪污数额在十万元以上不满二十万元,具有本解释第一条第二款规定的情形之一的,应当认定为刑法第三百八十三条第一款规定的"其他严重情节",依法判处三年以上十年以下有期徒刑,并处罚金或者没收财产。

受贿数额在十万元以上不满二十万元,具有本解释第一条第三款规定的情形之一的,应当认定为刑法第三百八十三条第一款规定的"其他严重情节",依法判处三年以上十年以下有期徒刑,并处罚金或者没收财产。

第十三条　具有下列情形之一的,应当认定为"为他人谋取利益",构成犯罪的,应当依照刑法关于受贿犯罪的规定定罪处罚:(一)实际或者承诺为他人谋取利益的;(二)明知他人有具体请托事项的;(三)履职时未被请托,但事后基于该履职事由收受他人财物的。

国家工作人员索取、收受具有上下级关系的下属或者具有行政管理关系的被管理人员的财物价值三万元以上,可能影响职权行使的,视为承诺为他人谋取利益。

第十九条　对贪污罪、受贿罪判处三年以下有期徒刑或者拘役的,应当并处十万元以上五十万元以下的罚金;判处三年以上十年以下有期徒刑的,应当并处二十万元以上犯罪数额二倍以下的罚金或者没收财产;判处十年以上有期徒刑或者无期徒刑的,应当并处五十万元以上犯罪数额二倍以下的罚金或者没收财产。

对刑法规定并处罚金的其他贪污贿赂犯罪，应当在十万元以上犯罪数额二倍以下判处罚金。

3.《最高人民法院关于处理自首和立功具体应用法律若干问题的解释》

第四条 被采取强制措施的犯罪嫌疑人、被告人和已宣判的罪犯，如实供述司法机关尚未掌握的罪行，与司法机关已掌握的或者判决确定的罪行属同种罪行的，可以酌情从轻处罚；如实供述的同种罪行较重的，一般应当从轻处罚。

4.《中华人民共和国刑事诉讼法》

第二百三十六条第二款 原审人民法院对于依照前款第三项规定发回重新审判的案件作出判决后，被告人提出上诉或者人民检察院提出抗诉的，第二审人民法院应当依法作出判决或者裁定，不得再发回原审人民法院重新审判。

【案例索引】

一审：福建省永安市人民法院（2016）闽0481刑初621号刑事判决书。
二审：福建省三明市中级人民法院（2017）闽04刑终71号刑事判决书。

【基本案情】

2015年7月的一天，被告人何瑞祥利用担任永安市水利局局长、永安市溪源水源工程建设项目指挥部副总指挥的职务便利，在福州火车站附近，收受永安市溪源水库工程投标参与人丁某送的贿赂款现金1万元。2016年3月1日，何瑞祥因受贿罪（前案）到永安市纪委投案前委托其驾驶员杨某将该款上交给永安市水利局监察室。同年3月2日，永安市水利局监察室赖某将该款上缴至永安市纪委。

2015年8月的一天，被告人何瑞祥利用其任永安市水利局局长、永安市溪源水源工程建设项目指挥部副总指挥的职务便利，在永安市燕江国际大酒店收受行贿人丁某送给其的贿赂款现金20万元，并在丁某投标永安市溪源水库工程项目中给予帮助。何瑞祥于2015年10月12日将该款退还至行贿人丁某指定的李某银行账户，并要求丁某将该款转至其指定的银行账户。事后，丁某未按何瑞祥的要求办理。

2016年1月的一天，被告人何瑞祥利用其任永安市水利局局长、永安市溪源水源工程建设项目指挥部副总指挥的职务便利，在永安市五洲大酒店客房收受丁某、林某甲送的贿赂款现金30万元，并承诺对丁某、林某甲中标的永安市溪源水库施工项目的施工班组进场施工等方面给予关照。后何瑞祥将该款存入其个人兴业银行账户中，并将该银行卡交予永安市水利局办公室主任林某乙放入单位保险柜保管。2016年3月1日，何瑞祥在因受贿罪（前案）到永安市纪委投案自首前，把银行卡密码告诉林某乙，并交代林某乙把卡上的30万元还给行贿人丁某。同年3月10日，林某乙将卡上的30.01757万元退还至丁某指定的何某明银行账户。

2015年12月的一天，被告人何瑞祥利用其任永安市水利局局长的职务便利，在三明市明兴水利水电设计有限公司办公室内，承诺帮助三明市明兴水利水电设计有限公司中标闽江上游沙溪流域防洪四期工程（永安段）勘察设计项目，之后收受该公司经理张某的贿赂款现金10万元，并为该公司顺利中标提供帮助。该款由林某乙按照何瑞祥的要求，于2016年3月12日退还至行贿人张某的银行账户。

另查明，2016年3月，被告人何瑞祥在涉嫌受贿犯罪（前案）侦查过程中，主动如实供述了其非法收受丁某、林某甲给予的贿赂款51万元的犯罪事实；2016年10月6日下午，何瑞祥在永安市人民检察院刑事执行局就其缓刑期间的表现情况及需要说明的问题进行谈话的过程中，再次主动如实供述了其非法收受丁某、林某甲给予的贿赂款51万元的犯罪事实，同时还主动如实供述了司法机关尚未掌握的其非法收受张某给予的贿赂款10万元的犯罪事实。永安市人民检察院于2016年11月23日依法扣押了张某的行贿款10万元。

【裁判结果】

一审判决：（1）撤销福建省永安市人民法院（2016）闽0481刑初275号刑事判决中对被告人何瑞祥宣告缓刑二年的部分。（2）被告人何瑞祥犯受贿罪，判处有期徒刑二年一个月，并处罚金20万元，与福建省永安市人民法院（2016）闽0481刑初275号刑事判决所判处的被告人何瑞祥犯受贿罪判处有期徒刑一年六个月，并处罚金10万元（已缴纳）的刑罚并罚，决定执行有期徒刑三年，并处罚金30万元（含已缴纳的10万元）。（3）被告人何瑞祥退出的赃款1万元，予以没收，由永安市纪委依法上缴国库。（4）扣押在案的张某行贿款10万元，由检察机关依法处理。

二审判决：（1）维持福建省永安市人民法院（2016）闽0481刑初621号刑事判决的第（一）项、第（三）项、第（四）项，即撤销福建省永安市人民法院（2016）闽0481刑初275号刑事判决中对被告人何瑞祥宣告缓刑二年的部分；被告人何瑞祥退出的赃款1万元，予以没收，由永安市纪委依法上缴国库；扣押在案的张某行贿款10万元，由检察机关依法处理。（2）撤销福建省永安市人民法院（2016）闽0481刑初621号刑事判决的第（二）项，即被告人何瑞祥犯受贿罪，判处有期徒刑二年一个月，并处罚金20万元，与福建省永安市人民法院（2016）闽0481刑初275号刑事判决所判处的被告人何瑞祥犯受贿罪判处有期徒刑一年六个月，并处罚金10万元（已缴纳）的刑罚并罚，决定执行有期徒刑三年，并处罚金30万元（含已缴纳的10万元）。（3）上诉人何瑞祥犯受贿罪，判处有期徒刑二年，并处罚金20万元，与福建省永安市人民法院（2016）闽0481刑初275号刑事判决所判处的被告人何瑞祥犯受贿罪判处有期徒刑一年六个月，并处罚金10万元（已缴纳）的刑罚并罚，决定执行有期徒刑二年六个月，并处罚金30万元（已缴纳18万元）。

【裁判理由】

一审法院认为，被告人何瑞祥身为国家工作人员，在担任永安市水利局局长、永安市溪源水源工程建设项目指挥部副总指挥期间，利用职务便利，为他人在工程投标、工程施工等方面谋取利益和提供帮助，非法收受他人财物共计61万元，数额巨大，其行为已构成受贿罪。何瑞祥主动向纪检、检察机关投案，在缓刑期间，如实供述司法机关还未掌握的本人其他罪行，在检察机关立案侦查阶段如实交代自己受贿的犯罪事实，系自首，可以减轻处罚。何瑞祥在缓刑考验期限内发现判决宣告以前还有其他罪没有判决，应依法撤销缓刑，实行数罪并罚。何瑞祥于案发前主动退还、上缴全部赃款，当庭自愿认罪，具有较好的悔罪表现，以上量刑情节均可对何瑞祥从轻处罚。辩护人关于何瑞祥具有自首、案发前积极退赃、认罪悔罪等酌情从轻处罚情节的辩护意见，理由成立，予以采纳。

原审被告人何瑞祥上诉及其辩护人辩护提出：（1）何瑞祥主动向纪检、检察机关投案，如实交代自己的受贿犯罪事实，在缓刑期间，如实供述司法机关还未掌握的本人其他罪行，有自首情节；（2）何瑞祥在案发前主动退还、上缴全部赃款；（3）何瑞祥自愿认罪，悔罪程度深；（4）何瑞祥亲属在二审期间预缴罚金8万元。请求二审予以更大幅度的从轻、减轻处罚并适用缓刑。

二审法院认为，上诉人何瑞祥身为国家工作人员，在担任永安市水利局局长、永安市溪源水源工程建设项目指挥部副总指挥期间，利用职务便利，为他人在工程投标、工程施工等方面谋取利益，非法收受他人财物共计61万元，数额巨大，其行为已构成受贿罪。何瑞祥主动向纪检、检察机关投案，如实交代自己的受贿犯罪事实，在缓刑期间，如实供述司法机关还未掌握的本人其他罪行，系自首，依法可以从轻或者减轻处罚，决定予以减轻处罚。何瑞祥在缓刑考验期限内发现判决宣告以前还有其他罪没有判决，应依法撤销缓刑，实行数罪并罚。何瑞祥于案发前主动退还、上缴全部赃款，有明显的悔罪表现，可对何瑞祥酌情从轻处罚。何瑞祥有自首情节，案发前主动退还、上缴全部赃款，有明显的悔罪表现，一审判决均已认定，并予以从轻、减轻处罚，量刑并无不当。鉴于二审期间何瑞祥亲属为何瑞祥预缴罚金8万元，又可酌情从轻处罚。二审对何瑞祥量刑予以适当调整。何瑞祥在缓刑考验期限内发现漏罪，且新发现的受贿犯罪数额巨大，不符合缓刑适用条件。对上诉人何瑞祥及其辩护人请求二审改判缓刑的上诉和辩护意见，本院不予采纳。对其他辩解和辩护意见，本院予以采纳。

 思考问题

1. 本案中数罪并罚的适用是否正确？
2. 本案中对被告人何瑞祥的量刑是否适当？

第十章 行刑制度

■■■ 案例1 介光伟合同诈骗案

内容摘要：本案是中国裁判文书网上的推荐案例。本案一审终审，被告人未上诉，检察院也未抗诉。公诉机关与辩护人就能否撤销缓刑提出不同意见，法院经审理认为，被告人介光伟在缓刑考验期限内又犯新罪，应当撤销缓刑，数罪并罚。本案主要对缓刑犯在缓刑考验期内再犯新罪且于缓刑考验期届满后才被发现的，是否应当撤销前罪缓刑实行数罪并罚的问题进行探讨。《刑法》规定：缓刑犯在缓刑考验期限内再犯新罪，就应当依法撤销缓刑，对新罪和原判之罪实行数罪并罚。但关于发现新罪的时间，刑法未作规定。法律规定的撤销缓刑的实质是考察罪犯的主观恶性和社会危害性。

关键词：缓刑；数罪并罚；逃匿；签订、履行合同

【裁判要旨】

被告人介光伟以非法占有为目的，在签订、履行合同过程中，采取以高价买进为名，行低价卖出之实的方法，骗取对方当事人煤炭货款，数额特别巨大，其行为已构成合同诈骗罪。被告人介光伟在缓刑考验期限内犯新罪，应当撤销缓刑，对新犯的罪作出判决，把前罪和后罪所判处的刑罚，数罪并罚后决定执行的刑罚。被告人介光伟归案后，能如实供述自己的犯罪事实，具有坦白情节，可从轻处罚。

【相关法条】

《中华人民共和国刑法》

第六十七条　犯罪以后自动投案，如实供述自己的罪行的，是自首。对于自首的犯罪分子，可以从轻或者减轻处罚。其中，犯罪较轻的，可以免除处罚。

被采取强制措施的犯罪嫌疑人、被告人和正在服刑的罪犯，如实供述司法机关还未掌握的本人其他罪行的，以自首论。

犯罪嫌疑人虽不具有前两款规定的自首情节，但是如实供述自己罪行的，可以从轻处罚；因其如实供述自己罪行，避免特别严重后果发生的，可以减轻处罚。

第六十九条　判决宣告以前一人犯数罪的，除判处死刑和无期徒刑的以外，应当在总和刑期以下、数刑中最高刑期以上，酌情决定执行的刑期，但是管制最高不能超过三年，拘役最高不能超过一年，有期徒刑总和刑期不满三十五年的，最高不能超过二十

年，总和刑期在三十五年以上的，最高不能超过二十五年。

数罪中有判处有期徒刑和拘役的，执行有期徒刑。数罪中有判处有期徒刑和管制，或者拘役和管制的，有期徒刑、拘役执行完毕后，管制仍须执行。

数罪中有判处附加刑的，附加刑仍须执行，其中附加刑种类相同的，合并执行，种类不同的，分别执行。

第七十七条　被宣告缓刑的犯罪分子，在缓刑考验期限内犯新罪或者发现判决宣告以前还有其他罪没有判决的，应当撤销缓刑，对新犯的罪或者新发现的罪作出判决，把前罪和后罪所判处的刑罚，依照本法第六十九条的规定，决定执行的刑罚。

被宣告缓刑的犯罪分子，在缓刑考验期限内，违反法律、行政法规或者国务院有关部门关于缓刑的监督管理规定，或者违反人民法院判决中的禁止令，情节严重的，应当撤销缓刑，执行原判刑罚。

第二百二十四条　有下列情形之一，以非法占有为目的，在签订、履行合同过程中，骗取对方当事人财物，数额较大的，处三年以下有期徒刑或者拘役，并处或者单处罚金；数额巨大或者有其他严重情节的，处三年以上十年以下有期徒刑，并处罚金；数额特别巨大或者有其他特别严重情节的，处十年以上有期徒刑或者无期徒刑，并处罚金或者没收财产：（一）以虚构的单位或者冒用他人名义签订合同的；（二）以伪造、变造、作废的票据或者其他虚假的产权证明作担保的；（三）没有实际履行能力，以先履行小额合同或者部分履行合同的方法，诱骗对方当事人继续签订和履行合同的；（四）收受对方当事人给付的货物、货款、预付款或者担保财产后逃匿的；（五）以其他方法骗取对方当事人财物的。

【案例索引】

一审：天津市滨海新区人民法院（2015）滨刑初字第 57 号刑事判决书。

【基本案情】

被告人介光伟自 2010 年始从事个体煤炭经营，2012 年，其借用江苏中铁十联贸易有限公司的资质和印章经营煤炭业务，并向该公司交纳管理费。

2012 年 8 月 13 日，被告人介光伟以江苏中铁十联贸易有限公司的名义，与包头市中销能源有限公司员工胡二某签订煤炭买卖合同约定，江苏中铁十联贸易有限公司以 685 元/吨（不含税）的价格，购买包头市中销能源有限公司存放在天津港南疆散货物流 T408 库内发热量约为 5000 大卡的煤炭 5568.88 吨，总货款为 3814682.8 元；合同还约定，双方办理煤炭转移出库手续时，由介光伟支付保证金 50 万元，同年 8 月 25 日前将剩余货款付清。合同签订后，为骗取该批煤炭的货款，当日即 8 月 13 日，被告人介光伟又以江苏中铁十联贸易有限公司的名义，与巨昇煤炭（天津）有限公司签订了煤炭买卖合同，将上述 5568.88 吨煤炭以 435 元/吨（不含税）的价格出售给巨昇煤炭（天津）

有限公司,并于当日收取到巨昇煤炭(天津)有限公司支付的货款190万元。在支付给胡二某50万元的保证金后,同日即8月13日,被告人介光伟将5568.88吨煤炭从天津港南疆散货物流T408库移库至该散货物流M117库。后巨昇煤炭(天津)有限公司经对该批煤炭作SGS检验认定,该5568.88吨煤炭发热量未达到合同约定的5000大卡,巨昇煤炭(天津)有限公司随将煤炭的合同价格下调至372.44元/吨,并将剩余的货款203291.37元支付给介光伟。被告人介光伟从巨昇煤炭(天津)有限公司获取货款共计为2103291.37元。在支付给胡二某50万元保证金后,被告人介光伟编造理由,拖延付款,经胡二某多次催要,被告人介光伟分几次支付给胡二某部分货款,共计655583元,后拒不付款并逃匿。

2014年12月26日,被告人介光伟在北京首都机场办理出境手续时被抓获,本案即案发。案发后,经天津市滨海新区塘沽价格认证中心鉴定,涉案的5568.88吨煤炭,单价每吨530元,共计价值2951506元。另查明,被告人介光伟所骗得的货款除支付给江苏中铁十联贸易有限公司的20万元管理费外,剩余款项被其挥霍。

【裁判结果】

一审判决:(1)撤销北京市海淀区人民法院(2012)海刑初字第2016号刑事判决书中,"被告人介光伟犯诈骗罪,判处有期徒刑一年六个月,缓刑一年六个月,罚金2000元(已缴纳)"的缓刑部分。(2)被告人介光伟犯合同诈骗罪,判处有期徒刑十一年,并处罚金20万元,与原判有期徒刑一年六个月,数罪并罚,决定执行有期徒刑十二年,并处罚金20万元。(3)责令被告人介光伟继续退赔违法所得。

【裁判理由】

法院经审理认为,公诉机关指控,被告人介光伟在缓刑考验期限内又犯新罪,应当撤销缓刑,数罪并罚。辩护人认为,被告人介光伟虽在缓刑考验期内又犯新罪,但其犯罪事实是在考验期满后才发现的,而撤销缓刑应在缓刑考验期间进行,考验期满就不能撤销缓刑,视为原判刑罚已经执行完毕,故对被告人介光伟不应撤销缓刑。法院依据庭审查明的事实和证据认为,被告人介光伟在缓刑考验期限内又犯新罪,应当撤销缓刑,数罪并罚。理由如下:缓刑是附条件不执行原判刑罚的一种刑罚制度,如果缓刑犯在缓刑考验期限内犯新罪,依照《刑法》第七十七条的规定,"被宣告缓刑的犯罪分子,在缓刑考验期限内犯新罪的,应当撤销缓刑,对新犯的罪作出判决,把前罪和后罪所判处的刑罚,依照本法第六十九条的规定,决定执行的刑罚"。

法律规定的撤销缓刑的实质要件是,在缓刑考验期限内犯新罪,即只要是缓刑犯在缓刑考验期限内再犯新罪,就应当依法撤销缓刑,对新罪和原判之罪实行数罪并罚,关于发现新罪的时间,刑法未作规定。如果是在缓刑考验期限内发现新罪,当然应当撤销缓刑,对新罪与已判决之罪实行数罪并罚,如果是在缓刑考验期限届满以后才发现新罪,是否应当撤销缓刑实行数罪并罚的问题,虽则现行刑法未作规定,但《最高人民法院关于人民法院审判严重刑事犯罪案件中具体应用法律的若干问题的答复(三)》中曾明确规定,"对被宣告缓刑的犯罪分子不执行原判刑罚,是以罪犯在缓刑考验期限内不再犯罪为条件的,如果罪犯在缓刑考验期限内又犯新罪,即便该犯罪是在考验期满后才发现,只要尚未超过追诉时效期限的,应当撤销缓刑。而且,即使新罪超过了追诉时效,也应撤销缓刑,执行原判刑罚"。虽此答复已被废止,但其立法宗旨仍可参照。结合本案,被告人介光伟在 2012 年 5 月因诈骗罪被判处有期徒刑并宣告缓刑后,于同年 8 月即开始实施合同诈骗犯罪,表明其主观恶性较大,被告人介光伟的缓刑考验期限自 2012 年 6 月 16 日起至 2013 年 12 月 15 日止,而本案被害人蔡某某于 2013 年 11 月 20 日已向公安机关报案,并于同年 11 月 21 日收到公安机关的受案回执,此时,被告人介光伟仍在缓刑考验期限内,后因被告人介光伟逃匿,故被上网追逃,直至 2014 年 12 月 26 日被抓获。上述事实表明,被告人介光伟犯新罪及所犯新罪被告发的时间均是在其缓刑考验期限内,虽其被抓获而案发的时间是在缓刑考验期限届满之后,但依据《刑法》第七十七条的规定,参照上述答复的立法宗旨,结合本案的具体事实,对被告人介光伟撤销缓刑是符合法律规定的,故对辩护人提出的不应当撤销被告人介光伟缓刑的辩护意见不予采纳。但对辩护人提出的被告人介光伟归案后认罪、悔罪态度较好,建议对被告人介光伟从轻处罚的辩护意见,因与事实相符,予以采纳。

被告人介光伟以非法占有为目的,在签订、履行合同过程中,采取以高价买进之名,行低价卖出之实的方法,骗取对方当事人煤炭货款,数额特别巨大,其行为已构成合同诈骗罪。公诉机关指控被告人介光伟犯合同诈骗罪的事实及罪名成立,本院予以支持。被告人介光伟在缓刑考验期限内犯新罪,应当撤销缓刑,对新犯的罪作出判决,把前罪和后罪所判处的刑罚数罪并罚后,决定执行的刑罚;被告人介光伟归案后,能如实供述自己的犯罪事实,具有坦白情节,可从轻处罚。综上,本院对被告人介光伟的犯罪事实、性质、情节、危害后果及认罪、悔罪态度,进行综合评判,予以量刑。公诉机关的量刑建议适当,本院予以采纳。

思考问题

1. 被告人介光伟在诈骗罪缓刑考验期内再犯合同诈骗罪且于缓刑考验期届满后被发现,是否应当撤销缓刑?
2. 数罪并罚能否适用缓刑?

■■■■ 案例 2 李征琴故意伤害案

内容摘要:本案是近年来涉及未成年人司法保护的典型案例,"南京虐童案"在社会上引起广泛关注。本案历经一审与二审,最终以二审维持原判结束。二审对于轻伤一级构成故意伤害罪予以认定,对未成年人的监护人出于教育目的而造成严重后果的行为进行综合考虑,作出了维持原判的裁定。在惩罚监护人行为的同时,又保护了未成年人的合法权益,维护了未成年人的身心健康,处理结果达到了法律效果和社会效果的统一,体现了我国在法律层面上对未成年人的强烈关怀。案例运用犯罪构成阶层理论,从犯罪成立的必要条件即构成要件符合性、违法性、有责性角度,遵循罪刑法定原则,对本案被告人构成故意伤害罪予以认定。同时根据社会危害性以及犯罪目的等减轻情节,对本案进行了公平合理的判决,阐明了在未成年人的教育过程中监护人构成犯罪的行为所产生的法律后果,对审理类似的涉未成年人案件具有指导意义。

关键词:未成年人;故意伤害;家庭虐童行为

【裁判要旨】

在教育过程中抽打未成年人造成轻伤一级的行为符合《刑法》第二百三十四条故意伤害罪的规定,应当处三年以下有期徒刑、拘役或者管制,但考虑到被告人的犯罪动机、暴力手段,结合其自首、取得未成年人生父母的谅解等情节,在判定其故意伤害罪的同时,量刑上予以从宽处罚。

【相关法条】

1.《中华人民共和国刑法》

第六十七条第一款 犯罪以后自动投案,如实供述自己的罪行的,是自首。对于自首的犯罪分子,可以从轻或者减轻处罚。其中,犯罪较轻的,可以免除处罚。

第二百三十四条第一款 故意伤害他人身体的,处三年以下有期徒刑、拘役或者管制。

2.《中华人民共和国刑事诉讼法》

第二百二十七条第一款 被告人、自诉人和他们的法定代理人,不服地方各级人民法院第一审的判决、裁定,有权用书状或者口头向上一级人民法院上诉。被告人的辩护人和近亲属,经被告人同意,可以提出上诉。

第二百三十六条 第二审人民法院对不服第一审判决的上诉、抗诉案件,经过审理后,应当按照下列情形分别处理:(一)原判决认定事实和适用法律正确、量刑适当的,应当裁定驳回上诉或者抗诉,维持原判;(二)原判决认定事实没有错误,适用法律有错误,或者量刑不当的,应当改判;(三)原判决事实不清楚或者证据不足的,可以在查清事实后改判;也可以裁定撤销原判,发回原审人民法院重新审判。

原审人民法院对于依照前款第三项规定发回重新审判的案件作出判决后,被告人提出上诉或者人民检察院提出抗诉的,第二审人民法院应当依法作出判决或者裁定,不得再发回原审人民法院重新审判。

第二百九十条　对于达成和解协议的案件，公安机关可以向人民检察院提出从宽处理的建议。人民检察院可以向人民法院提出从宽处罚的建议；对于犯罪情节轻微，不需要判处刑罚的，可以作出不起诉的决定。人民法院可以依法对被告人从宽处罚。

【案例索引】

一审：江苏省南京市浦口区人民法院（2015）浦少刑初字第 13 号刑事判决书。

二审：江苏省南京市中级人民法院（2015）宁少刑终字第 19 号刑事裁定书。

【基本案情】

被告人李征琴与施某于 2010 年登记结婚，婚前双方各有一女。2012 年下半年，李征琴夫妇将李征琴表妹张某的儿子即被害人施某某（男，原籍安徽省来安县，案发时 8 周岁）带回南京抚养，施某某自此即处于李征琴的实际监护之下。2013 年 6 月，李征琴夫妇至安徽省来安县民政局办理了收养施某某的手续。2015 年 3 月 31 日晚，李征琴因认为施某某撒谎，在家中先后使用竹制"抓痒耙"、塑料制"跳绳"对施某某进行抽打，造成施某某体表出现范围较广泛的 150 余处挫伤。经南京市公安局物证鉴定所鉴定，施某某躯干、四肢等部位挫伤面积为体表面积的 10%，其所受损伤已构成轻伤一级。案发后，被告人李征琴于 2015 年 4 月 4 日经公安机关电话通知后主动到案接受调查。另查明，案发后，公安机关依法从安徽省来安县民政局调取了收养人提交的收养材料，其中"收养当事人无子女证明"所盖印章与有权作出证明的单位印章不一致。被害人施某某的生父母张某、桂某与被告人李征琴达成和解协议，并对被告人李征琴的行为表示谅解。

【裁判结果】

一审判决：被告人李征琴犯故意伤害罪，判处有期徒刑六个月。

二审裁定：驳回上诉，维持原判。

【裁判理由】

一审法院认为，被告人李征琴在对被害人施某某实际监护的过程中，故意伤害被害人施某某的身体，致被害人施某某轻伤一级的严重后果，其行为已经构成故意伤害罪。公诉机关指控被告人李征琴故意伤害罪的罪名成立，另查明，被告人李征琴已向被害人施某某及其生父母道歉，并取得他们的谅解，酌情可以对其从轻处罚。因此，一审法院综合考量被告人李征琴的犯罪动机、暴力手段、侵害对象、危害后果，结合其自首、取得被害人生父母谅解等法定及酌定情节宣判，李征琴不服，提出上诉。

二审法院认为，上诉人李征琴故意伤害他人身体，造成被害人轻伤一级的严重后果，其行为已构成故意伤害罪。李征琴在实际监护施某某的过程中，对其负有抚养教育的义务，但在管教过程中采用抽打的不当方式，造成施某某轻伤一级的严重后果，依法应予惩处。考虑到其此次犯罪的出发点系出于对施某某的管教，此情节在量刑时可予酌情考量。上诉人李征琴经公安机关电话通知后主动到案，且如实供述了其抽打施某某的行为，其庭审中供述虽有所反复，但对于用"抓痒耙""跳绳"多次抽打施某某的犯罪事实尚能予以供认，可认定自首，依法可从轻处罚。李征琴犯罪后，已向施某某及其生父母道歉，并取得施某某及其生父母谅解，酌情可对其从轻处罚。综上，二审法院认为原审人民法院认定上诉人李征琴犯故意伤害罪的事实清楚，定罪准确，结合李征琴犯罪的事实、性质、情节和对社会的危害程度对其所作量刑适当，依法应予维持。

思考问题

1. 被告人李征琴的行为是否构成故意伤害罪？
2. 司法机关主动介入家庭暴力事件背后的正当化根据是什么？
3. 如何理解保护未成年人利益最大化与家庭体罚的冲突？

■■■ 案例3　鲁龙不予减刑案

内容摘要：本案是最高人民法院于2015年7月29日发布的《严格规范减刑、假释、暂予监外执行典型案例》中的重点案件，历经一审、二审及两次变更裁定。本案的核心关注点在于减刑适用的条件。河南省高院作出的不予减刑的裁定，对于严格适用减刑条款，准确把握减刑认定的标准具有重要意义。严格规范减刑的适用条件是追求司法正义的必然要求，不让减刑成为罪犯逃避法律制裁的漏洞，才能让枉法者得到应有的裁判。统一减刑适用的标准，对于不符合减刑条件的罪犯坚决不予减刑，维护了司法的权威、增强了司法的公信力。案件主要结合被告人的原判情况和改造表现，包括原判案件的具体情节、所犯罪行的社会危害程度、行为人的主观恶性、罪犯在服刑期间的改造情况等，来认定被告人是否符合《刑法》第七十八条"确有悔改表现的"的减刑条件，确立了判定是否符合一般减刑条件的判断标准，对于法院审理相关减刑案件具有重要的借鉴意义，有助于严格规范适用减刑条款的适用，统一刑法减刑的标准和尺度。减刑制度是一项激励罪犯改造的刑罚制度，减刑、假释的适用应当贯彻宽严相济刑事政策，最大限度地发挥刑罚的功能，实现刑罚的目的。

关键词：减刑；悔改表现；主观恶性

【裁判要旨】

罪犯犯盗窃罪刑满释放后再次纠集他人两次实施抢劫犯罪并致一人死亡，且系主犯，主观恶性深，社会危害性大，服刑期间虽积极参加劳动和教育改造，但多次盗窃他人财物，非法占有他人财物的恶习未革除，需要进一步接受教育和改造。综合其原判情况和改造表现，不能认定确有悔改表现。遂依法作出不予减刑的裁定。

【相关法条】

1.《中华人民共和国刑法》

第七十八条　被判处管制、拘役、有期徒刑、无期徒刑的犯罪分子，在执行期间，如果认真遵守监规，接受教育改造，确有悔改表现的，或者有立功表现的，可以减刑；有下列重大立功表现之一的，应当减刑：（一）阻止他人重大犯罪活动的；（二）检举监狱内外重大犯罪活动，经查证属实的；（三）有发明创造或者重大技术革新的；（四）在日常生产、生活中舍己救人的；（五）在抗御自然灾害或者排除重大事故中，有突出表现的；（六）对国家和社会有其他重大贡献的。

减刑以后实际执行的刑期不能少于下列期限：（一）判处管制、拘役、有期徒刑的，不能少于原判刑期的二分之一；（二）判处无期徒刑的，不能少于十三年；（三）人民法院依照本法第五十条第二款规定限制减刑的死刑缓期执行的犯罪分子，缓期执行期满后依法减为无期徒刑的，不能少于二十五年，缓期执行期满后依法减为二十五年有期徒刑的，不能少于二十年。

第七十九条　对于犯罪分子的减刑，由执行机关向中级以上人民法院提出减刑建议书。人民法院应当组成合议庭进行审理，对确有悔改或者立功事实的，裁定予以减刑。非经法定程序不得减刑。

2.《中华人民共和国刑事诉讼法》

第二百七十三条　罪犯在服刑期间又犯罪的，或者发现了判决的时候所没有发现的罪行，由执行机关移送人民检察院处理。

被判处管制、拘役、有期徒刑或者无期徒刑的罪犯，在执行期间确有悔改或者立功表现，应当依法予以减刑、假释的时候，由执行机关提出建议书，报请人民法院审核裁定，并将建议书副本抄送人民检察院。人民检察院可以向人民法院提出书面意见。

3.《最高人民法院关于办理减刑、假释案件具体应用法律的规定》

第一条　减刑、假释是激励罪犯改造的刑罚制度，减刑、假释的适用应当贯彻宽严相济刑事政策，最大限度地发挥刑罚的功能，实现刑罚的目的。

第二条　对于罪犯符合刑法第七十八条第一款规定"可以减刑"条件的案件，在办理时应当综合考察罪犯犯罪的性质和具体情节、社会危害程度、原判刑罚及生效裁判中财产性判项的履行情况、交付执行后的一贯表现等因素。

第三条　"确有悔改表现"是指同时具备以下条件：（一）认罪悔罪；（二）遵守法律

法规及监规，接受教育改造；（三）积极参加思想、文化、职业技术教育；（四）积极参加劳动，努力完成劳动任务。

对职务犯罪、破坏金融管理秩序和金融诈骗犯罪、组织（领导、参加、包庇、纵容）黑社会性质组织犯罪等罪犯，不积极退赃、协助追缴赃款赃物、赔偿损失，或者服刑期间利用个人影响力和社会关系等不正当手段意图获得减刑、假释的，不认定其"确有悔改表现"。

罪犯在刑罚执行期间的申诉权利应当依法保护，对其正当申诉不能不加分析地认为是不认罪悔罪。

【案例索引】

一审：河南省郑州市中级人民法院（2009）郑刑二初字第76号刑事判决书。
二审：河南省高级人民法院（2010）豫法刑二终字第00069号刑事裁定书。
变更1：河南省高级人民法院（2015）豫法刑执字第00192号。
变更2：河南省高级人民法院（2016）豫刑更1024号。

【基本案情】

2007年2月2日19时许，被告人鲁龙伙同郭某某和王某某携带砖块窜至郑州市火车站南出站口，骗乘被害人崔某的出租车，当车行至郑州市中原区须水镇西岗小学北墙外的小路上时，鲁龙等人以上厕所为由让崔某停车，坐在副驾驶座位上的郭某某先用手掐住崔某的脖子、捂住其嘴，三人强迫崔某下车后对其搜身，抢走现金40余元、诺基亚2100手机一部（价值120元）。因崔某反抗，王某某用砖块猛击崔某的头部致其死亡，后三人逃离现场。2007年2月3日14时许，被告人鲁龙、郭某某等人经预谋后又携带砖块、胶带窜至郑州市孙八寨附近，骗乘被害人李某的出租车。当行至马寨镇牛马坑村附近时，鲁龙让李某停车，坐在副驾驶座位上的王某某用手捂住李某的嘴，鲁龙坐在驾驶座上用胶带缠住李某的手对其实施抢劫，抢走现金约500元。在共同犯罪中，鲁龙系主犯；其曾因犯盗窃罪被判处拘役三个月。2009年11月14日郑州市中级人民法院以抢劫罪判处鲁龙死刑，缓期二年执行，剥夺政治权利终身，并处没收个人全部财产；赔偿附带民事诉讼原告人经济损失20000元（已赔付3000元）。判决生效后交付执行。2012年11月23日河南省高级人民法院裁定将鲁龙的刑罚依法减为无期徒刑，剥夺政治权利终身。刑罚执行机关河南省第一监狱以鲁龙自上次减刑以来确有悔改表现为由，再次提请对其减刑。河南省高院于2015年3月2日立案后，依法将减刑建议书等材料向社会公示，并于3月19日公开开庭审理了本案。

河南省高院经审理查明，罪犯鲁龙服刑期间获记功二次，又因多次窃取他犯财物，经教育仍屡教不改，于2012年8月30日被警告处分一次。

【裁判结果】

受理法院裁定：对罪犯鲁龙不予减行。

【裁判理由】

法院认为，罪犯鲁龙自减为无期徒刑以来虽受记功二次的奖励，但其曾因犯盗窃罪被判处拘役三个月，刑满释放后再次纠集他人两次实施抢劫并致一人死亡，且在共同犯罪中均系主犯，主观恶性大。罪犯改造评审鉴定四次被评定为一般，一次被评定为较差，又于 2012 年 8 月 30 日因多次盗窃他犯财物被警告处分一次。综合其原判情况和改造表现，河南省第一监狱认定其确有悔改表现的事实依据尚不充分。依照 1997 年修订的《刑法》第七十九条、《刑事诉讼法》第二百六十二条第二款、《最高人民法院关于减刑、假释案件审理程序的规定》第十六条第（三）项之规定，裁定对罪犯鲁龙本次不予减刑。

思考问题

1. 如何理解减刑条件之"确有悔改表现"？
2. 本案中对鲁龙减刑条件的判断是否正确？
3. 适用减刑时应当考虑哪些因素？
4. 严格规范减刑适用有哪些意义？

■■■■ 案例 4　王晓梦不予假释案

内容摘要：本案是 2015 年最高人民法院发布的五起严格规范减刑、假释、暂予监外执行的典型案例之一。山东省济南市中级人民法院认为，虽然罪犯在服刑期间，因积极接受教育改造，先后获得两次减刑，并被评为改造积极分子，但其所犯罪行性质恶劣，犯罪活动对社会影响较大，从对假释严格把握的角度出发，裁定对其不予假释。犯罪是危害社会的行为，国家为维护社会的正当利益，必须与犯罪作斗争，斗争的结果是国家要花费大量的人力、物力将罪犯监禁，而罪犯在一定时期内因监禁而失去自由。在罪犯数量持续增加而监狱监管条件有限的情况下，国家不堪重负，而减刑假释则是一种可以很好地减轻国家负担，并激励罪犯改过自新的好方法。本案是罪犯虽有悔改表现但犯罪性质恶劣及社会影响较大时可不予假释的典型案例。本案例充分体现了人民法院严格依法办理"减假暂"案件，强力规范"减假暂"工作，坚决清除"减假暂"工作中的不正之风，确保"减假暂"工作健康、规范运行的坚定信心和坚强决心。最高人民法院定期选取典型案例向社会公布，主动接受人民群众监督，努力让人民群众在每一个司法案件中都感受到公平正义。

关键词：假释；悔改表现；社会影响；不予假释

【裁判要旨】

罪犯因犯强迫卖淫罪被判处有期徒刑十一年，服刑期间，其认真遵守监规，接受教育改造，先后获得减刑两次，并两次被评为改造积极分子，执行机关以其确有悔改表现为由，提出假释建议。因该罪犯虽在服刑期间表现积极，接受教育改造程度良好，确有悔改表现，但其所犯罪行性质恶劣，犯罪活动造成严重影响，社会危害性较大。故法院对其适用假释时从严把握，裁定不予假释。

【相关法条】

1.《中华人民共和国刑法》

第七十八条第一款　被判处管制、拘役、有期徒刑、无期徒刑的犯罪分子，在执行期间，如果认真遵守监规，接受教育改造，确有悔改表现的，或者有立功表现的，可以减刑；有下列重大立功表现之一的，应当减刑：（一）阻止他人重大犯罪活动的；（二）检举监狱内外重大犯罪活动，经查证属实的；（三）有发明创造或者重大技术革新的；（四）在日常生产、生活中舍己救人的；（五）在抗御自然灾害或者排除重大事故中，有突出表现的；（六）对国家和社会有其他重大贡献的。

第八十一条第一款　被判处有期徒刑的犯罪分子，执行原判刑期二分之一以上，被判处无期徒刑的犯罪分子，实际执行十三年以上，如果认真遵守监规，接受教育改造，确有悔改表现，没有再犯罪的危险的，可以假释。如果有特殊情况，经最高人民法院核准，可以不受上述执行刑期的限制。

第八十一条第二款　对累犯以及因故意杀人、强奸、抢劫、绑架、放火、爆炸、投放危险物质或者有组织的暴力性犯罪被判处十年以上有期徒刑、无期徒刑的犯罪分子，不得假释。

2.《中华人民共和国刑事诉讼法》

第二百六十九条　对被判处管制、宣告缓刑、假释或者暂予监外执行的罪犯，依法实行社区矫正，由社区矫正机构负责执行。

第二百七十三条　罪犯在服刑期间又犯罪的，或者发现了判决的时候所没有发现的罪行，由执行机关移送人民检察院处理。

被判处管制、拘役、有期徒刑或者无期徒刑的罪犯，在执行期间确有悔改或者立功表现，应当依法予以减刑、假释的时候，由执行机关提出建议书，报请人民法院审核裁定，并将建议书副本抄送人民检察院。人民检察院可以向人民法院提出书面意见。

【案例索引】

变更裁定：山东省济南市中级人民法院（2015）济刑执字第1824号刑事裁定书。

【基本案情】

罪犯王晓梦认罪悔罪，服从管教，遵守法律法规及监规，接受教育改造，积极参加思想、文化、职业技术教育，较好地完成了劳动任务，受表扬一次、记功一次、嘉奖一次，被评为2013年度省级改造积极分子、2014年度监狱级改造积极分子。执行机关山东省女子监狱认为，罪犯王晓梦在服刑期间认罪悔罪，遵守监规，积极参加各项学习和劳动，完成劳动任务，确有悔改表现，没有再犯罪的危险，并附有罪犯王晓梦在服刑期间的表现、奖励等书证，因此提出对王晓梦进行假释。

【裁判结果】

受理法院裁定：对罪犯王晓梦不予假释。

【裁判理由】

法院认为，虽然罪犯犯强迫卖淫罪被判处有期徒刑十一年，在服刑期间，因积极接受教育改造，先后获得两次减刑，并被评为改造积极分子，执行机关以其确有悔改表现为由提出假释建议。但该罪犯所犯罪行性质恶劣，犯罪活动对社会影响较大，从对假释严格把握的角度出发，对其裁定不予假释。

思考问题

1. 本案中对罪犯王晓梦不予假释的裁定是否正确？
2. 如何判断罪犯"没有再犯罪的危险"？

下编　刑法分论

第十一章　危害国家安全罪

案例1　罗让旦真、泽戈煽动分裂国家案

内容摘要：本案历经一审与二审。一审法院以煽动分裂国家罪，分别判处被告人罗让旦真有期徒刑五年，剥夺政治权利二年；判处被告人泽戈有期徒刑四年，剥夺政治权利二年。二审法院改判泽戈无罪。煽动分裂国家罪是组织、策划、实施分裂国家、破坏国家统一的行为。本罪属于行为犯。行为人只要实施了上述组织、策划、实施三种行为之一，即可构成本罪的既遂，客观上是否发生了国家分裂的危害结果，不影响本罪既遂的构成。司法实践中，有些人由于狭隘的民族主义和地方情绪作祟，或者由于对党和国家的某些民族政策产生误解而一气之下发了一些诸如"要地方单干"的话，但实际上没有分裂国家的意图，或者思想上虽有分裂倾向但没有任何具体的组织、策划、实施行为，对此不应以分裂国家罪定罪处罚。

关键词：煽动分裂国家罪；行为犯；共犯

【裁判要旨】

行为人客观上将有关"西藏独立"的书籍借给他人阅读，但是主观上没有煽动分裂国家故意的，不构成犯罪。

【相关法条】

1.《中华人民共和国刑法》

第一百零三条　组织、策划、实施分裂国家、破坏国家统一的，对首要分子或者罪行重大的，处无期徒刑或者十年以上有期徒刑；对积极参加的，处三年以上十年以下有期徒刑；对其他参加的，处三年以下有期徒刑、拘役、管制或者剥夺政治权利。

煽动分裂国家、破坏国家统一的，处五年以下有期徒刑、拘役、管制或者剥夺政治权利；首要分子或者罪行重大的，处五年以上有期徒刑。

2. 《最高人民法院关于审理非法出版物刑事案件具体应用法律若干问题的解释》

第一条 明知出版物中载有煽动分裂国家、破坏国家统一或者煽动颠覆国家政权、推翻社会主义制度的内容，而予以出版、印刷、复制、发行、传播的，依照刑法第一百零三条第二款或者第一百零五条第二款的规定，以煽动分裂国家罪或者煽动颠覆国家政权罪定罪处罚。

3. 《最高人民法院、最高人民检察院关于办理妨害预防、控制突发传染病疫情等灾害的刑事案件具体应用法律若干问题的解释》

第十条第二款 利用突发传染病疫情等灾害，制造、传播谣言，煽动分裂国家、破坏国家统一，或者煽动颠覆国家政权、推翻社会主义制度的，依照刑法第一百零三条第二款、第一百零五条第二款的规定，以煽动分裂国家罪或者煽动颠覆国家政权罪定罪处罚。

【案例索引】

一审：四川省阿坝藏族羌族自治州中级人民法院（1999）阿中法刑初字第12号刑事判决书。

二审：四川省高级人民法院（1999）川刑一终字第341号刑事判决书。

【基本案情】

1993年4月，泽戈携带其父母的骨灰前往拉萨朝拜，后又经西藏樟木口岸取道尼泊尔前往印度朝拜，并接受了"摩顶"。1993年，罗让旦真在哇尔玛小学任教期间认识了泽戈。1996年，罗让旦真在泽戈处借阅了其从境外带回的书籍《神的旨意》等，并将书中宣扬"藏独"、分裂祖国的有关内容摘抄下来。后罗让旦真利用其任教的阿坝藏文中学油印考试试卷的机会，将其摘抄的部分宣扬"藏独"的言论刻制成蜡纸，油印成二十余册，分别向格尔登寺院和尚党真、华尔丹、托美等人散发，要求他们散发并以诵经的形式天天念，以祈求实现分裂国家的心愿。1997年，罗让旦真又从泽戈处借来《教诲论集》《未来政治》《不准供养修丹神》等书籍阅读，其中内容均有涉及民族分裂、"西藏独立"实现后的政治环境等反动内容。1998年，泽戈又将境外书籍《我的家乡、我的人民》送到罗让旦真住处借给罗让旦真阅读。

【裁判结果】

一审判决：以煽动分裂国家罪，分别判处被告人罗让旦真有期徒刑五年，剥夺政治权利二年;判处被告人泽戈有期徒刑五年,剥夺政治权利三年。

二审判决:(1)维持四川省阿坝藏族羌族自治州中级人民法院(1999)阿中法刑初字第12号刑事判决的第(一)项,即被告人罗让旦真犯煽动分裂国家罪,判处有期徒刑五年,剥夺政治权利三年。(2)撤销四川省阿坝藏族羌族自治州中级人民法院(1999)阿中法刑初字第12号刑事判决的第(二)项,即被告人泽戈犯煽动分裂国家罪,判处有期徒刑四年,剥夺政治权利三年。(3)上诉人(原审被告人)泽戈无罪。

【裁判理由】

二审法院认为,原审被告人罗让旦真在阅读了宣扬分裂国家言论的书籍并接受了"藏独"思想后,将其中宣传"西藏独立"、分裂国家的言论摘抄油印成册散发给多人,其主观上有宣扬"藏独"思想的故意,客观上实施了宣传煽动的行为,已构成煽动分裂国家罪,应依法惩处。上诉人(原审被告人)泽戈将有关"西藏独立"的书籍借给罗让旦真阅看,导致罗让旦真犯罪的结果。但鉴于没有充分的证据证明泽戈具有煽动分裂国家的故意,故对其诉称"没有煽动分裂国家的故意"的理由应予采纳,对泽戈定罪证据不足。原判认定事实和对被告人罗让旦真的定罪量刑正确,审判程序合法,但对上诉人泽戈适用法律错误。

思考问题

1. 煽动分裂国家罪是举动犯还是行为犯?
2. 煽动分裂国家罪的构成要件是什么?
3. 煽动分裂国家罪的主观认定标准是什么?

■■■■ 案例2 周天祥间谍案

内容摘要:本案历经一审与二审。一审法院经审理认为,被告人周天祥加入台湾地区军事情报间谍组织,积极进行间谍活动,其行为已构成间谍罪,情节较重,判处有期徒刑十二年,剥夺政治权利三年。二审维持了一审法院的罪名认定,但在量刑方面作出调整。间谍罪是参加间谍组织、接受间谍组织及其代理人的任务,或者为敌人指示轰击目标,危害国家安全的行为。对于向间谍组织写挂钩信的案件,以前在司法实践中处理并不一致。应该根据写信的动机和信件内容来综合判断行为人的行为是否属于间谍犯罪。如果行为人向间谍组织写信要求加入间谍组织或者积极领取任务等,那么可以认定为间谍罪的预备行为，以间谍罪论处；如果行为人向间谍组织写信仅仅是发泄不满情绪或者索要钱财等，并无危害国家安全动机的，一般不应以犯罪论处。

关键词：间谍罪；刑法溯及力；行为犯

【裁判要旨】

接受间谍组织代理人任务，为其提供秘密档案的行为属于间谍行为，构成间谍罪。在1997年《刑法》颁布前实施间谍犯罪的，应当以1979年《刑法》定罪量刑。

【相关法条】

1.《中华人民共和国刑法》

第一百一十条　有下列间谍行为之一，危害国家安全的，处十年以上有期徒刑或者无期徒刑；情节较轻的，处三年以上十年以下有期徒刑：（一）参加间谍组织或者接受间谍组织及其代理人的任务的；（二）为敌人指示轰击目标的。

第一百一十三条　本章上述危害国家安全罪行中，除第一百零三条第二款、第一百零五条、第一百零七条、第一百零九条外，对国家和人民危害特别严重、情节特别恶劣的，可以判处死刑。

犯本章之罪的，可以并处没收财产。

2.《中华人民共和国反间谍法》

第二十七条　境外机构、组织、个人实施或者指使、资助他人实施，或者境内机构、组织、个人与境外机构、组织、个人相勾结实施间谍行为，构成犯罪的，依法追究刑事责任。

实施间谍行为，有自首或者立功表现的，可以从轻、减轻或者免除处罚；有重大立功表现的，给予奖励。

第二十八条　在境外受胁迫或者受诱骗参加敌对组织、间谍组织，从事危害中华人民共和国国家安全的活动，及时向中华人民共和国驻外机构如实说明情况，或者入境后直接或者通过所在单位及时向国家安全机关、公安机关如实说明情况，并有悔改表现的，可以不予追究。

【案例索引】

一审：厦门市中级人民法院（1996）厦刑初字第149号刑事判决书。
二审：福建省高级人民法院（1997）闽刑终字第14号刑事判决书。

【基本案情】

被告人周天祥于1993年6月到大陆经商,同年7月返台时,在其兄周某(供职于台湾地区"国防部军事情报局")的策动下加入该间谍组织。被告人周天祥化名"周明",月薪及补贴新台币6.5万元,并领取建案基金新台币10万元,接受训练和派遣,潜入兰州市进行间谍活动,定期返回台湾接受"归询"。1995年9月,被告人周天祥又到厦门,继续从事间谍活动。1996年3月大陆军事演习期间,其同伙李健明(已判刑)受命到广东省汕头市一带刺探军事情报。被告人周天祥接到李健明从汕头市澄海机场的公用电话打来的暗语报告:"工厂有生产,但没有出货"(意指有演习,但没有发现导弹发射),即转报"国防部军事情报局"。后者指示李健明继续留守观察。被告人周天祥归案后如实交代了所犯罪行。

【裁判结果】

一审判决:(1)周天祥犯间谍罪,判处有期徒刑十二年,剥夺政治权利三年。(2)被告人周天祥购买的位于厦门市开元区嘉禾路武汉大厦2#7楼b座的商品房一套、位于兰州市×××商业城南区第1—36号房产、中国银行存折一本(内有美元1.01元,账号:4548210-0399025××××)予以没收。(3)随案移送的作案工具:移动电话机一部(台湾地区网:0920××××)、philips12band型收音机一台、《军人撞鬼纪事》一本、jvcgr-ax63型摄像机一台、sharp ux-104型传真机一台予以没收。

二审判决:(1)撤销厦门市中级人民法院(1996)厦刑初字第149号对周天祥的量刑部分的刑事判决。(2)周天祥犯间谍罪,判处有期徒刑八年,剥夺政治权利二年。其余维持原判。

【裁判理由】

一审法院认为,被告人周天祥加入台湾地区军事情报间谍组织,积极进行间谍活动,尤其在1996年3月中国人民解放军进行军事演习期间,配合同伙刺探军事情报,传送回台,其行为已构成间谍罪,情节较重。归案后认罪态度较好,可酌情从轻处罚。辩护人关于被告人周天祥认罪态度较好的辩护意见有理,可以采纳,其余辩护意见自相矛盾,于法无据,不予采纳。

二审法院认为,上诉人周天祥参加台湾地区军事情报间谍组织,接受派遣,潜入祖国大陆进行间谍活动,并配合他人传递军事情报,其行为已构成间谍罪。但情节较轻,归案后认罪态度较好。周天祥的上诉理由及其辩护人的辩护意见经查属实,可以采纳。

原审定罪准确，审判程序合法，唯适用法律不当。

思考问题

1. 间谍罪的构成要件是什么？
2. 间谍罪的司法适用是否需要从严处罚？
3. 间谍罪是否属于行为犯？

■■■ 案例3　王立军叛逃、受贿、滥用职权案

内容摘要：本案是备受公众舆论关注的刑事案件之一。本案一审终审，法院审理后对王立军以徇私枉法罪判处有期徒刑七年；以叛逃罪判处有期徒刑二年，剥夺政治权利一年；以滥用职权罪判处有期徒刑二年；以受贿罪判处有期徒刑九年，数罪并罚，决定执行有期徒刑十五年，剥夺政治权利一年。叛逃罪是国家机关工作人员在履行公务期间，擅离岗位，叛逃境外或者在境外叛逃的行为，或者掌握国家秘密的国家工作人员叛逃境外或者在境外叛逃的行为。仅逃离岗位但未背叛国家，不构成本罪。对此，要把握好三点：一是看行为人是否系国家机关工作人员和掌握国家秘密的国家机关工作人员。如果行为人不是国家机关工作人员，或者不是掌握国家秘密的国家机关工作人员，那么就不构成本罪。二是看叛逃是否发生在履行公务期间，如果行为人不是在履行公务期间叛逃，或者是在一定期间内不能正常履行职责、因病休养、离职到境外学习、被停职审查但尚未办理有关手续等过程中叛逃，也不构成本罪。三是看行为是否具有叛逃性质，特别是认定行为人的行为是否属于背叛我方，投靠境外组织或者机构。

关键词：叛逃罪；叛逃；行为犯

【裁判要旨】

叛逃罪的成立要求在履行公务期间，擅离岗位，叛逃境外或者在境外叛逃。（1）必须在履行公务期间叛逃。（2）必须是擅离岗位叛逃；没有离开自己工作岗位的，不可能构成叛逃行为。（3）必须有叛逃行为，包括两个方式：一是在境内履行公务期间叛逃至境外，二是在境外履行公务期间叛逃。掌握国家秘密的国家工作人员构成本罪的，只需要有叛逃境外或者在境外叛逃的行为即可。

【相关法条】

《中华人民共和国刑法》

第一百零九条　国家机关工作人员在履行公务期间，擅离岗位，叛逃境外或者在境外叛逃的，处五年以下有期徒刑、拘役、管制或者剥夺政治权利；情节严重的，处五年以上十年以下有期徒刑。

掌握国家秘密的国家工作人员叛逃境外或者在境外叛逃的，依照前款的规定从重处罚。

第一百一十三条　本章上述危害国家安全罪行中，除第一百零三条第二款、第一百零五条、第一百零七条、第一百零九条外，对国家和人民危害特别严重、情节特别恶劣的，可以判处死刑。

犯本章之罪的，可以并处没收财产。

【案例索引】

一审：四川省成都市中级人民法院（2012）成刑初字第38号刑事判决书。

【基本案情】

2011年11月15日，英国公民尼尔·伍德被发现在其入住的重庆市一酒店房间内死亡。王立军身为重庆市公安局局长，在明知薄谷开来有杀害尼尔·伍德的重大嫌疑，且已掌握重要证据的情况下，为徇私情，指派与其本人及薄谷开来关系密切的副局长郭维国负责该案，向办案人员隐瞒薄谷开来向其讲述投毒杀害尼尔·伍德的情况及掌握的录音证据，对郭维国等人违背事实作出尼尔·伍德系酒后猝死的结论予以认可，将记录薄谷开来作案当晚到过现场的监控录像硬盘交给薄谷开来处置，以使薄谷开来不受刑事追诉。

后王立军与薄谷开来产生矛盾并不断激化，王立军遂要求重庆市公安局有关人员重新调取、整理及妥善保管尼尔·伍德死亡案的证据，并提供了薄谷开来向其讲述投毒杀害尼尔·伍德的录音资料。2012年2月7日，王立军向国家有关部门反映了薄谷开来涉嫌故意杀害尼尔·伍德的情况并提供了相关证据材料。公安机关依法复查侦破了薄谷开来故意杀人案。

2012年2月初，王立军职务被宣布调整，身边多名工作人员被非法审查，王立军感到自身处境危险，遂于2月6日14时31分私自进入美国驻成都总领事馆，请求美方提供庇护，并提出政治避难申请。后经我有关方面劝导，王立军于2月7日23时35分自动离开美国驻成都总领事馆。

2010年1月至2012年2月，王立军在担任重庆市公安局局长期间，违反国家有关法律规定，授意该局有关工作人员，不履行合法审批手续，先后对多人使用技术侦察措施，严重侵犯了公民的合法权益，破坏了社会主义法制。

2008年9月至2009年11月，王立军先后接受大连实德集团有限公司董事长徐明和大连世源贸易有限公司法定代表人于俊世的请托，利用担任重庆市公安局常务副局长、局长的职务便利，指令重庆市公安局办案人员释放四名涉案羁押人员。其间，王立军收受徐明出资285万余元购买的住房两套，接受于俊世为其租住的别墅支付租金20万元。案发后，受贿财物绝大部分被追缴。

【裁判结果】

一审判决：对王立军以徇私枉法罪判处有期徒刑七年；以叛逃罪判处有期徒刑二年，剥夺政治权利一年；以滥用职权罪判处有期徒刑二年；以受贿罪判处有期徒刑九年，数罪并罚，决定执行有期徒刑十五年，剥夺政治权利一年。

【裁判理由】

法院经审理认为，王立军身为重庆市公安局局长，明知他人有故意杀人重大嫌疑，徇私枉法，故意包庇使其不受追诉，其行为已构成徇私枉法罪，且情节特别严重；王立军作为国家机关工作人员，在履行公务期间，擅离岗位，叛逃外国驻华使领馆，其行为已构成叛逃罪，且情节严重；王立军滥用职权，非法对多人使用技术侦察措施，严重侵犯了公民的合法权益，破坏了社会主义法制，其行为已构成滥用职权罪；王立军作为国家工作人员，利用职务上的便利，为他人谋取利益，非法收受他人财物，其行为已构成受贿罪，其收受贿赂后为请托人谋取不正当利益，情节恶劣。王立军后来要求重庆市公安局有关人员对薄谷开来涉嫌故意杀人案重建档案、调查补证、保留物证，向国家有关部门反映薄谷开来涉嫌故意杀人的问题，并提供有关证据材料，积极协助复查，对公安机关侦破该案起到了重要作用，对其所犯徇私枉法罪可酌情从轻处罚；王立军作为掌握国家秘密的国家工作人员叛逃境外，依法应从重处罚；王立军犯叛逃罪后自动投案，并如实供述其叛逃的主要犯罪事实，属自首，可依法减轻处罚；王立军揭发他人重大违法犯罪线索，为有关案件的查办发挥了重要作用，有重大立功表现，可依法减轻处罚。据此，根据王立军犯罪的事实、性质、情节、对于社会的危害程度及王立军当庭认罪、悔罪的表现，法院遂依法作出上述判决。

 **思考问题**

1. 叛逃罪的构成要件是什么？
2. 叛逃罪与投敌叛变罪的区别是什么？
3. 叛逃后随即向境外的敌对组织泄露国家秘密、提供国家情报的，只构成叛逃罪一罪吗？
4. 叛逃后又被派遣、指使进行危害国家安全活动的，叛逃罪应和其他罪实行数罪并罚吗？

第十二章　危害公共安全罪

■■■ 案例1　孙伟铭以危险方法危害公共安全案

内容摘要：本案是研究醉酒驾车肇事的典型案例，本案当事人孙伟铭也成为我国因驾车肇事而获最高刑罚者。本案历经一审与二审。一审法院认为，被告人孙伟铭已构成以危险方法危害公共安全罪，且其情节特别恶劣，后果特别严重，应依法予以严惩。一审宣判后，被告人孙伟铭当庭表示不服判决，向四川省高级人民法院提出上诉。二审法院改判其无期徒刑，剥夺政治权利终身。最高人民法院召开新闻发布会，将本案作为我国接连发生的一系列恶性酒驾肇事案件的典型代表，向社会公布这起案件的审理结果，支持了这起案件的二审判决。从本案可以看出，交通肇事罪和以危险方法危害公共安全罪有时很难辨析。恶性酒驾肇事作为一种危害公共安全的危险方法被广泛接受，那么对于酒驾肇事案件应当如何定罪，在什么情况下应该定以危险方法危害公共安全罪，则属于司法难题。

关键词：以危险方法危害公共安全罪；交通肇事罪；公共安全

【裁判要旨】

行为人醉酒驾车肇事后为逃避责任，在高速驾驶车辆逃逸过程中冲撞车辆、人群造成特别严重后果的，侵犯了道路交通中的不特定多数人的生命、健康或者大量公私财产的安全，即公共安全，主观上存在放任危害结果发生的间接故意，客观上采取了高速驾驶车辆危害公共安全的行为，并造成了极其严重的后果，当以危险方法危害公共安全罪定罪处罚。

【相关法条】

1.《中华人民共和国刑法》

第五十七条第一款　对于被判处死刑、无期徒刑的犯罪分子，应当剥夺政治权利终身。

第一百一十五条第一款　放火、决水、爆炸以及投放毒害性、放射性、传染病病原体等物质或者以其他危险方法致人重伤、死亡或者使公私财产遭受重大损失的，处十年以上有期徒刑、无期徒刑或者死刑。

2.《中华人民共和国刑事诉讼法》

第一百三十六条第一款　第二审人民法院对不服第一审判决的上诉、抗诉案件，经过审理后，应当按照下列情形分别处理：……（二）原判认定事实没有错误，但适用法律有错误，或者量刑不当的，应当改判；……

【案例索引】

一审：四川省成都市中级人民法院（2009）成刑初字第158号刑事判决书。

二审：四川省高级人民法院（2009）川刑终字第690号刑事判决书。

【基本案情】

2008年5月，被告人孙伟铭购买了车牌号为川A4××××的别克轿车一辆，之后在未取得合法驾驶资格的情况下，长期无驾驶证驾驶该车，并有多次交通违法记录。2008年12月14日中午，被告人孙伟铭与其父母在位于成都市市区东侧的成华区万年场"四方阁"酒楼为亲属祝寿，其间大量饮酒。其后，被告人孙伟铭又驾驶川A4××××轿车送其父母到位于成都市市区北侧的火车北站搭乘火车，尔后驾车折返至位于成都市市区东侧的成龙路，沿成龙路往成都市龙泉驿区方向行驶。当日17时许，被告人孙伟铭驾车行至成都市成龙路"蓝谷地"路口时，从后面冲撞与其同向行驶的川A9××××比亚迪轿车尾部。发生事故后，被告人孙伟铭继续驾车往成都市龙泉驿区方向行驶。当行至限速60 km/h的成龙路"卓锦城"路段时，越过道路中心黄色双实线，先后撞向对面正常行驶的川AU××××长安奔奔轿车、川AK××××长安奥拓轿车、川AV××××福特蒙迪欧轿车、川AM××××奇瑞QQ轿车，直至被告人孙伟铭所驾驶的川A4××××别克轿车不能动弹，造成车牌号为川AU××××长安奔奔轿车内驾驶员张某全及同车乘客张某全之妻尹某辉、金某民和张某秀夫妻死亡，另一乘客代某秀重伤，并造成公私财产各项经济损失共计5万余元。公安人员接群众报案后赶至现场将被告人孙伟铭抓获。另查明，案发后，孙伟铭的亲属代为赔偿被害人经济损失11.4万元。二审期间，孙伟铭之父孙某表示愿意代为赔偿被害人的经济损失。经法院主持调解，孙某代表孙伟铭与被害方达成民事赔偿协议，积极筹款赔偿被害方经济损失100万元（不含先前赔偿的11.4万元），取得被害方一定程度的谅解。

【裁判结果】

一审判决：被告人孙伟铭犯以危险方法危害公共安全罪，判处死刑，剥夺政治权利终身。

二审判决：（1）维持四川省成都市中级人民法院（2009）成刑初字第158号刑事判决中对被告人孙伟铭的定罪部分。（2）撤销四川省成都市中级人民法院（2009）成刑初字第158号刑事判决中对被告人孙伟铭的量刑部分。（3）上诉人（原审被告人）孙伟铭犯以危险方法危害公共安全罪，判处无期徒刑，剥夺政治权利终身。

【裁判理由】

一审法院认为，被告人孙伟铭作为受过一定教育、具有完全刑事责任能力的人，明知必须经过相关培训并经考试合格，取得驾驶执照后才能驾驶机动车辆，但其无视国家交通安全法规和公共安全，在未领取驾驶执照的情况下，长期无证驾驶机动车辆并多次违反交通法规。且在醉酒后，驾车行驶于车辆、人群密集之处，对公共安全构成直接威胁，在发生追尾交通事故后，仍置不特定多数人的生命财产安全于不顾，继续驾车超速行驶，跨越禁止超越的道路中心黄色双实线，与对方正常行驶的多辆车辆相撞，造成四人死亡一人重伤、公私财产损失达数万元的严重后果，其行为已构成以危险方法危害公共安全罪，且其情节特别恶劣，后果特别严重，应依法予以严惩。公诉机关指控孙伟铭的犯罪事实和罪名成立，法院予以支持。

一审宣判后，被告人孙伟铭当庭表示不服判决，向四川省高级人民法院提出上诉。2009年9月4日，四川省高级人民法院依法组成合议庭进行公开审理，四川省人民检察院派员出席二审法庭履行职务。法院经审理认为，本案事实清楚，证据确实、充分。上诉人（原审被告人）孙伟铭应以以危险方法危害公共安全罪定罪处罚。孙伟铭所提不是故意犯罪的辩解及其辩护人所提孙伟铭的行为应构成交通肇事罪的辩护意见，与查明的事实及相关法律规定不符，不予采纳。辩护人提出的原判存在重大事实遗漏的辩护意见，因证据不足且所提情节与本案事实及定性没有关联，不予采纳。孙伟铭及其辩护人所提有真诚悔罪表现、原判量刑过重的意见成立，予以采纳。原判认定事实和定罪正确，审判程序合法，但量刑不当。

二审法院认为，被告人孙伟铭无视交通法规和公共安全，在未取得驾驶证的情况下，长期驾驶机动车辆，多次违反交通法规，且在醉酒驾车发生交通事故后，不计后果，继续驾车超限速行驶，冲撞多辆轿车，造成数人伤亡的严重后果，主观上对危害结果的发生持放任态度，具有危害公共安全的间接故意，其行为已构成以危险方法危害公共安全罪。孙伟铭犯罪情节恶劣，后果严重。但鉴于孙伟铭是间接故意犯罪，不希望也不积极追求危害后果发生，与直接故意驾车撞击车辆、行人的犯罪相比，主观恶性不是很深，人身危险性不是很大；犯罪时处于严重醉酒状态，对自己行为的辨认和控制能力有所减弱；案发后，真诚悔罪，并通过亲属积极筹款赔偿被害人的经济损失，依法可从轻处罚。据此，认定被告人孙伟铭犯以危险方法危害公共安全罪，改判其无期徒刑，剥夺政治权利终身。

思考问题

1. 被告人孙伟铭的行为是否构成以危险方法危害公共安全罪？
2. 被告人孙伟铭没有被判处死刑是否符合宽严相济刑事政策的要求？

案例 2　郑小教故意杀人二审改判以危险方法危害公共安全案

内容摘要：本案历经一审与二审，一审以故意杀人罪判处郑小教十年有期徒刑，再审以以危险方法危害公共安全罪判处其七年有期徒刑，关键在于二级法院对"不特定多数人"和"公共安全"有不同的理解。再审法院对于"不特定多数人"和"公共安全"进行界定，对危害公共安全罪的适用条件进行了完善，可以说起到了裁判标杆作用。其中，遵循罪刑法定原则，阐明了以危险方法危害公共安全罪中的"不特定多数人"和"公共安全"的含义，对于类似案件的裁判起到了指导作用。

关键词：拆除违章建筑；不特定多数人；以危险方法危害公共安全罪

【裁判要旨】

危害公共安全罪中侵害客体的"不特定多数人"核心在于"多数"和"社会性"，即使侵害对象是相对特定的拆迁人员，但鉴于本案拆迁人员多达数十人，符合一般意义上的多数要求，且郑小教的行为方式也无法控制最终的危害后果，故而其侵害的对象应该属于"不特定多数人"。"公共安全"不等同于"公共场所的安全"。案发现场道路并非被告人家庭所有或单独使用，而只是由于特殊的地理位置，被告人家庭使用的频率较高，但这并不能排斥他人行走或使用，故案发现场并不属于封闭的场所，且郑小教本身的行为就具有危害公共安全的性质。

【相关法条】

1.《中华人民共和国刑法》

第二十三条　已经着手实行犯罪，由于犯罪分子意志以外的原因而未得逞的，是犯罪未遂。

对于未遂犯，可以比照既遂犯从轻或者减轻处罚。

第一百一十四条　放火、决水、爆炸以及投放毒害性、放射性、传染病病原体等物质或者以其他危险方法危害公共安全，尚未造成严重后果的，处三年以上十年以下有期徒刑。

第二百三十二条　故意杀人的，处死刑、无期徒刑或者十年以上有期徒刑；情节较轻的，处三年以上十年以下有期徒刑。

2.《中华人民共和国刑事诉讼法》

第二百三十六条　第二审人民法院对不服第一审判决的上诉、抗诉案件，经过审理后,应当按照下列情形分别处理:(一)原判决认定事实和适用法律正确、量刑适当的,应当裁定驳回上诉或者抗诉,维持原判;(二)原判决认定事实没有错误,但适用法律有错误,或者量刑不当的,应当改判;(三)原判决事实不清楚或者证据不足的,可以在查清事实后改判;也可以裁定撤销原判,发回原审人民法院重新审判。

原审人民法院对于依照前款第三项规定发回重新审判的案件作出判决后,被告人提出上诉或者人民检察院提出抗诉的,第二审人民法院应当依法作出判决或者裁定,不得再发回原审人民法院重新审判。

【案例索引】

一审:浙江省江山市人民法院(2013)衢江刑初字第78号刑事判决书。

二审:浙江省衢州市中级人民法院(2013)浙衢刑终字第90号刑事判决书。

【基本案情】

2011年12月,被告人郑小教在未获得相关部门批准的情况下,违法占用江山市中部开发办公室管理的位于江山市莲华山工业园区内的国有土地建房。2012年2月24日,江山市国土资源局作出江土资停字〔2012〕000088号《责令停止国土资源违法行为通知书》并送达郑小教,责令其立即停止违法行为,听候处理。同年4月11日,市国土资源管理局作出江土资改〔2012〕11号《责令改正违法行为通知书》并送达郑小教,责令其自接到通知书后6个月内自行拆除已浇筑的地梁,逾期不改正的,依法追究法律责任。同年10月15日,市国土资源管理局国土资源执法监察人员在巡查中发现,郑小教不仅没有自行拆除违章建筑,反而继续违法建房,遂当场依法予以制止,但郑小教事后并未停止其违法建房行为。2013年1月16日,贺村镇人民政府、市中部开发办公室、市国土资源局共同商定,以市国土资源局为执法主体,贺村镇人民政府、市中部开发办公室协助,于1月18日上午共同对郑小教的违章建筑实施强制拆除,并于当天下午电话通知郑小教自行拆除违章建筑。

2013年1月18日上午,郑小教会同家人和同事,先行拆除部分违章建筑,欲以此达到阻止执法人员拆除其违章建筑目的。当日上午10时许,市国土资源管理局执法大队工作人员会同贺村镇人民政府、市中部开发办公室工作人员共五十余人来到郑小教违章建筑所在地。在工作人员的劝说下,郑小教将原停放在违章建筑前阻挡了铲车行进道路的浙H×××××私家小轿车倒驶至该道路的坡顶,工作人员遂开始拆除郑小教的违章建筑,郑小教则坐在驾驶室内远观。当看到房子被拆的场面后,郑小教越想越气,产生了驾车去撞工作人员与其拼命的念头。随后,郑小教加速驾驶小轿车沿着带有一定坡度的道路直冲下去,撞到了站在道路上维持外围秩序的多名工作人员,其中李某某被车头撞飞滚在引擎盖上后又被甩在地上。郑小教在撞到人后,仍然驾驶汽车继续右转向行驶,并朝工作人员密集的地方冲撞而去,直至撞上其父亲房屋南侧小门,在此过程中,又撞到多名工作人员和其母亲，房屋的小门及门边墙体被撞破损。后在郑小教驾车加速后退撞上砖堆时才被工作人员制服。郑小教在驾车撞人过程中致十一名工作人员受伤，经鉴定，其中吴某某等五人的损伤程度为轻伤、夏某某等二人为轻微伤、刘某某等四人未达到轻微伤程度。

【裁判结果】

一审判决：以故意杀人罪判处被告人郑小教有期徒刑十年。

二审判决：撤销浙江省江山市人民法院（2013）衢江刑初字第78号刑事判决；上诉人（原审被告人）郑小教犯以危险方法危害公共安全罪，判处有期徒刑七年。

【裁判理由】

一审法院认为，被告人郑小教为泄愤，采用驾驶车辆连续冲撞的方式，故意剥夺他人生命的行为已构成故意杀人罪。公诉机关指控的罪名成立，本院予以支持。被告人郑小教已经着手实行犯罪，由于意志以外的原因而未得逞，系犯罪未遂，依法可以比照既遂犯从轻处罚。被告人犯罪系临时起意，主观恶性较小，可酌情从轻处罚。辩护人的相关辩护意见，予以采纳。

二审法院认为，上诉人郑小教为泄愤，驾驶车辆连续冲撞他人致多人轻伤、轻微伤，其行为已构成以危险方法危害公共安全罪。案发时现场共有拆违工作人员、郑小教家人及邻居等五十余人，郑小教采用驾车撞人的危险方法冲向不特定多数人，对危害不特定多数人的生命、健康安全持放任态度，主、客观上符合以危险方法危害公共安全罪的犯罪构成，而故意杀人罪或故意伤害罪所侵害的客体均为普通公民的个人人身权利，不能涵盖本案侵害客体所具有的社会性。故相关上诉、辩护意见，不予采纳。原判审判程序合法，唯因定性错误，致量刑不当，且判令没收扣押在案的浙H×××××大众朗逸小轿车一辆亦不当，应予改判。

思考问题

1. 被告人郑小教的行为构成故意杀人罪还是以危险方法危害公共安全罪？

2. 二审法院改判郑小教犯以危险方法危害公共安全罪，判处有期徒刑七年是否适当？

■■■■ 案例3　李启铭交通肇事案

内容摘要：本案是交通肇事典型案例。本案一审终审，被告人未上诉，检察院也未抗诉。法院经审理认为，李启铭违反交通运输管理法规，在校园内醉酒驾车、超速行驶，发生重大交通事故，且在交通肇事后逃逸，其行为构成交通肇事罪。交通肇事罪与以危险方法危害公共安全罪的区分是司法实践中的难点，交通肇事罪是指行为人违反交通管理法规，因而发生重大事故，致人重伤、死亡或者使公私财产遭受重大损失的行为；而以危险方法危害公共安全罪是指采用与放火、决水、爆炸、投毒等危险性相当的其他危险方法，足以危害公共安全的行为。毋庸置疑，交通肇事罪与以危险方法危害公共安全罪都属于危害公共安全罪这一类罪，侵犯的都是不特定多数人的人身和财产安全。因此，两罪在侵犯的客体以及客观行为上具有诸多共同之处，较容易混淆。本案例以法院针对李启铭交通肇事所作出的公开判决为对象进行分析，通过对被告人行为的理论分析，结合相关的法律适用意见，针对本案在定罪量刑上所存在的疑问，进而对交通肇事犯罪与以危险方法危害公共安全罪在犯罪性质上准确地加以区分，准确地对本案定罪。同时，本案的处理也表明了在信息时代，在处理问题时应当理性地对待民意，民意也应当理性地尊重法律。

关键词：交通肇事罪；以危险方法危害公共安全罪；舆论监督

【裁判要旨】

行为人违反交通运输管理法规，在校园内醉酒驾车、超速行驶，发生重大交通事故，致一人死亡、一人轻伤，负事故全部责任，且在交通肇事后逃逸。行为人主观上有过失，客观上实施了违反交通运输管理法规的行为，且校园内道路属于《道路交通安全法》第一百一十九条第（一）项规定的"虽在单位管辖范围但允许社会机动车通行的地方"，因此，行为人构成交通肇事罪。

【相关法条】

1.《中华人民共和国刑法》

第一百三十三条　违反交通运输管理法规，因而发生重大事故，致人重伤、死亡或者使公私财产遭受重大损失的，处三年以下有期徒刑或者拘役；交通运输肇事后逃逸或者有其他特别恶劣情节的，处三年以上七年以下有期徒刑；因逃逸致人死亡的，处七年以上有期徒刑。

第一百三十三条之一　在道路上驾驶机动车，有下列情形之一的，处拘役，并处罚金：（一）追逐竞驶，情节恶劣的；（二）醉酒驾驶机动车的；（三）从事校车业务或者旅客运输，严重超过额定乘员载客，或者严重超过规定时速行驶的；（四）违反危险化学品安全管理规定运输危险化学品，危及公共安全的。

机动车所有人、管理人对前款第三项、第四项行为负有直接责任的，依照前款的规定处罚。

有前两款行为，同时构成其他犯罪的，依照处罚较重的规定定罪处罚。

2.《最高人民法院关于审理交通肇事刑事案件具体应用法律若干问题的解释》

第二条 交通肇事具有下列情形之一的,处三年以下有期徒刑或者拘役:(一)死亡一人或者重伤三人以上,负事故全部或者主要责任的;(二)死亡三人以上,负事故同等责任的;(三)造成公共财产或者他人财产直接损失,负事故全部或者主要责任,无能力赔偿数额在三十万元以上的。

交通肇事致一人以上重伤,负事故全部或者主要责任,并具有下列情形之一的,以交通肇事罪定罪处罚:(一)酒后、吸食毒品后驾驶机动车辆的;(二)无驾驶资格驾驶机动车辆的;(三)明知是安全装置不全或者安全机件失灵的机动车辆而驾驶的;(四)明知是无牌证或者已报废的机动车辆而驾驶的;(五)严重超载驾驶的;(六)为逃避法律追究逃离事故现场的。

第三条 "交通运输肇事后逃逸",是指行为人具有本解释第二条第一款规定和第二款第(一)至(五)项规定的情形之一,在发生交通事故后,为逃避法律追究而逃跑的行为。

【案例索引】

一审:河北省望都县初级人民法院(2011)望刑初字第 006 号刑事判决书。

【基本案情】

2010 年 10 月 16 日晚,被告人李启铭在河北省保定市富海酒楼宴请孟某某、盖某某等人时大量饮酒,后李启铭驾驶车牌号为冀 F×××××的黑色大众迈腾汽车前往河北大学新校区接人,并顺路将盖某某等人送回该校。李启铭驾车驶入该校生活区南门后,停车让盖某某等人下车。因李启铭酒后驾驶,随后驾车到达的孟某某提醒其慢速行驶,盖某某下车后又坐回到副驾驶位置,亦提醒其慢行。李启铭称没事,继续驾车超速行驶(该校生活区内限速 5 公里/小时)。当日 21 时 30 分许,李启铭驾车行至该校生活区易百超市门前时,将前面正在练习轮滑的陈某某撞到车前机盖上后落地,亦将扶助陈某某练习轮滑的张某某撞倒在地。肇事后,李启铭继续驾车行至该校馨清楼宿舍,接上其朋友杜某某,并催促盖某某下车。李启铭驾车返回,途经事发地点仍未停车,行至生活区南门时被校保安人员拦停,后被带至公安机关。陈某某因颅脑损伤,经抢救无效死亡;张某某受轻伤。经鉴定,李启铭所驾汽车碰撞前的行驶速度为 45～59 公里/小时,李启铭血液酒精含量为 151 毫克/100 毫升,系醉酒超速驾驶。经交通管理部门认定,李启铭负事故全部责任。

【裁判结果】

一审判决:被告人李启铭犯交通肇事罪,判处有期徒刑六年。一审宣判后,被告人李启铭在法定期限内没有上诉,检察机关亦未提起抗诉,判决发生法律效力。

【裁判理由】

法院经审理认为，被告人李启铭违反交通运输管理法规，在校园内醉酒驾车、超速行驶，发生重大交通事故，致一人死亡、一人轻伤，负事故全部责任，且在交通肇事后逃逸，其行为构成交通肇事罪，且犯罪情节恶劣，后果严重，依法应当惩处。案发后，李启铭的近亲属积极代为赔偿被害方的经济损失，取得了被害方的谅解，且李启铭当庭自愿认罪，悔罪态度较好，对其可酌情从轻处罚。对辩护人提出的对李启铭从轻处罚的辩护意见，予以采纳。依照《刑法》第一百三十三条和《最高人民法院关于审理交通肇事刑事案件具体应用法律若干问题的解释》第二条第一款、第三条之规定，以被告人李启铭犯交通肇事罪，判处有期徒刑六年。

 思考问题

1. 本案中李启铭的犯罪情节是如何认定的？
2. 被告人李启铭构成交通肇事罪还是以危险方法危害公共安全罪？
3. 司法裁判应如何回应舆论压力？

案例4 龚德田交通肇事案

内容摘要：本案是二审改判的交通肇事案件，历经一审与二审。一审法院判定被告人龚德田犯交通肇事罪，判处有期徒刑三年，缓刑四年。宣告后被告人提起上诉，二审法院改判其有期徒刑一年，缓刑二年。二审中明确了交通肇事罪中关于"逃逸行为"的定性问题。二审判决纠正了一审判决中对"逃逸行为"重复认定的错误，指出了交通肇事案件中，已作为入罪要件的逃逸行为，不能再作为对被告人加重处罚的量刑情节而予以重复评价。这有助于明晰交通肇事罪中"逃逸行为"的定性，纠正一概将其作为加重处罚情节的武断认定，对审理类似案件的入罪与量刑具有一定的指导意义。

关键词：交通肇事罪；逃逸行为；重复评价

【裁判要旨】

根据《刑法》和《最高人民法院关于审理交通肇事刑事案件具体应用法律若干问题的解释》的相关规定，交通肇事致一人死亡的，需同时具备负事故全责或主要责任。评价"逃逸行为"构成主要责任的条件（即入罪条件）的，不能再将其评价作为加重处罚的量刑情节。对于交通肇事罪中的"逃逸行为"应当根据具体情况进行定性分析，不能一概认定为加重情节。

【相关法条】

1.《中华人民共和国刑法》

第六十七条第一款　犯罪以后自动投案，如实供述自己的罪行的，是自首。对于自首的犯罪分子，可以从轻或者减轻处罚。其中，犯罪较轻的，可以免除处罚。

第七十二条第一款　对于被判处拘役、三年以下有期徒刑的犯罪分子，同时符合下列条件的，可以宣告缓刑，对其中不满十八周岁的人、怀孕的妇女和已满七十五周岁的人，应当宣告缓刑：（一）犯罪情节较轻；（二）有悔罪表现；（三）没有再犯罪的危险；（四）宣告缓刑对所居住社区没有重大不良影响。

第一百三十三条　违反交通运输管理法规，因而发生重大事故，致人重伤、死亡或者使公私财产遭受重大损失的，处三年以下有期徒刑或者拘役；交通运输肇事后逃逸或者有其他特别恶劣情节的，处三年以上七年以下有期徒刑；因逃逸致人死亡的，处七年以上有期徒刑。

2.《最高人民法院关于审理交通肇事刑事案件具体应用法律若干问题的解释》

第二条第一款　交通肇事具有下列情形之一的，处三年以下有期徒刑或者拘役：（一）死亡一人或者重伤三人以上，负事故全部或者主要责任的；……

【案例索引】

一审：安徽省颍上县人民法院（2014）颍刑初字第00473号刑事判决书。

二审：安徽省阜阳市中级人民法院（2014）阜刑终字第00482号刑事判决书。

【基本案情】

2014年6月10日15时许，被告人龚德田超速驾驶皖K5××××号白色江淮牌货车沿X041线由西向东行驶至颍上县赛涧乡张楼村唐庄十字路口时，与被害人张某某无证驾驶的由南向北行驶的皖KG××××号铃木牌两轮摩托车发生碰撞，该事故致两车受损，张某某当场死亡，经法医鉴定被害人张某某因车祸致严重颅脑损伤死亡。经颍上县交警大队交通事故责任认定书认定，龚德田负事故主要责任。经调解，龚德田与张某某近亲属达成调解协议，龚德田赔偿张某某近亲属各项经济损失共计326000元，取得张某某近亲属谅解。另查明，龚德田肇事后拨打电话报警，后逃离事故现场，并于当晚到公安机关投案，如实供述了犯罪事实。一审法院认为，被告人龚德田驾驶机动车辆在公共道路上超速行驶，违反交通运输管理法规，因而发生重大事故，致一人死亡，承担事故的主要责任，且肇事后逃逸，其行为已构成交通肇事罪，应予惩处。龚德田肇事逃逸后主动向公安机关投案，如实供述犯罪事实，属自首，可以从轻或者减轻处罚；又能积极赔偿被害人近亲属经济损失，获得被害人近亲属的谅解，依法可酌情从轻处罚。龚德田所居住的社区证明对其适用缓刑对其所居住的社区无重大不良影响,依法可适用缓刑。

【裁判结果】

一审判决:被告人龚德田犯交通肇事罪,判处有期徒刑三年,缓刑四年。宣判后,原审被告人龚德田不服,提出上诉。

二审判决:撤销安徽省颍上县人民法院(2014)颍刑初字第00473号刑事判决;上诉人(原审被告人)龚德田犯交通肇事罪,判处有期徒刑一年,缓刑二年。

【裁判理由】

二审法院认为,上诉人(原审被告人)龚德田违反交通运输管理法规,驾驶机动车辆在公共道路上超速行驶,因而发生重大事故,致一人死亡,且在事故发生后弃车离开现场,承担事故的主要责任,其行为已构成交通肇事罪,依法应予惩处。原判事实清楚,证据确实、充分,定罪准确,审判程序合法,但适用法律有错误,依法应予以改判。

思考问题

1. 交通肇事罪中关于"逃逸行为"如何定性?
2. 如何避免对"逃逸行为"重复认定的错误?
3. 逃逸行为能否影响交通肇事罪基本犯的构成?
4. 道路交通管理法上的责任与交通肇事罪的刑事责任之间是什么关系?

■■■ 案例5 李冬海爆炸案

内容摘要:本案是爆炸罪典型案例,历经一审与二审。一审法院宣告被告人李冬海犯爆炸罪,判处死刑,剥夺政治权利终身。二审法院改判量刑部分,改为死刑,缓期二年执行。爆炸罪,是指故意用爆炸的方法,杀死杀伤不特定多数人、毁坏重大公私财物,危害公共安全的行为。爆炸罪侵犯的是公共安全,即不特定多数人的生命、健康和重大公私财产的安全;而故意杀人罪、故意伤害罪侵犯的是特定公民的人身权利。本案虽被判定为爆炸案,但由于被害方有明显过错,因而在网络上引起民众的广泛关注。本案中李冬海的犯罪行为造成了三人死亡、二人重伤、三人轻伤、一人轻微伤的严重后果,论罪应判处死刑,但是根据案件的起因、被告人的主观恶性程度以及犯罪的具体情节,对李冬海判处死缓是适当的。

关键词:爆炸罪;被害方过错;死缓

【裁判要旨】

行为人用爆炸的方法杀死杀伤不特定多数人，危害公共安全，明确违反刑法有关规定，造成严重后果，但被害方有明显过错，应从轻量刑。

【相关法条】

《中华人民共和国刑法》

第十四条　明知自己的行为会发生危害社会的结果，并且希望或者放任这种结果发生，因而构成犯罪的，是故意犯罪。

故意犯罪，应当负刑事责任。

第十五条　应当预见自己的行为可能发生危害社会的结果，因为疏忽大意而没有预见，或者已经预见而轻信能够避免，以致发生这种结果的，是过失犯罪。

过失犯罪，法律有规定的才负刑事责任。

第五十七条　对于被判处死刑、无期徒刑的犯罪分子，应当剥夺政治权利终身。

在死刑缓期执行减为有期徒刑或者无期徒刑减为有期徒刑的时候，应当把附加剥夺政治权利的期限改为三年以上十年以下。

第一百一十四条　放火、决水、爆炸以及投放毒害性、放射性、传染病病原体等物质或者以其他危险方法危害公共安全，尚未造成严重后果的，处三年以上十年以下有期徒刑。

第一百一十五条　放火、决水、爆炸以及投放毒害性、放射性、传染病病原体等物质或者以其他危险方法致人重伤、死亡或者使公私财产遭受重大损失的，处十年以上有期徒刑、无期徒刑或者死刑。

过失犯前款罪的，处三年以上七年以下有期徒刑；情节较轻的，处三年以下有期徒刑或者拘役。

【案例索引】

一审：江苏省南通市中级人民法院（2007）通刑一初字47号刑事判决书。
二审：江苏省高级人民法院（2007）通中刑二终字37号刑事判决书。

【基本案情】

2007年3月12日，被告人李冬海的儿子（8岁）与同学（8岁）在东洲公园发生冲突，李冬海因此与同学父母候某某、袁某某夫妇发生口角继而发生厮打。厮打中袁某某的头部被打破，后袁某某被送往海门市第一人民医院治疗。李冬海多次到医院看望，向候某某、袁某某夫妇赔礼道歉，并找人调解，但未得到候某某的谅解。同年3月14日，候某某要求李冬海向其夫妇下跪赔礼，李家未答应。3月15日上午8时许，候某某同候家及娘家亲戚共计十四人破门闯入被告人李冬海家中，双方发生口角继而发生厮打。被告人李冬海气急之下，从屋内拿出一枚非法购买的手榴弹拧开后盖，手持手榴弹从屋内冲出，想以此吓退对方，但未奏效还遭到候某某等人的围攻。在争斗中，手榴弹被拉响并造成候某某等三人死亡、二人重伤、三人轻伤、一人轻微伤的严重后果。李冬海右眼也被炸瞎、右手拇指被炸断一节。南通市中级人民法院认为，被告人李冬海在人群中拉爆手榴弹，致使三人死亡、二人重伤、三人轻伤、一人轻微伤，其行为严重危害了公共安全，已构成爆炸罪，应依法惩处。

【裁判结果】

一审判决：被告人李冬海犯爆炸罪，判处死刑，剥夺政治权利终身。

二审判决：（1）维持江苏省南通市中级人民法院（2007）通刑一初字47号刑事判决中对李冬海的定罪部分，撤销该判决的量刑部分；（2）判处李冬海死刑，缓期二年执行，剥夺政治权利终身。二审宣判后，原审被告人表示不上诉，检察机关没有异议。原审被告人的辩护人没有意见。

【裁判理由】

二审法院认为，被告人李冬海持私藏的手榴弹威吓闯入自家院中的人群，在双方争抢过程中，手榴弹发生爆炸造成三人死亡、二人重伤、三人轻伤、一人轻微伤的严重后果，其行为已构成爆炸罪（间接故意），论罪应判处死刑。但是，其一，本案中被害方有明显过错的行为。被害方没有通过正当渠道解决纠纷，而且提出过分的要求，并组织亲友十几人闯入被告人家中叫骂、厮打，使矛盾激化，在案件的起因上负有一定的责任。其二，手榴弹是在李冬海和候某某争抢中爆炸的，有一定的偶然性，可以减轻李冬海的罪责。其三，本案是间接故意犯罪，间接故意犯罪的主观恶性要小于直接故意犯罪的主观恶性。根据案件的起因、被告人的主观恶性程度以及犯罪的具体情节对李冬海判处死缓是适当的。

思考问题

1. 过失爆炸罪与爆炸罪的区别是什么？
2. 爆炸罪与故意杀人罪、故意伤害罪的区别是什么？
3. 被害方有明显过错时，对被告人的死刑如何适用？

▆▆▆▆ 案例6 念斌投放危险物质终审改判无罪案

内容摘要：本案是《刑事诉讼法》2012年修正以来最受关注的悬案之一。历经八年审理十次开庭，被告人念斌先后四次被法院判处死刑立即执行，三次被撤销判决，最高人民法院六次批准案件延期审理，最终改判无罪。念斌案再审判决坚守疑罪从无原则，彰显了人民法院作为国家审判机关坚持疑罪从无的理念，将法律面前人人平等、证据裁判、疑罪从无、庭审中心等理念和原则，不折不扣地落实到刑事审判工作中，切实把好事实证据关、定罪量刑关和诉讼程序关。

关键词：疑罪从无；保障人权；投放危险物质罪

【裁判要旨】

念斌案中，念斌自称遭到了刑讯逼供，而司法审判机关也无确切证据证明审判的整个过程的合法性以及判定念斌有罪有足够的证据，在这样的情况下，应当采用疑罪从无原则，对被告人判处无罪。念斌被判无罪的理由是，法律依现有证据和程序无法确定他就是投毒者，而并不确保他肯定不是投毒者。在这种情况下，疑罪从无原则给念斌以无罪的判决，这的确是中国社会的标志性进步。

【相关法条】

1.《中华人民共和国刑法》

第三十六条 由于犯罪行为而使被害人遭受经济损失的，对犯罪分子除依法给予刑事处罚外，并应根据情况判处赔偿经济损失。

承担民事赔偿责任的犯罪分子，同时被判处罚金，其财产不足以全部支付的，或者被判处没收财产的，应当先承担对被害人的民事赔偿责任。

第一百一十五条 放火、决水、爆炸以及投放毒害性、放射性、传染病病原体等物质或者以其他危险方法致人重伤、死亡或者使公私财产遭受重大损失的，处十年以上有期徒刑、无期徒刑或者死刑。

过失犯前款罪的，处三年以上七年以下有期徒刑；情节较轻的，处三年以下有期徒刑或者拘役。

2.《中华人民共和国刑事诉讼法》

第五十五条 对一切案件的判处都要重证据，重调查研究，不轻信口供。只有被告人供述，没有其他证据的，不能认定被告人有罪和处以刑罚；没有被告人供述，证据确实、充分的，可以认定被告人有罪和处以刑罚。

证据确实、充分，应当符合以下条件：（一）定罪量刑的事实都有证据证明；（二）据以定案的证据均经法定程序查证属实；（三）综合全案证据，对所认定事实已排除合理怀疑。

第二百条 在被告人最后陈述后，审判长宣布休庭，合议庭进行评议，根据已经查明的事实、证据和有关的法律规定，分别作出以下判决：（一）案件事实清楚，证据确实、充分，依据法律认定被告人有罪的，应当作出有罪判决；（二）依据法律认定被告人无罪的，应当作出无罪判决；（三）证据不足，不能认定被告人有罪的，应当作出证据不足、指控的犯罪不能成立的无罪判决。

第二百三十六条 第二审人民法院对不服第一审判决的上诉、抗诉案件，经过审理后，应当按照下列情形分别处理：（一）原判决认定事实和适用法律正确、量刑适当的，应当裁定驳回上诉或者抗诉，维持原判；（二）原判决认定事实没有错误，但适用法律有错误，或者量刑不当的，应当改判；（三）原判决事实不清楚或者证据不足的，可以在查清事实后改判；也可以裁定撤销原判，发回原审人民法院重新审判。

原审人民法院对于依照前款第三项规定发回重新审判的案件作出判决后，被告人提出上诉或者人民检察院提出抗诉的，第二审人民法院应当依法作出判决或者裁定，不得再发回原审人民法院重新审判。

【案例索引】

一审：福建省福州市中级人民法院（2007）榕刑初字第84号刑事判决书。

二审1：福建省高级人民法院（2008）闽刑终字第141号刑事裁定书。

再审1：福建省福州市中级人民法院（2009）榕刑初字第25号刑事附带民事判决书。

二审2：福建省高级人民法院（2009）闽刑终字第391号刑事附带民事裁定书。

复核：最高人民法院（2010）刑三复21722109号刑事裁定书。

再审2：福建省福州市中级人民法院（2011）榕刑初字第104号刑事附带民事判决书。

二审3：福建省高级人民法院（2012）闽刑终字第10号刑事判决书。

【基本案情】

2006年7月27日晚上，福州市平潭县澳前村发生了一起中毒案件。事发当晚，被害人丁某虾与其三个孩子同房东陈某娇母女二人共进晚餐，晚饭后有四人出现了明显中毒症状。第二天，丁某虾的一双儿女因救治无效而失去了幼小的生命。公安机关在接到报案后展开调查，经侦查认为，丁某虾的邻居、也租赁陈某娇的房屋经营商店的念斌有重大嫌疑，遂将其逮捕归案。念斌后来承认，因为丁某虾抢走了他的顾客，他心怀不满，于是购买鼠药投入丁某虾的烧水壶中，引起丁、陈两家人中毒的饭菜均用壶中水所烹制。

2006年8月7日，念斌被平潭县公安局刑侦大队以"留置盘问"的方式留置审讯，8月8日被拘传，据传当天下午作出向水壶内投毒的有罪供述。8月9日被拘留，8月18日被平潭县检察院批准逮捕。10月11日平潭县公安局以念斌犯故意杀人罪将案件移送平潭县检察院审查起诉。平潭县检察院以被告人念斌涉嫌投放危险物质罪于2006年11

月6日转至福州市检察院审查起诉。福州市检察院受理后退回补充侦查一次，平潭县检察院于2007年1月8日再次将本案移送福州市检察院审查起诉。其间，福州市检察院依法延长审查期限十五日。

2007年2月6日，福州市检察院以念斌犯投放危险物质罪向福州市中级人民法院提起公诉，指控念斌犯有如下罪行：2006年7月26日被告人念斌在其食杂店中，看到顾客被丁某虾招揽过去而怀恨在心。次日凌晨1时许，被告人念斌到其与丁某虾等人共同租用的厨房，将半包鼠药倒入矿泉水瓶掺入水后倒入丁某虾放置在与他人共同租用厨房烧水的铝壶中，剩余的半包鼠药及装鼠药的矿泉水瓶丢弃在附近的竹筐里。当天下午，陈某娇用铝壶中的水帮助丁某虾煮鱿鱼，傍晚丁某虾用铝壶中的水煮稀饭。当晚被害人俞某甲、俞某乙、俞某丙、丁某虾、陈某娇、念某珠食用了稀饭、鱿鱼相继中毒。其中，俞某乙、俞某丙经抢救无效死亡。经福州市公安局法医检验，俞某乙、俞某丙心血、尿液中检出含氟乙酸盐鼠药，系氟乙酸盐鼠药中毒死亡。丁某虾的铝壶内的水、高压锅残留物、铁锅残留物均检出氟乙酸盐成分。

在庭审中，念斌在法庭上喊冤，称自己没有干投毒的事，自己在预审中的口供是被警方刑讯逼供所致。

福州市中级人民法院判决认定：被告人念斌与丁某虾分别租用平潭县陈某娇家相邻的两间店面经营食杂店，存在生意竞争。2006年7月27日晚，念斌认为丁某虾抢走其顾客而心怀不满。次日凌晨1时许，念斌产生投放鼠药让丁某虾吃了肚子痛、拉稀的念头，遂将案发前在平潭县医院附近向摆地摊的杨某炎购买的鼠药取出半包，倒在矿泉水瓶中加水溶解后，潜入其食杂店后丁家厨房将鼠药水从壶嘴倒入烧水铝壶的水里。当晚，丁某虾的孩子俞某乙（被害人，男，殁年10岁）、俞某丙（被害人，女，殁年8岁）、俞某甲（被害人，男，时年6岁）食用了使用壶水烹制的稀饭和青椒炒鱿鱼，丁某虾食用了其中的稀饭和青椒，房东陈某娇及其女儿念某珠食用了其中的青椒炒鱿鱼。后俞某乙、俞某丙、俞某甲等人相继出现中毒症状。次日凌晨，俞某乙、俞某丙经抢救无效死亡，经鉴定系氟乙酸盐鼠药中毒。俞某甲接受住院治疗。另查明，附带民事诉讼原告人丁某虾因本案遭受经济损失医疗费、抢救费、护理费、交通费、伙食补助费、误工费、丧葬费、死亡赔偿金共计216651.09元；附带民事诉讼原告人俞某甲因本案遭受经济损失医疗费、伙食补助费、护理费共计3410.67元。

福建省高级人民法院在二审的两次法庭审理中，针对原判认定的事实，上诉人念斌陈述了上诉理由，检、辩双方重点围绕被害人中毒原因、上诉人投毒方式、投放的毒物来源、上诉人供述情况等出示了证据，申请法庭依法通知了相关证人、鉴定人出庭作证，侦查人员出庭说明情况，专业人员出庭就理化检验报告和法医学鉴定意见提出意见。念斌及辩护人、出庭检察员对上述出示的证据进行了质证，对证人、鉴定人、侦查人员和专业人员分别作了询问。被害人俞某甲的诉讼代理人、念斌的附带民事诉讼代理人、被上诉人丁某虾的附带民事诉讼代理人，分别发表了与检辩双方基本一致的意见。

在审理过程中，法庭依法对有疑问的证据进行了核实。具体是：

（一）中毒食物部分的证据

检方出示被害人俞某甲 2006 年 8 月 8 日陈述；证人丁某虾 2006 年 8 月 1 日、8 月 7 日、2009 年 2 月 15 日证言；证人陈某娇 2006 年 7 月 31 日、8 月 9 日、8 月 10 日、2009 年 2 月 15 日、2013 年 6 月 20 日、2014 年 1 月 26 日证言；证人念某珠 2006 年 8 月 8 日证言；证人陈某钦 2006 年 8 月 1 日证言；证人俞某发 2006 年 7 月 28 日证言；证人高某 2006 年 7 月 30 日证言。上述证据证实：2006 年 7 月 27 日晚餐时，俞某乙、俞某丙、俞某甲吃了稀饭和青椒炒鱿鱼，丁某虾吃了稀饭和青椒，陈某娇和念某珠吃了青椒炒鱿鱼。其中，鱿鱼由陈某娇使用丁某虾家铝壶中的水捞后，再由念某珠使用丁家的铁锅做成青椒炒鱿鱼，稀饭由丁某虾使用铝壶水和高压锅烹煮，之后壶水又多次使用并续水，最后俞某乙往铝壶里添了水。

辩方出示证人陈某娇 2006 年 7 月 28 日二份证言，提出该二份证言证实其捞鱿鱼、丁某虾煮稀饭，均使用丁家的红桶里的水，系案发当天收集，可信度更高；陈某娇同年 7 月 31 日证言收集程序存在瑕疵，该证言及其之后的证言皆不可信。

（二）中毒症状部分的证据

检方出示法医学鉴定书和医院病历材料，证实：被害人俞某乙、俞某丙气管黏膜均见白色泡沫状液体，心脏表面、膈面、双侧肺叶间均见散在出血点，胃壁均有出血斑，生前均有头昏、恶心、呕吐、阵发性抽搐等中毒症状，结合二人心血、尿液中均检出氟乙酸盐鼠药成分的理化检验结论，该二人系氟乙酸盐鼠药中毒死亡；俞某甲出现呕吐症状；念某珠出现上腹部烧灼感、恶心、呕吐等症状；陈某娇出现上腹部闷痛伴烧灼感等症状；丁某虾经催吐洗胃后觉上腹部疼痛，静滴"潘妥洛克""乙酰胺"；四人均经催吐洗胃后，分别拟以"食物中毒""呕吐待查""腹痛待查""鼠药中毒"住院治疗。检方聘请的专业人员提出，据病历记载医生对丁某虾使用了针对氟乙酸盐中毒的特效解毒药"乙酰胺"，且考虑中毒症状存在半数致死量（LD50）和个体差异等因素，不能排除丁某虾中毒的可能。

辩方出示医嘱单，提出该证据体现将丁某虾的呕吐物送防疫站检验氟乙酰胺，但检验情况不明。辩方聘请的专业人员提出，人摄入剧毒的氟乙酸盐鼠药会出现相应中毒症状，但医院病历材料表明丁某虾无中毒症状，其腹痛系洗胃造成，说明其未中毒。

（三）物证提取送检部分的证据

检方出示现场勘验检查笔录和现场照片，证实现场位于平潭县陈某娇家一楼天井内的被害人家厨房，2006 年 7 月 28 日侦查机关对现场作了勘查；提取痕迹、物品登记表，证实在丁某虾卧室内提取呕吐物一份、厨房里提取铁锅、高压锅和铝壶各一个，均为原物提取；证人宋某丛、高某鹤当庭证言，证实现场勘查后作了封锁看护，未发现遭到破坏；侦查实验笔录、照片及情况说明，证实经对提取在案的铝壶进行实验，在壶中盛水的状态下能形成与铝壶原始照片接近的聚光点，而在没有盛水情况下不能形成聚光点，说明拍摄照片时铝壶内有水。侦查人员出庭说明：现场勘验检查笔录综合记载了数次勘查的内容，包括补充提取的铁锅、铝壶和高压锅；铁锅在 2006 年 7 月 31 日提取送检；铝壶和高压锅在同年 8 月 8 日傍晚提取送检，提取时铝壶内有水，将水分装到矿泉水瓶中送检，8 月 9 日补作了委托鉴定手续。

辩方提出，侦查人员曾于 2009 年 12 月 23 日、12 月 24 日说明铝壶水的送检情况，因为时间太久记不清楚；鉴定人出庭说明，记不清铝壶及壶水、高压锅的送检时间；检验鉴定委托书和鉴定受理登记表，证实铝壶及壶水、高压锅的送检时间为 2006 年 8 月 9 日，铁锅的送检时间为同年 8 月 1 日；现场照片光盘、指认录像显示，同年 8 月 9 日晚上念斌辨认现场时，煮稀饭的高压锅还留在现场。

(四) 理化检验部分的证据

检方出示理化检验报告，证实在被害人俞某丙的心血和尿液、俞某乙的心血、尿液和呕吐物、铝壶水、高压锅、铁锅、碗、塑料盆和铁盆表面残留物中均检出氟乙酸盐鼠药成分；侦查机关出具的函件及情况说明、数据光盘及提取过程材料和存档质谱图（即检验数据的表现形式），证实向鉴定机构提取了 153 个检验电子数据，以及 2006 年检验时存档的质谱图；鉴定人出庭说明，归档时把俞某丙尿液的质谱图作为标样的质谱图归入档案造成二份质谱图相同，由于文件名近似误把俞某乙呕吐物的质谱图当作其心血的质谱图归入档案造成该二份质谱图亦相同，重新提供了俞某乙心血的质谱图。法庭通知的专业人员提出，本案仪器检验生成的原始数据和日志文件无法被更改。检方聘请的专业人员提出，俞某丙心血和尿液、俞某乙心血、尿液和呕吐物、铝壶水、高压锅、铁锅、碗、塑料盆和铁盆的质谱图与检验电子数据相一致；鉴定机构在检验过程中没有完全达到做"空白"对照检验，以防止假阳性检验结果的质量控制要求；俞某丙尿液、俞某乙心血及呕吐物、塑料盆和铁盆五个检材的上一个检材检验结果为阳性，判断该五个检材不能排除检验结果为假阳性可能，需要结合检验人员的描述进行具体分析；俞某丙心血、俞某乙尿液、铝壶水、高压锅、铁锅和碗六个检材的上一个检材检验结果为阴性，判断该六个检材的检验结果未发生交叉污染；根据检验电子数据，可以认定在俞某丙的心血和尿液、俞某乙的心血、尿液和呕吐物、铝壶水、高压锅、铁锅、碗、塑料盆和铁盆表面残留物中均检出氟乙酸盐鼠药成分，但由于俞某丙尿液的质谱图显示的目标物含量较高而背景信号较低，对此数据文件是否为尿液样品提出质疑；补充的尿液实验生成的质谱图显示没有残留干扰。

辩方出示上述物证的分析检验记录表、质谱图、检验电子数据包列表及情况说明，提出鉴定机构在检验过程中未如实按照记录表记载的步骤操作；把标样当作了被害人俞某丙的尿液检材；被害人俞某乙的心血与呕吐物检材的检验数据出现错误；鉴定人出庭证实的俞某丙尿液、俞某乙心血和呕吐物的检验电子数据，因文件名与检材的名称不相符，真实性不能确认。辩方聘请的专业人员提出，鉴定机构对检材的处理操作不规范，缺乏唯一性标识，把同一个质谱图标记为不同的检材，把标样当成检材，严重影响检材的准确性；本案检验仪器检测氟乙酸盐非常灵敏，鉴定机构未能提供质谱图证实做过"空白"对照检验，说明检验过程未严格遵循操作规程，导致不能排除假阳性检验结果；上述物证的检验结果均不符合相关判定标准，检验结论不可信，本案现场物证的检验结论应该为未能发现氟乙酸盐鼠药成分，没有证据支持氟乙酸盐曾被使用过。

（五）毒物来源部分的证据

检方出示证人杨某炎 2006 年 8 月 9 日、8 月 12 日、11 月 28 日证言及指认卖鼠药地点照片；证人洪某强 2006 年 8 月 10 日、2013 年 6 月 20 日证言及辨认笔录；证人张某文 2006 年 8 月 10 日、2013 年 6 月 21 日证言及辨认笔录；证人刘某珠 2006 年 8 月 8 日、2009 年 10 月 28 日、2013 年 6 月 20 日证言及辨认笔录；证人刘某印 2014 年 1 月 26 日证言；搜查证、搜查笔录、扣押物品清单及照片；侦查前期查找鼠药来源材料。上述证据证实：在平潭县医院附近洪某强的箱包店门前，只有杨某炎一个人在摆地摊贩卖塑料薄膜袋包装的大米加麦皮混合的氟乙酰胺鼠药等物品；从杨某炎住处查获配制鼠药的铁盆、塑料盆和碗各一个、塑料薄膜袋 158 个（6 厘米×15.5 厘米和 8 厘米×13.5 厘米两种规格）；杨某炎到案后指认了卖鼠药地点。侦查机关出具情况说明称，根据念斌供述的买鼠药地点及证人刘某珠提供的情况找到杨某炎；杨某炎因为文化程度低证明的氟乙酰胺鼠药名称不准确，应是氟乙酸类毒物。出示证人吴某英证言，证实约 2006 年 7 月 1 日下午，念斌到过"吴老师店"批发香烟。

辩方出示证人魏某娇证言、念斌辨认笔录，提出公安机关事先从魏某娇处扣押掌握了透明塑料袋包装的米糠状鼠药；念斌与杨某炎二人互相不能辨认。

（六）作案工具部分的证据

检方出示证人丁某玉、念某周、陈某国、李某灿、翁某雄证言，证实案发次日凌晨，案发现场门前垃圾筐里的垃圾均已被清理；侦查机关出具情况说明称，根据念斌供述的地点对作案工具作了查找但未果；鉴定人说明，经提取念斌食杂店里的货架及地面上的尘土、门栓，以及丁某虾家煤炉上的表面物质送检，均未检出氟乙酸盐鼠药成分。

辩方提出，据上述证据，所谓的作案工具不存在，在念斌食杂店和丁某虾家厨房里也未能找到氟乙酸盐鼠药痕迹。

（七）供述部分

检方出示上诉人念斌 2006 年 8 月 7 日、8 日、9 日、17 日、18 日、9 月 25 日的供述，内容是：案发前其在平潭县东大街小商品市场往汽车站方向的路南边（即县医院附近）"××箱包店"门前地摊上，向一个五十多岁、理平头老人，买了两包塑料薄膜袋包装的麦皮和大米混合的鼠药，包装袋约二指宽。当时还到过"吴老师店"批发香烟。7 月 24 日晚，其把其中一包鼠药倒在香烟外包装壳上，放在店内货架上最高一层毒老鼠。7 月 26 日 22 时许，丁某虾抢走一个买香烟顾客，而且平时也经常抢其顾客，其很气愤。27 日凌晨 1 时许，其到店后天井打水做卫生，路过天井内丁某虾厨房时，突然想在丁某虾的厨房里投放鼠药，让丁某虾吃了肚子痛、拉稀教训他一下，就返回店中取出剩下的一包鼠药倒半包在矿泉水瓶中,用少量水溶解后将鼠药水从壶嘴倒入丁家厨房铝壶的水里,然后将剩余鼠药和矿泉水瓶扔在店南边"×莲"店门口的垃圾筐里。7月29日凌晨2时许,其把货架上毒老鼠的鼠药也扔到垃圾筐里。检方出示首次有罪供述过程的审讯录像,证实念斌第一次交代投毒作案时的部分审讯经过;公安部物证鉴定中心的物证检验意见,证实该审讯录像光盘记载的内容未经过剪辑、整合技术处理;指认现场录像,证实念斌辨认了购买鼠药地点和作案现场、演示了投毒过程、指认了在货架上放鼠药的位置。

辩方出示公安部物证鉴定中心关于审讯录像光盘检验情况的说明函,提出该中心说明的其检验的审讯录像光盘内容未经过剪辑、整合技术处理,与内容中断的在案审讯录像不相符,在案的审讯录像与物证检验意见均不能作为定案依据。

法庭辩论中,围绕上述举证、质证的证据,念斌作了自行辩护,双方就案件事实、证据和适用法律等问题发表了意见,并于庭后提交了书面意见。

辩护人张燕生的主要辩护观点是:本案现场勘验检查笔录制作不合法、不真实,不能作为定案依据;物证铝壶、高压锅和铁锅提取送检过程不清;理化检验报告均存在检验程序违法、检验结论不真实等问题,不能作为定案依据;现有证据不能证实被害人的中毒原因;没有证据证实念斌购买了氟乙酸盐鼠药,在食杂店内调配好鼠药水,然后潜入被害人家厨房将鼠药水投入铝壶水中;原判认定鼠药投放在铝壶水中,与本案的中毒情况也不相符;念斌曾供述的作案工具均不存在。没有证据证实念斌实施投毒行为,请求宣告念斌无罪。辩护人斯伟江的主要辩护观点是:本案补充勘查提取铝壶未制作相应笔录,物证铝壶应予排除,不能作为定案依据;有关被害人死因的理化检验报告的质谱图出现明显问题,原判据此认定死因错误;毒物检验方法和操作过程不规范,检验结果均不能认定检出氟乙酸盐鼠药成分,理化检验报告不能作为定案依据;上诉人念斌的有罪供述与其他证据不能相互印证。请求宣告念斌无罪。

福建省人民检察院出庭检察员的主要出庭意见是:上诉人念斌在侦查阶段多次稳定供述犯罪事实,在检察机关审查批捕提讯时仍然作了有罪供述;供述的作案动机得到了证人证言印证;供述将鼠药投放在被害人家的铝壶水中,得到了从铝壶水和厨具中检出与被害人中毒相同成分鼠药的理化检验报告、法医学鉴定意见的印证;供述的鼠药来源,得到证人证言及从配制鼠药工具中检出与被害人中毒相同成分鼠药的理化检验报告印证;被害人中毒当天的食物来源、烹制过程、进食情况及食物中毒排查得到了证人证言证实;证据取证程序瑕疵问题经侦查人员、鉴定人出庭作了解释说明。念斌及辩护人提出的上诉理由和辩护意见,均不符合案件的事实和证据。一审定性准确,审判程序合法,请二审法院根据事实、证据与法律规定作出公正判决。

被害人俞某甲的诉讼代理人的主要代理意见是:上诉人念斌不能合理说明翻供原因,辩解的理由与证据相矛盾,所作有罪供述与其他证据能相印证,证据取证程序瑕疵问题已经鉴定人、侦查人员合理解释说明补正,犯罪事实客观存在。请求维持原判,严惩念斌。

上诉人念斌的附带民事诉讼代理人的主要代理意见是：本案事实证据存在一系列无法说明的问题，原判认定上诉人念斌实施投毒犯罪无证据支持，要求其承担民事赔偿责任无事实、法律依据，请求驳回附带民事诉讼原告人的诉讼请求。

被上诉人丁某虾、俞某甲的主要答辩意见是：请求判处上诉人念斌死刑并承担民事赔偿责任。

被上诉人丁某虾的诉讼代理人的主要代理意见：原判认定事实清楚、证据充分，上诉人念斌应对其犯罪行为给丁某虾造成的经济损失，依法承担民事赔偿责任；被害人的死亡赔偿金、丧葬费应当按照本次一审法庭辩论终结时的上一统计年度标准计算，分别改判为297074.4元和32652元，其他赔偿项目请求维持原判。

【裁判结果】

一审判决：以投放危险物质罪，判处念斌死刑，剥夺政治权利终身。念斌不服判决提出上诉。

二审裁定1：撤销原判，发回福州市中级人民法院重新审判。

再审判决1：以投放危险物质罪，判处念斌死刑，剥夺政治权利终身。念斌不服再次提出上诉。

二审裁定2：驳回上诉，维持原判。案件依法报请最高人民法院进行死刑复核。

复核裁定：最高人民法院以"第一审判决、第二审裁定认定被告人念斌投放危险物质罪的事实不清、证据不足"，不核准福建省高院维持死刑的裁定，并撤销福建省高院维持死刑的裁定，将案件发回福建省高院重新审判。

再审判决2：对念斌判处死刑，剥夺政治权利终身。

二审判决3：撤销福州市中级人民法院（2011）榕刑初字第104号刑事附带民事判决；上诉人念斌无罪；上诉人念斌不承担民事赔偿责任。

【裁判理由】

一审法院认为，被告人念斌投放危险物质致二人死亡的行为已构成投放危险物质罪。念斌对其犯罪行为给附带民事诉讼原告人造成的经济损失，依法应当赔偿。

二审法院认为，根据法庭审理查明的事实、证据，结合法庭依法核实的证据情况，针对检辩双方争议的焦点，分别评判如下：

（一）关于被害人中毒原因一节

原判认定，被害人俞某乙、俞某丙系氟乙酸盐鼠药中毒死亡。主要依据是原审庭审中公诉机关举证的法医学鉴定意见、俞某乙的呕吐物的理化检验报告、被害人陈述和证人证言。

检方认为，原判采信的上述证据和检方在二审庭审中新出示的被害人俞某乙、俞某丙的尿液和心血的理化检验报告、俞某乙心血的质谱图、检验电子数据、鉴定人证言、侦查机关的情况说明等证实,在俞某丙的心血、尿液和俞某乙的心血、尿液、呕吐物中检出了氟乙酸盐鼠药成分,与其中毒症状相符;俞某丙的尿液与标样的质谱图、俞某乙的心血与呕吐物的质谱图相同的问题,鉴定人出庭说明系归档时弄混导致,并且重新提供了俞某乙心血的质谱图和相关检验电子数据、补充的尿液实验,可以予以解释。因此,可以认定二被害人死于氟乙酸盐鼠药中毒。

辩方认为,辩方在二审庭审中新出示的理化检验报告的质谱图、检方出示的上述证据,以及鉴定人出庭说明,证实本案检验过程未进行"空白"对照检验,不能排除检材被污染的可能;根据提取的质谱图,均不能判定检出氟乙酸盐鼠药成分;由于质谱图出现错误,被害人心血、尿液和呕吐物的理化检验报告不能作为认定死因依据。现有证据不能认定被害人死于氟乙酸盐鼠药中毒。

本院认为,检辩双方出示的上述证据能够证实,被害人俞某乙、俞某丙系中毒死亡。但原判认定系氟乙酸盐鼠药中毒,证据不确实、不充分。第一,检材与标样的质谱图不应相同。标注为被害人俞某丙尿液和标注为标样的二份质谱图相同,有悖常理。同时,标注为俞某丙尿液的质谱图、检验电子数据的文件名,与俞某丙尿液检材的名称也不相符。检方聘请的专业人员提出,该质谱图是否为俞某丙尿液的质谱图存疑。辩方聘请的专业人员提出,该质谱图就是标样而非尿液的质谱图。鉴定人出庭说明二者质谱图相同,系将俞某丙尿液的质谱图当作标样的质谱图归入档案造成;检验电子数据的文件名与检材的名称不相符,系因命名规则不统一造成。该解释不足以采信。补充的尿液实验因检验条件不相同,缺乏证明价值。因此,俞某丙尿液检材的检验结果的真实性存疑。第二,分别标注为被害人俞某乙心血、呕吐物的二份质谱图也相同,同样有悖常理。同时,标注为俞某乙呕吐物的质谱图、补充所称的俞某乙心血的质谱图以及检验电子数据的文件名,与俞某乙呕吐物、心血检材的名称也不相符。鉴定人出庭说明二者质谱图相同,系因文件名近似误把呕吐物的质谱图当成心血的质谱图归入档案造成;检验电子数据的文件名与检材的名称不相符,系因命名规则不统一造成。该解释亦不足以采信。因此,俞某乙心血、呕吐物检材的检验结果的真实性也存疑。第三,鉴定机构在对俞某丙的尿液、心血和俞某乙的尿液、心血、呕吐物检材的检验过程中,均未按照专业规范要求进行"空白"对照检验,以防止假阳性检验结果,因此难以排除检材被污染的可能。第四,根据俞某丙心血、俞某乙尿液检材的检验数据,能否判定检出氟乙酸盐鼠药成分,双方聘请的专业人员提出的意见严重分歧。因此,从俞某丙心血、俞某乙尿液中检出氟乙酸盐鼠药成分的检验结论可靠性存疑。此外,与被害人共进晚餐的俞某甲、念某珠有中毒症状,但未作相应检验,无法认定中毒原因;丁某虾、陈某娇自述并无明显中毒症状,也未作相应检验,是否中毒不明。综上,据以认定二被害人中毒原因的理化检验报告不足以采信,其他共进晚餐人员认定中毒原因或有无中毒缺乏充分依据,原判认定二被害人死于氟乙酸盐鼠药中毒的事实不清,相关证据不确实、不充分。

（二）关于投毒方式一节

原判认定上诉人念斌将鼠药投放在被害人家厨房铝壶水中，致使二被害人食用了使用壶水烹制的食物中毒死亡。主要依据是原审庭审中原公诉机关举证的被害人陈述和证人证言，现场勘验检查笔录、现场照片和提取痕迹、物品登记表，铝壶水、高压锅和铁锅的理化检验报告，铝壶的侦查实验笔录，上诉人念斌的有罪供述及指认现场录像等证据。

检方认为，原判采信的上述证据和检方在二审庭审中新出示的理化检验报告的检验电子数据、侦查机关的情况说明等证实，从铝壶水、高压锅、铁锅表面残留物中，均检出与被害人生物检材中相同成分的氟乙酸盐鼠药，与上诉人念斌供述将鼠药投放在铝壶水中能相印证；提取送检铝壶及壶水、高压锅和铁锅过程的程序瑕疵，鉴定人和侦查人员出庭作了说明补正。因此，可以认定念斌将氟乙酸盐鼠药投放在铝壶水中。

辩方认为，辩方在二审庭审中新出示的检验鉴定委托书、鉴定受理登记表、分析检验记录表、质谱图、现场照片光盘、侦查机关的情况说明和检方出示的上述证据，以及鉴定人、侦查人员出庭所作说明，反映现场勘验检查工作及笔录制作不规范，铝壶及壶水、高压锅和铁锅的提取送检程序不合法，物证来源不清应予排除；鉴定机构对铝壶水、高压锅和铁锅的检验过程不规范，根据检验数据均不能认定检出氟乙酸盐鼠药成分，理化检验报告不能作为定案依据，故不能认定念斌将鼠药投放在铝壶水中。

本院认为，第一，铝壶、高压锅的提取送检问题。现场勘验检查笔录记载的提取送检时间为"7月28日"，与检验鉴定委托书记载的"8月9日"相矛盾。侦查人员出庭说明系"8月8日傍晚"提取送检，与庭前说明提取送检时间是"8月9日"前后不一，而且现场照片、指认现场录像显示，8月9日晚现场厨房还存在相同的高压锅，此无法合理解释。第二，铁锅的提取送检问题。现场勘验检查笔录记载的提取送检时间为"7月28日"，与检验鉴定委托书记载的"8月1日"相矛盾，检验时间又载明是"7月31日"，送检与检验的时间前后倒置。侦查人员出庭说明提取送检时间是"7月31日"，前述问题系因事后综合制作现场勘验检查笔录和补办检验鉴定委托手续造成，此合理性依据欠缺，不足以采信。第三，鉴定受理登记表记载侦查机关送检铝壶及里面的3500毫升水，但现场勘验检查笔录未记载提取铝壶时壶中有水。侦查人员出庭说明笔录记载原物提取铝壶即包括壶中的水，缺乏充分依据；出庭说明将铝壶水分装到矿泉水瓶中送检，缺乏笔录记载，且与庭前说明记不清具体送检情况不一致；侦查实验笔录也不能说明提取时铝壶中的水量。因此，该3500毫升壶水检材与提取的铝壶之间的关联性缺乏确实依据。第四，鉴定机构在对铝壶水、高压锅和铁锅表面残留物检材的检验过程中，未按照专业规范要求进行"空白"对照检验，以防止假阳性检验结果，因此难以排除该三份检材被污染的可能。第五，根据铝壶水、高压锅和铁锅表面残留物检材的检验数据能否判定检出氟乙酸盐鼠药成分，双方聘请的专业人员提出的意见严重分歧。因此，从铝壶水、高压锅和铁锅中检出氟乙酸盐鼠药成分的检验结论可靠性存疑。此外，证人陈某娇证实是使用丁某虾家铝壶的水还是红桶的水捞鱿鱼，说法不一，难以采信系使用铝壶的水捞鱿鱼。综上，铝壶水、高压锅和铁锅的提取送检过程不清，检材来源相关证据间的矛盾和疑点得不到合理解释，检验过程不规范，检验结论可靠性存疑，理化检验报告不足以采信，因此，认定铝壶水有毒缺乏确实依据，原判认定念斌将鼠药投放在铝壶水中事实不清，关键证据链条中断。

（三）关于毒物来源一节

原判认定上诉人念斌投放的鼠药系在平潭县医院附近向摆地摊的杨某炎购买。主要依据是原审庭审中原公诉机关出示的证人杨某炎等人证言及辨认笔录、查获的杨某炎配制鼠药工具的照片、理化检验报告、鼠药包装袋、搜查证、搜查笔录、扣押物品清单及照片、念斌的有罪供述及指认购买鼠药地点笔录和录像等证据。

检方认为，原判采信的上述证据和检方在二审庭审中新出示的理化检验报告的检验电子数据、证人杨某炎指认卖鼠药地点照片、证人刘某印证言、侦查前期查找鼠药来源材料、侦查人员所作说明和侦查机关的情况说明等证实，根据上诉人念斌供述的购买鼠药地点找到了卖鼠药的杨某炎，并从杨某炎配制鼠药的工具中检出了与被害人中毒相同成分的鼠药氟乙酸盐，念斌供述购买鼠药的时间亦得到证人证言印证；念斌与杨某炎相互不能辨认，供述的卖鼠药人的年龄与杨某炎不相符，供述的鼠药包装袋规格与实物不相符，是凭其个人主观感受进行描述，不影响鼠药来源的认定，可以认定念斌投放的鼠药系从杨某炎处购买。

辩方认为，辩方在二审庭审中新出示的理化检验报告的质谱图、侦查机关的情况说明和检方出示的上述证据等证实，上诉人念斌与证人杨某炎相互不能辨认，也未能供述杨某炎的外貌特征，供述卖鼠药人的年龄与杨某炎不相符，供述的鼠药包装袋规格与查获的实物不相符；配制鼠药工具的检验过程不规范，根据检验数据不能认定检出氟乙酸盐鼠药成分，理化检验报告不能作为定案依据，故没有证据证实念斌购买杨某炎卖的氟乙酸盐鼠药。

本院认为，第一，侦查机关找到卖鼠药的证人杨某炎，但上诉人念斌与杨某炎相互不能辨认；供述的卖鼠药人的特征及年龄，与杨某炎情况差异明显；供述的鼠药包装袋规格，与从杨某炎住处查获的实物差异较大；供述在购买鼠药时到过商店批发香烟，时间约为7月中旬，与证人证实其批发香烟时间为7月初不一致。第二，鉴定机构在对配制鼠药工具塑料盆、铁盆检材的检验过程中，未按照专业规范要求进行"空白"对照检验，以防止假阳性检验结果，因此难以排除该二份检材被污染的可能。第三，根据配制鼠药的工具碗、塑料盆和铁盆检材的检验数据，能否判定检出氟乙酸盐鼠药成分，双方聘请的专业人员提出的意见严重分歧。因此，从碗、塑料盆和铁盆中检出氟乙酸盐鼠药成分的检验结论可靠性存疑。综上，念斌与杨某炎相互不能辨认，供证存在不吻合之处，配制鼠药工具的理化检验报告不足以采信，原判认定念斌投放的鼠药系从杨某炎处购买依据不充分。

（四）关于有罪供述一节

原判认定上诉人念斌作过多次有罪供述，供述作案过程没有矛盾之处，所供作案动机和手段亦客观、真实，在检察机关审查批捕提讯和律师两次会见时亦承认作案，其有罪供述可以采信。检方认为，念斌的有罪供述稳定，并与在案证据能相印证。辩方认为，念斌的有罪供述内容不真实，与客观证据不相符，系违法取证所得。

经查，上诉人念斌到案之初未承认犯罪，在侦查阶段和检察机关审查批捕提讯时曾经作过多次有罪供述，审查起诉起则始终否认作案。念斌第一次有罪供述的笔录内容与在案的审讯录像内容不完全一致，且审讯录像内容不完整。念斌庭前多次供述的鼠药来源一节，其中关于卖鼠药人的特征、年龄、鼠药包装袋规格以及批发香烟的时间等情节，与证人证言不相符；供述的将鼠药水投放在铝壶水中一节，如上所述认定铝壶水有毒依据不确实，不能形成印证；供述把鼠药放在货架上毒老鼠一节，从货架表面与旁边地面上提取的灰尘中均未能检出鼠药成分，亦不能形成印证；供述的作案工具、剩余鼠药，均未能查获。本院认为，念斌的庭前供述和辩解存在反复，庭前供述与其他证据不能相互印证，不足以采信。

综上，本院认为，二被害人系中毒死亡，但原判认定致死原因为氟乙酸盐鼠药中毒依据不足，认定的投毒方式依据不确实，毒物来源依据不充分，与上诉人的有罪供述不能相互印证，相关证据矛盾和疑点无法合理解释、排除，全案证据达不到确实、充分的证明标准，不能得出系上诉人念斌作案的唯一结论。因此，原判认定上诉人念斌犯投放危险物质罪的事实不清、证据不足，原公诉机关指控上诉人念斌所犯罪名不能成立。原审判决上诉人念斌赔偿附带民事诉讼原告人丁某虾、俞某甲的经济损失无事实依据。

思考问题

1. 如何在司法实践中贯彻疑罪从无原则？
2. 疑罪从无与人权保障之间的辩证关系是什么？
3. 疑罪从无与程序法治原则关联的法理是什么？
4. 司法裁判如何从严审查犯罪嫌疑人口供？

案例7 冯留民破坏电力设备、盗窃案

内容摘要：本案历经一审与二审。一审法院判决冯留民犯破坏电力设备罪、盗窃罪，决定执行有期徒刑十九年，剥夺政治权利四年，罚金13000元，并继续追缴冯留民非法所得，发还被盗单位及个人。二审法院裁定驳回上诉，维持原判。再审法院判决认

定，一审判决定罪及适用法律正确，量刑适当，审判程序合法，应予维持。本案中，对于冯留民盗剪光铝线的行为，出现了盗窃罪与破坏电力设备罪的想象竞合问题。一审法院与二审法院均采取并认同了破坏电力设备罪这一认定。案例结合了关于破坏电力设备罪的司法解释，从社会危害性的角度最终确认了法院判决破坏电力设备罪的合理性与正当性。

关键词：破坏电力设备罪；想象竞合；盗窃罪

【裁判要旨】

明知被盗剪的光铝线是正在使用中的电力设备，仍然以非法占有为目的而予以剪断并销赃，同时符合了盗窃罪与破坏电力设备罪的犯罪构成。当其相对应的法定刑幅度相当时，根据最高人民法院关于破坏电力设备罪的司法解释，从其社会危害性角度出发，判处被告人破坏电力设备罪。行为是否具有社会危害性，应当从其对于公共安全是否构成了威胁、造成了损害、是否为社会带来严重后果进行判断。没有相关证据证明其对公共安全造成实际损害的，根据行为发生的地点和用途等来判断其对于公共安全的破坏程度。

【相关法条】

1.《中华人民共和国刑法》

第一百一十八条　破坏电力、燃气或者其他易燃易爆设备，危害公共安全，尚未造成严重后果的，处三年以上十年以下有期徒刑。

第二百六十四条　盗窃公私财物，数额较大的，或者多次盗窃、入户盗窃、携带凶器盗窃、扒窃的，处三年以下有期徒刑、拘役或者管制，并处或者单处罚金；数额巨大或者有其他严重情节的，处三年以上十年以下有期徒刑，并处罚金；数额特别巨大或者有其他特别严重情节的，处十年以上有期徒刑或者无期徒刑，并处罚金或者没收财产。

2.《最高人民法院关于审理破坏电力设备刑事案件具体应用法律若干问题的解释》

第二条　过失损坏电力设备，造成本解释第一条规定的严重后果的，依照刑法第一百一十九条第二款的规定，以过失损坏电力设备罪判处三年以上七年以下有期徒刑；情节较轻的，处三年以下有期徒刑或者拘役。

第三条　盗窃电力设备，危害公共安全，但不构成盗窃罪的，以破坏电力设备罪定罪处罚；同时构成盗窃罪和破坏电力设备罪的，依照刑法处罚较重的规定定罪处罚。

盗窃电力设备，没有危及公共安全，但应当追究刑事责任的，可以根据案件的不同情况，按照盗窃罪等犯罪处理。

【案例索引】

一审：北京市密云县人民法院（2007）密刑初字第221号刑事判决书。

二审：北京市第二中级人民法院（2007）京二中刑终字第1784号刑事裁定书。

【基本案情】

冯留民于2002年11月至2003年2月，多次伙同范某等人，雇用康某的面包车，在怀柔区宰相庄、顺义区板桥养殖场、密云县十里堡镇王各庄村、滦平县虎什哈镇马圈子等地，盗剪正在使用中的光铝线6700余米，造成直接经济损失2万余元。冯留民于2002年11月至2003年3月，多次伙同范某等人，在密云县统军庄小学、东邵渠中心小学、十里堡镇清水潭村、怀柔区大屯村、小罗山村、梨园庄村、张各长小学、雁栖工业开发区等地，盗窃电脑、变压器铜芯、铜板、烟花爆竹、轮胎、花生、大米、生猪等物总价值29万余元。

【裁判结果】

一审判决：冯留民犯破坏电力设备罪，判处有期徒刑七年，剥夺政治权利一年；犯盗窃罪，判处有期徒刑十三年，剥夺政治权利三年，罚金13000元，决定执行有期徒刑十九年，剥夺政治权利四年，罚金13000元。继续追缴冯留民非法所得，发还被盗单位及个人。

二审裁定：驳回上诉，维持原判。

【裁判理由】

一审法院认为，冯留民以非法占有为目的，结伙盗窃正在使用中的电力设备，危害公共安全，其行为已构成破坏电力设备罪；冯留民还以非法占有为目的，结伙秘密窃取公私财物，数额特别巨大，其行为已构成盗窃罪，应与破坏电力设备罪并罚。冯留民曾因犯罪受过刑事处罚，刑罚执行完毕五年内，又犯应当判处有期徒刑以上刑罚之罪，是累犯，应当从重处罚。

二审法院认为，上诉人以非法占有为目的，结伙盗窃正在使用中的电力设备，危害了公共安全，其行为已构成破坏电力设备罪，根据最高人民法院有关司法解释，应当以破坏电力设备罪追究其刑事责任；冯留民还结伙采用秘密窃取的手段盗窃公私财物，其行为又构成盗窃罪，依法应予数罪并罚。冯留民系累犯，依法应当从重处罚。关于冯留民所提其只参与部分盗窃犯罪事实，没有参与其他犯罪的上诉意见，经查，根据多名已被判处刑罚的同案人的供述及其他证人证言、书证，足以证实冯留民参与了破坏电力设备及其他盗窃的犯罪事实，故冯留民的上诉理由不予采纳。一审判决定罪及适用法律正确，量刑适当，审判程序合法，应予维持。

思考问题

1. 本案中盗窃罪与破坏电力设备罪是否属于想象竞合？其处理规则是什么？
2. 如何认定被告人行为中的"危害公共安全"？

■■■ 案例8 潘明明、杨伟明破坏电力设备、抢夺案

内容摘要：本案历经一审与二审。一审法院认定被告人潘明明犯破坏电力设备罪、抢夺罪，决定执行有期徒刑三年九个月，并处罚金1000元；被告人杨伟明犯破坏电力设备罪、抢夺罪，决定执行有期徒刑三年，并处罚金1000元。二审法院裁定驳回上诉，维持原判。破坏电力设备罪，是指故意破坏电力设备，危害公共安全的行为。盗窃罪指以非法占有为目的，窃取他人占有的数额较大的财物，或者多次盗窃的行为。行为人盗窃正在使用中的电力设备，危害公共安全，尚未造成严重后果的，行为人的一个犯罪行为同时触犯了盗窃罪与破坏电力设备罪两个罪名，属于想象竞合。潘明明、杨伟明盗窃某镇使用中的电缆线的行为，既符合破坏电力设备罪的构成要件，也符合盗窃罪的构成要件，构成想象竞合，根据重罪优于轻罪的原则，结合刑法规定，应当认定为破坏电力设备罪。

关键词：盗窃罪；想象竞合；破坏电力设备罪；最佳证据规则；有利于被告人的原则

【裁判要旨】

盗窃电力设备，危害公共安全，同时构成盗窃罪和破坏电力设备罪的，依照刑法处罚较重的规定定罪处罚。因此，应当结合案件实际情况，对行为人以重罪论处。在认定被告人年龄时，应当按照最佳证据规则首先采信户籍证明等证明力最强的法定身份证件；当其他证据与户籍证明之间存在矛盾，无法予以排除时，应当适用有利于被告人的原则进行认定。

【相关法条】

1. 《中华人民共和国刑法》

第六十九条第一款　判决宣告以前一人犯数罪的，除判处死刑和无期徒刑的以外，应当在总和刑期以下、数刑中最高刑期以上，酌情决定执行的刑期，但是管制最高不能超过三年，拘役最高不能超过一年，有期徒刑总和刑期不满三十五年的，最高不能超过二十年，总和刑期在三十五年以上的，最高不能超过二十五年。

第一百一十八条　破坏电力、燃气或者其他易燃易爆设备，危害公共安全，尚未造

成严重后果的，处三年以上十年以下有期徒刑。

第二百六十四条 盗窃公私财物，数额较大的，或者多次盗窃、入户盗窃、携带凶器盗窃、扒窃的，处三年以下有期徒刑、拘役或者管制，并处或者单处罚金；数额巨大或者有其他严重情节的，处三年以上十年以下有期徒刑，并处罚金；数额特别巨大或者有其他特别严重情节的，处十年以上有期徒刑或者无期徒刑，并处罚金或者没收财产。

第二百六十七条 抢夺公私财物，数额较大的，或者多次抢夺的，处三年以下有期徒刑、拘役或者管制，并处或者单处罚金；数额巨大或者有其他严重情节的，处三年以上十年以下有期徒刑，并处罚金；数额特别巨大或者有其他特别严重情节的，处十年以上有期徒刑或者无期徒刑，并处罚金或者没收财产。

携带凶器抢夺的，依照本法第二百六十三条的规定定罪处罚。

2.《最高人民法院关于审理破坏电力设备刑事案件具体应用法律若干问题的解释》

第三条 盗窃电力设备，危害公共安全，但不构成盗窃罪的，以破坏电力设备罪定罪处罚；同时构成盗窃罪和破坏电力设备罪的，依照刑法处罚较重的规定定罪处罚。

盗窃电力设备，没有危及公共安全，但应当追究刑事责任的，可以根据案件的不同情况，按照盗窃罪等犯罪处理。

第四条第一款 本解释所称电力设备，是指处于运行、应急等使用中的电力设备；已经通电使用，只是由于枯水季节或电力不足等原因暂停使用的电力设备；已经交付使用但尚未通电的电力设备。不包括尚未安装完毕，或者已经安装完毕但尚未交付使用的电力设备。

3.《中华人民共和国刑事诉讼法》

第五十五条 对一切案件的判处都要重证据，重调查研究，不轻信口供。只有被告人供述，没有其他证据的，不能认定被告人有罪和处以刑罚；没有被告人供述，证据确实、充分的，可以认定被告人有罪和处以刑罚。

证据确实、充分，应当符合以下条件：（一）定罪量刑的事实都有证据证明；（二）据以定案的证据均经法定程序查证属实；（三）综合全案证据，对所认定事实已排除合理怀疑。

【案例索引】

一审：江苏省无锡市南长区人民法院（2012）南刑初字第88号刑事判决书。
二审：江苏省无锡市中级人民法院（2012）锡刑终字第56号刑事裁定书。

【基本案情】

被告人潘明明、杨伟明与张涛（已判刑）合谋盗窃电缆线。2011年5月下旬的一天

22时许,三人至无锡市永旺大桥南匝道一小桥边,由张涛用断线钳将桥下正在使用中的规格为VV5×25平方的电缆线(价值1279元)剪断后窃走,造成该路段路灯停电。

潘明明与张涛合谋盗窃电缆线。2011年6月25日凌晨2时许,二人至无锡市滨湖区华庄街道泰运路5号粤鑫公司门口附近,由潘明明望风,张涛将该处绿化带内正在使用中的规格为VV5×10平方的电缆线(价值212元)用断线钳剪断后窃走,造成该路段路灯停电。

2011年4月至6月,潘明明、杨伟明在无锡市金城桥西北别克专卖店西侧非机动车道、运河西路"飞翔电子"东侧非机动车道、清扬路"好又多"超市门口附近等地,由杨伟明驾驶二轮摩托车,潘明明坐在摩托车后座,乘人不备夺取他人拎包三起,共计抢得现金590元和三星、诺基亚手机各一部。

案发后,杨伟明协助公安机关抓获潘明明。2011年6月25日,潘明明、杨伟明被公安机关抓获后,如实供述了抢夺罪行及公安机关尚未掌握的破坏电力设备罪行。

【裁判结果】

一审判决:被告人潘明明犯破坏电力设备罪,判处有期徒刑三年;犯抢夺罪,判处有期徒刑一年二个月,并处罚金1000元,决定执行有期徒刑三年九个月,并处罚金1000元。被告人杨伟明犯破坏电力设备罪,判处有期徒刑二年三个月;犯抢夺罪,判处有期徒刑一年二个月,并处罚金1000元,决定执行有期徒刑三年,并处罚金1000元。

二审裁定:驳回上诉,维持原判。

【裁判理由】

法院经审理认为,被告人潘明明、杨伟明与他人合谋共同盗窃正在使用中的电力设备,危害公共安全,尚未造成严重后果;共同抢夺他人财物,数额较大,其行为均分别构成破坏电力设备罪、抢夺罪,应当实行数罪并罚,且系共同犯罪。被告人潘明明、杨伟明被公安机关抓获后能如实供述司法机关尚未掌握的盗窃正在使用中的电缆的事实,对该罪应当以自首论。被告人杨伟明协助公安机关抓获同案被告人潘明明,具有立功表现。

关于被告人潘明明的出生年月,尽管其户籍证明上显示其1988年10月15日出生于江苏省响水县,但该户籍证明系其母杨某某改嫁到江苏省响水县补报,在客观真实性上可能存在瑕疵。云南省施甸县水长派出所出具的户口证明,系书证,证明潘明明出生于1989年9月15日。另有云南省施甸县六病保偿中心《儿童六病保偿证》,证明潘明明初次疫苗接种的时间是1989年12月20日,系早年形成。后二者最能反映潘明明出生时的真实情况。再结合潘明明母亲杨某某的证词,故应当排除江苏省响水县公安机关出具的户籍证明,以其他证据认定被告人潘明明出生于1989年9月15日。

思考问题

1. 如何处理盗窃罪和破坏电力设备罪的竞合问题？
2. 用何种证据规则对被告人的年龄进行审查认定？

案例 9　孔德金破坏公用电信设施、张红生掩饰、隐瞒犯罪所得案

内容摘要：本案一审终审，被告人未上诉，检察机关未抗诉。一审法院认定，被告人孔德金盗割正在使用的公用通信电缆线，危害公共安全，其行为已触犯刑法，构成破坏公用电信设施罪，对孔德金应该按照盗窃罪与破坏公用电信设施罪的想象竞合犯的原则处理。正确理解和把握破坏公用电信设施罪的构成要件，便成为正确处理本案的关键所在。本案被告人孔德金盗割正在使用的通信电缆线的行为客观上破坏了公用电信设施，主观上为故意，但是否达到危害公共安全的程度，又成为能否认定其行为构成破坏公用电信设施罪的关键所在。本案中还存在着盗窃罪和破坏公用电信设施罪的想象竞合。司法实践中，破坏公用电信设施罪和盗窃罪的想象竞合认定，通说的观点是"从一重处断"。《刑法》第二百六十四条第一款规定"数额较大或者多次盗窃的"，有期徒刑为"三年以下"，而破坏公用电信设施罪第一款第（一）项规定有期徒刑为"三年以上到七年以下"，这种情况自然应认定为破坏公用电信设施罪。

关键词：同种数罪；想象竞合犯；盗窃罪；破坏公用电信设施罪

【裁判要旨】

多次盗割通信电缆累计超过 2000 户以上不满 10000 户通信中断 1 小时以上，且盗窃数额较大的，属于破坏公用电信设施罪和盗窃罪的想象竞合犯，应该择一重罪，按照破坏公用电信设施罪定罪处罚。

【相关法条】

1.《中华人民共和国刑法》

第六十七条第一款　犯罪以后自动投案，如实供述自己的罪行的，是自首。对于自首的犯罪分子，可以从轻或者减轻处罚。其中，犯罪较轻的，可以免除处罚。

第六十七条第三款　被采取强制措施的犯罪嫌疑人、被告人和正在服刑的罪犯，如实供述司法机关还未掌握的本人其他罪行的，以自首论。

第六十八条　犯罪分子有揭发他人犯罪行为，查证属实的，或者提供重要线索，从而得以侦破其他案件等立功表现的，可以从轻或者减轻处罚；有重大立功表现的，可以

减轻或者免除处罚。

第一百二十四条 破坏广播电视设施、公用电信设施，危害公共安全的，处三年以上七年以下有期徒刑；造成严重后果的，处七年以上有期徒刑。

过失犯前款罪的，处三年以上七年以下有期徒刑；情节较轻的，处三年以下有期徒刑或者拘役。

第三百一十二条第一款 明知是犯罪所得及其产生的收益而予以窝藏、转移、收购、代为销售或者以其他方法掩饰、隐瞒的，处三年以下有期徒刑、拘役或者管制，并处或者单处罚金；情节严重的，处三年以上七年以下有期徒刑，并处罚金。

2.《最高人民法院关于审理破坏公用电信设施刑事案件具体应用法律若干问题的解释》

第一条 采用截断通信线路、损毁通信设备或者删除、修改、增加电信网计算机信息系统中存储、处理或者传输的数据和应用程序等手段，故意破坏正在使用的公用电信设施，具有下列情形之一的，属于刑法第一百二十四条规定的"危害公共安全"，依照刑法第一百二十四条第一款规定，以破坏公用电信设施罪处三年以上七年以下有期徒刑：（一）造成火警、匪警、医疗急救、交通事故报警、救灾、抢险、防汛等通信中断或者严重障碍，并因此贻误救助、救治、救灾、抢险等，致使人员死亡一人、重伤三人以上或者造成财产损失三十万元以上的；（二）造成二千以上不满一万用户通信中断一小时以上，或者一万以上用户通信中断不满一小时的；（三）在一个本地网范围内，网间通信全阻、关口局至某一局向全部中断或网间某一业务全部中断不满二小时或者直接影响范围不满五万（用户×小时）的；（四）造成网间通信严重障碍，一日内累计二小时以上不满十二小时的；（五）其他危害公共安全的情形。

第三条 故意破坏正在使用的公用电信设施尚未危害公共安全，或者故意毁坏尚未投入使用的公用电信设施，造成财物损失，构成犯罪的，依照刑法第二百七十五条规定，以故意毁坏财物罪定罪处罚。

盗窃公用电信设施价值数额不大，但是构成危害公共安全犯罪的，依照刑法第一百二十四条的规定定罪处罚；盗窃公用电信设施同时构成盗窃罪和破坏公用电信设施罪的，依照处罚较重的规定定罪处罚。

【案例索引】

一审：江苏省镇江市丹徒区（县）人民法院（2016）内 1112 刑初 11 号刑事判决书。

【基本案情】

2015 年 5 月至 8 月，被告人孔德金和犯罪嫌疑人徐岳平、田中成（均另案处理），时分时合，在江苏省镇江市丹徒区高资镇境内，采用攀爬电线杆割断电缆线的方式盗窃通信电缆作案十三起，合计价值30166元，共造成2938户用户通信阻断数小时。被告人张红生明知是孔德金等人盗割的通信电缆而多次予以收购，合计价值18739元。归案后，被告人张红生主动退出全部赃款18739元，已发还中国电信股份有限公司镇江分公司。

【裁判结果】

一审判决：被告人孔德金犯破坏公用电信设施罪，判处有期徒刑三年；被告人张红生犯掩饰、隐瞒犯罪所得罪，判处有期徒刑八个月，缓刑一年，并处罚金8000元；责令被告人孔德金退赔中国电信股份有限公司镇江分公司损失共计9272元；被告人孔德金的作案工具夹力钳一把、液压钳一把、绳子一条予以没收，上缴国库。一审宣判后，被告人未提出上诉，公诉机关亦未提出抗诉，本案已生效。

【裁判理由】

法院经审理认为，被告人孔德金盗割正在使用的公用通信电缆线，危害公共安全，其行为已触犯刑法，构成破坏公用电信设施罪。被告人张红生明知是犯罪所得赃物而予以收购，其行为已触犯刑法，构成掩饰、隐瞒犯罪所得罪。孔德金归案后能如实供述自己的罪行，可以从轻处罚。孔德金协助侦查人员抓捕其他犯罪嫌疑人，有立功表现，可以从轻处罚。孔德金有犯罪前科，可酌情从重处罚。张红生归案后能如实供述自己的罪行，可以从轻处罚。张红生归案后退出全部赃款，亦可酌情从轻处罚。根据张红生犯罪的事实、性质、情节和对于社会的危害程度，并结合社区矫正机构的审前调查评估意见，可依法对其宣告缓刑。

孔德金盗割的通信电缆线鉴定价值为30166元，属于盗窃数额较大，该当盗窃罪的基本犯罪构成。而且由于其盗割的是正在使用的通信电缆线，属于公用电信设施，根据《最高人民法院关于审理破坏公用电信设施刑事案件具体应用法律若干问题的解释》第三条的规定，盗窃公用电信设施同时构成盗窃罪和破坏公用电信设施罪的，依照处罚较重的规定定罪处罚，即根据破坏公用电信设施罪来处罚。

 思考问题

1. 本案是否属于盗窃罪与破坏公用电信设施罪的想象竞合？
2. 个罪刑罚轻重应当如何比较？

案例10　赵春华非法持有枪支案

内容摘要：本案是空白罪状在司法实践中适用的典型案例，也是近几年社会舆论关注的刑事案件之一，历经一审与二审。一审法院判定被告人赵春华犯非法持有枪支罪，判处有期徒刑三年六个月。宣告后被告人提起上诉。二审法院改判缓刑，以非法持有枪支罪判处被告人赵春华有期徒刑三年，缓刑三年。本案的判决明确了当空白罪状援引的行政前置法没有具体的可供执行的规定时，可以位阶较低的行政规范作为裁判的参考；法定犯时代，空白罪状适用时违法性认识错误应得到承认；裁判者在适用法律时，既要考虑法律的严肃性，又要考虑个案的特殊性，实现法律效果与社会效果的有机统一。同时，在司法实践中，传统的法律实证主义处理案件时的机械不变所形成的裁判结果往往与社会大众面对案件时的朴素感情所期待的司法判定不相一致，本案凸显了这一普遍现象。

关键词：非法持有枪支罪；刑法的谦抑性；行政违法性标准

【裁判要旨】

赵春华非法持有枪支行为已然触犯了《刑法》第一百二十八条第一款的规定，构成了非法持有枪支罪，且其非法持有枪支六支，属情节严重，由于其行为未造成实际危害结果，其非法持有枪支的目的是从事经营，主观恶性、人身危险性相对较低，到案后能如实供述犯罪事实，认罪态度较好，且系初犯，因此对其从轻处罚，二审改判有期徒刑三年并适用缓刑。非法持有枪支罪法条，不仅是在其他相关违反枪支管理行为无法举证或无法判定的情况下得以适用，也可在适当的情况下单独适用，其处罚目的不仅从枪支使用目的倒推判断，正常的没有危及社会公共安全的使用目的和潜在的危害公共安全的风险并不排斥，可基于此认定其非法持有枪支的行为有罪。

【相关法条】

1.《中华人民共和国刑法》

第六十七条第三款 犯罪嫌疑人虽不具有前两款规定的自首情节，但是如实供述自己罪行的，可以从轻处罚；因其如实供述自己罪行，避免特别严重后果发生的，可以减轻处罚。

第七十二条第一款 对于被判处拘役、三年以下有期徒刑的犯罪分子，同时符合下列条件的，可以宣告缓刑，对其中不满十八周岁的人、怀孕的妇女和已满七十五周岁的人，应当宣告缓刑：（一）犯罪情节较轻；（二）有悔罪表现；（三）没有再犯罪的危险；（四）宣告缓刑对所居住社区没有重大不良影响。

第一百二十八条第一款 违反枪支管理规定，非法持有、私藏枪支、弹药的，处三年以下有期徒刑、拘役或者管制；情节严重的，处三年以上七年以下有期徒刑。

2.《最高人民法院关于审理非法制造、买卖、运输枪支、弹药、爆炸物等刑事案件具体应用法律若干问题的解释》

第五条第二款 具有下列情形之一的，属于刑法第一百二十八条第一款规定的"情节严重"：……（二）非法持有、私藏以火药为动力发射枪弹的非军用枪支二支以上或者以压缩气体等为动力的其他非军用枪支五支以上的；……

【案例索引】

一审：天津市河北区人民法院（2016）津0105刑初442号刑事判决书。
二审：天津市第一中级人民法院（2017）津01刑终41号刑事判决书。

【基本案情】

2016年8月至10月12日，被告人赵春华在天津市河北区李公祠大街亲水平台附近，摆设射击摊位进行营利活动。2016年10月12日22时许，公安机关在巡查过程中发现赵春华的上述行为并将其抓获归案，当场查获涉案枪形物九支及相关枪支配件、塑料弹。经天津市公安局物证鉴定中心鉴定，涉案九支枪形物中的六支为能正常发射以压缩气体为动力的枪支。

【裁判结果】

一审判决：被告人赵春华犯非法持有枪支罪，判处有期徒刑三年六个月。

二审判决：(1)维持天津市河北区人民法院（2016）津0105刑初442号刑事判决对上诉人赵春华的定罪部分，即"被告人赵春华犯非法持有枪支罪"；(2)撤销天津市河北区人民法院（2016）津0105刑初442号刑事判决对上诉人赵春华的量刑部分，即"判处有期徒刑三年六个月"；(3)上诉人赵春华犯非法持有枪支罪，判处有期徒刑三年，缓刑三年。在缓刑考验期限内，依法实行社区矫正。宣判后，原审被告人无异议，检察机关无异议，原审被告人的辩护人没有意见。

【裁判理由】

一审法院认为，被告人赵春华违反国家对枪支的管制制度，非法持有枪支，情节严重，其行为已构成非法持有枪支罪，公诉机关指控被告人赵春华犯非法持有枪支罪的罪名成立，应定罪科刑，被告人赵春华当庭自愿认罪，可以酌情从轻处罚。被告人赵春华辩护人所提被告人具有坦白情节，系初犯，认罪态度较好的辩护意见，本院酌情予以采纳；其余辩护意见，本院不予支持。本院依照《刑法》第一百二十八条第一款及《最高人民法院关于审理非法制造、买卖、运输枪支、弹药、爆炸物等刑事案件具体应用法律若干问题的解释》第五条第二款第（二）项之规定作出刑事判决：被告人赵春华犯非法持有枪支罪，判处有期徒刑三年六个月。

二审中，天津市人民检察院第一分院认为，原审诉讼程序合法；原审判决认定上诉人赵春华非法持有枪支的事实清楚，证据确实、充分；赵春华的行为触犯了《刑法》第一百二十八条第一款的规定，构成了非法持有枪支罪，原审判决定罪准确；赵春华非法持有枪支六支，属情节严重，依法应处三年以上七年以下有期徒刑，原审判决量刑在法定幅度内，但鉴于赵春华非法持有枪支是为了经营游戏项目，主观恶性较小，其行为未造成实际危害结果，到案后能如实供述犯罪事实，认罪态度较好，且系初犯，建议二审法院对其从轻处罚，改判有期徒刑三年并适用缓刑。

上诉人赵春华的辩护人提出以下辩护意见：（1）涉案枪形物的提取、包装和送检过程违反公安部《法庭科学枪支物证的提取、包装和送检规则》的规定，侦查人员未对查获的枪形物现场进行编号；随手抓取枪形物，破坏了物证表面痕迹，使物证遭到污染；未按规定封装并填写标签；没有证据证明涉案枪形物的保管过程，无法确定是否与其他枪支混同。因此，涉案枪形物不能确定是从赵春华处查获的，依法不能作为定案证据。（2）公安部制定的《枪支致伤力的法庭科学鉴定判据》所依据的试验及理由不科学、不合理，该"判据"确定的枪支认定标准不合法，且属内部文件，不能作为裁判的法律依据。鉴于目前没有法律、法规、规章对枪支作出定义或解释，只能根据《枪支管理法》的规定，以"足以致人伤亡或者丧失知觉"作为认定标准。（3）在案《枪支鉴定书》因检材的提取、包装和送检过程违法，不能确定与赵春华的关联；鉴定所依据的《枪支性能的检验方法》未经公开，属尚未公布的规定；出具鉴定书的鉴定机构只有枪弹痕迹鉴定资质，并无枪支鉴定资质。鉴定书不能作为定案证据。（4）赵春华始终认为自己持有的是玩具枪而非真枪，其对行为对象存在认识错误，不具备非法持有枪支犯罪的主观故意。（5）赵春华的行为不具有任何社会危害性。

二审法院认为，上诉人赵春华违反国家枪支管理规定，非法持有枪支，其行为已构成非法持有枪支罪，且情节严重，应依法予以处罚。原审判决认定赵春华犯非法持有枪支罪的事实清楚，证据确实、充分，定罪准确，审判程序合法。就本案的量刑而言，上诉人赵春华非法持有以压缩气体为动力的非军用枪支六支，依照法律规定已构成非法持有枪支罪且属情节严重，应判处三年以上七年以下有期徒刑。但综合考虑赵春华非法持有的枪支均刚刚达到枪支认定标准，犯罪行为的社会危害相对较小，其非法持有枪支的目的是从事游戏经营，主观恶性、人身危险性相对较低，二审期间能如实供述犯罪事实，认罪态度较好，有悔罪表现等情节，可酌情予以从宽处罚并适用缓刑。最终法院以非法持有枪支罪判处被告人赵春华有期徒刑三年，缓刑三年。

思考问题

1. 刑法意义上枪支的认定标准是什么？
2. 司法个案裁判如何固守刑法的谦抑性？
3. 刑法上的犯罪判断与行政法上违法判断之间的关系是什么？
4. 司法个案裁判如何理性回应公众意见？

第十三章　破坏社会主义市场经济秩序罪

■■■ 案例1　陆勇销售假药、妨害信用卡管理决定不起诉案

内容摘要：本案是在实务界、学术界都引起激烈讨论的案件。最终检察院作出不起诉决定。检察院经审查认为，陆勇的购买和帮助他人购买未经批准进口的抗癌药品的行为，违反了《药品管理法》的相关规定，但陆勇的行为不是销售行为，不符合《刑法》第一百四十一条的规定，不构成销售假药罪。目前司法界对这种行政违法与刑事违法混同的案件采取了更加谨慎的态度，更多从实质判断的角度对当事人的行为性质进行认定，陆勇最终未被检察院起诉就是最好的例子。从法院和检察院给出的裁判理由以及不起诉理由中，也能看出法院与检察院对此类案件由以前的入罪越来越倾向于出罪的态度，但是这种转变仍然需要时间。在行政违法与刑事违法相交叉的案件中，如何才能更好地兼顾公平与效率、兼顾合理性与合法性，还有漫长的道路要进行探索。

关键词：生产、销售假药罪；刑事犯罪；行政违法；假药

【相关法条】

1.《中华人民共和国刑法》

第十三条　一切危害国家主权、领土完整和安全，分裂国家、颠覆人民民主专政的政权和推翻社会主义制度，破坏社会秩序和经济秩序，侵犯国有财产或者劳动群众集体所有的财产，侵犯公民私人所有的财产，侵犯公民的人身权利、民主权利和其他权利，以及其他危害社会的行为，依照法律应当受刑罚处罚的，都是犯罪，但是情节显著轻微危害不大的，不认为是犯罪。

第一百四十一条　生产、销售假药的，处三年以下有期徒刑或者拘役，并处罚金；对人体健康造成严重危害或者有其他严重情节的，处三年以上十年以下有期徒刑，并处罚金；致人死亡或者有其他特别严重情节的，处十年以上有期徒刑、无期徒刑或者死刑，并处罚金或者没收财产。

本条所称假药，是指依照《中华人民共和国药品管理法》的规定属于假药和按假药处理的药品、非药品。

第一百七十七条之一　有下列情形之一，妨害信用卡管理的，处三年以下有期徒刑或者拘役，并处或者单处一万元以上十万元以下罚金；数量巨大或者有其他严重情节的，处三年以上十年以下有期徒刑，并处二万元以上二十万元以下罚金：（一）明知是

伪造的信用卡而持有、运输的，或者明知是伪造的空白信用卡而持有、运输，数量较大的；（二）非法持有他人信用卡，数量较大的；（三）使用虚假的身份证明骗领信用卡的；（四）出售、购买、为他人提供伪造的信用卡或者以虚假的身份证明骗领的信用卡的。

窃取、收买或者非法提供他人信用卡信息资料的，依照前款规定处罚。

银行或者其他金融机构的工作人员利用职务上的便利，犯第二款罪的，从重处罚。

2.《中华人民共和国刑事诉讼法》

第十六条　有下列情形之一的，不追究刑事责任，已经追究的，应当撤销案件，或者不起诉，或者终止审理，或者宣告无罪：（一）情节显著轻微、危害不大，不认为是犯罪的；（二）犯罪已过追诉时效期限的；（三）经特赦令免除刑罚的；（四）依照刑法告诉才处理的犯罪，没有告诉或者撤回告诉的；（五）犯罪嫌疑人、被告人死亡的；（六）其他法律规定免予追究刑事责任的。

第一百七十七条第二款　对于犯罪情节轻微，依照刑法规定不需要判处刑罚或者免除刑罚的，人民检察院可以作出不起诉决定。

【案例索引】

湖南省沅江市人民检察院沅检公刑不诉〔2015〕1号不起诉决定书。

【基本案情】

2002年，陆勇被查出患有慢粒性白血病，需要长期服用抗癌药品。我国国内对症治疗白血病的正规抗癌药品"格列卫"系列系瑞士进口，每盒需人民币23500元，陆勇曾服用该药品。为了同病患者之间进行交流，相互传递寻医问药信息，通过增加购同一药品的人数降低药品价格，陆勇从2004年4月开始建立了白血病患者病友网络QQ群。

2004年9月，陆勇通过他人从日本购买由印度生产的同类药品，价格每盒约为人民币4000元，服用效果与瑞士进口的"格列卫"相同。之后，陆勇使用药品说明书中提供的联系方式，直接联系到了印度抗癌药物的经销商印度赛诺公司，并开始直接从印度赛诺公司购买抗癌药物。陆勇通过自己服用一段时间后，觉得印度同类药物疗效好、价格便宜，遂通过网络QQ群等方式向病友推荐。网络QQ群的病友也加入到向印度赛诺公司购买该药品的行列。陆勇及病友首先是通过西联汇款等国际汇款方式向印度赛诺公司支付购药款。在此过程中，陆勇还利用其懂英文的特长免费为白血病等癌症患者翻译与印度赛诺公司的往来电子邮件等资料。随着病友间的传播，从印度赛诺公司购买该抗癌药品的国内白血病患者逐渐增多，药品价格逐渐降低，直至每盒为人民币200余元。

由于前述支付购药款方式，既要先把人民币换成美元，又要使用英文，程序烦琐，操作难度大，求药的患者向印度赛诺公司提出了在中国开设账号便于付款的要求。2013

年3月，经印度赛诺公司与最早在该公司购药的陆勇商谈，由陆勇在中国国内设立银行账户，接收患者的购药款，并定期将购药款转账到印度赛诺公司指定的户名为张某某的中国国内银行账户，在陆勇统计好各病友具体购药数量，告知印度赛诺公司后，再由印度赛诺公司直接将药品邮寄给患者。印度赛诺公司承诺对提供账号的病友将免费供应药品。陆勇在QQ病友群里发布了印度赛诺公司的想法，云南籍白血病患者罗某某即与陆勇联系，愿意提供本人及其妻子杨某某的银行账号，以换取免费药品。陆勇通过网银U盾使用管理罗某某提供的账号，在病友向该账号支付购药款后，将购药款转至张某某账户，通知印度赛诺公司向病友寄送药品，免除了购药的病友换汇、翻译等以往的一些烦琐劳动。

在使用罗某某、杨某某账号支付购药款一段时间后，罗某某听说银行卡的交易额太大，有可能导致被怀疑为洗钱，不愿再提供使用了。2013年8月，陆勇通过淘宝网从郭某某处以500元每套的价格购买了三张用他人身份信息开设的银行借记卡，在准备使用中发现有两张因密码无法激活而不能用，仅使用了一张户名为夏某某的借记卡。陆勇同样通过网银U盾使用管理该账号，将病友购药款转账到印度赛诺公司指定的张某某账户。

根据公安机关调查，被查证属实的共有21名白血病等癌症患者通过陆勇先后提供并管理的罗某某、杨某某、夏某某三个银行账户向印度赛诺公司购买了价值约12万元的十余种抗癌药品。陆勇为病友们提供的帮助全是无偿的。对所购买的十余种抗癌药品，有"VEENAT100""IMATINIB400""IMATINIB100"三种药品经益阳市食品药品监督管理局出具的相关鉴定，系未经我国批准进口的药品。

本案由沅江市公安局侦查终结，以陆勇涉嫌妨害信用卡管理罪、销售假药罪，于2014年4月15日向沅江市人民检察院移送审查起诉。沅江市人民检察院于同年5月12日将本案退回沅江市公安局补充侦查，沅江市公安局于同年6月10日将本案重新移送起诉至沅江市人民检察院，同年7月10日沅江市人民检察院将本案审查期限延期15天，同年7月22日，沅江市人民检察院对陆勇以妨害信用卡管理罪、销售假药罪向沅江市人民法院提起公诉。沅江市人民法院受案后，因陆勇经传唤不到案，于同年12月23日裁定中止审理，次日对陆勇作出逮捕决定。2015年1月10日，陆勇被沅江市公安局执行逮捕。同月27日，沅江市人民检察院向沅江市人民法院撤回起诉，同月29日，由沅江市人民检察院决定对其取保候审。

【最终结果】

2015年2月26日，沅江市人民检察院根据《刑事诉讼法》第十五条第（一）项和第一百七十三条第一款的规定，决定对陆勇不起诉且沅江市公安局在办理本案中所冻结、扣押款项应依法处理。

【不起诉决定理由】

检察院经审查认为，陆勇的购买和帮助他人购买未经批准进口的抗癌药品的行为，违反了《药品管理法》的相关规定，但陆勇的行为不是销售行为，不符合《刑法》第一百四十一条的规定，不构成销售假药罪。陆勇通过淘宝网从郭某某处购买三张以他人身份信息开设的借记卡，并使用其中户名为夏某某的借记卡的行为，违反了金融管理法规，但其目的和用途完全是白血病患者支付自服药品而购买抗癌药品款项，且仅使用一张，情节显著轻微，危害不大，根据《刑法》第十三条的规定，不认为是犯罪。根据《刑事诉讼法》第十五条第（一）项和第一百七十三条第一款的规定，决定对陆勇不起诉。

思考问题

1. 如何区分刑事不法与行政不法的界限？
2. 刑法上的假药是否包括程序性假药？
3. 生产、销售假药罪保护的法益是什么？
4. 司法实践中如何预防抽象危险犯的扩张解释？

案例2 北京阳光一佰生物技术开发有限公司、习文有等生产、销售有毒、有害食品案

内容摘要：本案是最高人民法院2016年12月28日发布的第70号指导案例，历经一审与二审。一审法院判定被告单位北京阳光一佰生物技术开发有限公司犯生产、销售有毒、有害食品罪，判处罚金1500万元。二审法院驳回上诉，维持一审判决。案件焦点在于行为人在保健食品中掺入国家认定的有毒、有害物质名单中物质的同类化学物质是否构成生产、销售有毒、有害食品罪。本案处理重点主要在于对"有毒、有害物质"的理解。2013年出台的《最高人民法院、最高人民检察院关于办理危害食品安全刑事案件适用法律若干问题的解释》明确规定了有几类物质只要添加在食品中，无须卫生行政主管部门确认的机构进行鉴定，可以直接为"有毒、有害的非食品原料"。其中针对当前保健食品中非法添加禁用药物易发多发的特点，明确规定国务院有关部门公布的《食品中可能违法添加的非食用物质名单》和《保健食品中可能非法添加的物质名单》中的物质属于"有毒、有害的非食品原料"。

关键词：生产、销售有毒、有害食品罪；有毒、有害的非食品原料；有毒、有害物质

【裁判要旨】

行为人在食品生产经营中添加的虽然不是国务院有关部门公布的《食品中可能违法添加的非食用物质名单》和《保健食品中可能非法添加的物质名单》中的物质，但如果该物质与上述名单中所列物质具有同等属性，并且根据检验报告和专家意见等相关材料能够确定该物质对人体具有同等危害的，应当认定为《刑法》第一百四十四条规定的"有毒、有害的非食品原料"。

【相关法条】

《中华人民共和国刑法》

第一百四十四条 在生产、销售的食品中掺入有毒、有害的非食品原料的，或者销售明知掺有有毒、有害的非食品原料的食品的，处五年以下有期徒刑，并处罚金；对人体健康造成严重危害或者有其他严重情节的，处五年以上十年以下有期徒刑，并处罚金；致人死亡或者有其他特别严重情节的，依照本法第一百四十一条的规定处罚。

【案例索引】

一审：江苏省扬州市广陵区人民法院（2013）扬广刑初字第0330号刑事判决书。

二审：江苏省扬州市中级人民法院（2014）扬刑二终字第0032号刑事裁定书。

【基本案情】

被告人习文有于2001年注册成立了北京阳光一佰生物技术开发有限公司（以下简称"阳光一佰公司"），系公司的实际生产经营负责人。2010年以来，被告单位阳光一佰公司从被告人谭国民处以600元/公斤的价格购进生产保健食品的原料，该原料系被告人谭国民从被告人尹立新处以2500元/公斤的价格购进后进行加工，阳光一佰公司购进原料后加工制作成用于辅助降血糖的保健食品阳光一佰牌山芪参胶囊，以每盒100元左右的价格销售至扬州市广陵区金福海保健品店及全国多个地区。被告人杨立峰具体负责生产，被告人钟立檬、王海龙负责销售。2012年5月至9月，销往上海、湖南、北京等地的山芪参胶囊分别被检测出含有盐酸丁二胍，食品药品监督管理部门将检测结果告知阳光一佰公司及习文有。被告人习文有在得知检测结果后随即告知被告人谭国民、尹立新，被告人习文有明知其所生产、销售的保健品中含有盐酸丁二胍后，仍然继续向被告人谭国民、尹立新购买原料，组织杨立峰、钟立檬、王海龙等人生产山芪参胶囊并销售。被告人谭国民、尹立新在得知检测结果后继续向被告人习文有销售该原料。

盐酸丁二胍是丁二胍的盐酸盐。目前盐酸丁二胍未获得国务院药品监督管理部门批准生产或进口，不得作为药物在我国生产、销售和使用。扬州大学医学院葛教授出具的专家意见和南京医科大学司法鉴定所的鉴定意见证明：盐酸丁二胍具有降低血糖的作用，很早就撤出我国市场，长期使用添加盐酸丁二胍的保健食品可能对机体产生不良影响，甚至危及生命。

从2012年8月底至2013年1月案发，阳光一佰公司生产、销售金额达800余万元。其中，习文有、尹立新、谭国民参与生产、销售的含有盐酸丁二胍的山芪参胶囊金额达800余万元；杨立峰参与生产的含有盐酸丁二胍的山芪参胶囊金额达800余万元；钟立檬、王海龙参与销售的含有盐酸丁二胍的山芪参胶囊金额达40余万元。尹立新、谭国民与阳光一佰公司共同故意实施犯罪，系共同犯罪；尹立新、谭国民系提供有毒、有害原料用于生产、销售有毒、有害食品的帮助犯，其在共同犯罪中均系从犯。习文有与杨立峰、钟立檬、王海龙共同故意实施犯罪，系共同犯罪；杨立峰、钟立檬、王海龙系受习文有指使实施生产、销售有毒、有害食品的犯罪行为，均系从犯。习文有在共同犯罪中起主要作用，系主犯。杨立峰、谭国民犯罪后主动投案，并如实供述犯罪事实，系自首，当庭自愿认罪。习文有、尹立新、王海龙归案后如实供述犯罪事实，当庭自愿认罪。钟立檬归案后如实供述部分犯罪事实，当庭对部分犯罪事实自愿认罪。

【裁判结果】

一审判决：被告单位北京阳光一佰生物技术开发有限公司犯生产、销售有毒、有害食品罪，判处罚金1500万元；被告人习文有犯生产、销售有毒、有害食品罪，判处有期徒刑十五年，剥夺政治权利三年，并处罚金900万元；被告人尹立新犯生产、销售有毒、有害食品罪，判处有期徒刑十二年，剥夺政治权利二年，并处罚金100万元；被告人谭国民犯生产、销售有毒、有害食品罪，判处有期徒刑十一年，剥夺政治权利二年，并处罚金100万元；被告人杨立峰犯生产有毒、有害食品罪，判处有期徒刑五年，并处罚金10万元；被告人钟立檬犯销售有毒、有害食品罪，判处有期徒刑四年，并处罚金8万元；被告人王海龙犯销售有毒、有害食品罪，判处有期徒刑三年六个月，并处罚金6万元；继续向被告单位北京阳光一佰生物技术开发有限公司追缴违法所得800万元，向被告人尹立新追缴违法所得67.15万元，向被告人谭国民追缴违法所得132万元；扣押的含有盐酸丁二胍的山芪参胶囊、颗粒，予以没收。宣判后，被告单位和各被告人均提出上诉。

二审裁定：驳回上诉、维持原判。

【裁判理由】

法院经审理认为，《刑法》第一百四十四条规定，"在生产、销售的食品中掺入有毒、有害的非食品原料的，或者销售明知掺有有毒、有害的非食品原料的食品的，处五年以下有期徒刑，并处罚金；对人体健康造成严重危害或者有其他严重情节的，处五年以上十年以下有期徒刑，并处罚金；致人死亡或者有其他特别严重情节的，依照本法第一百四十一条的规定处罚。"《最高人民法院、最高人民检察院关于办理危害食品安全刑事案件适用法律若干问题的解释》(以下简称《解释》)第二十条规定,"下列物质应当认定为'有毒、有害的非食品原料':(一)法律、法规禁止在食品生产经营活动中添加、使用的物质;(二)国务院有关部门公布的《食品中可能违法添加的非食用物质名单》《保健食品中可能非法添加的物质名单》上的物质;(三)国务院有关部门公告禁止使用的农药、兽药以及其他有毒、有害物质;(四)其他危害人体健康的物质。"第二十一条规定,"'足以造成严重食物中毒事故或者其他严重食源性疾病''有毒、有害非食品原料'难以确定的,司法机关可以根据检验报告并结合专家意见等相关材料进行认定。必要时,人民法院可以依法通知有关专家出庭作出说明。"本案中,盐酸丁二胍系在我国未获得药品监督管理部门批准生产或进口,不得作为药品在我国生产、销售和使用的化学物质;其亦非食品添加剂。盐酸丁二胍也不属于上述《解释》第二十条第(二)项和第(三)项规定的物质。根据扬州大学医学院葛教授出具的专家意见和南京医科大学司法鉴定所的鉴定意见证明,盐酸丁二胍与《解释》第二十条第(二)项《保健食品中可能非法添加的物质名单》中的其他降糖类西药(盐酸二甲双胍、盐酸苯乙双胍)具有同等属性和同等危害。长期服用添加有盐酸丁二胍的"阳光一佰牌山芪参胶囊"有对人体产生毒副作用的风险,影响人体健康,甚至危害生命。因此,对盐酸丁二胍应当依照《解释》第二十条第(四)项、第二十一条的规定,认定为《刑法》第一百四十四条规定的"有毒、有害的非食品原料"。

被告单位阳光一佰公司、被告人习文有作为阳光一佰公司生产、销售山芪参胶囊的直接负责的主管人员,被告人杨立峰、钟立檬、王海龙作为阳光一佰公司生产、销售山芪参胶囊的直接责任人员,明知阳光一佰公司生产、销售的保健食品山芪参胶囊中含有国家禁止添加的盐酸丁二胍成分,仍然进行生产、销售;被告人尹立新、谭国民明知其提供的含有国家禁止添加的盐酸丁二胍的原料被被告人习文有用于生产保健食品山芪参胶囊并进行销售,仍然向习文有提供该种原料,因此,上述单位和被告人均依法构成生产、销售有毒、有害食品罪。其中,被告单位阳光一佰公司、被告人习文有、尹立新、谭国民的行为构成生产、销售有毒、有害食品罪。被告人杨立峰的行为构成生产有毒、有害食品罪;被告人钟立檬、王海龙的行为均已构成销售有毒、有害食品罪。根据被告单位及各被告人犯罪情节、犯罪数额,综合考虑各被告人在共同犯罪中的地位、作用、自首、认罪态度等量刑情节,作出如上判决。

 思考问题

1. "有毒、有害物质"的认定标准是什么?被告人是否能以不知盐酸丁二胍为有毒、有害物质作为辩护理由?

2. 本案是否可以适用 2013 年最高人民法院和最高人民检察院联合发布的《关于办理危害食品安全刑事案件适用法律若干问题的解释》?

3. 本案是否可以认定行为人无法认识到自身行为的刑事违法性？
4. 生产、销售有毒、有害食品罪的共犯认定标准是什么？

案例 3　汪照洗钱案

内容摘要：本案是我国第一起以洗钱罪定罪的案件，被称为中国"反洗钱第一案"。本案一审终审，被告人未上诉，检察机关也未抗诉。法院审理认定，被告人汪照受他人指使，为获得不法利益，明知是他人毒品犯罪的违法所得，仍伙同他人以毒资投资企业经营的方式，掩饰、隐藏该违法所得的非法性质及来源，其行为妨害了我国的金融管理秩序，已构成洗钱罪。本案判决明确了洗钱罪中"明知"的含义，厘清了洗钱罪与上游犯罪之间的关系，对洗钱罪主体与上游犯罪主体之间的关系作出了界定，并对洗钱罪与赃物犯罪进行了区分。由于案发时我国反洗钱工作才刚刚起步，国内立法还不完善，司法方面也没有可借鉴的案例，因此，本案例提出的在判决反洗钱案件司法实践中可能遇到的问题，以及据此作出的具体分析，对今后反洗钱案司法实践以及反洗钱立法具有开创性的意义。

关键词：洗钱案；明知；上游犯罪；赃物犯罪

【裁判要旨】

洗钱罪主观明知要件的理解与认定中，明知不等于确知，尽管确定性认识和可能性认识存在程度上的差异，但两者都应纳入明知的范畴。因此，只要证明行为人在当时确实知道或者根据事实足可推定行为人对于所经手的财产系《刑法》第一百九十一条所列的上游犯罪所得的赃钱的可能性有所认识，都可成立明知。根据《刑法》第一百九十一条的规定，被告人为获得不法利益，明知他人从事毒品犯罪活动，且掌握的大量资金可能是毒品犯罪所得，仍积极协助其以购买股份的方式投资企业经营，掩饰、隐藏资金的性质及来源的，其行为构成洗钱罪。

【相关法条】

《中华人民共和国刑法》

第一百九十一条　明知是毒品犯罪、黑社会性质的组织犯罪、恐怖活动犯罪、走私犯罪、贪污贿赂犯罪、破坏金融管理秩序犯罪、金融诈骗犯罪的所得及其产生的收益，为掩饰、隐瞒其来源和性质，有下列行为之一的，没收实施以上犯罪的所得及其产生的收益，处五年以下有期徒刑或者拘役，并处或者单处洗钱数额百分之五以上百分之二十以下罚金；情节严重的，处五年以上十年以下有期徒刑，并处洗钱数额百分之五以上百分之二十以下罚金：（一）提供资金账户的；（二）协助将财产转换为现金、金融票据、有价证券的；（三）通过转账或者其他结算方式协助资金转移的；（四）协助将资金汇往境外的；（五）以其他方法掩饰、隐瞒犯罪所得及其收益的来源和性质的。

单位犯前款罪的，对单位判处罚金，并对其直接负责的主管人员和其他直接责任人员，处五年以下有期徒刑或者拘役；情节严重的，处五年以上十年以下有期徒刑。

【案例索引】

一审：广州市珠海区人民法院（2004）海刑初字第255号刑事判决书。
《刑事审判参考》2004年第2集（第286号）。
《最高人民法院公报》2004年第10期。

【基本案情】

被告人汪照于2001年年底认识区丽儿（另案处理）后，在明知区丽儿的弟弟区伟能（另案处理）从事毒品犯罪并想将其违法所得转为合法收益的情况下，于2002年8月伙同区丽儿、区伟能到广州市黄埔区广东明皓律师事务所，以区伟能、区丽儿的港币520万元（其中大部分为区伟能毒品犯罪所得），购入广州百叶林木业有限公司的60%股权。被告人汪照并协助区伟能运送毒资作为股权转让款。在取得公司控股权后，区丽儿、区伟能安排将该公司更名为广州市腾盛木业有限公司，由区丽儿任该公司法定代表人，直接管理财务。被告人汪照挂名出任该公司董事长，除每月领取人民币5000元以上的工资外，区丽儿、区伟能还送给被告人汪照一辆ML320越野奔驰小汽车。之后，腾盛木业有限公司以经营木业为名，采用制造亏损账目的手段，掩饰、隐瞒其违法所得的来源与性质，意图将区伟能的毒品犯罪所得转为合法收益。2003年3月16日，被告人汪照及同案人被公安人员抓获。

【判决结果】

一审判决：被告人汪照犯洗钱罪，判处有期徒刑一年六个月，并处罚金27.5万元；没收被告人汪照的违法所得ML320越野奔驰小汽车一辆（车牌号码为粤A×××××）。一审宣判后，被告人未上诉，公诉机关亦未抗诉，判决发生法律效力。

【裁判理由】

法院经审理认为，被告人汪照受他人指使，为获得不法利益，明知是他人毒品犯罪的违法所得，仍伙同他人以毒资投资企业经营的方式，掩饰、隐藏该违法所得的非法性质及来源，其行为妨害了我国的金融管理秩序，已构成洗钱罪。被告人汪照曾因犯罪被判处有期徒刑，刑罚执行完毕后五年内再犯罪，是累犯，本应从重处罚。唯被告人汪照在共同犯罪中起辅助作用，是从犯，依法应当从轻处罚。被告人汪照的辩解及其辩护人的辩护意见因依据不足，本院不予采纳。

思考问题

1. 洗钱罪的明知标准是什么？
2. 洗钱罪与上游犯罪之间的关系是什么？
3. 洗钱罪与赃物犯罪的区分标准是什么？
4. 为获得不法利益，明知他人从事毒品犯罪活动，掌握的大量资金可能系毒品犯罪所得，仍积极协助他人以购买股份的形式投资企业经营，并掩饰、隐藏该项资金的性质及来源的，应如何论处？

■■■ 案例4　郭松飞诈骗二审改判合同诈骗案

内容摘要：本案是近年来最高人民法院出版的《中国刑事审判指导案例》中的典型案例，历经一审与二审。一审法院依法判决被告人郭松飞犯诈骗罪，判处有期徒刑十一年，剥夺政治权利二年，并处罚金2万元；扣押在案的两辆涉案车辆，分别发还被害人王某某和李某。第二审判决明确了诈骗行为与合同诈骗行为的区别，规范了合同诈骗罪的司法认定规则。合同诈骗罪保护的法益是双重法益，其侵犯的主要法益是正常的市场交易秩序，另一方面，合同诈骗罪与诈骗罪是特别法与普通法的关系，其保护的次要法益是公私财物所有权；而诈骗罪保护的法益仅为公私财物所有权。其处理结果达到了法律效果与社会效果的统一，也体现了人民法院对具体案件适用的法律的准确性判断。本案从合同诈骗罪的合同范围入手，遵循特别法优于普通法的法律适用规则和罪刑相适应的刑法基本原则，厘清了普通诈骗犯罪与合同诈骗犯罪的区别，阐明了合同诈骗罪的司法认定规则，对在审理类似案件中统一裁判尺度有重要的指导意义。

关键词：合同诈骗罪；诈骗罪；犯罪未遂；法条竞合

【裁判要旨】

假借在赶集网购买二手车，诱骗有意出卖车辆的被害人配合办理过户手续以及在未收到购车款的情况下出具收条，借机非法占有被害人车辆的，构成合同诈骗罪，而不是普通诈骗罪。合同诈骗罪的数额以实际骗取的数额认定，而不是以合同中约定的标的认定。被骗车辆登记已变更，但实际未转移占有的，属于犯罪未遂。适用合同诈骗罪应当严格区分其与普通诈骗罪的适用问题，不得错误适用。

【相关法条】

《中华人民共和国刑法》

第五十五条第一款　剥夺政治权利的期限，除本法第五十七条规定外，为一年以上五年以下。

第六十四条　犯罪分子违法所得的一切财物，应当予以追缴或者责令退赔；对被害人的合法财产，应当及时返还；违禁品和供犯罪所用的本人财物，应当予以没收。没收的财物和罚金，一律上缴国库，不得挪用和自行处理。

第二百二十四条　有下列情形之一，以非法占有为目的，在签订、履行合同过程中，骗取对方当事人财物，数额较大的，处三年以下有期徒刑或者拘役，并处或者单处罚金；数额巨大或者有其他严重情节的，处三年以上十年以下有期徒刑，并处罚金；数额特别巨大或者有其他特别严重情节的，处十年以上有期徒刑或者无期徒刑，并处罚金或者没收财产：（一）以虚构的单位或者冒用他人名义签订合同的；（二）以伪造、变造、作废的票据或者其他虚假的产权证明作担保的；（三）没有实际履行能力，以先履行小额合同或者部分履行合同的方法，诱骗对方当事人继续签订和履行合同的；（四）收受对方当事人给付的货物、货款、预付款或者担保财产后逃匿的；（五）以其他方法骗取对方当事人财物的。

第二百六十六条　诈骗公私财物，数额较大的，处三年以下有期徒刑、拘役或者管制，并处或者单处罚金；数额巨大或者有其他严重情节的，处三年以上十年以下有期徒刑，并处罚金；数额特别巨大或者有其他特别严重情节的，处十年以上有期徒刑或者无期徒刑，并处罚金或者没收财产。本法另有规定的，依照规定。

【案例索引】

一审：上海市松江区人民法院（2012）松刑初字第1456号刑事判决书。

二审：上海市第一中级人民法院（2013）沪一中刑终字第167号刑事判决书。

【基本案情】

2011年3月至2012年3月，被告人郭松飞假借在赶集网上购买二手车，诱骗有意出卖车辆的被害人配合办理过户手续及在未收到购车款的情况下出具收条，郭松飞再向公安机关谎称已付款，借机非法占有被害人的车辆。具体事实如下：

2011年3月25日，被告人郭松飞使用上述手段骗得被害人王某某的牌号为苏D×××××东南牌轿车一辆。经鉴定，被骗车辆价值27466元。

2012年3月27日，郭松飞使用上述手段诱骗被害人李某为牌号为沪A×××××的奥迪牌轿车办理过户手续，并让李某出具内容为"今收到郭松飞车款伍拾万元整"的收条。在双方报警后，车辆由李某开至公安机关，并被扣押。经鉴定，被骗车辆价值551232元。同月29日，郭松飞被公安机关抓获。

【裁判结果】

一审判决：（1）判决被告人郭松飞犯诈骗罪，判处有期徒刑十一年，剥夺政治权利二年，并处罚金 2 万元。（2）扣押在案的两辆涉案车辆，分别发还被害人王某某和李某。

二审判决：（1）维持上海市松江区人民法院（2012）松刑初字第1456号刑事判决第（二）项，即扣押在案的两辆涉案车辆，分别发还被害人王某某和李某。（2）撤销上海市松江区人民法院（2012）松刑初字第1456号刑事判决第（一）项，即被告人郭松飞犯诈骗罪，判处有期徒刑十一年，剥夺政治权利二年，并处罚金2万元。（3）改判上诉人郭松飞犯合同诈骗罪，判处有期徒刑七年，并处罚金2万元。宣判后，原审被告人表示接受该判决，检察机关没有异议。原审被告人的辩护人没有意见。

【裁判理由】

一审法院认为，被告人郭松飞假借买车，骗取被害人配合完成过户手续，在没有实际付款的情况下，诱骗被害人出具收条，在获取收条后借机非法占有被害人的车辆，其行为构成诈骗罪，且属于诈骗数额特别巨大。

二审法院认为，被害人王某某、李某的陈述及陪郭松飞买车的黄某的证言等证据均证实，郭松飞在两次交易过程中没有支付购车款，而是假借买车的名义骗取他人财物。郭松飞为实施诈骗与李某签订了一份二手车交易合同，虽然该份合同约定的价款仅为750元，但双方另外口头约定实际交易价格为52万元，形成了买卖合意。郭松飞与王某某之间虽然无书面协议，但双方亦就二手车买卖的标的、价款、履行期限、地点和方式等意思表示一致，达成了内容明确的口头合同。郭松飞在签订、履行买卖合同的过程中骗取对方当事人的财物，侵犯了赶集网上的二手物品交易秩序，其行为构成合同诈骗罪。在第二次犯罪中，郭松飞虽然诱骗李某变更了车辆登记，后因郭松飞没有支付购车款，该车并未被李某实际交付，在报警后又被公安机关扣押，郭始终未能实际控制和支配被骗车辆，李某亦未实际遭受财产损失，合同诈骗的犯罪结果没有发生，其行为属于犯罪未遂。

思考问题

1. 如何区分合同诈骗罪和诈骗罪？
2. 如何准确把握合同诈骗罪中的"合同"在其犯罪构成中的地位和意义？
3. 通过赶集网骗取卖家的二手车的行为是否构成合同诈骗罪？
4. 被骗车辆已过户但未交付的犯罪停止形态是否应当认定为未遂？

案例 5　吴英集资诈骗案

内容摘要：本案是集资诈骗典型案件，历经一审、二审与再审。一审法院判决被告人吴英犯集资诈骗罪，判处死刑，剥夺政治权利终身，并处没收其个人全部财产。二审裁定驳回上诉，维持原判。最高人民法院认为一审法院量刑不当，发回重审，最终再审法院审理认定判处吴英死刑，缓期二年执行。本案一审宣判吴英死刑、二审裁定维持原判，引起了轩然大波。成立集资诈骗要求以非法占有为目的，以诈骗方法非法集资且数额较大。在本案的认定中，应当把握刑与民的界限，正确处理民间借贷和集资诈骗的关系。司法推定过程中应严格遵循推断方法，建立双层评价体制，谨防客观归罪现象的发生。主观的内容难以考量，应当以有利于被告人的角度作为出发点，结合个体思维的特性和客观行为全面考量。

关键词：集资诈骗罪；非法占有；刑法的谦抑性；死缓

【裁判要旨】

被告人吴英以非法占有为目的，以高额利息为诱饵，采取隐瞒真相、虚假宣传和虚构项目等欺骗手段面向社会公众非法集资，其行为已构成集资诈骗罪。吴英集资诈骗数额特别巨大，给国家和人民利益造成了特别重大损失，且其行为严重破坏国家的金融管理秩序，危害特别严重，应依法惩处。鉴于吴英归案后如实供述所犯罪行，并主动供述其贿赂多名公务人员的事实，其中已查证属实并追究刑事责任的有三人，综合考虑，对吴英判处死刑，可不立即执行。

【相关法条】

1.《中华人民共和国刑法》

第一百九十二条 以非法占有为目的，使用诈骗方法非法集资，数额较大的，处五年以下有期徒刑或者拘役，并处二万元以上二十万元以下罚金；数额巨大或者有其他严重情节的，处五年以上十年以下有期徒刑，并处五万元以上五十万元以下罚金；数额特别巨大或者有其他特别严重情节的，处十年以上有期徒刑或者无期徒刑，并处五万元以上五十万元以下罚金或者没收财产。

2.《中华人民共和国刑事诉讼法》

第二百三十六条第一款 第二审人民法院对不服第一审判决的上诉、抗诉案件，经过审理后，应当按照下列情形分别处理：（一）原判决认定事实和适用法律正确、量刑适当的，应当裁定驳回上诉或者抗诉，维持原判；（二）原判决认定事实没有错误，但适用法律有错误，或者量刑不当的，应当改判；（三）原判决事实不清楚或者证据不足的，可以在查清事实后改判；也可以裁定撤销原判，发回原审人民法院重新审判。

第一百四十六条 死刑由最高人民法院核准。

【案例索引】

一审：浙江省金华市中级人民法院（2009）浙金刑二初字第1号刑事判决书。

二审：浙江省高级人民法院（2010）浙刑二终字第 27 号刑事裁定书。
复核：最高人民法院（2012）刑二复 43120172 号刑事裁定书。
再审：浙江省高级人民法院（2012）浙刑二重字第 1 号刑事判决书。

【基本案情】

被告人吴英于 2003 年 8 月 6 日开办东阳吴宁贵族美容美体沙龙（注册资金 2 万元）；2005 年 3 月 25 日开办东阳吴宁喜来登俱乐部（注册资金 2 万元）；2005 年 4 月 6 日开办东阳千足堂理发休闲屋（注册资金 10 万元）；2005 年 10 月 21 日开办东阳韩品服饰店（无注册资金）；2006 年 4 月 13 日成立本色控股集团有限公司（注册资金 5000 万元）；2006 年 7 月 5 日成立东阳开发区本色汽车美容店（注册资金 20 万元）；2006 年 7 月 27 日成立东阳开发区布兰奇洗衣店（注册资金 20 万元）；2006 年 8 月 1 日成立浙江本色广告有限公司（注册资金 1500 万元）；2006 年 8 月 14 日成立东阳本色洗业管理服务有限公司（注册资金 100 万元）；2006 年 8 月 14 日成立浙江本色酒店管理有限公司（注册资金 500 万元）；2006 年 8 月 14 日成立东阳本色电脑网络有限公司（注册资金 400 万元）；2006 年 8 月 14 日成立东阳本色装饰材料有限公司（注册资金 1000 万元）；2006 年 8 月 22 日成立东阳本色婚庆服务有限公司（注册资金 1000 万元）；2006 年 9 月 19 日成立东阳本色物流有限公司（注册资金 500 万元）；2006 年 10 月 10 日组建本色控股集团，其母公司为本色集团；子公司为：本色广告公司、本色酒店管理公司、本色洗业管理公司、本色电脑网络公司、本色婚庆公司、本色装饰材料公司、本色物流公司。公司股东工商登记为吴英、吴玲玲，吴玲玲实际并未出资。自 2005 年 3 月开始，被告人吴英就以合伙或投资等为名，向徐某兰、俞某素、唐某琴、夏某琴、竺某飞、赵某夫等人集资达 1400 余万元。至成立本色集团有限公司前，被告人吴英实际负债已达 1400 余万元。为了继续集资，被告人吴英用非法集资款先后虚假注册了多家公司。公司成立后，大都未实际经营或亏损经营，并采用虚构事实、隐瞒真相、虚假宣传等方法，给社会公众造成其公司具有雄厚经济实力的假象，以骗取更多的社会资金。

【裁判结果】

一审判决：被告人吴英犯集资诈骗罪，判处死刑，剥夺政治权利终身，并处没收其个人全部财产；被告人吴英违法所得予以追缴，返还被害人。

二审裁定：驳回上诉，维持原判，对被告人吴英的死刑判决依法报请最高人民法院核准。

复核裁定：一审判决、二审裁定认定的事实清楚，证据确实、充分，定性准确，审判程序合法，唯量刑不当，依照《最高人民法院关于复核死刑案件若干问题的规定》第四条的规定裁定：（1）不核准浙江省高级人民法院（2010）浙刑二终字第 27 号维持第一审以集资诈骗罪判处被告人吴英死刑，剥夺政治权利终身，并处没收个人全部财产的刑事裁定；（2）撤销浙江省高级人民法院（2010）浙刑二终字第27号维持第一审以集资诈骗罪判处被告人吴英死刑，剥夺政治权利终身，并处没收个人全部财产的刑事裁定；（3）发回浙江省高级人民法院重新审判。

再审判决：（1）撤销浙江省金华市中级人民法院（2009）浙金刑二初字第1号刑事判决中对被告人吴英的量刑部分，维持其余部分；（2）被告人吴英犯集资诈骗罪，判处死刑，缓期二年执行，剥夺政治权利终身，并处没收其个人全部财产。

【裁判理由】

一审法院认为，被告人吴英以非法占有为目的，隐瞒事实真相，虚构资金用途，以高额利息或高额投资回报为诱饵，骗取集资款77339.5万元，实际集资诈骗38426.5万元，数额特别巨大，其行为不仅侵犯了他人的财产所有权，而且破坏了国家的金融管理秩序，已构成集资诈骗罪。公诉机关指控罪名成立，本院予以支持。被告人吴英及其辩护人提出，被告人的行为属正常的民间借贷，不构成集资诈骗罪的意见，与本院查明的事实及法律规定不符，本院不予采纳。鉴于被告人吴英集资诈骗数额特别巨大，给国家和人民利益造成了特别重大损失，犯罪情节特别严重，应依法予以严惩。

再审法院认为，吴英主观上具有非法占有的目的。吴英在早期高息集资已形成巨额外债的情况下，明知必然无法归还，却使用欺骗手段继续以高息不断地从林某平等人处非法集资；吴英将集资款部分用于偿付欠款和利息，部分用于购买房产、车辆和个人挥霍，还对部分集资款进行随意处置和捐赠。吴英集资过程中使用了诈骗手段。为了进行集资，吴英隐瞒其资金均来源于高息集资并负有巨额债务的真相，并通过短时间内注册成立多家公司和签订大量购房合同等进行虚假宣传，为其塑造"亿万富姐"的虚假形象。集资时其向被害人编造欲投资收购商铺、烂尾楼和做煤、石油生意等"高回报项目"，骗取被害人信任。吴英非法集资对象为不特定公众。吴英委托杨某等人为其在社会上寻找"做资金生意"的人，事先并无特定对象，事实上，其非法集资的对象不仅包括林某平等十一名直接被害人，也包括向林某平等人提供资金的一百多名"下线"，还包括俞某素等数十名直接向吴英提供资金但没有按诈骗对象认定的人。在集资诈骗的十一名受害人中，除蒋某幸、周某红二人在借钱之前认识吴英外，其余都是经中间人介绍为集资而认识的，并非所谓的"亲友"。林某平等人向更大范围的公众筹集资金，吴英对此完全清楚。本色集团及各公司成立的注册资金均来自于非法集资，成立后大部分公司都未实际经营或亏损经营；吴英用非法集资来的资金注册众多公司的目的是为虚假宣传，给社会公众造成本色集团繁荣的假象，以骗得更多的社会资金。而且吴英大量集资均以其个人名义进行，大量资金进入的是其个人账户，用途也由其一人随意决定。故本色集团及所属各公司实质上是吴英非法集资的工具，原判认定本案为吴英个人犯罪正确。一审认定吴英构成集资诈骗罪的相关证据均曾经吴英核对签字确认，并经一、二审法庭出示、质证，本案的全部审判程序符合法律规定，并经最高人民法院复核确认，不存在程序违法现象。吴英所谓检举揭发他人犯罪,均系其为了获取非法利益而向他人行贿,依法不构成立功。综上,吴英的辩解及其辩护人相关的辩护意见,均与查明的事实和相关法律规定不符,不予采纳。本院认为,被告人吴英以非法占有为目的,以高额利息为诱饵,采取隐瞒真相、虚假宣传和虚构项目等欺骗手段面向社会公众非法集资,其行为已构成集资诈骗罪。吴英集资诈骗数额特别巨大,给国家和人民利益造成了特别重大损失,且其行为严重破坏国家的金融管理秩序,危害特别严重,应依法惩处。鉴于吴英归案后如实供述所犯罪行,并主动供述其贿赂多名公务人员的事实,其中已查证属实并追究刑事责任的有三人,综合考虑,对吴英判处死刑,可不立即执行。

思考问题

1. 如何认定集资诈骗罪的非法占有为目的?
2. 如何认定集资诈骗罪的诈骗方法?
3. 集资诈骗罪的集资对象是否为公众?
4. 非暴力犯罪的死刑废除是否必要?

▰▰▰▰ 案例6 房毅信用卡诈骗案

内容摘要:本案是2003年编入《刑事审判参考》的典型案例,历经一审与二审。一审法院,以信用卡诈骗罪判处被告人房毅有期徒刑一年六个月,并处罚金2万元。检察院抗诉认为,一审判决认为房毅犯罪属于漏罪,未撤销缓刑,法律适用确有错误,导致量刑不当。被告人上诉认为,原判量刑过重,在前判案件的侦查过程中其已对本案所涉的全部信用卡犯罪进行交代。二审判决明确了银行有效催收的方式,规范了"催收不还"发生在缓刑期的法律适用规则,并解决了有期徒刑与拘役的并罚执行问题,对信用卡诈骗中类似问题的解决具有标杆意义,处理结果达到了法律效果和社会效果的统一。案例遵循罪刑法定原则,以恶意透支型信用卡诈骗罪的构成要件入手,确定了恶意透支行为发生在缓刑考验期前,但银行催收的截止期发生在缓刑考验期内所适用的数罪并罚情形,阐明了银行有效催收不仅限于书面形式的司法适用规则,对在审理类似案件中统一裁判尺度有指导意义。

关键词:有效催收;恶意透支;数罪并罚

【裁判要旨】

在恶意透支型信用卡诈骗罪中,银行催收方式多种,不以书面形式为限。被判处拘役缓刑的犯罪行为人透支信用卡行为发生在前罪判决前,银行催收条件满足于缓刑考验期内的，应认定系在缓刑考验期内犯新罪，当撤销缓刑，将前罪判处的拘役与后罪判处的有期徒刑并罚，并分别执行。

【相关法条】

1.《中华人民共和国刑法》

第六十九条　判决宣告以前一人犯数罪的，除判处死刑和无期徒刑的以外，应当在总和刑期以下、数刑中最高刑期以上，酌情决定执行的刑期，但是管制最高不能超过三年，拘役最高不能超过一年，有期徒刑总和刑期不满三十五年的，最高不能超过二十年，总和刑期在三十五年以上的，最高不能超过二十五年。

数罪中有判处有期徒刑和拘役的，执行有期徒刑。数罪中有判处有期徒刑和管制，或者拘役和管制的，有期徒刑、拘役执行完毕后，管制仍须执行。

数罪中有判处附加刑的，附加刑仍须执行，其中附加刑种类相同的，合并执行，种类不同的，分别执行。

第一百九十六条第一款　有下列情形之一，进行信用卡诈骗活动，数额较大的，处五年以下有期徒刑或者拘役，并处二万元以上二十万元以下罚金；数额巨大或者有其他严重情节的，处五年以上十年以下有期徒刑，并处五万元以上五十万元以下罚金；数额特别巨大或者有其他特别严重情节的，处十年以上有期徒刑或者无期徒刑，并处五万元以上五十万元以下罚金或者没收财产：……（四）恶意透支的。

第一百九十六条第二款　前款所称恶意透支，是指持卡人以非法占有为目的，超过规定限额或者规定期限透支，并且经发卡银行催收后仍不归还的行为。

2.《最高人民法院、最高人民检察院关于办理妨害信用卡管理刑事案件具体应用法律若干问题的解释》

第六条　持卡人以非法占有为目的，超过规定限额或者规定期限透支，并且经发卡银行两次催收后超过3个月仍不归还的，应当认定为刑法第一百九十六条规定的"恶意透支"。

有以下情形之一的，应当认定为刑法第一百九十六条第二款规定的"以非法占有为目的"：（一）明知没有还款能力而大量透支，无法归还的；（二）肆意挥霍透支的资金，无法归还的；（三）透支后逃匿、改变联系方式，逃避银行催收的；（四）抽逃、转移资金，隐匿财产，逃避还款的；（五）使用透支的资金进行违法犯罪活动的；（六）其他非法占有资金，拒不归还的行为。

恶意透支，数额在1万元以上不满10万元的，应当认定为刑法第一百九十六条规定的"数额较大"；数额在10万元以上不满100万元的，应当认定为刑法第一百九十六条规定的"数额巨大"；数额在100万元以上的，应当认定为刑法第一百九十六条规定的"数额特别巨大"。

恶意透支的数额，是指在第一款规定的条件下持卡人拒不归还的数额或者尚未归还的数额，不包括复利、滞纳金、手续费等发卡银行收取的费用。

恶意透支应当追究刑事责任，但在公安机关立案后人民法院判决宣告前已偿还全部透支款息的，可以从轻处罚，情节轻微的，可以免除处罚。恶意透支数额较大，在公安机关立案前已偿还全部透支款息，情节显著轻微的，可以依法不追究刑事责任。

【案例索引】

一审：上海市普陀区人民法院（2012）普刑初字第520号刑事判决书。

二审：上海市第二中级人民法院（2012）沪二中刑终字第634号刑事判决书。

【基本案情】

2007年11月至2009年2月，房毅先后向深圳发展银行、交通银行、上海银行、中国银行、光大银行等五家银行申请办理了信用卡，后持卡透支消费及取现，至2011年5月透支本金共计人民币5.3万余元，经银行多次催收仍不归还。2012年3月21日，房毅接公安机关电话通知后自动投案，并如实供述上述犯罪事实。案发后，房毅归还光大银行欠款人民币1.5万余元。

经二审认定，被告人房毅于2007年11月至2009年2月先后向深圳发展银行、交通银行、上海银行、中国银行、光大银行等五家银行申请办理了信用卡，持卡消费及取现，至2011年5月透支本金共计人民币53967.02元、美元299.57元，经发卡行两次催收超过三个月仍不归还。并进一步认定，光大银行及中国银行尾号为0014的信用卡所涉发卡银行两次催收及三个月归还期限届满均发生在前次判决前；上海银行、深圳发展银行及中国银行尾号为5887的信用卡所涉发卡银行两次催收及三个月归还期限届满均发生在缓刑考验期内；交通银行信用卡所涉发卡银行两次催收及三个月归还期限届满发生在缓刑考验期结束后。2012年3月21日，被告人房毅接公安机关电话通知后主动投案，并如实供述上述犯罪事实。

【裁判结果】

一审判决：（1）以信用卡诈骗罪判处被告人房毅有期徒刑一年六个月，并处罚金2万元；（2）赃款依法予以追缴，发还各被害单位。

二审判决：（1）维持上海市普陀区人民法院（2012）普刑初字第520号刑事判决主文第（二）项，即赃款依法予以追缴，发还各被害单位；（2）撤销上海市普陀区人民法院（2012）普刑初字第520号刑事判决主文第（一）项，即被告人房毅犯信用卡诈骗罪，判处有期徒刑一年六个月，并处罚金2万元；（3）上诉人（原审被告人）房毅犯信用卡诈骗罪，判处有期徒刑一年六个月，并处罚金2万元；撤销上海市普陀区人民法院（2011）普刑初字第436号刑事判决对房毅宣告缓刑六个月的执行部分，连同该判决判处的拘役六个月，并处罚金2万元，决定执行有期徒刑一年六个月，拘役六个月，并处罚金 4 万元。

【裁判理由】

一审法院认为,被告人房毅的行为已构成信用卡诈骗罪,依法应予惩处。房毅的恶意透支行为发生在前次判刑之前,属漏罪,且发现本次犯罪时前次判决的缓刑考验期已届满,依法不应撤销缓刑。房毅自动投案并如实供述犯罪事实,有自首情节,依法可从轻处罚。案发后,房毅退赔了部分赃款,可酌情从轻处罚。据此,依照《刑法》第一百九十六条第一款第(四)项、第二款、第六十七条第一款、第六十四条及《最高人民法院、最高人民检察院关于办理妨害信用卡管理刑事案件具体应用法律若干问题的解释》第六条的规定依法作出裁判。

抗诉意见称,一审判决认为房毅犯罪属于漏罪,未撤销缓刑,法律适用确有错误,导致量刑不当。上诉意见称,原判量刑过重,在前判案件的侦查过程中被告人已对本案所涉的全部信用卡犯罪进行交代。

二审法院认为,原审被告人房毅以非法占有为目的,违反信用卡管理的规定,对持有的信用卡恶意透支,经发卡银行多次催收超过规定期限仍不归还,数额较大,其行为已构成信用卡诈骗罪,依法应予惩处。房毅自动投案并如实供述犯罪事实,有自首情节,依法可从轻处罚。案发后,房毅退赔了部分赃款,可酌情从轻处罚。房毅在缓刑考验期内犯新罪,依法应撤销缓刑,将前罪和后罪所判处的刑罚予以并罚。原审判决认定房毅的恶意透支行为发生在前次判刑之前,属漏罪,且在前次判决的缓刑考验期届满后方被发现,依法不撤销缓刑,属法律适用错误,应予纠正。抗诉机关及上海市人民检察院第二分院的意见正确。

思考问题

1. 如何认定银行有效催收的规则?
2. 恶意透支行为发生在缓刑考验期前,但银行催收的截止期发生在缓刑考验期内的罪行如何认定及执行?
3. 如何认定"经银行两次催收超过三个月不还"?
4. 有期徒刑和拘役进行并罚的方法是什么?

案例 7　吴名强等非法经营案

内容摘要:本案回答了非法生产、经营国家管制的第二类精神药品的行为该如何定性的问题,区别了制造、贩卖毒品罪与生产、销售假药罪的界限,具有一定代表意义。本案一审终审,被告人未上诉,检察院也未抗诉。法院经审理认为,几名被告人的行为违反药品管理法规，未经许可，合伙非法生产经营国家管制的盐酸曲马多等假药，情节严重，均已构成非法经营罪，公诉机关指控的制造、贩卖毒品罪、生产假药罪的理由依据不足，不予支持。本案例对于无资质的行为主体违反国家法律规定，生产、销售国家管制而临床上在使用的精神药品的行为，合理运用犯罪竞合的相关规则原则，选择适用非法经营罪；定罪量刑与其社会危害性相符合，且能恰当地体现此类行为的本质在于违反国家禁止性管理制度；判决有利于规范司法裁判，可作为刑事审判参考，为今后的审判工作提供了意见与建议；遵循罪刑法定原则和罪责刑相适应原则，区分主犯与从犯的刑事责任与定罪量刑；结合相关法律规定与司法解释，面对犯罪竞合时择一重罪论处，体现了司法审判的审慎，对在审理类似案件中统一裁判尺度有指导意义。

关键词：精神药品；非法经营罪；犯罪竞合；罪刑法定原则

【裁判要旨】

无资质的行为主体违反国家法律规定，生产、销售国家管制但临床上正在使用的精神药品的，因被告人没有贩卖、制造毒品的故意，仅有生产、销售假药的故意，不应当认定其犯贩卖、制造毒品罪。当生产、销售假药罪与非法经营罪发生竞合时，应当遵循《最高人民法院、最高人民检察院关于办理生产、销售假药、劣药刑事案件具体应用法律若干问题的解释》，择一重罪处罚。由于本案未出现致人体健康严重危害后果或其他严重情节的情况，而以生产、销售假药罪来定罪不能充分评价被告人吴名强等人生产、销售盐酸曲马多的社会危害性，故而应以非法经营罪论处。对于在共同犯罪中的主犯与从犯分别定罪量刑，犯罪情节轻微不需要判处刑罚的可免予刑事处罚。

【相关法条】

《中华人民共和国刑法》

第三十七条　对于犯罪情节轻微不需要判处刑罚的，可以免予刑事处罚，但是可以根据案件的不同情况，予以训诫或者责令具结悔过、赔礼道歉、赔偿损失，或者由主管部门予以行政处罚或者行政处分。

第六十四条　犯罪分子违法所得的一切财物，应当予以追缴或者责令退赔；对被害人的合法财产，应当及时返还；违禁品和供犯罪所用的本人财物，应当予以没收。没收的财物和罚金，一律上缴国库，不得挪用和自行处理。

第六十七条第三款　犯罪嫌疑人虽不具有前两款规定的自首情节，但是如实供述自己罪行的，可以从轻处罚；因其如实供述自己罪行，避免特别严重后果发生的，可以减轻处罚。

第一百四十一条第二款　本条所称假药，是指依照《中华人民共和国药品管理法》的规定属于假药和按假药处理的药品、非药品。

第二百二十五条　违反国家规定，有下列非法经营行为之一，扰乱市场秩序，情节严重的,处……(一)未经许可经营法律、行政法规规定的专营、专卖物品或者其他限制买卖的物品的;……

【案例索引】

一审:广东省潮州市中级人民法院(2014)潮中法刑二初字第1号刑事判决书。

【基本案情】

吴名强、黄桂荣为牟利,在没有依法获得药品生产、销售许可的情况下,仍于2010年年底合伙共同出资加工盐酸曲马多等假药。二人约定由吴名强负责租用生产场地、购买生产设备、联系接单及销售渠道,由黄桂荣负责调试生产设备、配制药品及日常生产管理。后吴名强向陈某甲租用其老屋作为加工工场,联系同案人吴某甲(另案处理)提供生产假药的原料,并雇用吴某乙进行加工。在该加工场生产期间陈某乙明知吴名强等人违法生产假药仍受雇于该加工场,为该加工场运载生产假药的原料,将加工好的盐酸曲马多药片运输交给他人。2011年9月15日,该工场被查处,公安机关在现场扣押盐酸曲马多药片成品115.3千克、生产假药的原料1280.25千克及加工设备一批。经查,到被查处时为止,该工场已生产和销售出"感康片"、盐酸曲马多等假药,获取违法收入50750元。

吴名强于2010年至2011年9月,以48750元的价格将盐酸曲马多65件,通过同案人汪某(另案处理)销售给其他同案人(均另案处理)。

2011年年初,陈某甲在其住家帮助吴名强印刷天龙牌盐酸曲马多包装盒及说明书十万套。其间,因为印刷质量不佳,吴名强指派吴某乙前往帮忙印刷。印刷后,被告人吴名强又雇用陈某乙将包装盒及说明书运载交给他人。

【裁判结果】

一审判决:(1)被告人吴名强犯非法经营罪,判处有期徒刑四年十个月,并处罚金20万元,限于判决生效之日起十日内缴纳;(2)被告人黄桂荣犯非法经营罪,判处有期徒刑四年六个月,并处罚金15万元,限于判决生效之日起十日内缴纳;(3)被告人吴某乙犯非法经营罪,判处有期徒刑二年八个月,并处罚金5万元,限于判决生效之日起十日内缴纳;(4)被告人陈某乙犯非法经营罪,免予刑事处罚;(5)被告人陈某甲犯生产假药罪,免予刑事处罚;(6)随案移送的三星手机三部、诺基亚手机两部、现金6690元、三轮摩托车一辆、晒版机一台、高速切纸机一台、对开单色胶印机一台、搅拌机一台、压片机一台、磅秤一台、胶囊片剂印字机一台、多用途粉碎机一台、小天平秤一台、电子秤一台、空气压缩机一台、压片冲杆150支、压片模套47套予以没收,上缴国库;其余暂寄于潮州市公安局仓库的涉案原材料、生产工具由潮州市公安局依法予以销毁。宣判后,被告人吴名强、黄桂荣、吴某乙、陈某乙、陈某甲均未提出上诉,公诉机关亦未抗诉,该判决发生法律效力。

【裁判理由】

法院经审理认为,被告人吴名强、黄桂荣、吴某乙、陈某乙违反药品管理法规,未经许可,合伙非法生产经营国家管制的盐酸曲马多等假药,情节严重,其行为均已构成非法经营罪,应依法予以惩处。公诉机关指控被告人吴名强、黄桂荣、吴某乙犯制造、贩卖毒品罪,指控被告人陈某乙犯生产假药罪的理由依据不足,不予支持。

被告人吴名强、黄桂荣共同出资生产假药进行非法经营,其中,被告人吴名强负责购买生产设备和联系销售,被告人黄桂荣负责组织生产,在共同犯罪中均起主要作用,是主犯,依法应当按照其参与的全部犯罪处罚。被告人吴某乙受被告人吴名强和黄桂荣雇用和指挥参与制售盐酸曲马多等假药,在共同犯罪中起次要作用,系从犯,依法可从轻处罚。被告人陈某乙帮助运输材料和假药,在共同犯罪中起辅助作用,系从犯,视其犯罪情节轻微,依法可免予刑事处罚。

被告人吴名强提出其不知道曲马多是毒品,生产的数量也没有那么多,其辩护人提出指控被告人吴名强犯制造、贩卖毒品罪定性不当,指控已生产915万粒盐酸曲马多交付吴某甲及吴名强雇用汪某的事实等证据不足,不能认定,吴名强的行为应认定为生产假药罪等意见。经查,被告人吴名强、黄桂荣开办涉案加工场的初衷是为了生产假药,且该工场生产出的假药不但有盐酸曲马多药片,还有"感康片"等其他药品,其生产的盐酸曲马多等药片根据现有证据无法证实被告人获取不同寻常的高额或不等值的报酬及销售对象为走私、贩卖毒品的犯罪分子或吸食、注射毒品的人员等,因此,辩护人提出本案不能认定被告人吴名强犯制造、贩卖毒品罪的理由充分,予以采纳,但其行为已触犯刑法关于非法经营罪的规定,应当以非法经营罪定罪科刑。辩护人提出被告人吴名强的行为构成生产假药罪的理由不足,不予支持。辩护人又提出指控吴名强等人已生产915万粒盐酸曲马多交付吴某甲及吴名强雇用汪某的事实等证据不足,予以采纳。但被告人吴名强通过汪某将假药销售给他人的证据充分,予以认定。

被告人黄桂荣、吴某乙提出其制造的是假药,不知道是毒品及黄桂荣的辩护人提出指控黄桂荣犯制造毒品罪的定性不当等意见,理由充分,予以采纳。

被告人陈某乙提出其不知道吴名强、黄桂荣所制作的是什么东西,要求归还手机和三轮车。经查,被告人陈某乙明知被告人吴名强、黄桂荣、吴某乙生产、销售假药,还为其提供运输等帮助行为,这有其本人供述及同案其他被告人的供述、现场查扣的盐酸曲马多药片及原料等证据可以证实,足资认定,应以非法经营罪的共犯予以惩处,其作案用的手机和三轮车依法应予没收。故其意见理由依据不足,不予采纳。

被告人陈某甲明知他人生产假药,仍为其印制包装标识,其行为构成生产假药罪,应依法予以惩处。公诉机关指控其犯生产假药罪的罪名成立,予以支持。被告人陈某甲帮助被告人吴名强印制假药的包装材料,在共同生产假药犯罪中,起次要、辅助作用,是从犯,视其犯罪情节轻微,依法可免予刑事处罚。被告人陈某甲提出其机械不是专门用于生产假药,要求予以发还的意见。经查,其印刷机械系其为他人生产假药印制包装材料的作案工具,依法应予以没收,上缴国库。

 思考问题

1. 非法生产、经营国家管制的第二类精神药品盐酸曲马多的行为该如何定性?
2. 本案被告人吴名强等的行为是否构成贩卖、制造毒品罪?
3. 本案被告人吴名强等的行为是否构成生产、销售伪劣产品罪和非法经营罪的竞合?
4. 非法经营罪之兜底条款的解释规则是什么?

■■■■ 案例8　上海航旭投资集团有限公司、江树昌骗取贷款案

内容摘要:本案历经一审与二审。一审法院判定被告单位上海航旭投资集团有限公司(以下简称"航旭公司")及其直接负责的主管人员被告人江树昌以欺骗手段取得金融机构贷款,给金融机构造成损失538万余元,其行为均构成骗取贷款罪。被告单位及被告人均具有自首情节,依法可以减轻处罚。二审法院维持了一审法院的判决。骗取贷款罪是《刑法修正案(六)》正式确立的罪名。司法实践中,向金融机构工作人员提供虚假主体身份、虚假购销合同、虚假担保财物证明、虚构贷款用途等行为是常见的骗取贷款罪的表现形式。商业银行、信用社等单位属于金融机构不会存在争议,司法实践中,对于小额贷款公司是否属于金融机构,则有不同理解,本案中就明确了这一点。一个完整的骗取贷款罪应当具备如下构造:借款人向金融机构使用了欺骗手段→金融机构工作人员陷入错误认识→金融机构工作人员基于错误认识发放贷款→借款人取得金融机构贷款。江树昌骗取贷款案的判决对在类似案件中统一裁判尺度有指导意义。

关键词:小额贷款公司;贷款诈骗罪;非法占有

【**裁判要旨**】

小额贷款公司系依法设立的经营小额贷款金融业务的其他非银行金融机构。对不足以证实行为人具有非法占有目的的骗取小额贷款公司贷款的行为,构成犯罪的,应当以骗取贷款罪论处。

【**相关法条**】

《中华人民共和国刑法》

第一百七十五条之一　以欺骗手段取得银行或者其他金融机构贷款、票据承兑、信

用证、保函等，给银行或者其他金融机构造成重大损失或者有其他严重情节的，处三年以下有期徒刑或者拘役，并处或者单处罚金；给银行或者其他金融机构造成特别重大损失或者有其他特别严重情节的，处三年以上七年以下有期徒刑，并处罚金。

单位犯前款罪的，对单位判处罚金，并对其直接负责的主管人员和其他直接责任人员，依照前款的规定处罚。

【案例索引】

一审：上海市闵行区人民法院（2013）闵刑初字第2283号刑事判决书。
二审：上海市第一中级人民法院（2014）沪一中刑终字第146号刑事裁定书。

【基本案情】

2012年1月6日，被告人江树昌作为上海航旭投资集团有限公司法定代表人，以公司名义向上海闵行九星小额贷款股份有限公司（以下简称"九星公司"）申请贷款用于购买钢材，并提供了与上海屹荣实业有限公司虚假签订的钢材供销合同，虚报公司财务状况。同年1月13日，航旭公司取得九星小贷公司贷款600万元后，即用于归还航旭公司及其控股的其他公司的贷款和债务。同年2月至7月，航旭公司支付利息61.72万元，其余款息仍未归还，给九星公司造成损失538.28万元。2013年3月1日，江树昌经公安机关电话通知后主动到案，并如实供述了上述事实。

【裁判结果】

一审判决：（1）被告单位航旭公司犯骗取贷款罪，判处罚金10万元；（2）被告人江树昌犯骗取贷款罪，判处有期徒刑二年，并处罚金6万元；（3）追缴被告单位及被告人的违法所得发还被害单位九星公司。

二审裁定：驳回上诉，维持原判。

【裁判理由】

一审法院认为，被告单位航旭公司及其直接负责的主管人员被告人江树昌以欺骗手段取得金融机构贷款，给金融机构造成损失538万余元，属造成特别重大损失，其行为均构成骗取贷款罪。被告单位及被告人均具有自首情节，依法可以减轻处罚。

二审法院认为，上诉人江树昌、原审被告单位航旭公司通过欺骗手段取得金融机构贷款，给金融机构造成特别重大损失达538万余元，其行为均构成骗取贷款罪。原审法院根据江树昌、航旭公司的犯罪事实、性质、情节及对社会的危害程度等所作判决并无不当，且审判程序合法，遂裁定驳回上诉，维持原判。

思考问题

1. 小额贷款公司是否属于金融机构?
2. 被告人江树昌是否具有非法占有目的?
3. 骗取小额贷款公司贷款的行为是否构成骗取贷款罪?

案例9 郭明升等假冒注册商标案

内容摘要:本案是假冒注册商标典型案例。本案一审终审,被告人未上诉,检察院未抗诉。法院审理认定,被告人在未经"SAMSUNG"商标注册人授权许可的情况下,购进假冒注册商标的手机机头及配件,组装并通过网店对外以"正品行货"销售,非法经营数额达2000余万元,非法获利200余万元,属情节特别严重,其行为构成假冒注册商标罪。最高人民法院颁布本案旨在明确假冒注册商标犯罪中,对于非法经营数额、违法所得数额,应当综合被告人供述、证人证言、被害人陈述、网络销售电子数据、被告人银行账户往来记录、送货单、快递公司电脑系统记录、被告人等所作记账等证据认定。被告人辩解称网络销售记录存在刷信誉的不真实交易,但无证据证实的,对其辩解不予采纳。本案例对于此类案件证据如何认定,打消犯罪分子企图通过辩解称网络销售记录存在刷信誉的情况以否认非法经营数额和非法所得的目的,具有积极的意义。

关键词:假冒注册商标罪;非法经营数额;网络销售;刷信誉

【裁判要旨】

假冒注册商标犯罪的非法经营数额、违法所得数额,应当综合被告人供述、证人证言、被害人陈述、网络销售电子数据、被告人银行账户往来记录、送货单、快递公司电脑系统记录、被告人等所作记账等证据认定。被告人辩解称网络销售记录存在刷信誉的不真实交易,但无证据证实的,对其辩解不予采纳。

【相关法条】

《中华人民共和国刑法》

第二百一十三条 未经注册商标所有人许可,在同一种商品上使用与其注册商标相同的商标,情节严重的,处三年以下有期徒刑或者拘役,并处或者单处罚金;情节特别严重的,处三年以上七年以下有期徒刑,并处罚金。

【案例索引】

一审:江苏省宿迁市中级人民法院(2015)宿中知刑初字第0004号刑事判决书。

【基本案情】

2013年11月底至2014年6月，被告人郭明升为谋取非法利益，伙同被告人孙淑标、郭明锋在未经三星（中国）投资有限公司授权许可的情况下，从他人处批发假冒三星手机裸机及配件进行组装，利用其在淘宝网上开设的"三星数码专柜"网店进行"正品行货"宣传，并以明显低于市场价格公开对外销售，共计销售假冒的三星手机20000余部，销售金额2000余万元，非法获利200余万元，应当以假冒注册商标罪追究其刑事责任。被告人郭明升在共同犯罪中起主要作用，系主犯。被告人郭明锋、孙淑标在共同犯罪中起辅助作用，系从犯，应当从轻处罚。

被告人郭明升、孙淑标、郭明锋及其辩护人对其未经"SAMSUNG"商标注册人授权许可，组装假冒的三星手机，并通过淘宝网店进行销售的犯罪事实无异议，但对非法经营额、非法获利提出异议，辩解称其淘宝网店存在请人刷信誉的行为，真实交易量只有10000余部。

"SAMSUNG"是三星电子株式会社在中国注册的商标，该商标有效期至2021年7月27日；三星（中国）投资有限公司是三星电子株式会社在中国投资设立，并经三星电子株式会社特别授权负责三星电子株式会社名下商标、专利、著作权等知识产权管理和法律事务的公司。2013年11月，被告人郭明升通过网络中介购买店主为"汪亮"、账号为play2011-××××的淘宝店铺，并改名为"三星数码专柜"，在未经三星（中国）投资公司授权许可的情况下，从深圳市华强北远望数码城、深圳福田区通天地手机市场批发假冒的三星I8552手机裸机及配件进行组装，并通过"三星数码专柜"在淘宝网上以"正品行货"进行宣传、销售。被告人郭明锋负责该网店的客服工作及客服人员的管理，被告人孙淑标负责假冒的三星I8552手机裸机及配件的进货、包装及联系快递公司发货。至2014年6月，该网店共计组装、销售假冒三星I8552手机20000余部，非法经营额2000余万元，非法获利200余万元。

【裁判结果】

一审判决：被告人郭明升犯假冒注册商标罪，判处有期徒刑五年，并处罚金160万元；被告人孙淑标犯假冒注册商标罪，判处有期徒刑三年，缓刑五年，并处罚金20万元；被告人郭明锋犯假冒注册商标罪，判处有期徒刑三年，缓刑四年，并处罚金20万元。宣判后，三被告人均没有提出上诉，该判决已经生效。

【裁判理由】

法院经审理认为，被告人郭明升、郭明锋、孙淑标在未经"SAMSUNG"商标注册人授权许可的情况下，购进假冒"SAMSUNG"注册商标的手机机头及配件，组装假冒"SAMSUNG"注册商标的手机，并通过网店对外以"正品行货"销售，属于未经注册商标所有人许可在同一种商品上使用与其相同的商标的行为,非法经营数额达 2000 余万元,非法获利 200 余万元,属情节特别严重,其行为构成假冒注册商标罪。被告人郭明升、郭明锋、孙淑标虽然辩解称其网店售销记录存在刷信誉的情况,对公诉机关指控的非法经营数额、非法获利提出异议,但三被告人在公安机关的多次供述,以及公安机关查获的送货单、支付宝向被告人郭明锋银行账户付款记录、郭明锋银行账户对外付款记录、"三星数码专柜"淘宝记录、快递公司电脑系统记录、公安机关现场扣押的笔记等证据之间能够互相印证,综合公诉机关提供的证据,可以认定公诉机关关于三被告人共计销售假冒的三星 I8552 手机 20000 余部、销售金额 2000 余万元、非法获利 200 余万元的指控能够成立,三被告人关于销售记录存在刷信誉行为的辩解无证据予以证实,不予采信。被告人郭明升、郭明锋、孙淑标系共同犯罪,被告人郭明升起主要作用,是主犯;被告人郭明锋、孙淑标在共同犯罪中起辅助作用,是从犯,依法可以从轻处罚。故依法作出上述判决。

思考问题

1. 被告人郭明升的行为是否属于未经注册商标所有人许可在同一种商品上使用与其相同的商标的行为?
2. 被告人郭明升的行为是否属于假冒注册商标罪的情节特别严重的情形?

案例 10　杨俊杰、周智平侵犯商业秘密案

内容摘要:本案是上海法院受理的首例适用《刑事诉讼法》规定的第三类自诉程序审理的侵犯商业秘密罪案。本案诉讼过程几经周折,被害单位先向警方报案,经侦查后依法移交检察机关审查起诉,而检察机关经审查作出不予起诉处理决定。被害单位遂向人民法院提起自诉。法院判处被告人杨俊杰、周智平犯侵犯商业秘密罪,免予刑事处罚。一审宣判后,自诉人卡伯公司和被告人杨俊杰、周智平分别提出上诉。二审审理期间,上诉人均提出撤诉申请。本案例在现行法律制度的框架下,对于关于商业秘密的程序问题和实体问题极其有借鉴价值,对我国加大知识产权刑事司法的保护力度意义重大。

关键词:侵犯商业秘密罪;商业秘密;重大损失

【相关法条】

1.《中华人民共和国刑法》

第三十七条　对于犯罪情节轻微不需要判处刑罚的,可以免予刑事处罚,但是可以根据案件的不同情况,予以训诫或者责令具结悔过、赔礼道歉、赔偿损失,或者由主管

部门予以行政处罚或者行政处分。

第二百一十九条　有下列侵犯商业秘密行为之一，给商业秘密的权利人造成重大损失的，处三年以下有期徒刑或者拘役，并处或者单处罚金；造成特别严重后果的，处三年以上七年以下有期徒刑，并处罚金：（一）以盗窃、利诱、胁迫或者其他不正当手段获取权利人的商业秘密的；（二）披露、使用或者允许他人使用以前项手段获取的权利人的商业秘密的；（三）违反约定或者违反权利人有关保守商业秘密的要求，披露、使用或者允许他人使用其所掌握的商业秘密的。

明知或者应知前款所列行为，获取、使用或者披露他人的商业秘密的，以侵犯商业秘密论。

本条所称商业秘密，是指不为公众所知悉，能为权利人带来经济利益，具有实用性并经权利人采取保密措施的技术信息和经营信息。

本条所称权利人，是指商业秘密的所有人和经商业秘密所有人许可的商业秘密使用人。

2.《最高人民法院关于适用〈中华人民共和国刑事诉讼法〉的解释》

第三百零五条第一款　上诉人在上诉期满后要求撤回上诉的，第二审人民法院应当审查。经审查，认为原判认定事实和适用法律正确，量刑适当的，应当裁定准许撤回上诉；认为原判事实不清、证据不足或者将无罪判为有罪、轻罪重判等的，应当不予准许，继续按照上诉案件审理。

【案例索引】

一审：上海市嘉定区人民法院刑事判决书。
二审：上海市第二中级人民法院刑事裁定书。
《刑事审判参考》2010 年第 2 集（第 609 号）。

【基本案情】

1995 年 4 月，上海利进化工科技开发有限公司（以下简称"利进公司"）注册成立，经营范围为化工专业领域的技术开发、转让、化工产品及原料的批售、涂料生产等，周某洁任该公司技术主管。同年 6 月，该公司与上海中启实业公司合作开发生产环氧地坪油漆项目，代号 H800。1996 年，利进公司研制了一系列导电地坪材料，达到国家规定的二级抗静电地坪要求。同年 9 月，利进公司开始向上海美建钢结构有限公司（以下简称"ABC 公司"）提供钢结构专用油漆（醇酸底漆）。后该产品经改进升级，编号为 D268，是针对 ABC 公司生产特性而特别开发的，适应 ABC 公司的使用要求。

1998 年 8 月，自诉人卡伯公司注册成立，经营范围为生产涂料、销售本公司自产产品等，利进公司的法定代表人周某希推荐周某洁任自诉人的总经理。同年 9 月，利进公司将其技术、客户资料及相关的生产、经营资料授权给自诉人使用。同年12月3日，自诉人制定了《卡伯公司保密制度》。该制度规定：公司的一切有加密或保密标记的资料都属于保密资料；各类产品的生产技术、工艺操作规程、配方及有关市场信息、经营资料等都属于公司的保密资料范围，并在其油漆、涂料生产作业单上注明"保密资料"字样。1999年8月，自诉人与杨俊杰、周智平（二人1995年进入利进公司工作）分别签订了劳动合同，二人进入卡伯公司工作，分别担任销售部经理和技术部经理。该合同中卡伯公司明确规定员工应遵守公司的各项规章制度。自诉人对公司的保密资料设有专用电脑，对涉及原料明细及进出、历年来的客户名单资料、购销货物及产品经营方面的资料信息由总经理周某洁和杨俊杰等掌握；对涉及生产产品的基础技术配方及生产作业等资料信息由总经理周某洁和周智平掌握。每套数据设有密码锁定。2000年3月，周智平辞职离开自诉人。同年9月，杨俊杰、周智平商量以杨母张某、周妻赵某的名义注册成立上海侨世涂料有限公司（以下简称"侨世公司"），赵某任侨世公司法定代表人。同年10月，杨俊杰辞职离开自诉人。杨俊杰、周智平分别担任侨世公司销售部经理和技术部经理。同期，周智平、杨俊杰利用从自诉人处擅自带走的生产、销售等资料、信息，在侨世公司生产、销售与自诉人同类的产品（侨世公司生产、销售的涉嫌侵权的H800、13268、E508的代号编排有些和卡伯公司相同，有些在卡伯公司产品代号前加"1"，即把H800、D268、E508编排为H1800、D1268、E1508）。

另查，2001年9月，杨俊杰与高某宏签订投资协议书，共同投资成立台聚涂料（上海）有限公司（以下简称"台聚公司"），杨俊杰任台聚公司经理，周智平任台聚公司厂长。周智平、杨俊杰利用擅自从自诉人处带走的生产、销售等资料、信息，在台聚公司生产、销售与自诉人部分同类的产品。

2002年4月，公安机关接自诉人报案后，展开立案侦查，在侨世公司查获了大量油漆产品和有关自诉人的技术和经营信息资料。同月，公安机关委托中国上海测试中心催化剂行业测试点对卡伯公司和侨世公司、台聚公司生产的油漆产品进行成分分析，结果是H800-491K（卡伯）和H800-491Q（侨世）、D268-531K（卡伯）和D268-531Q（侨世）、E508-100（卡伯）和E1508-1100（台聚）、H800-129（卡伯）和H1800-B05（台聚）、H800-481（卡伯）和H1800-G03（台聚）等11组试样的基本组成一致，各组分的量有差异。同月，公安机关委托公信中南会计师事务所对侨世公司涉嫌侵权产品的获利情况进行审计，结论是自2000年11月至2002年2月，侨世公司销售涉嫌侵权的11800、D268、E508（包括H1800、D1268、E1508）三种产品的净利润为78万余元。同年6月，国家涂料质量监督检验中心出具证明：对涂料产品而言，其配方是一项技术；涂料的配方属企业技术秘密，该中心目前不能对相同名称的涂料配方作出鉴定。公安机关委托上海同诚会计师事务所、上海佳瑞会计师事务所对自诉人的年度利润等情况进行审计，结论是自诉人2000年度、2001年度、2002年度的利润分别为298万余元、53万余元、225万余元。2003年7月，上海市嘉定区人民法院委托上海市科学技术委员会对自诉人主张的 H800、D268、E508 等产品的配方进行技术鉴定。同年 11 月，上海市科学技术委员会经综合分析、评议，结论是自诉人的 H800、D268、E508 三种产品的配方不属于公知技术（其他五种产品的配方因自诉人提供的技术资料不全等原因，未予鉴定）。综上，自诉人因被告人杨俊杰、周智平侵犯其商业秘密而遭受的经济损失为 78 万余元。

【裁判结果】

一审判决：（1）被告人杨俊杰犯侵犯商业秘密罪，免予刑事处罚；（2）被告人周智平犯侵犯商业秘密罪，免予刑事处罚；（3）责令被告人杨俊杰、周智平退赔违法所得 78 万元（已在案 30 万元），发还卡伯公司；（4）在案犯罪工具予以没收。一审宣判后，自诉人卡伯公司和被告人杨俊杰、周智平分别提出上诉。

二审裁定：依照《最高人民法院关于执行〈中华人民共和国刑事诉讼法〉若干问题的解释》第二百三十九条的规定，准许上诉人撤回上诉，维持原判。

【裁判理由】

法院经审理认为，自诉人指控被告人杨俊杰、周智平犯侵犯商业秘密罪的基本事实清楚，基本证据确实、充分，指控罪名成立。但自诉人指控杨俊杰、周智平侵犯其 M203、D356、T600、Q586、D580 五种产品的商业秘密，因自诉人未能提供充分证据，对该指控不予支持。二被告人及其辩护人关于二被告人不构成侵犯商业秘密罪的辩解和辩护意见，与查明的事实不符，本院不予采纳。鉴于二被告人在审理阶段能主动退赔部分犯罪所得，在量刑时酌情予以考虑。

 思考问题

1. 《刑事诉讼法》规定的第二类既可自诉又可公诉的案件有哪些？第二类转为第三类自诉程序的条件是什么？是否可适用调解？
2. 关于侵犯商业秘密案件的鉴定程序如何建构？
3. 侵犯商业秘密案件在自诉程序中的法律适用规则是什么？
4. 本案中是否存在以不正当手段获取商业秘密及侵权行为？
5. 本案经济损失的计算方法是什么？
6. 对商业秘密被侵犯以后所造成的经济损失，是应依法予以追缴、责令退赔，还是提起附带民事诉讼，还是另行提起民事诉讼请求赔偿？
7. 本案是单位犯罪还是个人犯罪？法律规定侵犯知识产权之自然人与单位犯罪是否存在不同的起刑标准？
8. 自诉案件中如何认定侵犯商业秘密罪的主要要件？

第十四章　侵犯公民人身权利、民主权利罪

■■■ 案例1　李飞故意杀人案

内容摘要：本案是最高人民法院发布的指导案例，是一起因最高人民法院不予核准死刑而改判的刑事指导案例，历经一审、二审、死刑复核裁定及再审。一审法院判决认定被告人李飞犯故意杀人罪，判处死刑，剥夺政治权利终身。宣判后，李飞提出上诉。二审法院裁定驳回上诉，维持原判，并依法报请最高人民法院核准。最高人民法院复核裁定：不核准被告人李飞死刑，发回黑龙江省高级人民法院重新审判。法院再审判决，以故意杀人罪改判被告人李飞死刑，缓期二年执行，剥夺政治权利终身，同时决定对其限制减刑。本案的重点在于《刑法修正案（八）》中新规定的死刑缓期执行限制减刑的适用问题。最高人民法院对于死刑复核给出不准予的意见，主要依据之一便是本案系因民间纠纷引发，且被告人主观恶性尚不足以适用死刑立即执行的刑罚，故本着限制适用、审慎适用死刑的原则对本案改判死刑缓期执行限制减刑。

关键词：故意杀人罪；民间矛盾引发；亲属协助抓捕；累犯；死刑缓期执行；限制减刑

【裁判要旨】

对于因民间矛盾引发的故意杀人案件，被告人犯罪手段残忍，且系累犯，论罪应当判处死刑，但被告人亲属主动协助公安机关将其抓捕归案，并积极赔偿的，人民法院根据案件具体情节，从尽量化解社会矛盾角度考虑，可以依法判处被告人死刑，缓期二年执行，同时决定限制减刑。

【相关法条】

《中华人民共和国刑法》

第五十条第二款　对被判处死刑缓期执行的累犯以及因故意杀人、强奸、抢劫、绑架、放火、爆炸、投放危险物质或者有组织的暴力性犯罪被判处死刑缓期执行的犯罪分子，人民法院根据犯罪情节等情况可以同时决定对其限制减刑。

第五十七条　对于被判处死刑、无期徒刑的犯罪分子，应当剥夺政治权利终身。

在死刑缓期执行减为有期徒刑或者无期徒刑减为有期徒刑的时候，应当把附加剥夺政治权利的期限改为三年以上十年以下。

第六十五条第一款　被判处有期徒刑以上刑罚的犯罪分子，刑罚执行完毕或者赦免以后，在五年以内再犯应当判处有期徒刑以上刑罚之罪的，是累犯，应当从重处罚，但是过失犯罪和不满十八周岁的人犯罪的除外。

第二百三十二条　故意杀人的，处死刑、无期徒刑或者十年以上有期徒刑；情节较轻的，处三年以上十年以下有期徒刑。

【案例索引】

一审：黑龙江省哈尔滨市中级人民法院（2009）哈刑二初字第51号刑事判决书。
二审：黑龙江省高级人民法院（2009）黑刑三终字第70号刑事裁定书。
复核：最高人民法院（2010）刑五复66820039号刑事裁定书。
再审：黑龙江省高级人民法院（2011）黑刑三终字第63号刑事判决书。

【基本案情】

2006年4月14日，被告人李飞因犯盗窃罪被判处有期徒刑二年，2008年1月2日刑满释放。2008年4月，经他人介绍，李飞与被害人徐某某（女，殁年26岁）建立恋爱关系。同年8月，二人因经常吵架而分手。8月24日，当地公安机关到李飞的工作单位给李飞建立重点人档案时，其单位得知李飞曾因犯罪被判刑一事，并以此为由停止了李飞的工作。李飞认为其被停止工作与徐某某有关。

同年9月12日21时许，被告人李飞拨打徐某某的手机，因徐某某外出，其表妹王某某（被害人，时年16岁）接听了李飞打来的电话，并告知李飞，徐某某已外出。后李飞又多次拨打徐某某的手机，均未接通。当日23时许，李飞到哈尔滨市呼兰区徐某某开设的"小天使形象设计室"附近，再次拨打徐某某的手机，与徐某某在电话中发生吵骂。后李飞破门进入徐某某在"小天使形象设计室"内的卧室，持室内的铁锤多次击打徐某某的头部，击打徐某某表妹王某某头部、双手数下。稍后，李飞又持铁锤先后再次击打徐某某、王某某的头部，致徐某某当场死亡、王某某轻伤。为防止在场的"小天使形象设计室"学徒工佟某报警，李飞将徐某某、王某某及佟某的手机带离现场抛弃，后潜逃。同月23日22时许，李飞到其姑母李某某家中，委托其姑母转告其母亲梁某某送钱。梁某某得知此情后，及时报告公安机关，并于次日晚协助公安机关将来姑母家取钱的李飞抓获。在本案审理期间，李飞的母亲梁某某代为赔偿被害人亲属4万元。

【裁判结果】

一审判决：被告人李飞犯故意杀人罪，判处死刑，剥夺政治权利终身。宣判后，李飞提出上诉。
二审裁定：驳回上诉，维持原判，并依法报请最高人民法院核准。
复核裁定：不核准被告人李飞死刑，发回黑龙江省高级人民法院重新审判。

再审判决：以故意杀人罪改判被告人李飞死刑，缓期二年执行，剥夺政治权利终身，同时决定对其限制减刑。

【裁判理由】

再审法院认为，被告人李飞的行为已构成故意杀人罪，罪行极其严重，论罪应当判处死刑。本案系因民间矛盾引发的犯罪；案发后李飞的母亲梁某某在得知李飞杀人后的行踪时，主动、及时到公安机关反映情况，并积极配合公安机关将李飞抓获归案；李飞在公安机关对其进行抓捕时，顺从归案，没有反抗行为，并在归案后始终如实供述自己的犯罪事实，认罪态度好；在本案审理期间，李飞的母亲代为赔偿被害方经济损失；李飞虽系累犯，但此前所犯盗窃罪的情节较轻。综合考虑上述情节，可以对李飞酌情从宽处罚，对其可不判处死刑立即执行。同时，鉴于其故意杀人手段残忍，又系累犯，且被害人亲属不予谅解，故依法判处被告人李飞死刑，缓期二年执行，同时决定对其限制减刑。

 思考问题

1. 本案所使用的死缓限制减刑相关法条的使用规则是什么？
2. 《刑法修正案（八）》中死缓限制减刑的裁判标准是什么？
3. 本案的裁判是否符合上诉不加刑原则？
4. 本案的裁判是否违背刑法溯及力原则？
5. 被判处死缓的累犯的限制减刑规则是什么？
6. 民间矛盾在故意杀人罪死刑适用中的规则是什么？

■■■ 案例2 贾敬龙故意杀人案

内容摘要：2016年的贾敬龙案因为量刑争议问题走入了人们的视野，并随着一审、二审判决结果的相继作出逐步演变成当时的社会热点，历经一审、二审及死刑复核程序。一审法院判决认定被告人贾敬龙犯故意杀人罪，判处死刑，剥夺政治权利终身。二审法院裁定驳回上诉，维持原判。最高人民法院复核作出核准被告人贾敬龙死刑，剥夺政治权利终身的刑事裁定。刑法既是善良人的大宪章，亦是犯罪人的大宪章。刑法保护所有人的"值得被保护"，它怜悯并且欲保护被害人的受损利益，同时也对被告人存有恻隐之心，尊重并保障其人权不受侵犯。杀人偿命似是天经地义，然而倘若只考虑那种"以眼还眼，以牙还牙"的报应，我们又和那些茹毛饮血的野兽有什么区别呢？犯罪自然应当受罚，但在如今，更应当在目的刑（防止再犯）的限制下处以刑罚。因此，在贾敬龙案中，我们倘若对其他量刑情节视而不见，仅仅看到其杀了人的客观表象，那反而会使天理难以昭彰。

关键词：自首；民间纠纷；故意杀人罪；死刑

【裁判要旨】

故意非法剥夺他人生命的，其行为已构成故意杀人罪，且情节、后果均特别严重，应予依法惩处。本案犯罪影响极其恶劣，手段极其残忍，后果特别严重。上诉人贾敬龙虽编辑短信称作案后要投案自首，但并未发送，作案后也未拨打110报警电话。其驾驶轿车逃离现场时被群众撞伤后抓获，诉称系正在投案途中被抓获的证据不足，对其上诉理由和辩护意见不予采纳。

【相关法条】

1.《中华人民共和国刑法》

第三十六条 由于犯罪行为而使被害人遭受经济损失的，对犯罪分子除依法给予刑事处罚外，并应根据情况判处赔偿经济损失。

承担民事赔偿责任的犯罪分子，同时被判处罚金，其财产不足以全部支付的，或者被判处没收财产的，应当先承担对被害人的民事赔偿责任。

第五十七条第一款 对于被判处死刑、无期徒刑的犯罪分子，应当剥夺政治权利终身。

第六十四条 犯罪分子违法所得的一切财物，应当予以追缴或者责令退赔；对被害人的合法财产，应当及时返还；违禁品和供犯罪所用的本人财物，应当予以没收。没收的财物和罚金，一律上缴国库，不得挪用和自行处理。

第二百三十二条 故意杀人的，处死刑、无期徒刑或者十年以上有期徒刑；情节较轻的，处三年以上十年以下有期徒刑。

2.《中华人民共和国刑事诉讼法》

第二百三十六条第一款 第二审人民法院对不服第一审判决的上诉、抗诉案件，经过审理后，应当按照下列情形分别处理：（一）原判决认定事实和适用法律正确、量刑适当的，应当裁定驳回上诉或者抗诉，维持原判；……

第二百四十六条 死刑由最高人民法院核准。

第二百五十条 最高人民法院复核死刑案件，应当作出核准或者不核准死刑的裁定。对于不核准死刑的，最高人民法院可以发回重新审判或者予以改判。

3.《最高人民法院关于适用〈中华人民共和国刑事诉讼法〉的解释》

第三百四十四条第一款 报请最高人民法院核准死刑案件，应当按照下列情形分别处理：……（二）中级人民法院判处死刑的第一审案件，被告人上诉或者人民检察院抗诉，高级人民法院裁定维持的，应当在作出裁定后十日内报请最高人民法院核准；……

第三百五十条　最高人民法院复核死刑案件，应当按照下列情形分别处理：（一）原判认定事实和适用法律正确、量刑适当、诉讼程序合法的，应当裁定核准；……

【案例索引】

一审：河北省石家庄市中级人民法院（2015）石刑初字第 00138 号刑事判决书。

二审：河北省高级人民法院（2016）冀刑终 27 号刑事裁定书。

复核：最高人民法院死刑复核裁定书。

【基本案情】

被告人贾敬龙因 2013 年北高营村旧房改造时自家房屋被拆而与该村村主任兼书记、被害人何某某结下怨恨，并产生要找何某某报仇的想法。后贾敬龙为报仇购买了三把射钉枪、射钉、射钉炮、一把仿真手枪等，并对射钉枪进行了改装、实验。2015 年 2 月 19 日 4 时许，被告人贾敬龙从华晬制药厂北侧租住处开着自己的红旗汽车来到北高营新村团拜会现场附近，将汽车停好后又步行回到租住处。8 时许，贾敬龙用纸箱装着三把射钉枪和一把仿真手枪步行来到北高营村内空地的北高营村团拜会现场。9 时许贾敬龙走到何某某身后，用一把射钉枪对着何某某的后脑部打了一枪，之后开上事先停放在附近的汽车逃离现场。在逃离现场的过程中贾敬龙驾驶的汽车被追赶的村民用汽车撞停，贾敬龙被抓获，民警赶到后将其控制，何某某经抢救无效死亡。经鉴定被害人何某某被存留在右面部的钢钉贯穿颅脑，致颅脑损伤死亡。

【裁判结果】

一审判决：（1）被告人贾敬龙犯故意杀人罪，判处死刑，剥夺政治权利终身。（2）被告人贾敬龙赔偿附带民事诉讼原告人丧葬费 23119.5 元、抢救费 1030.7 元，共计 24150.22 元。（3）查获的犯罪工具予以没收。

二审裁定：驳回上诉，维持原判。

复核裁定：核准河北省高级人民法院（2016）冀刑终 27 号维持第一审以故意杀人罪判处被告人贾敬龙死刑，剥夺政治权利终身的刑事裁定。

【裁判理由】

一审法院认为，对于被告人贾敬龙及其辩护人所提贾敬龙系自首情节的辩解和辩护观点，经查，被告人贾敬龙虽事先编辑短信称作案后要投案自首，但并未向他人发送，作案后也未拨打 110 报警电话，其驾车离开现场时被群众驾车撞伤后抓获，证实其行为属正在投案途中被抓获的证据不足，故对该辩解和辩护观点，本院不予采纳。对于被告人贾敬龙及其辩护人所提本案因被害人何某某对贾敬龙婚房进行强拆而引发，以及何某某领导村干部在拆迁过程中没有依法实施拆迁的辩解和辩护观点,经查,被拆迁的房子和宅基地在贾敬龙的父亲贾某某名下,贾某某已与村委会签署了旧村改造拆迁协议书,并按该协议收到二套房屋及拆迁安置费,村委会委托的第三方评估机构也对贾某某家被拆除的房屋进行了评估,辩护人提交的拆迁录像亦不能证实拆迁存在违法行为。因此,认定被害人何某某领导的北高营村委会拆除贾敬龙家房屋属违法强拆的证据不足,故对该辩解和辩护观点,本院不予采纳。对于被告人贾敬龙的辩护人所提贾敬龙的犯罪对象特定,不具有对社会公众的危险性的辩护观点,经查,被告人贾敬龙因旧房拆迁的利益问题对村干部何某某结下怨恨,并于农历正月初一的团拜会上在公共场合将何某某用射钉枪杀害,其行为影响极其恶劣,手段极其残忍,后果极其严重,故对该辩护观点,本院不予采纳。

最高人民法院复核认为,被告人贾敬龙故意非法剥夺他人生命,其行为已构成故意杀人罪。贾敬龙因对 2013 年自家旧房被拆迁不满,即蓄意报复,购买射钉枪并进行改装、试验,时隔近二年,在 2015 年农历正月初一的村团拜会上将被害人何某某用射钉枪杀害,犯罪手段极其残忍,社会影响极其恶劣,人身危险性极大,罪行极其严重,应依法惩处。第一审判决、第二审裁定认定的事实清楚,证据确实、充分,定罪准确,量刑适当,审判程序合法。

思考问题

1. 贾敬龙故意杀人案可否适用死缓?
2. 贾敬龙是否构成自首?
3. 本案被害人是否存在过错?
4. 本案是否属于激情杀人?
5. 被害人过错与死刑适用的关系是什么?

案例 3 于欢故意伤害案

内容摘要:于欢案的二审审理无疑是近年来具有重要标志意义的法治事件。本案历经一审与二审。一审法院认为,被告人于欢面对众多讨债人的长时间纠缠,不能正确处理冲突,持尖刀捅刺多人,致一名被害人死亡、二名被害人重伤、一名被害人轻伤,其行为构成故意伤害罪,依法判处无期徒刑,剥夺政治权利终身。二审法院认为,上诉人于欢持刀捅刺杜某甲等四人,属于制止正在进行的不法侵害,其行为具有防卫性质,鉴于于欢的行为属于防卫过当,于欢归案后能够如实供述主要罪行,且被害方有以恶劣手段侮辱于欢之母的严重过错等情节,对于欢依法应当减轻处罚,判处有期徒刑五年。对正当防卫的理解与适用,理论和实务界在不法侵害是否存在的判断标准、可以防卫的不法侵害范围、正当防卫限度的认定标准等问题上尚存在一定的争议。于欢案二审裁判文书在全面查明案件事实的基础上,从防卫的目的、时机、对象、限度等方面对于欢行为是否具有防卫性质、能否认定为正当防卫作了全面深入的分析和论证,既紧扣法律条文规定,又充分吸取了学术界关于正当防卫的有益观点,同时,充分考虑了天理、人情等伦理道德因素,切实体现了人民法院司法裁判遵循"国法"、不违"天理"、合乎"人情"的要求,对类案的审理将起到重要的指引作用。

关键词:防卫过当;故意伤害罪;正当防卫

【裁判要旨】

根据刑法规定,对不法侵害行为人有权进行正当防卫,同时对正当防卫规定了限度条件,明显超过必要限度造成重大损害的,属于防卫过当。评判防卫行为是否过当,应当从不法侵害的性质、手段、紧迫程度和严重程度,防卫的条件、方式、强度和后果等情节综合判定。法律既要尊重和保护人身自由和人格尊严权利,也要尊重和保护生命健康权利,公民的正当防卫权作为国家防卫权的补充,其强度及可能造成的损害不能超过法律容许的范围。本案中杜某某的"辱母"情节虽然亵渎人伦、严重违法,应当受到谴责和惩罚,但不意味着于欢因此而实施的防卫行为在强度和结果上都是正当的,都不会过当。相反,认定于欢的行为属于防卫过当,构成故意伤害罪,符合法律规定和法律面前人人平等原则以及司法的公平原则。

【相关法条】

1.《中华人民共和国刑法》

第二十条 为了使国家、公共利益、本人或者他人的人身、财产和其他权利免受正在进行的不法侵害,而采取的制止不法侵害的行为,对不法侵害人造成损害的,属于正当防卫,不负刑事责任。

正当防卫明显超过必要限度造成重大损害的,应当负刑事责任,但是应当减轻或者免除处罚。

对正在进行行凶、杀人、抢劫、强奸、绑架以及其他严重危及人身安全的暴力犯罪,采取防卫行为,造成不法侵害人伤亡的,不属于防卫过当,不负刑事责任。

第六十三条第一款 犯罪分子具有本法规定的减轻处罚情节的,应当在法定刑以下判处刑罚;本法规定有数个量刑幅度的,应当在法定量刑幅度的下一个量刑幅度内判处刑罚。

犯罪分子虽然不具有本法规定的减轻处罚情节,但是根据案件的特殊情况,经最高人民法院核准,也可以在法定刑以下判处刑罚。

第六十七条 犯罪以后自动投案,如实供述自己的罪行的,是自首。对于自首的犯罪分子,可以从轻或者减轻处罚。其中,犯罪较轻的,可以免除处罚。

被采取强制措施的犯罪嫌疑人、被告人和正在服刑的罪犯，如实供述司法机关还未掌握的本人其他罪行的，以自首论。

犯罪嫌疑人虽不具有前两款规定的自首情节，但是如实供述自己罪行的，可以从轻处罚；因其如实供述自己罪行，避免特别严重后果发生的，可以减轻处罚。

第二百三十四条　故意伤害他人身体的，处三年以下有期徒刑、拘役或者管制。

犯前款罪，致人重伤的，处三年以上十年以下有期徒刑；致人死亡或者以特别残忍手段致人重伤造成严重残疾的，处十年以上有期徒刑、无期徒刑或者死刑。本法另有规定的，依照规定。

2.《最高人民法院关于适用〈中华人民共和国刑事诉讼法〉的解释》

第一百五十五条第一款　对附带民事诉讼作出判决，应当根据犯罪行为造成的物质损失，结合案件具体情况，确定被告人应当赔偿的数额。

第一百五十五条第二款　犯罪行为造成被害人人身损害的，应当赔偿医疗费、护理费、交通费等为治疗和康复支付的合理费用，以及因误工减少的收入。造成被害人残疾的，还应当赔偿残疾生活辅助具费等费用；造成被害人死亡的，还应当赔偿丧葬费等费用。

【案例索引】

一审：山东省聊城市中级人民法院（2016）鲁15刑初33号刑事判决书。
二审：山东省高级人民法院（2017）鲁刑终151号刑事判决书。

【基本案情】

2014年7月，山东源大工贸有限公司（位于冠县工业园区）负责人苏某向赵某借款100万元，双方口头约定月息10%。2016年4月14日16时许，赵某以欠款未还清为由纠集郭某、程某、严某等十余人先后到山东源大工贸有限公司催要欠款。当日20时许，杜某甲驾车来到该公司，并在该公司办公楼大门外抱厦台上与其他人一起烧烤饮酒。约21时50分，杜某甲等多人来到苏某及其子被告人于欢所在的办公楼一楼接待室内催要欠款，并对二人有侮辱言行。约22时10分，冠县公安局经济开发区派出所民警接警后到达接待室，询问情况后到院内进一步了解情况，于欢欲离开接待室被阻止，与杜某甲、郭某、程某、严某等人发生冲突，于欢持尖刀将杜某甲、程某、严某、郭某捅伤，处警民警闻讯后返回接待室，令于欢交出尖刀，将其控制。杜某甲、严某、郭某、程某被送往医院抢救。杜某甲因失血性休克于次日2时许死亡，严某、郭某伤情构成重伤二级，程某伤情构成轻伤二级。因杜某甲被害死亡，附带民事诉讼原告人杜某乙等七人应得丧葬费29098.5元，处理丧葬事宜的交通费、误工费1500元。被害人严某受伤后在冠县人民医院抢救治疗，于5月9日出院，同月12日入解放军总医院治疗，21日出院，在解放军总医院共支付医疗费 49693.47 元。被害人程某受伤后在冠县人民医院治疗 15 天。一审法院认为,被告人于欢面对众多讨债人的长时间纠缠,不能正确处理冲突,持尖刀捅刺多人,致一人死亡、二人重伤、一人轻伤,其行为构成故意伤害罪。于欢捅刺被害人不存在正当防卫意义上的不法侵害前提,其所犯故意伤害罪后果严重,应当承担与其犯罪危害后果相当的法律责任。鉴于本案系由被害人一方纠集多人,采取影响企业正常经营秩序、限制他人人身自由、侮辱谩骂他人的不当方式讨债引发,被害人具有过错,且于欢归案后能如实供述自己的罪行,可从轻处罚。于欢的犯罪行为给附带民事诉讼原告人杜某乙等造成的丧葬费等损失应当依法赔偿,杜某乙等要求赔偿死亡赔偿金、被抚养人生活费、精神损害抚慰金不属于附带民事诉讼赔偿范围,其要求赔偿处理丧葬事宜的交通费、误工费,酌情判决 1500 元;附带民事诉讼原告人严某要求赔偿医疗费、住院伙食补助费、交通费的合理部分予以支持,其要求赔偿的交通费,酌情判决 1800 元;附带民事诉讼原告人程某要求赔偿误工费、护理费、住院伙食补助费应当依法确定。依法以故意伤害罪判处被告人于欢无期徒刑,剥夺政治权利终身;判令被告人于欢赔偿附带民事诉讼原告人杜某乙等各种费用共计 30598.5 元,赔偿附带民事诉讼原告人严某各种费用共计 53443.47 元,赔偿附带民事诉讼原告人程某各种费用共计 2231.7 元。

二审中,山东省人民检察院提出,(1)原判对案件事实认定不全面。一是未认定于欢母亲苏某、父亲于某在向吴某、赵某高息借款 100 万元后,又借款 35 万元;二是未认定 2016 年 4 月 1 日、13 日吴某、赵某纠集多人违法索债;三是未认定 4 月 14 日下午赵某等人以盯守、限制离开、扰乱公司秩序等方式索债;四是未具体认定 4 月 14 日晚杜某甲等人采取强收手机、弹烟头、辱骂、暴露下体、脱鞋捂嘴、扇拍面颊、揪抓头发、限制人身自由等方式对苏某和于欢实施的不法侵害。(2)原判认为于欢持尖刀捅刺被害人不具有正当防卫意义上的不法侵害前提,属于适用法律错误。于欢的行为具有防卫性质,但明显超过必要限度造成重大损害,属于防卫过当,应当负刑事责任,但应当减轻或者免除处罚。被害人杜某甲近亲属委托的诉讼代理人认为,原判定罪量刑不当。于欢的行为构成故意杀人罪;民警处警时,不法侵害已经结束,于欢的捅刺行为不具备正当防卫的前提条件,不构成正当防卫或防卫过当,应当维持原判量刑。应依法判令于欢赔偿附带民事诉讼上诉人的全部经济损失。被害人郭某及其诉讼代理人、被害人严某的诉讼代理人提出,于欢的行为不构成正当防卫或防卫过当,应当维持原判定罪量刑。

山东省高级人民法院二审认定,2014 年 7 月,山东源大工贸有限公司(位于冠县工业园区)负责人苏某向赵某借款 100 万元,双方口头约定月息 10%。2016 年 4 月 14 日 16 时许,赵某以欠款未还清为由纠集郭某、程某、严某等十余人先后到山东源大工贸有限公司催要欠款。当日 20 时许,杜某甲驾车来到该公司,并在该公司办公楼大门外抱厦台上与其他人一起烧烤饮酒。约 21 时 50 分,杜某甲等多人来到苏某及其子被告人于欢所在的办公楼一楼接待室内催要欠款,并对二人有侮辱言行。约 22 时 10 分,冠县公安局经济开发区派出所民警接警后到达接待室,询问情况后到院内进一步了解情况,于欢欲离开接待室被阻止,与杜某甲、郭某、程某、严某等人发生冲突,于欢持尖刀将杜某甲、程某、严某、郭某捅伤,处警民警闻讯后返回接待室,令于欢交出尖刀,将其控制。杜某甲、严某、郭某、程某被送往医院抢救。杜某甲因失血性休克于次日2时许死亡,严某、郭某伤情构成重伤二级,程某伤情构成轻伤二级。

【裁判结果】

一审判决:(1)被告人于欢犯故意伤害罪,判处无期徒刑,剥夺政治权利终身。(2)被告人于欢赔偿附带民事诉讼原告人杜某乙等死亡赔偿金29098.5元,处理丧葬事宜的交通费、误工费1500元,共计30598.5元。(3)被告人于欢赔偿附带民事诉讼原告人严某医疗费49693.47元、住院伙食补助费1950元、交通费1800元,共计53443.47元。(4)被告人于欢赔偿附带民事诉讼原告人程某误工费890.85元、护理费890.85元、住院伙食补助费450元,以上共计2231.7元。

二审判决:(1)驳回上诉人(原审附带民事诉讼原告人)杜某乙等的上诉,维持山东省聊城市中级人民法院(2016)鲁15刑初33号刑事附带民事判决第(二)项、第(三)项、第(四)项附带民事部分。(2)撤销山东省聊城市中级人民法院(2016)鲁15刑初33号刑事附带民事判决第(一)项刑事部分。(3)上诉人(原审被告人)于欢犯故意伤害罪,判处有期徒刑五年。宣判后,原审被告人表示不上诉,检察机关没有异议。

【裁判理由】

一审法院认为,被告人于欢面对众多讨债人的长时间纠缠,不能正确处理冲突,持尖刀捅刺多人,致一名被害人死亡、二名被害人重伤、一名被害人轻伤,其行为构成故意伤害罪,公诉机关指控被告人于欢犯故意伤害罪成立。被告人于欢所犯故意伤害罪后果严重,应当承担与其犯罪危害后果相当的法律责任。鉴于本案系被害人一方纠集多人,采取影响企业正常经营秩序、限制他人人身自由、侮辱谩骂他人的不当方式讨债引发,被害人具有过错,且被告人于欢归案后能如实供述自己的罪行,可从轻处罚。被告人于欢犯故意伤害罪,判处无期徒刑,剥夺政治权利终身。

二审法院认为,上诉人于欢持刀捅刺杜某甲等四人,属于制止正在进行的不法侵害,其行为具有防卫性质;其防卫行为造成一人死亡、二人重伤、一人轻伤的严重后果,明显超过必要限度造成重大损害,构成故意伤害罪,依法应负刑事责任。鉴于于欢的行为属于防卫过当,于欢归案后能够如实供述主要罪行,且被害方有以恶劣手段侮辱于欢之母的严重过错等情节,对于欢依法应当减轻处罚。于欢的犯罪行为给上诉人杜某乙等和原审附带民事诉讼原告人严某、程某造成的物质损失,应当依法赔偿。上诉人杜某乙等所提判令于欢赔偿死亡赔偿金、被抚养人生活费的上诉请求于法无据,本院不予支持，对杜某甲四名未成年子女可依法救济。原判认定于欢犯故意伤害罪正确，审判程序合法，但认定事实不全面，部分刑事判项适用法律错误，量刑过重，依法应予改判。

思考问题

1. 本案的不法侵害是否正在进行？
2. 本案适用《刑法》第二十条第二款还是第三款的规定？
3. 本案若适用《刑法》第二十条第二款，那么是否超过必要限度？
4. 于欢的行为性质是故意杀人还是故意伤害？
5. 于欢的行为是否具有期待可能性？
6. 我国刑法正当防卫的成立条件存在什么问题？

案例4　林明龙强奸案

内容摘要：本案是刑事审判参考案例第636号。本案历经一审、二审及死刑复核程序。一审判决，被告人林明龙犯强奸罪，判处死刑，剥夺政治权利终身。一审宣判后，被告人林明龙提出上诉，请求法院从轻改判为死缓。二审法院裁定驳回上诉，维持原判，并依法报请最高人民法院复核。最高人民法院经复核核准第二审裁定，维持第一审以强奸罪判处被告人林明龙死刑，剥夺政治权利终身的刑事判决。本案主要讨论在死刑案件中，被告人家属积极赔偿，取得被害方谅解，能否作为应当型从轻处罚情节的问题。一审判处死刑，被告方以其主动供认强奸事实，应认定自首；其系醉酒后的无意识作案，强奸属临时起意；归案后认罪态度好；家属积极赔偿，被害人家属已谅解为由，请求法院从轻改判为死缓。本案体现了从重处罚情节即累犯与从轻处罚情节即积极赔偿并取得谅解发生竞合时该如何权衡的问题。

关键词：强奸罪；累犯；死刑；赔偿；宽严相济

【裁判要旨】

如何处理民事赔偿与量刑之间的关系，是刑事审判中一个重要而敏感的问题。《最高人民法院关于贯彻宽严相济刑事政策的若干意见》第二十三条规定："被告人案发后对被害人积极进行赔偿，并认罪、悔罪的，依法可以作为酌定量刑情节予以考虑。因婚姻家庭等民间纠纷激化引发的犯罪，被害人及其家属对被告人表示谅解的，应当作为酌定量刑情节予以考虑。"这一规定是当前人民法院处理这一关系的基本政策法律依据。被告人认罪、悔罪，并通过积极的物质赔偿，弥补犯罪对被害人家属的伤害，对被告人主观恶性的评价有一定影响。但本案中林明龙先后四次判刑、一次劳教，每次都是时隔不久又再犯案,可谓屡教不改,主观恶性极深,人身危险性极大。对如此恶劣的犯罪分子,如果仅因被告人家庭有钱赔偿就可以从轻处罚,实质上意味着有钱可以买命,如此不但会严重破坏法律的平等和公正,而且会损害人民法院的司法权威。因此,最高人民法院核准被告人林明龙死刑。

【相关法条】

1.《中华人民共和国刑法》

第二百三十六条　以暴力、胁迫或者其他手段强奸妇女的,处三年以上十年以下有期徒刑。

奸淫不满十四周岁的幼女的,以强奸论,从重处罚。

强奸妇女、奸淫幼女,有下列情形之一的,处十年以上有期徒刑、无期徒刑或者死刑:(一)强奸妇女、奸淫幼女情节恶劣的;(二)强奸妇女、奸淫幼女多人的;(三)在公共场所当众强奸妇女的;(四)二人以上轮奸的;(五)致使被害人重伤、死亡或者造成其他严重后果的。

2.《最高人民法院关于审理人身损害赔偿案件适用法律若干问题的解释》

第十七条　受害人遭受人身损害,因就医治疗支出的各项费用以及因误工减少的收入,包括医疗费、误工费、护理费、交通费、住宿费、住院伙食补助费、必要的营养费,赔偿义务人应当予以赔偿。

受害人因伤致残的,其因增加生活上需要所支出的必要费用以及因丧失劳动能力导致的收入损失,包括残疾赔偿金、残疾辅助器具费、被扶养人生活费,以及因康复护理、继续治疗实际发生的必要的康复费、护理费、后续治疗费,赔偿义务人也应当予以赔偿。

受害人死亡的,赔偿义务人除应当根据抢救治疗情况赔偿本条第一款规定的相关费用外,还应当赔偿丧葬费、被扶养人生活费、死亡补偿费以及受害人亲属办理丧葬事宜支出的交通费、住宿费和误工损失等其他合理费用。

【案例索引】

一审:温州市中级人民法院刑事判决书。
二审:浙江省高级人民法院刑事裁定书。
复核:最高人民法院死刑复核裁定书。
《刑事审判参考》2010年第4集(第636号)。

【基本案情】

2002年10月25日零时许,被告人林明龙尾随被害人刘某(女,殁年16岁)至温州市鹿城区黄龙住宅区登峰组团11幢二楼至三楼楼梯转弯的平台时，欲与刘某发生性关系，遭拒绝，即采用手臂勒颈等手段，致刘某昏迷。在刘某昏迷期间，林明龙对刘实施了奸淫，且窃取刘某手机一部（价值765元）和现金300元后逃离现场。案发后，经鉴定，刘某因钝性外力作用致机械性窒息死亡。

【裁判结果】

一审判决：被告人林明龙犯强奸罪，判处死刑，剥夺政治权利终身；责令被告人林明龙退赔非法所得手机一部、现金300元；判令被告人林明龙赔偿附带民事诉讼原告人经济损失共计203057.5元。一审宣判后，被告人林明龙提出上诉，请求法院从轻改判为死缓。

二审裁定：驳回上诉，维持原判，并依法报请最高人民法院复核。

复核裁定：第一审判决、第二审裁定认定的事实清楚，证据确实、充分，定罪准确，量刑适当，审判程序合法，依法核准浙江省高级人民法院维持第一审以强奸罪判处被告人林明龙死刑，剥夺政治权利终身的刑事裁定。

【裁判理由】

法院经审理认为，强奸致人死亡是严重危害社会治安的犯罪，与因婚恋、家庭、邻里矛盾等民间纠纷引发的故意杀人、伤害犯罪存在明显区别，这类犯罪针对的对象往往不特定，严重损害人民群众的安全感，属于宽严相济刑事政策中从严惩处的重点对象。本案中，林明龙深夜尾随未成年被害人到住处，在居民楼的楼道将被害人强奸致死，其犯罪性质特别严重，情节特别恶劣，犯罪后果特别严重，并在当地造成了恶劣的社会影响，属于罪行极其严重的犯罪分子，应当依法严惩。对于这类犯罪，不宜像对待民间纠纷引发的案件那样积极主动进行调解，对于私下达成协议的，要充分考虑被告人是否真诚认罪、悔罪，尤其要注意审查协议的过程和内容是否合法，被害方的谅解意愿是否真实，即便认定具有积极赔偿和被害方谅解的情节，考虑从轻时也应当从严把握。

联系本案，林明龙的家属私下找到被害人家属进行协商，达成书面谅解协议。根据协议，林明龙家属赔偿45万元，被害人家属对林明龙的行为表示谅解，并请求对其从轻处罚。从协议内容看，协议赔偿数额超出法院判决赔偿数额（判决赔偿20余万元）一倍多，而且大部分赔偿款（35万元）以不判处林明龙死刑立即执行为前提。这种出于获取巨额赔偿款目的而表示的谅解，很难说得上是真诚的谅解。而且，本案被告人林明龙多次犯罪，不堪改造。

林明龙先后四次判刑、一次劳教，每次都是时隔不久又再犯案，可谓屡教不改，主观恶性极深，人身危险性极大。对如此恶劣的犯罪分子，如果仅因被告人家庭有钱赔偿就可以从轻处罚，实质上意味着有钱可以买命，如此不但会严重破坏法律的平等和公正，而且会损害人民法院的司法权威。因此，最高人民法院核准被告人林明龙死刑。

思考问题

1. 在死刑案件中，被告人亲属积极赔偿，取得被害方谅解，能否作为应当型从轻处罚情节？
2. 量刑情节竞合在死刑适用中的衡量法则是什么？

案例5　雷小飞等非法拘禁案

内容摘要：本案载《刑事审判参考》2003年第4集（第263号），历经一审与二审。一审法院认为，几名被告人以勒索财物为目的绑架他人，其行为均已构成绑架罪，均应依法惩处。二审法院认为，上诉人雷小飞与他人因经济纠纷产生矛盾后，与上诉人吴立群、原审被告人尹春良采用非法扣押、拘禁他人的手段索取债务，根据《最高人民法院关于对为索取法律不予保护的债务非法拘禁他人行为如何定罪问题的解释》，应构成非法拘禁罪。本案一审判定绑架罪二审改判为非法拘禁罪，为司法实践中区分绑架罪与"索债型"非法拘禁较为典型的案例。非法拘禁罪是指以拘、押、禁闭或者其他强制方法，非法剥夺他人人身自由的行为。绑架罪是指以勒索财物或者为实现其他非法利益为目的，使用暴力、胁迫、麻醉或者其他方法劫持他人的行为，两罪在犯罪构成上有较大区别。但在司法实践中，对于被害人负债在先，行为人非法拘禁被害人后，向其利害关系人勒索超出被害人所负债务数额的赎金的行为该如何认定，存在裁判难点。

关键词："索债型"非法拘禁；绑架罪；非法拘禁罪

【裁判要旨】

在"索债型"扣押、拘禁案件中，行为人可能因为多种原因向被害人索要高于原债务数额的财物，有的是出于对被害人久拖不还债务的气愤，有的是为弥补讨债费用或商业损失，有的是借机勒索更多的财物等等。不能仅因索要数额超过原债务，就认定该行为构成绑架罪，而要具体情况具体分析。

【相关法条】

1.《中华人民共和国刑法》

第二百三十八条第一款　非法拘禁他人或者以其他方法非法剥夺他人人身自由的，处三年以下有期徒刑、拘役、管制或者剥夺政治权利。具有殴打、侮辱情节的，从重处罚。

第二百三十八条第二款　犯前款罪，致人重伤的，处三年以上十年以下有期徒刑；致人死亡的，处十年以上有期徒刑。使用暴力致人伤残、死亡的，依照本法第二百三十四条、第二百三十二条的规定定罪处罚。

第二百三十八条第三款 为索取债务非法扣押、拘禁他人的，依照前两款的规定处罚。

第二百三十九条 以勒索财物为目的绑架他人的，或者绑架他人作为人质的，处十年以上有期徒刑或者无期徒刑，并处罚金或者没收财产；情节较轻的，处五年以上十年以下有期徒刑，并处罚金。

第二百三十九条第二款 犯前款罪，杀害被绑架人的，或者故意伤害被绑架人，致人重伤、死亡的，处无期徒刑或者死刑，并处没收财产。

2.《最高人民法院关于对为索取法律不予保护的债务非法拘禁他人行为如何定罪问题的解释》

为了正确适用刑法，现就为索取高利贷、赌债等法律不予保护的债务，非法拘禁他人行为如何定罪问题解释如下：

行为人为索取高利贷、赌债等法律不予保护的债务，非法扣押、拘禁他人的，依照刑法第二百三十八条的规定定罪处罚。

【案例索引】

一审：北京市中级人民法院（2002）一中刑初字第3395号刑事判决书。

二审：北京市高级人民法院（2003）高刑终字第98号刑事判决书。

【基本案情】

被告人雷小飞与加拿大阿维马克思集团公司北京办事处亚太区航空主任戴夫·罗西因生意纠纷产生矛盾，后雷小飞找到被告人吴立群帮忙，吴立群又纠集被告人尹春良等人预谋绑架戴夫·罗西。吴立群、尹春良为实施绑架行为承租了北京市大兴区××小区1号楼1门103号房屋一处。2002年3月10日17时许，被告人雷小飞、吴立群、尹春良等人在北京市朝阳区甘露园南里25号朝阳园公寓4号楼下，将戴夫·罗西骗上吴立群驾驶的汽车后带至北京市大兴区××小区1号楼1门103号的租房处，对戴夫·罗西进行扣押、威胁，并强迫戴夫打电话，让其公司经理取出戴夫办公室抽屉内的美元4000元及护照等物交给吴立群等人。后三被告人伙同他人还让戴夫·罗西多次给其亲属打电话索要美元25万元。2002年3月15日17时许，公安人员将被告人雷小飞抓获，雷小飞交代了关押戴夫的地点后，公安人员前往上述地点将吴立群、尹春良抓获，同时将被害人戴夫·罗西解救。北京市第一中级人民法院认定上述事实的证据有：被害人戴夫·罗西的陈述，多名证人的证言，受理刑事案件登记表，抓获经过，国籍认定书和加拿大驻华使馆照会及吴立群、尹春良的供述等。

【裁判结果】

一审判决：雷小飞犯绑架罪，判处有期徒刑十二年，并处罚金人民币24000元，驱逐出境；吴立群犯绑架罪，判处有期徒刑十一年，剥夺政治权利二年，并处罚金人民币22000元；尹春良犯绑架罪，判处有期徒刑十年，剥夺政治权利二年，并处罚金人民币20000元；追缴被告人雷小飞、吴立群、尹春良的违法所得美元4000元发还被害人戴夫·罗西。

二审判决：雷小飞犯非法拘禁罪，判处有期徒刑二年；吴立群犯非法拘禁罪，判处有期徒刑二年；尹春良犯非法拘禁罪，判处有期徒刑一年六个月。

【裁判理由】

一审法院认为，被告人雷小飞、吴立群、尹春良以勒索财物为目的绑架他人，其行为均已构成绑架罪，均应依法惩处。鉴于被告人雷小飞被抓获后能协助公安机关抓获同案人吴立群、尹春良，有立功表现，故对雷小飞依法应予从轻处罚。北京市人民检察院第一分院指控被告人雷小飞、吴立群、尹春良犯绑架罪的事实清楚，证据确凿，指控罪名成立。对于被告人雷小飞的辩护人所提雷小飞在犯罪中是从犯，请求从轻或减轻处罚的辩护意见，经查，被告人雷小飞指使吴立群等人绑架戴夫，并共同实施了绑架行为，后威胁被害人给其家属打电话索要赎金，其在共同犯罪中起主要作用，故雷小飞辩护人的此项辩护意见不能成立，不予采纳。对于被告人吴立群的辩护人所提吴立群系从犯，请求对其从轻处罚的辩护意见，经查，吴立群纠集尹春良等人预谋绑架戴夫，为此吴立群等人还在北京市大兴区租房一处，在关押被害人期间，吴立群曾到被害人戴夫·罗西的公司取回其钱物，在整个犯罪过程中吴立群既是纠集者又是积极参与者，起主要作用，不能认定为从犯，故吴立群辩护人的此项辩护意见不能成立，不予采纳。

二审法院认为，对于雷小飞上诉所提其没有事先预谋，未向戴夫·罗西索要钱财部分，经查，同案人吴立群、尹春良的供述均能证明，雷小飞与戴夫·罗西因经济纠纷产生矛盾后，雷小飞找到吴立群，吴立群又找尹春良等人多次预谋劫持戴夫·罗西；被害人戴夫·罗西的陈述亦证明，其被雷小飞等人劫持、扣押后，雷小飞强迫其打电话让公司经理交出4000美元及护照等物，又多次强迫其给家属联系索要钱财；戴夫·罗西的陈述与多名证人的证言相一致，且与同案人吴立群、尹春良的供述相吻合，事实清楚，足以认定。雷小飞辩称其与整个事件无关，经查，吴立群、尹春良与雷小飞及被害人戴夫·罗西均无宿怨，吴立群、尹春良的多次供述内容稳定，二人的供述能够相互印证系受雷小飞指使，共同劫持并拘禁被害人戴夫·罗西，后又强迫被害人给其家属打电话索要钱财的事实，雷小飞的辩解，与已查明的事实不符，没有证据证明。吴立群所提原审判决认定事实不清部分，经查，其受雷小飞的指使，又纠集尹春良等人，共同劫持并拘禁被害人戴夫·罗西，后又强迫被害人给其家属打电话索要钱财，该事实有被害人戴夫·罗西的陈述、多名证人的证言及同案人尹春良的供述在案证明，吴立群的供述与上述证据亦能相互印证，事实清楚，足以认定。据此，北京市高级人民法院认为，上诉人雷小飞与他人因经济纠纷产生矛盾后，与上诉人吴立群、原审被告人尹春良采用非法扣押、拘禁他人的手段索取债务，根据《最高人民法院关于对为索取法律不予保护的债务非法拘禁他人行为如何定罪问题的解释》，应构成非法拘禁罪，依照我国法律均应予以惩处。鉴于雷小飞被抓获后能协助公安机关抓获同案人吴立群、尹春良，有立功表现，故对雷小飞依法可予从轻处罚。

经查，雷小飞所提上诉理由均与已查明的事实不符，不能成立，应予驳回。雷小飞的辩护人所提原审判决认定雷小飞犯绑架罪，定性不准，雷小飞的行为应认定为非法拘禁罪；雷小飞有协助公安机关抓获其他同案人的立功表现，建议对雷小飞从轻处罚的意见成立，予以采纳，其他辩护意见没有事实及法律依据，不予采纳。吴立群上诉所提原审判决认定事实不清部分，与已查明的事实不符，不能成立，应予驳回；其所提原审判决定性不准的上诉理由成立，予以采纳。检察机关建议维持原审判决的意见，不予采纳。原审法院根据雷小飞、吴立群、尹春良犯罪的事实、性质、情节和对于社会的危害程度所作的判决，认定的事实清楚，证据确实、充分，审判程序合法；但原审判决以绑架罪，分别判处雷小飞、吴立群、尹春良刑罚，定罪及适用法律有误，应予改判。

思考问题

1. 如何理解"索债型"扣押、拘禁他人的行为的定性？
2. 索要数额高于原债务的扣押、拘禁的行为如何定性？

■■■ 案例 6 白宇良、肖益军绑架案

内容摘要：本案采自《刑事审判参考》第 570 号指导案例，历经一审与二审。一审法院判决被告人白宇良、肖益军为绑架他人勒索财物而准备工具，制造条件，二被告人的行为均已构成绑架罪。一审判决后，被告人白宇良、肖益军不服，向北京市第二中级人民法院提出上诉。二审法院裁定驳回上诉，维持原判。本案例通过是否"着手"实行犯罪是区分犯罪预备与犯罪未遂的标准、是否具有停止犯罪的"主动性"是区分犯罪预备与犯罪中止的标准、敲诈勒索罪和绑架罪的联系与区别、为了实施绑架犯罪而抢劫他人汽车的行为如何定罪，这四个争议点确定了二被告人构成绑架罪，并为今后确定犯罪的未完成形态提供了指导和借鉴。

关键词：绑架罪；敲诈勒索罪；犯罪中止；犯罪预备

【裁判要旨】

开始实施实力控制行为，就是绑架着手。实力控制了被害人，就是绑架既遂。如果因为意志以外原因没有控制被害人，构成绑架未遂。如果在着手前因为意志以外原因而

未能实行，构成绑架预备。

【相关法条】

《中华人民共和国刑法》

第二十二条　为了犯罪，准备工具、制造条件的，是犯罪预备。

对于预备犯，可以比照既遂犯从轻、减轻处罚或者免除处罚。

第二十五条第一款　共同犯罪是指二人以上共同故意犯罪。

第五十二条　判处罚金，应当根据犯罪情节决定罚金数额。

第二百三十九条第一款　以勒索财物为目的绑架他人的，或者绑架他人作为人质的，处十年以上有期徒刑或者无期徒刑，并处罚金或者没收财产；情节较轻的，处五年以上十年以下有期徒刑，并处罚金。

【案例索引】

一审：北京市朝阳区人民法院刑事判决书。

二审：北京市第二中级人民法院刑事裁定书。

《刑事审判参考》2009年第4集（第570号）。

【基本案情】

被告人白宇良于2004年9月意图绑架陈某某勒索财物，并于当月自制爆炸装置三枚。同年10月，白宇良与被告人肖益军进行绑架预谋，购买了伪造的牌号为京OA××××的机动车号牌一副、警服一套、弹簧刀一把、仿真枪一把，窃取了牌号为京CB××××的机动车号牌一副作为犯罪工具，伪造了姓名为"金永力""王军"的身份证两张用于犯罪后潜逃。二被告人又用肖益军的照片伪造了姓名为"赵名来"的警官证一本。后根据白宇良制订的犯罪计划，二被告人于同年12月1日8时许，以租车为名从北京市顺义区××花园社区门前将白某某骗至大兴区亦庄附近，采用暴力手段强行劫走白某某驾驶的黑色帕萨特牌轿车一辆（车牌号京GW××××，价值206800元），告诉白某某借用该车一天，用后返还，让白某某留下了联系方式。12月2日早晨，二被告人用捡来的姓名为"李湘婷"的身份证办理了手机卡一张。同日9时许，二被告人将帕萨特牌轿车的车牌号由京GW××××更换为京OA××××，并驾驶该车携带上述作案工具至北京市朝阳区中国紫檀博物馆附近，冒充北京市公安局领导与陈某某电话联系，谎称其子涉嫌刑事案件需向其调查，欲将陈某某骗上车后予以绑架勒索财物，后因误认为陈某某已产生怀疑而于当日11时许逃离现场，并通知白某某在指定地点将帕萨特轿车取回。二被告人于同年12月10日被查获归案。

【裁判结果】

一审判决：被告人白宇良犯绑架罪，判处有期徒刑八年，剥夺政治权利一年，罚金

1万元。被告人肖益军犯绑架罪,判处有期徒刑七年,剥夺政治权利一年,罚金1万元。一审判决后,被告人白宇良、肖益军不服,向北京市第二中级人民法院提出上诉。

二审裁定:驳回上诉,维持原判。

【裁判理由】

法院经审理认为,被告人白宇良、肖益军为绑架他人勒索财物而准备工具,制造条件,二被告人的行为均已构成绑架罪,依法均应予惩处。鉴于被告人白宇良、肖益军为实施绑架犯罪而准备犯罪工具,并设骗局意图接近被害人的犯罪行为,系犯罪预备;二被告人归案后均能如实供述犯罪事实,有认罪悔罪表现,故对二被告人依法减轻处罚。关于被告人白宇良的辩护人认为被告人白宇良系犯罪中止的辩护意见,经查,二被告人为了达到绑架人质勒索财物的目的,实施了一系列的行为,因为误以为骗局被识破,而未敢接近被害人,没有将犯罪行为进行下去,属于意志以外的原因,不属于犯罪中止,故对此项辩护意见不予采纳。

思考问题

1. 本案构成敲诈勒索罪还是绑架罪?
2. 绑架罪之犯罪预备与犯罪未遂的区分标准是什么?
3. 本案有无防卫过当的情况?
4. 是否把具有停止犯罪的"主动性"作为区分犯罪预备与犯罪中止的标准?
5. 为了实施绑架犯罪而抢劫他人汽车的行为如何定罪?

案例7 王献光、刘永贵拐卖儿童案

内容摘要:本案是近年来最高人民法院发布的拐卖儿童的典型案例,历经一审与二审。一审法院审理判定被告人王献光、刘永贵以出卖为目的,共同向他人贩卖儿童,其行为均构成拐卖儿童罪。宣告后被告人上诉,二审法院裁定驳回上诉,维持原判。本案的判决主要涉及拐卖儿童犯罪中拐卖亲生子女的情形如何处理、居间介绍者与出卖亲生子女者是否构成共同犯罪的问题。一审和二审都明确了拐卖儿童罪与遗弃亲生子女的界限,处理结果达到了法律效果与社会效果的统一,也体现了人民法院有错必纠的决心。本案厘清了出卖亲生子女是否构成拐卖儿童罪、居间介绍者与出卖亲生子女者是否构成共同犯罪的问题,对审理类似案件有指导意义。

关键词:拐卖儿童罪;出卖亲生子女;非法获利;共同犯罪

【裁判要旨】

拐卖儿童罪，是指以出卖为目的，拐骗、绑架、收买、贩卖、接送或者中转儿童的行为。凡以出卖为目的，具有其中的行为之一的，即构成拐卖儿童罪。以非法获利为目的，出卖亲生子女的，应当以拐卖、儿童罪论处。应当通过审查将子女"送"人的背景和原因、有无收取钱财及收取钱财的多少、对方是否具有抚养目的及有无抚养能力等事实，综合判断行为人是否具有非法获利的目的。

【相关法条】

《中华人民共和国刑法》

第七十一条 判决宣告以后，刑罚执行完毕以前，被判刑的犯罪分子又犯罪的，应当对新犯的罪作出判决，把前罪没有执行的刑罚和后罪所判处的刑罚，依照本法第六十九条的规定，决定执行的刑罚。

第二百四十条 拐卖妇女、儿童的，处五年以上十年以下有期徒刑，并处罚金；有下列情形之一的，处十年以上有期徒刑或者无期徒刑，并处罚金或者没收财产；情节特别严重的，处死刑，并处没收财产：（一）拐卖妇女、儿童集团的首要分子；（二）拐卖妇女、儿童三人以上的；（三）奸淫被拐卖的妇女的；（四）诱骗、强迫被拐卖的妇女卖淫或者将被拐卖的妇女卖给他人迫使其卖淫的；（五）以出卖为目的，使用暴力、胁迫或者麻醉方法绑架妇女、儿童的；（六）以出卖为目的，偷盗婴幼儿的；（七）造成被拐卖的妇女、儿童或者其亲属重伤、死亡或者其他严重后果的；（八）将妇女、儿童卖往境外的。

拐卖妇女、儿童是指以出卖为目的，有拐骗、绑架、收买、贩卖、接送、中转妇女、儿童的行为之一的。

【案例索引】

一审：北京市朝阳区人民法院（2011）朝刑初字第19号刑事判决书。
二审：北京市第二中级人民法院（2011）二中刑终字第2158号刑事裁定书。

【基本案情】

被告人王献光与女友鞠某于2008年3月5日生下一子王某。2010年1月，刘永贵在互联网上看到一条收养孩子的信息后，即与发信息者（以下简称"收养方"）取得联系，称可以为其介绍送养人，随后便在网上搜集相关信息。其间，王献光在网上发信息称"送养北京男孩"，刘永贵看到该信息后与王献光取得联系，向其称自己的表弟想收养该男孩。刘永贵与收养方商议后，通过电话代表收养方与王献光商定由收养方支付66000元给王献光。同时，刘永贵单独与收养方商定事成后"由收养方支付给刘永贵

20000元作为报酬"。2010年1月29日,二被告人带王某到朝阳区望京某餐厅和收养方见面时,王献光被公安人员当场抓获。刘永贵逃跑,后在山东省临沂市被抓获。

【裁判结果】

一审判决:被告人王献光犯拐卖儿童罪,判处有期徒刑二年三个月,并处罚金3000元;与前罪尚未执行的罚金1000元并罚;决定执行有期徒刑二年三个月,并处罚金4000元。被告人刘永贵犯拐卖儿童罪,判处有期徒刑二年,并处罚金2000元。

二审裁定:驳回上诉,维持原判。

【裁判理由】

一审法院认为,被告人王献光、刘永贵以出卖为目的,共同向他人贩卖儿童,其行为均构成拐卖儿童罪。公诉机关指控的罪名成立。二被告人共同故意贩卖儿童,系共同犯罪,且作用相当。王献光前罪所判罚金刑尚未执行,故依法应对其前罪没有执行的罚金刑与后罪所判处的刑罚并罚。王献光曾因犯盗窃罪被判处有期徒刑,在刑罚执行完毕后五年内又犯应当判处有期徒刑以上刑罚之罪,系累犯,应当依法从重处罚。鉴于二被告人已着手实施的犯罪行为因意志以外的原因未得逞,系未遂,对二被告人依法可以减轻处罚。

二审法院认为,被告人王献光在与被告人刘永贵协商好补偿费后,企图将孩子贩卖给他人,并实施了贩卖行为,二被告人均构成拐卖儿童罪。王献光所提其没有拐卖孩子的故意,要求改判无罪的上诉理由不成立。王献光以非法获利为目的贩卖儿童的犯罪事实,有视听资料、声纹检验报告、工作说明、被告人供述等合法有效的证据证实,且本案并非近亲属间发生的拒绝抚养的遗弃行为,王献光的辩护人所提辩护意见不成立。刘永贵在拐卖儿童过程中居中介绍并收取好处费,构成拐卖儿童罪,刘永贵所提其不构成拐卖儿童罪的上诉理由不成立。刘永贵的辩护人所提刘永贵无拐卖儿童的故意,亦未实施拐卖儿童的行为,不应认定为犯罪的辩护意见不予采纳。原审判决定罪与适用法律正确,量刑适当,审判程序合法。

思考问题

1. 出卖亲生子女的行为如何定性?
2. 居间介绍者与出卖亲生子女者是否构成共同犯罪?
3. 本案成立犯罪既遂还是犯罪未遂?

案例 8　张润博过失致人死亡案

内容摘要：本案刊登于《刑事审判参考》第 1080 号，是近年来关于轻微暴力致人死亡案件如何定性的典型案例。本案历经一审与二审。一审法院判定，被告人张润博犯过失致人死亡罪，判处有期徒刑六年。宣判后，被告人未上诉，原公诉机关提出抗诉，认为一审法院定性错误，应认定为故意伤害罪。二审法院裁定驳回抗诉，维持原判。二审判决明确了轻微暴力致人死亡案件如何定性，区分了故意伤害与一般殴打行为，对认定故意伤害（致人死亡）和过失致人死亡的界限具有一定意义，处理结果达到了法律效果和社会效果的统一。本案例根据具体案情从客观到主观进行判断，即从行为人的殴打行为是否造成轻伤的结果和行为时的客观情况来判断是否构成故意伤害，厘清了故意伤害（致人死亡）和过失致人死亡的界限，阐明了对轻微暴力致人死亡案件如何定性的规则，对在审理类似案件中统一裁判尺度具有指导意义。

关键词：故意伤害罪；过失致人死亡罪；轻微暴力

【裁判要旨】

实施拳打脚踢等轻微殴打行为导致被害人摔倒磕碰死亡或者原有病症发作而死亡的案件，在现实生活中时有发生。对此如何定性，具体案件处理上有差异：有的认定故意伤害（致人死亡）罪，有的认定过失致人死亡罪，还有个别案件未作刑事处理。正确认定此类案件，首先要从事实层面入手，分析、判断涉案行为与死亡结果之间是否存在因果关系。

【相关法条】

1. 《中华人民共和国刑法》

第十四条第一款　明知自己的行为会发生危害社会的结果，并且希望或者放任这种结果发生，因而构成犯罪的，是故意犯罪。

第十五条第一款　应当预见自己的行为可能发生危害社会的结果，因为疏忽大意而没有预见，或者已经预见而轻信能够避免，以致发生这种结果的，是过失犯罪。

第二百三十三条　过失致人死亡的，处三年以上七年以下有期徒刑；情节较轻的，处三年以下有期徒刑。本法另有规定的，依照规定。

2. 《最高人民法院关于适用〈中华人民共和国刑事诉讼法〉的解释》

第一百五十七条　审理刑事附带民事诉讼案件，人民法院应当结合被告人赔偿被害人物质损失的情况认定其悔罪表现，并在量刑时予以考虑。

【案例索引】

一审：北京市第二中级人民法院（2014）二中刑初字第406号刑事判决书。

二审：北京市高级人民法院（2014）高刑终字第312号刑事裁定书。

【基本案情】

2013年5月13日14时许，被告人张润博在北京市西城区白纸坊东街十字路口东北角，因骑电动自行车自南向北险些与自西向东骑自行车的被害人甘某某（男，殁年53岁）相撞，两人为此发生口角。其间，甘某某先动手击打张润博，张润博使用拳头还击，打到甘某某面部致其倒地摔伤头部。甘某某于同月27日在医院经抢救无效死亡。经鉴定，甘某某系重度颅脑损伤死亡。在一审期间，经法院主持调解，张润博的近亲属自愿代为一次性赔偿被害人家属各项经济损失50万元。被害人家属对张润博的行为表示谅解，同意对张润博从宽处罚，并撤回附带民事诉讼。被告人张润博对指控的犯罪事实无异议，但辩称其没有伤害被害人的故意。其辩护人提出，张润博的行为不构成故意伤害罪，应以过失致人死亡罪对其从轻处罚。

【裁判结果】

一审判决：被告人张润博犯过失致人死亡罪，判处有期徒刑六年。宣判后，被告人张润博未上诉，原公诉机关提出抗诉，北京市人民检察院支持抗诉。

二审裁定：驳回抗诉，维持原判。

【裁判理由】

一审法院认为，被告人张润博在因琐事与被害人发生争执并相互殴打时，应当预见自己的行为可能造成被害人伤亡的后果，由于疏忽大意未能预见，致被害人倒地后因颅脑损伤死亡，其行为已构成过失致人死亡罪。鉴于张润博具有到案后如实供述犯罪事实，且积极赔偿被害方经济损失，取得被害方谅解等情节，对其从轻处罚。公诉机关指控张润博犯罪的事实清楚，证据确实、充分，但指控其犯故意伤害罪的证据不足，应根据在案证据依法认定张润博犯罪行为的性质。

抗诉意见认为，原判认定事实清楚，证据确实、充分，程序合法，量刑适当，但定性错误，应认定为故意伤害罪。

二审法院认为，原审被告人张润博犯过失致人死亡罪，依法应予惩处。鉴于张润博到案后能如实供述犯罪事实，积极赔偿被害方经济损失，取得被害方谅解等情节，对其可酌予从轻处罚。北京市人民检察院第二分院以及北京市人民检察院关于本案构成故意伤害罪的抗诉意见和支持抗诉、出庭意见，本院不予采纳。张润博关于其没有伤害被害人故意的辩解以及辩护人所提本案成立过失致人死亡罪的辩护意见，本院酌予采纳。原审人民法院根据张润博犯罪的事实,犯罪的性质、情节和对于社会的危害程度所作的判决,定罪和适用法律正确,量刑适当,审判程序合法,应予维持。

思考问题

1. 实施拳打脚踢等轻微殴打行为导致被害人摔倒磕碰死亡或者原有病症发作而死亡的案件如何定性?
2. 过失致人死亡罪的量刑规则是什么?
3. 法医鉴定报告在犯罪认定中的作用是什么?

案例9 秦志晖诽谤、寻衅滋事案

内容摘要:本案一审终审,法院经审理认为,被告人秦志晖在信息网络上捏造事实,诽谤他人,情节严重,且系诽谤多人,造成恶劣社会影响,其行为已构成诽谤罪;在重大突发事件期间,在信息网络上编造、散布对国家机关产生不良影响的虚假信息,起哄闹事,造成公共秩序严重混乱,其行为已构成寻衅滋事罪,依法应予以惩处并实行数罪并罚。本案作为2013年全国公安机关集中开展打击网络有组织制造传播谣言等违法犯罪行动,以及《最高人民法院、最高人民检察院关于办理利用信息网络实施诽谤等刑事案件适用法律若干问题的解释》出台以来,第一起依法公开审理的典型案件,具有重要的警示和教育意义。网络空间虽然有别于现实社会,但在网络中人们的言行却是具体的、具有社会意义的。信息网络不是"法外之地",凡是现实社会中不能僭越的法律底线,网络世界同样也不应逾越。

关键词:诽谤罪;寻衅滋事罪;信息网络;公诉程序

【裁判要旨】

作为网络从业人员,客观上亦实施了捏造、编造虚假信息的行为,主观上明知涉案信息的虚假性,对所发信息的真实性不仅没有尽到基本的核实义务,反而一贯捏造、编造虚假事实。根据《最高人民法院、最高人民检察院关于办理利用信息网络实施诽谤等刑事案件适用法律若干问题的解释》第二条、第四条的规定,同一诽谤信息被转发次数达到五百次以上的,应当认定为上述刑法条款规定的"情节严重"。诽谤多人并造成了恶劣的社会影响,应当适用公诉程序追究所犯诽谤罪的刑事责任。对全民关注的事情,编造网络谣言,不仅造成网络空间的混乱,也在现实社会引发不明真相群众的不满,扰乱了政府机关的善后工作。该起行为足以认定为造成公共秩序严重混乱,符合寻衅滋事罪的构成要件。秦志晖犯诽谤罪、寻衅滋事罪的事实清楚,证据确实、充分,指控的罪名成立。

【相关法条】

1.《中华人民共和国刑法》

第六十九条第一款 判决宣告以前一人犯数罪的,除判处死刑和无期徒刑的以外,应当在总和刑期以下、数刑中最高刑期以上,酌情决定执行的刑期,但是管制最高不能超过三年,拘役最高不能超过一年,有期徒刑总和刑期不满三十五年的,最高不能超过二十年,总和刑期在三十五年以上的,最高不能超过二十五年。

第二百四十六条 以暴力或者其他方法公然侮辱他人或者捏造事实诽谤他人,情节严重的,处三年以下有期徒刑、拘役、管制或者剥夺政治权利。

前款罪,告诉的才处理,但是严重危害社会秩序和国家利益的除外。

通过信息网络实施第一款规定的行为,被害人向人民法院告诉,但提供证据确有困难的,人民法院可以要求公安机关提供协助。

第二百九十三条 有下列寻衅滋事行为之一,破坏社会秩序的,处五年以下有期徒刑、拘役或者管制:(一)随意殴打他人,情节恶劣的;(二)追逐、拦截、辱骂、恐吓他人,情节恶劣的;(三)强拿硬要或者任意损毁、占用公私财物,情节严重的;(四)在公共场所起哄闹事,造成公共场所秩序严重混乱的。

纠集他人多次实施前款行为,严重破坏社会秩序的,处五年以上十年以下有期徒刑,可以并处罚金。

2.《最高人民法院、最高人民检察院关于办理利用信息网络实施诽谤等刑事案件适用法律若干问题的解释》

第一条 具有下列情形之一的,应当认定为刑法第二百四十六条第一款规定的"捏造事实诽谤他人":(一)捏造损害他人名誉的事实,在信息网络上散布,或者组织、指使人员在信息网络上散布的;(二)将信息网络上涉及他人的原始信息内容篡改为损害他人名誉的事实,在信息网络上散布,或者组织、指使人员在信息网络上散布的;明知是捏造的损害他人名誉的事实,在信息网络上散布,情节恶劣的,以"捏造事实诽谤他人"论。

第二条 利用信息网络诽谤他人,具有下列情形之一的,应当认定为刑法第二百四十六条第一款规定的"情节严重":(一)同一诽谤信息实际被点击、浏览次数达到五千次以上,或者被转发次数达到五百次以上的;(二)造成被害人或者其近亲属精神失常、自残、自杀等严重后果的;(三)二年内曾因诽谤受过行政处罚,又诽谤他人的;(四)其他情节严重的情形。

第三条 第四款利用信息网络诽谤他人,具有下列情形之一的,应当认定为刑法第二百四十六条第二款规定的"严重危害社会秩序和国家利益":……(四)诽谤多人,造成恶劣社会影响的;……

第四条 一年内多次实施利用信息网络诽谤他人行为未经处理,诽谤信息实际被点击、浏览、转发次数累计计算构成犯罪的,应当依法定罪处罚。

第五条 利用信息网络辱骂、恐吓他人,情节恶劣,破坏社会秩序的,依照刑法第二百九十三条第一款第(二)项的规定,以寻衅滋事罪定罪处罚。

编造虚假信息,或者明知是编造的虚假信息,在信息网络上散布,或者组织、指使人员在信息网络上散布,起哄闹事,造成公共秩序严重混乱的,依照刑法第二百九十三条第一款第(四)项的规定,以寻衅滋事罪定罪处罚。

【案例索引】

一审:北京市朝阳区人民法院(2013)朝刑初字第2584号刑事判决书。

【基本案情】

被告人秦志晖于2012年12月至2013年8月,分别使用"东土秦火火""淮上秦火火""江淮秦火火"和"炎黄秦火火"等新浪微博账户捏造损害罗援、杨澜、兰和、张海迪等人名誉的事实在信息网络上散布,引发大量网民转发和负面评论。被告人秦志晖于2011年8月20日,为了自我炒作、引起网络舆论关注、提升个人知名度,使用名为"中国秦火火_f92"的新浪微博账户编造、散布虚假信息攻击原铁道部,引发大量网民转发和负面评论。被告人秦志晖作案后于2013年8月19日被公安机关查获归案。公诉机关就上述指控向法院移送了被害人陈述、证人证言、书证及被告人供述等证据,认为被告人秦志晖捏造损害他人名誉的事实在信息网络上散布,造成恶劣社会影响,严重危害社会秩序;编造虚假信息在信息网络上散布,起哄闹事,造成公共秩序严重混乱,其行为已构成诽谤罪、寻衅滋事罪,提请法院依法判处。

【裁判结果】

一审判决:被告人秦志晖犯诽谤罪,判处有期徒刑二年;犯寻衅滋事罪,判处有期徒刑一年六个月,决定执行有期徒刑三年。一审宣判后,被告人秦志晖未上诉,公诉机关亦未抗诉,本判决发生法律效力。

【裁判理由】

法院经审理认为,被告人秦志晖无视国法,在信息网络上捏造事实,诽谤他人,情节严重,且系诽谤多人,造成恶劣社会影响,其行为已构成诽谤罪;被告人秦志晖在重大突发事件期间,在信息网络上编造、散布对国家机关产生不良影响的虚假信息,起哄闹事,造成公共秩序严重混乱,其行为已构成寻衅滋事罪,依法应予以惩处并实行数罪并罚。北京市朝阳区人民检察院指控被告人秦志晖犯诽谤罪、寻衅滋事罪的事实清楚,证据确实、充分,指控的罪名成立。被告人秦志晖在较长时间段内在信息网络上多次肆意实施违法犯罪行为，根据其所犯诽谤罪、寻衅滋事罪的事实、性质、情节及社会危害程度，本应对其酌情予以从重处罚。但鉴于被告人秦志晖归案后能如实供述所犯罪行，认罪悔罪态度较好，对其所犯诽谤罪、寻衅滋事罪均依法予以从轻处罚。

 思考问题

1. 《最高人民法院、最高人民检察院关于办理利用信息网络实施诽谤等刑事案件适用法律若干问题的解释》存在什么问题？
2. 如何认定网络诽谤案中的主观罪过？
3. 网络诽谤案能否适用公诉程序？
4. 诽谤罪与寻衅滋事罪罪数的区分标准是什么？

■■■■ 案例10 王璐、孙艳华虐待被看护人案

内容摘要：本案是虐待被看护人罪典型案例，历经一审与二审。一审法院判定，被告人王璐、孙艳华身为幼儿教师，多次采用扎刺、恐吓等手段虐待被监护幼儿，情节恶劣，二被告人的行为均构成虐待被监护人罪，分别判处有期徒刑二年六个月。二审法院维持了一审法院的判决。《刑法修正案（九）》增设虐待被监护、看护人罪，该罪名的增设改变了刑法之前的虐待罪主体只能由家庭成员构成的状况，将保姆及幼儿园、托儿所、中小学校、养老院、社会福利院等场所内具有监护、看护职责的人也纳入本罪主体。凡是上述主体对其所监护、看护的对象实施虐待行为，情节恶劣的，均可以本罪追究刑事责任。如果虐待行为造成被害人轻伤以上伤害后果或者死亡的，则应以故意伤害罪或者故意杀人罪等处罚较重的罪名定罪处罚。

关键词：侵害未成年人；虐待被监护、看护人罪；未成年人保护

【裁判要旨】

对于已经起诉的案件，要从严提出量刑建议。对具备老师等特殊职业身份的被告人，建议法院判处禁止其从事与未成年人密切相关的职业。要及时介入侦查，就侦查取证、法律适用等提出建议，确保案件顺利诉讼。本案的判决，警示那些具有监护、看护职责的单位和人员，应当依法履职，一切针对被监护、被看护人的不法侵害行为，都将受到法律的惩处。这次判决无疑是《刑法》第二百六十条之一在现实中的一次典型实践，从实践层面将幼儿园教师虐童案件的性质从行政性质转变为刑事性质。

【相关法条】

《中华人民共和国刑法》

第二百六十条之一　对未成年人、老年人、患病的人、残疾人等负有监护、看护职责的人虐待被监护、看护的人，情节恶劣的，处三年以下有期徒刑或者拘役。

单位犯前款罪的，对单位判处罚金，并对其直接负责的主管人员和其他直接责任人员，依照前款的规定处罚。

有第一款行为，同时构成其他犯罪的，依照处罚较重的规定定罪处罚。

【案例索引】

一审：吉林省四平市铁西区人民法院（2016）吉0302刑初153号刑事判决书。

二审：吉林省四平市中级人民法院（2016）吉03刑终369号刑事裁定书。

【基本案情】

被告人王璐、孙艳华案发前就职于原四平市铁西区红黄蓝幼儿园，二被告人均系该园红三班教师。自2015年11月起至案发，王璐、孙艳华二人在教室、卫生间等地点，多次恐吓班内幼儿，并使用针状物等尖锐工具将肖某等多名幼儿的头部、面部、四肢、臀部、背部等处扎伤。经鉴定，幼儿体表皮肤损伤存在，其损伤特点符合具有尖端的客体扎、刺所致。被告人王璐、孙艳华于2015年12月2日被公安机关口头传唤到案。

【裁判结果】

一审判决：被告人王璐犯虐待被监护人罪，判处有期徒刑二年六个月；被告人孙艳华犯虐待被监护人罪，判处有期徒刑二年六个月。

二审裁定：驳回上诉，维持原判。

【裁判理由】

一审法院认为，被告人王璐、孙艳华身为幼儿教师，多次采用扎刺、恐吓等手段虐待被监护幼儿，情节恶劣，二被告人的行为均构成虐待被监护人罪。公诉机关指控被告人王璐、孙艳华犯虐待被监护人罪的犯罪事实清楚，证据确实、充分，指控罪名成立。关于被告人王璐及其辩护人、被告人孙艳华分别提出公诉机关指控二被告人犯虐待被监护人罪的证据不足，应宣告二被告人无罪的辩解、辩护意见，经查，本案多名被害幼儿家长在其子女体表发现针刺伤痕，且部分幼儿之间能够相互证实遭到二被告人的虐待，本案定罪证据相互印证、证据链条完整，故对上述辩护意见不予采纳。

二审法院认为，上诉人王璐、孙艳华身为幼儿教师，多次采用扎刺、恐吓等手段虐待多名被监护幼儿，情节恶劣，二上诉人的行为均构成虐待被监护人罪。关于二上诉人及辩护人提出的上诉理由、辩护意见，经查，本案多名被害幼儿家长在同一时间段内均发现幼儿体表有针刺伤痕，以及部分幼儿（3—4岁）受到伤害后本能表述的证言、监控录像、法医鉴定意见及部分幼儿受伤部位图片等直接和间接证据，证实的内容一致，相互印证，已经形成证据链条，足以认定二上诉人多次虐待多名幼儿，情节恶劣，故对该上诉理由及辩护意见不予采纳。

 思考问题

1. 《刑法修正案（九）》新增设的虐待被监护、看护人罪的主体范围是什么？
2. 虐待被监护、看护人罪"情节恶劣"的判断标准是什么？
3. 虐待被监护、看护人罪和寻衅滋事罪的区别是什么？

第十五章 侵犯财产罪

■■■ 案例1 习海珠抢劫案

内容摘要：本案是收录在《刑事审判参考》中的抢劫罪典型案例，历经一审与二审。一审法院认定，虽无法认定彭某根书写收条的具体内容，但习海珠等人采取暴力手段逼迫彭某根书写收条，其目的是消除或减少习海珠所欠彭某根的债务，侵犯了彭某根的财产权利，故习海珠等人构成抢劫罪，该抢劫犯罪因意志以外的原因而未得逞，系抢劫未遂，依法可减轻处罚。宣判后，被告人习海珠与新余市人民检察院分别提起上诉、抗诉。二审法院认定行为人行为符合抢劫罪的构成要件，且应认定为犯罪既遂。本案中，被告人通过强迫被害人写下收条的方式来免除自己的债务。其特殊性一方面在于抢劫的对象，并非我国《刑法》所规定的财物，而是一种财产性利益；另一方面则在于本案中被告人并非是要求被害人向其为给付行为，而是要求对方免除自己本来负担的债务。

关键词：抢劫罪；债务免除；财产性利益

【裁判要旨】

强迫他人书写收条的行为，虽然行为对象是财产性利益，非《刑法》条文所规定的"财物"，但司法实务中应对这一概念进行扩张解释，侵犯财产类犯罪的对象不止包括财物，还包括财产性利益；当场使用足以压制被害人反抗的暴力，强迫被害人书写收条的行为应属于抢劫罪而非敲诈勒索罪；强迫书写收条行为已实际免除了被告人的债务，达成了抢劫罪犯罪目的，并使被害人的财产性利益在客观上受到侵害，构成抢劫罪既遂而非中止或未遂。

【相关法条】

1.《中华人民共和国刑法》

第二百六十三条 以暴力、胁迫或者其他方法抢劫公私财物的，处三年以上十年以下有期徒刑，并处罚金；有下列情形之一的，处十年以上有期徒刑、无期徒刑或者死刑，并处罚金或者没收财产：（一）入户抢劫的；（二）在公共交通工具上抢劫的；（三）抢劫银行或者其他金融机构的；（四）多次抢劫或者抢劫数额巨大的；（五）抢劫致人重伤、死亡的；（六）冒充军警人员抢劫的；（七）持枪抢劫的；（八）抢劫军用物资或者抢险、救灾、救济物资的。

2.《中华人民共和国刑事诉讼法》

第二百二十七条 被告人、自诉人和他们的法定代理人,不服地方各级人民法院第一审的判决、裁定,有权用书状或者口头向上一级人民法院上诉。被告人的辩护人和近亲属,经被告人同意,可以提出上诉。

附带民事诉讼的当事人和他们的法定代理人,可以对地方各级人民法院第一审的判决、裁定中的附带民事诉讼部分,提出上诉。

对被告人的上诉权,不得以任何借口加以剥夺。

第二百二十八条 地方各级人民检察院认为本级人民法院第一审的判决、裁定确有错误的时候,应当向上一级人民法院提出抗诉。

【案例索引】

一审:新余市中级人民法院刑事判决书。
二审:江西省高级人民法院刑事裁定书。
《刑事审判参考》2015年第1期(第1063号)。

【基本案情】

2010年11月、2011年4月,彭某根、习某华、彭某韦三人先后被迫将其所有的高山选矿厂份额以总价390万元的价格转让给习海珠。习海珠陆续支付了彭某根222万元,但仍欠彭某根75万元,彭某根多次讨要。2011年7月3日21时许,习海珠邀约彭某根在新余市暨阳五千年娱乐城301包厢内见面商议还钱之事,彭某根到场后习海珠对还钱之事只字不提,只是让彭某根在包厢内玩耍。彭某根再三想向习海珠提出还钱的事宜皆被习海珠打断。彭某根感觉自己遭到戏弄想要离开,却被习海珠拦下,让彭某根喝完桌上所有的酒后才可以走。彭某根感到被羞辱并且愤怒,彭某根说自己来这里只是为了让习海珠还清欠款。习海珠佯装发怒,称自己给足了彭某根面子而彭某根丝毫没有给自己面子。习海珠砸碎了桌上的啤酒瓶,指着彭某根说一定不会再给彭某根好果子吃。彭某根见势不对准备跑出包厢,习海珠等人将之当即拦下。在习海珠的示意下,艾宇刚等人对彭某根进行殴打、羞辱,并拿出了早已准备好的所欠75万元的收条要求彭某根签字,彭某根拒绝签字。而后艾宇刚等人又对彭某根进行殴打,在导致彭某根无还手能力后强迫彭某根在收条上签字。经鉴定,彭某根所受身体损伤构成轻微伤乙级。

2011年9月8日晚,被告人习海珠、习勇兵等人约李某、被害人王某等人在新余市华祥苑茶楼商谈履行购矿合同一事。在谈话期间习勇兵多次出言不逊,李某感到习勇兵在场不利于商谈的进行,要求习勇兵离开,未果。在谈话的过程中,习勇兵多次挑刺令王某感到十分不满,并且厌恶。二人语出不快开始争执。习海珠要求王某闭嘴收声,王某愈发愤怒。习勇兵看场面控制不住,威胁李某、王某二人若是商谈失败两人必定日后不会有好结果。这句话导致商谈崩裂，王某情绪失控。习海珠眼看商谈崩裂，自己颜面受损，指示自己的"小弟"陈海峰（在逃）动手，陈海峰持刀与王某对峙，之后陈海峰开始砍王某。王某没有预料到陈海峰会对自己下手，在躲闪之后依然被陈海峰砍致轻伤。

【裁判结果】

一审判决：被告人习海珠犯强迫交易罪，判处有期徒刑三年；犯抢劫罪，判处有期徒刑二年；犯故意伤害罪，判处有期徒刑一年，决定执行有期徒刑五年六个月。

二审判决：被告人习海珠犯强迫交易罪，判处有期徒刑三年；犯抢劫罪，判处有期徒刑十一年，并处罚金2万元；犯故意伤害罪，判处有期徒刑一年，决定执行有期徒刑十二年，并处罚金2万元。

【裁判理由】

一审法院认为，被告人习海珠等人以关电闸、阻拦货车装货等胁迫手段强迫被害人彭某根等人转让高山选矿厂，情节严重，其行为已构成强迫交易罪；习海珠等人故意伤害被害人王某身体，致其轻伤，其行为又构成故意伤害罪。关于习海珠等人是否构成抢劫罪的问题，经查，虽无法认定彭某根书写收条的具体内容，但习海珠等人采取暴力手段逼迫彭某根书写收条，其目的是消除或减少习海珠所欠彭某根的债务，侵犯了彭某根的财产权利，故习海珠等人还构成抢劫罪。习海珠等人所犯数罪，依法应予并罚。在抢劫共同犯罪中，习海珠授意犯罪，系主犯。该抢劫犯罪因意志以外的原因而未得逞，系抢劫未遂，依法可减轻处罚。

一审宣判后，被告人习海珠与新余市人民检察院分别提起上诉、抗诉。被告人上诉的主要理由是：本案事实不符合抢劫犯罪当场取得财物的特征；即便认定为抢劫罪，也应认定为犯罪中止，而非未遂，更不应认定为既遂。检察院抗诉的主要理由是：本案证据可以证实，被告人习海珠等人逼迫被害人彭某根所写收条的内容为"收到习海珠购买高山选矿厂所欠75万元"，习海珠等人的抢劫行为已实施终了，债务已经消灭，属于抢劫犯罪既遂，故对习海珠所犯罪行应在有期徒刑十年以上量刑。

二审法院认为，被告人习海珠等人以暴力、胁迫手段逼迫被害人彭某根写下75万元收条的犯罪行为，其手段足以压迫被害人反抗，其行为侵害了被害人的财产权利，符合抢劫罪构成要件。且当场完成了"归还"75万元欠款的全部手续，使彭某根难以向其追债，进而实现了消灭合法债务、非法占有彭某根合法财产的犯罪目的，符合抢劫罪的构成要件，且应认定为犯罪既遂。

思考问题

1. 在拖欠被害人钱款情况下，以暴力、胁迫手段逼迫被害人书写收条的行为，应当如何定性？
2. 本案属于犯罪既遂还是未遂？
3. 财产性利益能否作为抢劫罪的对象？

■■■ 案例2　李培峰抢劫、抢夺案

内容摘要：本案是区分抢劫罪与抢夺罪的典型案例，历经一审与二审。一审法院判定认为，被告人李培峰犯抢劫罪、抢夺罪，判处有期徒刑七年六个月，罚金10000元。二审法院裁定驳回上诉，维持原判。以暴力的作用对象区分抢夺罪和抢劫罪有开拓性的意义，暴力是针对被害人实施，以抑制被害人的反抗，而对物施以暴力（如毁损），确实无法直接抑制被害人的反抗，但这并不意味着抢劫罪中无对物暴力的情形。如果行为人对物施以暴力，达到足以抑制他人反抗的程度，因而取得财物，应定性为抢劫罪，而非抢夺罪。基于我国的刑法立法体系和司法实践的情况来看，"对物暴力"不是抢夺罪的本质特征，而只是抢夺行为最常见的表现方式。对物施以暴力，不仅仅可能构成抢夺罪，还可能构成盗窃罪或抢劫罪。"对人暴力"也就不是抢劫罪的本质特征，而只是其常见的表现形式。对人施以暴力，不仅仅可能构成抢劫罪，也可能构成抢夺罪。

关键词：加油逃逸；抢劫罪；抢夺罪；暴力

【裁判要旨】

抢夺罪是指乘人不备、公然夺取公私财物的行为。公然夺取，是指行为人当着公私财物所有人、管理人或者其他人的面，乘人不防备，将公私财物据为己有或者给第三人所有；也有的采取可以使被害人立即发现的方式，公然把财物抢走，但不使用暴力或者以暴力相威胁。本案中，从客观方面看，李培峰采取了乘人不备、公然夺取被害单位财物的行为。李培峰当着被害单位财物管理人的面，乘人不防备驾车逃跑，并将被害单位的财物据为己有，其间并未使用暴力或者以暴力相威胁，完全符合公然夺取的特征，应以抢夺罪追究其刑事责任。

【相关法条】

《中华人民共和国刑法》

第五十三条　罚金在判决指定的期限内一次或者分期缴纳。期满不缴纳的，强制缴纳。对于不能全部缴纳罚金的，人民法院在任何时候发现被执行人有可以执行的财产，应当随时追缴。

由于遭遇不能抗拒的灾祸等原因缴纳确实有困难的，经人民法院裁定，可以延期缴纳、酌情减少或者免除。

第六十七条第一款　犯罪以后自动投案，如实供述自己的罪行的，是自首。对于自首的犯罪分子，可以从轻或者减轻处罚。其中，犯罪较轻的，可以免除处罚。

第六十七条第三款　犯罪嫌疑人虽不具有前两款规定的自首情节，但是如实供述自己罪行的，可以从轻处罚；因其如实供述自己罪行，避免特别严重后果发生的，可以减轻处罚

第六十九条　判决宣告以前一人犯数罪的，除判处死刑和无期徒刑的以外，应当在总和刑期以下、数刑中最高刑期以上，酌情决定执行的刑期，但是管制最高不能超过三年，拘役最高不能超过一年，有期徒刑总和刑期不满三十五年的，最高不能超过二十年，总和刑期在三十五年以上的，最高不能超过二十五年。

数罪中有判处有期徒刑和拘役的，执行有期徒刑。数罪中有判处有期徒刑和管制，或者拘役和管制的，有期徒刑、拘役执行完毕后，管制仍须执行。

数罪中有判处附加刑的，附加刑仍须执行，其中附加刑种类相同的，合并执行，种类不同的，分别执行。

【案例索引】

一审：上海市浦东新区人民法院（2012）浦刑初字第2043号刑事判决书。
二审：上海市第一中级人民法院刑事裁定书。
《刑事审判参考》2013年第3期（第868号）。

【基本案情】

关于抢劫事实：2012年2月7日4时许，被告人李培峰经预谋，驾驶牌号为豫PC-××××、挂豫PC-×××的集装箱卡车，至上海市宝山区沪太路5688号上海宝山宝刘加油站加入291.4升0号柴油后，为逃避支付加油费，驾车驶离加油站。该加油站工作人员经某抓住驾驶室门阻拦，李培峰便加大油门，迫使经某放手后驶离加油站。经鉴定，涉案柴油价值2124.31元。

2012年2月20日12时许，被告人李培峰经预谋，驾驶牌号为豫PC-××××、挂豫PC-×××的集装箱卡车，至上海市浦东新区杨高北路3000号上海杨园加油站加入234.68升0号柴油后，为逃避支付加油费，驾车驶离加油站。该加油站工作人员傅某抓住驾驶室门及座椅阻拦，李培峰行驶十余米后，强行扯开傅某的手后驾车逃离，并致使傅某倒地受伤。经鉴定，涉案柴油价值1710.82元。

关于抢夺事实：2011年12月13日5时许，被告人李培峰经预谋，驾驶牌号为豫PC-××××、挂豫PC-×××的集装箱卡车，至上海市宝山区宝杨路3076号上海华迪加油站加入323升0号柴油后，为逃避支付油费，乘工作人员不备，高速驾车驶离加油站。经鉴定，涉案的柴油价值2354.67元。此外，李培峰还采用相同手法在其他三个加油站分别加入0号柴油257.07升、308.64升、297.26升。经鉴定，价值分别为

1866.75元、2249.99元、2167.03元。

2012年2月28日,李培峰接到公安机关电话通知后主动投案,如实供述了上述抢劫事实和在华迪加油站的抢夺事实,其后,又如实供述了其他三起抢夺事实。案发后,李培峰在家属的帮助下向被害单位退赔了涉案全部油款。

【裁判结果】

一审判决:以被告人李培峰犯抢劫罪,判处有期徒刑四年九个月,罚金6000元;以犯抢夺罪,判处有期徒刑三年六个月,罚金4000元;决定执行有期徒刑七年六个月,罚金10000元。

二审裁定:驳回上诉,维持原判。

【裁判理由】

一审法院认为,被告人李培峰以非法占有为目的,采用暴力方法劫取单位财物,其行为构成抢劫罪;以非法占有为目的,乘人不备公然抢夺他人财物,数额巨大,其行为构成抢夺罪,应当两罪并罚。李培峰犯罪后自动投案,如实供述抢劫犯罪事实,系自首,对抢劫犯罪可以从轻处罚;到案后如实供述抢夺犯罪事实,可以从轻处罚;李培峰能够积极退赔犯罪所得,可以酌情从轻处罚。

被告人李培峰不服,向上海市第一中级人民法院提出上诉。其上诉理由为:其对原判认定的事实并无异议,但提出并未使用暴力手段,主观上也不具有伤害被害人的故意,其行为不构成抢劫罪,且具有自首情节,原判量刑过重。

二审法院认为,上诉人李培峰以非法占有为目的,乘人不备公然抢夺单位财物,数额巨大,其行为构成抢夺罪。李培峰在抢夺过程中为抗拒抓捕而当场使用暴力,其行为构成抢劫罪。依法应予两罪并罚。一审法院根据本案的犯罪事实、性质、情节以及对社会的危害程度等,所作判决并无不当,且审判程序合法。

思考问题

1. "加霸王油"的行为构成盗窃、诈骗还是抢夺?
2. 如何区分抢夺罪和抢劫罪中的暴力?

案例3 邹晓敏盗窃案

内容摘要:本案是人民法院针对利用新型支付手段侵犯他人财产的行为作出的首例判决,一审终审。法院经审理认为,被告人邹晓敏的行为不符合诈骗罪的客观构成要件,其以秘密手段调换商家二维码获取财物的行为,符合盗窃罪的客观构成要件,应当以盗窃罪追究其刑事责任。判决明确了盗窃财产性利益的基本行为构成，为学界和司法实践界长久的争论提供了结论，对于类似案件的处理具有重要的标杆和指导意义。案例从行为性质和损害结果出发，以事实与规范的统一为视角，对盗窃与诈骗的区分、财产性利益的损害这两个问题提供了结论和判断标准，对与新型支付形式相关的侵财案件的处理具有重要的指导意义。在此基础上，对于行为人利用交易规则漏洞、破坏交易前置条件从而使得被害人产生与事实不符的认识，进而导致财产损害的行为进行了归纳总结，提出了在规范性语境下解读刑法词义的规则，对于规范和法益的理解等问题有着重要的参考意义。

关键词：偷换二维码；财产性利益损失；盗窃罪；诈骗罪

【裁判要旨】

在调换（覆盖）商家的微信收款二维码场合，商家向顾客交付货物后，商家获得的货款债权已然处于确定、可控状态。行为人以调换收款二维码的形式非法获取他人货款，是以平和、秘密的手段对商家债权的直接侵害，将侵害的财产性利益据为己有，符合盗窃罪的构成，属于盗窃财产性利益，应当以盗窃罪论处。

【相关法条】

《中华人民共和国刑法》

第六十七条　犯罪以后自动投案，如实供述自己的罪行的，是自首。对于自首的犯罪分子，可以从轻或者减轻处罚。其中，犯罪较轻的，可以免除处罚。

被采取强制措施的犯罪嫌疑人、被告人和正在服刑的罪犯，如实供述司法机关还未掌握的本人其他罪行的，以自首论。

犯罪嫌疑人虽不具有前两款规定的自首情节，但是如实供述自己罪行的，可以从轻处罚；因其如实供述自己罪行，避免特别严重后果发生的，可以减轻处罚。

第二百六十四条　盗窃公私财物，数额较大的，或者多次盗窃、入户盗窃、携带凶器盗窃、扒窃的，处三年以下有期徒刑、拘役或者管制，并处或者单处罚金；数额巨大或者有其他严重情节的，处三年以上十年以下有期徒刑，并处罚金；数额特别巨大或者有其他特别严重情节的，处十年以上有期徒刑或者无期徒刑，并处罚金或者没收财产。

【案例索引】

一审：福建省石狮市人民法院（2017）闽0581刑初1070号刑事判决书。

【基本案情】

2017年2月至3月，被告人邹晓敏先后到石狮市沃尔玛商场门口台湾脆皮玉米店、章鱼小丸子店、世茂摩天城商场可可柠檬奶茶店、石狮市湖东菜市场、长福菜市场、五星菜市场、洋下菜市场，以及晋江市青阳街道等地的店铺、摊位，乘无人注意之机，将上述店铺、摊位上的微信收款二维码调换（覆盖）为自己的微信二维码，从而获取顾客通过微信扫描支付给上述商家的钱款。经查，被告人邹晓敏获取被害人郑某等人的钱款共计6983.03元。案发后，赃款均未追回。

2017年3月25日，被告人邹晓敏在石狮市华山酒店附近路边被公安人员抓获。另查明，被告人邹晓敏因上述在晋江市调换商家二维码窃取财物后于同月16日被晋江市公安局行政拘留九日。

【裁判结果】

一审判决：被告人邹晓敏犯盗窃罪，判处有期徒刑八个月，并处罚金2000元。责令被告人邹晓敏赔偿被害人经济损失5609.2元，其中郭某616元、李某611.9元、陈某619.6元、尧某610.5元、许某603元、蔡某607元、涂某332.2元、王某甲605元、蒋某602元、王某乙53元、郑某199元、刘某100元、熊某50元。追缴被告人违法所得1373.83元予以没收，上缴国库。作案工具苹果四代手机一部予以没收，由扣押机关依法处理。

【裁判理由】

法院经审理认为，被告人邹晓敏以非法占有为目的，多次采用秘密手段窃取公民财物，总金额为6983.03元，属数额较大，其行为已构成盗窃罪。关于本案的定罪问题，首先，被告人邹晓敏采用秘密手段，调换（覆盖）商家的微信收款二维码，从而获取顾客支付给商家的款项，符合盗窃罪的客观构成要件。秘密调换二维码是其获取财物的关键。其次，商家向顾客交付货物后，商家的财产权利已然处于确定、可控状态，顾客必须立即支付对等价款。微信收款二维码可看作商家的收银箱，顾客扫描商家的二维码即是向商家的收银箱付款。被告人秘密调换（覆盖）二维码即是秘密用自己的收银箱换掉商家的收银箱，使得顾客交付的款项落入自己的收银箱，从而占为己有。最后，被告人并没有对商家或顾客实施虚构事实或隐瞒真相的行为，不能认定商家或顾客主观上受骗。所谓"诈骗"，即有人"使诈"，有人"受骗"。本案被告人与商家或顾客没有任何联络，包括当面及隔空（网络电信）接触，除了调换二维码外，被告人对商家及顾客的付款没有任何明示或暗示。商家让顾客扫描支付，正是被告人采用秘密手段的结果，使得商家没有发现二维码已被调包，而非主观上自愿向被告人或被告人的二维码交付财物。顾客基于商家的指令，当面向商家提供的二维码转账付款，其结果由商家承担，不存在顾客受被告人欺骗的情形。顾客不是受骗者，也不是受害者，商家是受害者，但不是受骗者。综上，被告人邹晓敏的行为不符合诈骗罪的客观构成要件，其以秘密手段调换商家二维码获取财物的行为，符合盗窃罪的客观构成要件，应当以盗窃罪追究其刑事责任。公诉机关指控被告人邹晓敏构成诈骗罪定罪不当，应予纠正。被告人邹晓敏归案后如实供述其犯罪事实,依法予以从轻处罚。被告人邹晓敏多次盗窃作案,酌情从重处罚。

思考问题

1. 诈骗罪是否需要处分意识?
2. 盗窃罪与诈骗罪的区分标准是什么?
3. 判断财产性利益损害的标准是什么?

案例 4　陈卫明等盗窃案

内容摘要:本案历经一审与二审。一审法院认为,几名被告人共同以非法占有为目的,使用植入手机木马病毒程序的方法多次秘密窃取被害人支付宝账户中的钱款,其行为均已构成盗窃罪。宣告后,被告人提起上诉,二审法院采纳了部分量刑意见。随着网络技术的持续更新演进,许多新兴事物应运而生,其中就包括很多新型化的犯罪手段,刑法理论和司法实务应当积极应对。本案例与最高人民法院第 27 号指导案例案情基本一致,后者的裁判要旨是行为人利用信息网络,诱骗他人点击虚假链接而实际通过预先植入的计算机程序窃取财物构成犯罪的,以盗窃罪定罪处罚;虚构可供交易的商品或者服务,欺骗他人点击付款链接而骗取财物构成犯罪的,以诈骗罪定罪处罚。

关键词:木马病毒;盗窃罪;秘密窃取;错误认识

【裁判要旨】

行为人以非法占有为目的,虚构买家身份诱骗淘宝卖家使用手机接收并安装其发送的伪装成购买货物图片的木马病毒,截取并转移对方手机短信,并用截获的验证码对其支付宝账户进行密码重设等操作,秘密窃取其账户及关联银行卡内的资金的行为,构成盗窃罪。在该过程中,被害人并非基于错误认识而处分自己的财物,而是行为人通过木马病毒程序秘密窃取被害人的账户信息及资金,故对行为人应认定为盗窃罪而非诈骗罪。

【相关法条】

1.《中华人民共和国刑法》

第二百六十四条　盗窃公私财物,数额较大的,或者多次盗窃、入户盗窃、携带凶器盗窃、扒窃的,处三年以下有期徒刑、拘役或者管制,并处或者单处罚金;数额巨大或者有其他严重情节的,处三年以上十年以下有期徒刑,并处罚金;数额特别巨大或者有其他特别严重情节的，处十年以上有期徒刑或者无期徒刑，并处罚金或者没收财产。

2.《最高人民法院关于常见犯罪的量刑指导意见》

三、常见罪刑情节的适用

3. 对于从犯，应当综合考虑其在共同犯罪中的地位、作用，以及是否实施犯罪行为等情况，予以从宽处罚，减少基准刑的20%—50%；犯罪较轻的，减少基准刑的50%以上或者依法免除处罚。

【案例索引】

一审：浙江省杭州市拱墅区人民法院（2014）杭拱刑初字第315号刑事判决书。

二审：浙江省杭州市中级人民法院（2014）浙杭刑终字第781号刑事判决书。

【基本案情】

2013年3月至4月，被告人陈卫明先后纠集被告人孟鑫、李嘉炜、林尧剑、梁镇标、严浩荣，以淘宝卖家支付宝账户上的资金为盗窃作案目标，由被告人孟鑫负责制作木马病毒程序有偿提供给陈卫明，陈卫明指示被告人林尧剑、梁镇标、李嘉炜随机联系淘宝卖家，虚构买家的身份诱骗对方使用手机接收并安装其发送的伪装成购买货物图片的木马病毒，截获并转移对方手机短信，从而获得对方的验证码。被告人陈卫明使用截获的验证码对淘宝卖家的支付宝账户进行密码重设等操控后，通过信用卡还款、转账、手机充值、QQ币充值等方式盗走被害人账户及关联银行卡内资金。被告人李嘉炜另有为共同犯罪提供银行卡两张用于转移赃款的行为。被告人严浩荣受被告人陈卫明指示为上述犯罪活动租赁广东省云浮市新兴县新城镇升平路某小区房屋作为犯罪场所，提供个人邮政储蓄卡用于转移赃款，并在陈卫明授意下负责赃款提取、提供后勤等。被告人林尧剑、梁镇标、严浩荣、李嘉炜于2013年4月3日开始参与盗窃活动。各被告人分工负责，相互配合，使用上述手段实施盗窃行为。其中，被告人陈卫明、孟鑫窃得被害人钱款共计48万余元，被告人林尧剑、梁镇标、严浩荣、李嘉炜窃得被害人钱款共计34万余元。

【裁判结果】

一审判决：被告人陈卫明犯盗窃罪，判处有期徒刑十三年，剥夺政治权利二年，并处罚金30000元；被告人孟鑫犯盗窃罪，判处有期徒刑十年六个月，剥夺政治权利一年，并处罚金20000元；被告人林尧剑、梁镇标、严浩荣、李嘉炜犯盗窃罪，各判处有期徒刑七年，并处罚金14000元。

二审判决：维持杭州市拱墅区人民法院刑事判决中对被告人陈卫明、孟鑫、林尧剑、梁镇标、严浩荣、李嘉炜的定罪部分、对其他被告人的量刑部分及对涉案赃款赃物的处理部分；撤销杭州市拱墅区人民法院刑事判决中对被告人林尧剑、严浩荣的量刑部分；上诉人（原审被告人）林尧剑犯盗窃罪，判处有期徒刑六年，并处罚金13000元；上诉人（原审被告人）严浩荣犯盗窃罪，判处有期徒刑四年，并处罚金12000元。

【裁判理由】

一审法院认为，被告人陈卫明、孟鑫、林尧剑、梁镇标、严浩荣、李嘉炜共同以非法占有为目的，使用植入手机木马病毒程序的方法多次秘密窃取被害人支付宝账户中的钱款，其行为均已构成盗窃罪。其中，陈卫明、孟鑫盗窃数额特别巨大，梁镇标、林尧剑、严浩荣、李嘉炜盗窃数额巨大。在共同犯罪中，被告人陈卫明牵头组织、策划，并直接实施，被告人孟鑫作为技术人员提供了木马病毒程序并提供后续技术支持，均系主犯；被告人梁镇标、林尧剑、严浩荣、李嘉炜接受被告人陈卫明安排发送木马、提供银行卡给陈卫明使用、租赁房屋作为作案场所、提取赃款、做后勤服务等，起次要作用，系从犯，依法从轻处罚。

二审法院认为，原判根据陈卫明、孟鑫、梁镇标、李嘉炜在本案中的作用、地位以及犯罪行为的积极程度分别予以处刑，量刑并无不当，四上诉人及辩护人的诉辩意见不能成立，本院不予采纳；但原判在对林尧剑、严浩荣量刑时，未充分考虑严浩荣仅实施了租赁犯罪场所、取现、为同伙烧饭等打杂行为及林尧剑犯罪时刚成年等情节，致量刑过重，故林尧剑、严浩荣提出原判量刑过重的上诉理由成立，本院予以采纳。

思考问题

1. 网络窃取资金中界分盗窃罪与诈骗罪的标准什么？
2. 网络支付环境下盗窃罪面临的新问题是什么？
3. 是否需要坚持盗窃行为方式的"秘密性"标准？

案例5　臧进泉等盗窃、诈骗案

内容摘要：本案是最高人民法院2014年6月23日发布的第27号指导案例，历经一审与二审。一审法院认为，被告人臧进泉、郑必玲使用预设计算机程序并植入的方法，秘密窃取他人网上银行账户内巨额钱款，其行为均已构成盗窃罪，且以非法占有为目的，通过开设虚假的网络店铺和利用伪造的购物链接骗取他人数额较大的货款，其行为均已构成诈骗罪。对臧进泉、郑必玲所犯数罪，应依法并罚。二审法院维持了一审法院的判决。盗窃罪与诈骗罪在构成要件上有相似之处也存在区别，很容易导致个案认定中的困境。特别是在移动互联网时代的大背景下，此类案件变得日趋复杂，各地法院裁判观点不一。本指导案例就信息网络条件下如何区分盗窃罪与诈骗罪形成了指导性意见，实现了对此类案件处理的规范化与统一化。案件从行为人采取的主要手段和被害人有无处分财物的意识方面区分盗窃罪与诈骗罪,厘清了两罪在构成要件上的界限,对在审理类似案件中统一裁判尺度有指导意义。本指导案例从结论而言是正确的,但论证仍有瑕疵。

关键词:盗窃罪;诈骗罪;利用信息网络

【裁判要旨】

行为人利用信息网络,诱骗他人点击虚假链接而实际通过预先植入的计算机程序窃取财物构成犯罪的,以盗窃罪定罪处罚;虚构可供交易的商品或者服务,欺骗他人点击付款链接而骗取财物构成犯罪的,以诈骗罪定罪处罚。

【相关法条】

《中华人民共和国刑法》

第二百六十四条 盗窃公私财物,数额较大的,或者多次盗窃、入户盗窃、携带凶器盗窃、扒窃的,处三年以下有期徒刑、拘役或者管制,并处或者单处罚金;数额巨大或者有其他严重情节的,处三年以上十年以下有期徒刑,并处罚金;数额特别巨大或者有其他特别严重情节的,处十年以上有期徒刑或者无期徒刑,并处罚金或者没收财产。

第二百六十六条 诈骗公私财物,数额较大的,处三年以下有期徒刑、拘役或者管制,并处或者单处罚金;数额巨大或者有其他严重情节的,处三年以上十年以下有期徒刑,并处罚金;数额特别巨大或者有其他特别严重情节的,处十年以上有期徒刑或者无期徒刑,并处罚金或者没收财产。本法另有规定的,依照规定。

【案例索引】

一审:浙江省杭州市中级人民法院(2011)浙杭刑初字第91号刑事判决书。

二审:浙江省高级人民法院(2011)浙刑三终字第132号刑事裁定书。

【基本案情】

2010年6月1日,被告人郑必玲骗取被害人金某195元后,获悉金某的建设银行网银账户内有305000余元存款且无每日支付限额,遂电话告知被告人臧进泉,预谋合伙作案。臧进泉赶至网吧后,以尚未看到金某付款成功的记录为由,发送给金某一个交易金额标注为1元而实际植入了支付305000元的计算机程序的虚假链接,谎称金某点击该1元支付链接后,即可查看到付款成功的记录。金某在诱导下点击了该虚假链接,其建设银行网银账户中的305000元随即通过臧进泉预设的计算机程序,经上海快钱信息服务有限公司的平台支付到臧进泉提前在福州海都阳光信息科技有限公司注册的"kissal23"账户中。臧进泉使用其中的116863元购买大量游戏点卡,并在"小泉先生哦"的淘宝网店上出售套现。案发后,公安机关追回赃款187126.31元发还被害人。

2010年5月至6月，被告人臧进泉、郑必玲、刘涛分别以虚假身份开设无货可供的淘宝网店铺，并以低价吸引买家。三被告人事先在网游网站注册一账户，并对该账户预设充值程序，充值金额为买家欲支付的金额，后将该充值程序代码植入到一个虚假淘宝网链接中。与买家商谈好商品价格后，三被告人各自以方便买家购物为由，将该虚假淘宝网链接通过阿里旺旺聊天工具发送给买家。买家误以为是淘宝网链接而点击该链接进行购物、付款，并认为所付货款会汇入支付宝公司为担保交易而设立的公用账户，但该货款实际通过预设程序转入网游网站在支付宝公司的私人账户，再转入被告人事先在网游网站注册的充值账户中。三被告人获取买家货款后，在网游网站购买游戏点卡、腾讯Q币等，然后将其按事先约定统一放在臧进泉的"小泉先生哦"的淘宝网店铺上出售套现，所得款均汇入臧进泉的工商银行卡中，由臧进泉按照获利额以约定方式分配。

被告人臧进泉、郑必玲、刘涛经预谋后，先后到江苏省苏州市、无锡市、昆山市等地网吧采用上述手段作案。臧进泉诈骗22000元，获利5000余元，郑必玲诈骗获利5000余元，刘涛诈骗获利12000余元。

【裁判结果】

一审判决：（1）被告人臧进泉犯盗窃罪，判处有期徒刑十三年，剥夺政治权利一年，并处罚金30000元；犯诈骗罪，判处有期徒刑二年，并处罚金5000元，决定执行有期徒刑十四年六个月，剥夺政治权利一年，并处罚金35000元。（2）被告人郑必玲犯盗窃罪，判处有期徒刑十年，剥夺政治权利一年，并处罚金10000元；犯诈骗罪，判处有期徒刑六个月，并处罚金2000元，决定执行有期徒刑十年三个月，剥夺政治权利一年，并处罚金12000元。（3）被告人刘涛犯诈骗罪，判处有期徒刑一年六个月，并处罚金5000元。

二审裁定：驳回上诉，维持原判。

【裁判理由】

法院经审理认为，盗窃是指以非法占有为目的，秘密窃取公私财物的行为；诈骗是指以非法占有为目的，采用虚构事实或者隐瞒真相的方法，骗取公私财物的行为。对既采取秘密窃取手段又采取欺骗手段非法占有财物行为的定性，应从行为人采取主要手段和被害人有无处分财物意识方面区分盗窃与诈骗。如果行为人获取财物时起决定性作用的手段是秘密窃取，诈骗行为只是为盗窃创造条件或作掩护，被害人也没有"自愿"交付财物的，就应当认定为盗窃；如果行为人获取财物时起决定性作用的手段是诈骗，被害人基于错误认识而"自愿"交付财物，盗窃行为只是辅助手段的，就应当认定为诈骗。在信息网络情形下，行为人利用信息网络，诱骗他人点击虚假链接而实际上通过预先植入的计算机程序窃取他人财物构成犯罪的，应当以盗窃罪定罪处罚；行为人虚构可供交易的商品或者服务，欺骗他人为支付货款点击付款链接而获取财物构成犯罪的，应当以诈骗罪定罪处罚。本案中，被告人臧进泉、郑必玲使用预设计算机程序并植入的方法，秘密窃取他人网上银行账户内巨额钱款，其行为均已构成盗窃罪。臧进泉、郑必玲和被告人刘涛以非法占有为目的，通过开设虚假的网络店铺和利用伪造的购物链接骗取他人数额较大的货款，其行为均已构成诈骗罪。对臧进泉、郑必玲所犯数罪，应依法并罚。

关于被告人臧进泉及其辩护人所提非法获取被害人金某的网银账户内 305000 元的行为，不构成盗窃罪而是诈骗罪的辩解与辩护意见，经查，臧进泉和被告人郑必玲在得知金某网银账户内有款后，即产生了通过植入计算机程序非法占有目的；随后在网络聊天中诱导金某同意支付 1 元钱，而制作了一个表面付款"1 元"实际却支付 305000 元的假淘宝网链接，致使金某点击后，其网银账户内 305000 元即被非法转移到臧进泉的注册账户中，对此金某既不知情，也非自愿。可见，臧进泉、郑必玲获取财物时起决定性作用的手段是秘密窃取，诱骗被害人点击"1 元"的虚假链接系实施盗窃的辅助手段，只是为盗窃创造条件或作掩护，被害人也没有"自愿"交付巨额财物，获取银行存款实际上是通过隐藏的事先植入的计算机程序来窃取的，符合盗窃罪的犯罪构成要件，依照《刑法》第二百六十四条、第二百八十七条的规定，应当以盗窃罪定罪处罚。故臧进泉及其辩护人所提上述辩解和辩护意见与事实和法律规定不符，不予采纳。

 思考问题

1. 如何从被害人有无处分财物意识方面区分盗窃罪与诈骗罪？
2. 盗窃罪与诈骗罪在不法类型上存在何种显著差异？
3. 以"起决定作用"作为区分盗窃罪与诈骗罪的判断标准有无不妥当？
4. 成立诈骗罪是否要求被害人具有处分意识？

■■■ 案例 6　郭学周故意伤害、抢夺案

内容摘要： 本案历经一审与二审。一审法院认为，郭学周的行为构成故意伤害罪、抢夺罪，公诉机关指控的郭学周的行为构成故意伤害罪成立，但指控郭学周的行为构成抢劫罪定性不当，应予纠正。宣告后被告人与检察院分别提起上诉、抗诉。二审法院审理后最终驳回上诉与抗诉，维持一审法院的判决结果。郭学周在持刀伤人后，临时起意骑走被害人摩托车的行为，既不符合《最高人民法院关于审理抢劫、抢夺刑事案件适用法律若干问题的意见》第八条规定的"行为人实施伤害、强奸等犯罪行为，在被害人未失去知觉，利用被害人不能反抗、不敢反抗的处境，临时起意劫取他人财物"的情形，也不符合《刑法》第二百六十七条第二款规定的"携带凶器抢夺"的情形，不能认定为抢劫罪；而符合抢夺罪中以非法占有为目的，在被害人来不及夺回时公然夺取被害人财

物的情形，因此，应当认定该行为构成抢夺罪。第一、二审判决以故意伤害罪、抢夺罪对郭学周予以并罚是正确的，对在审理类似案件中统一裁判尺度有指导意义。

关键词：故意伤害罪；临时起意；抢夺罪；抢劫罪

【裁判要旨】

抢夺罪与抢劫罪的关键区别在于：抢夺行为只是直接对物使用暴力（对物暴力），并不是直接对被害人行使暴力；行为人实施抢夺行为时，被害人来不及抗拒，而不是被暴力压制不能抗拒，也不是受胁迫不敢抗拒。行为人持刀伤人后临时起意取财的，其故意伤害作案后有无利用"被害人不能反抗、不敢反抗的处境"临时起意取财是认定其后一行为是否构成抢劫罪的关键因素。如果行为人故意伤害作案后有利用"被害人不能反抗、不敢反抗的处境"临时起意取财，则应认定其后一行为构成抢劫罪，否则就不能作出这样的认定。

【相关法条】

1.《中华人民共和国刑法》

第三十六条第一款 由于犯罪行为而使被害人遭受经济损失的，对犯罪分子除依法给予刑事处罚外，并应根据情况判处赔偿经济损失。

第二百三十四条第一款 故意伤害他人身体的，处三年以下有期徒刑、拘役或者管制。

第二百六十七条第一款 抢夺公私财物，数额较大的，或者多次抢夺的，处三年以下有期徒刑、拘役或者管制，并处或者单处罚金；数额巨大或者有其他严重情节的，处三年以上十年以下有期徒刑，并处罚金；数额特别巨大或者有其他特别严重情节的，处十年以上有期徒刑或者无期徒刑，并处罚金或者没收财产。

2.《最高人民法院关于审理人身损害赔偿案件适用法律若干问题的解释》

第十七条第一款 受害人遭受人身损害，因就医治疗支出的各项费用以及因误工减少的收入，包括医疗费、误工费、护理费、交通费、住宿费、住院伙食补助费、必要的营养费，赔偿义务人应当予以赔偿。

第十九条 医疗费根据医疗机构出具的医药费、住院费等收款凭证，结合病历和诊断证明等相关证据确定。赔偿义务人对治疗的必要性和合理性有异议的，应当承担相应的举证责任。

医疗费的赔偿数额，按照一审法庭辩论终结前实际发生的数额确定。器官功能恢复训练所必要的康复费、适当的整容费以及其他后续治疗费，赔偿权利人可以待实际发生后另行起诉。但根据医疗证明或者鉴定结论确定必然发生的费用，可以与已经发生的医疗费一并予以赔偿。

第二十条　误工费根据受害人的误工时间和收入状况确定。

误工时间根据受害人接受治疗的医疗机构出具的证明确定。受害人因伤致残持续误工的，误工时间可以计算至定残日前一天。

受害人有固定收入的，误工费按照实际减少的收入计算。受害人无固定收入的，按照其最近三年的平均收入计算；受害人不能举证证明其最近三年的平均收入状况的，可以参照受诉法院所在地相同或者相近行业上一年度职工的平均工资计算。

第二十一条第一款　护理费根据护理人员的收入状况和护理人数、护理期限确定。

第二十一条第二款　护理人员有收入的，参照误工费的规定计算；护理人员没有收入或者雇佣护工的，参照当地护工从事同等级别护理的劳务报酬标准计算。护理人员原则上为一人，但医疗机构或者鉴定机构有明确意见的，可以参照确定护理人员人数。

第二十三条第一款　住院伙食补助费可以参照当地国家机关一般工作人员的出差伙食补助标准予以确定。

【案例索引】

一审：广东省潮安县人民法院（2010）安刑初字第40号刑事判决书。

二审：广东省潮州市中级人民法院（2010）潮中法刑一终字第30号刑事裁定书。

【基本案情】

2009年6月下旬，在潮安县凤塘镇平艺陶瓷厂务工的被告人郭学周被辞退，被害人郑某某到该厂接替郭学周的工作。郭学周认为其被辞退系郑某某从中活动所致，对郑某某怀恨在心，遂决意报复。2009年7月3日上午，郭学周携带菜刀一把，来到平艺陶瓷厂附近路口守候。当郑某某驾驶摩托车上班途经该路口时，郭学周上前质问郑某某并向其索要"赔偿款"10000元遭拒，郭学周遂持刀将郑某某的头部和手臂砍致轻伤。郑某某被砍伤后弃车逃进平艺陶瓷厂，郭学周持刀追赶未成，遂返回现场将郑某某价值为4320元、车牌号为粤M×××××的豪爵牌GN125H型摩托车骑走，后以1000元卖掉。

【裁判结果】

一审判决：郭学周犯故意伤害罪，判处有期徒刑二年；犯抢夺罪，判处有期徒刑一年六个月，并处罚金2000元，决定执行有期徒刑三年六个月，并处罚金2000元。郭学周应赔偿郑某某经济损失（含医疗费、误工费、护理费、住院伙食补助费）14582.90元。驳回郑某某的其他诉讼请求。

二审裁定：驳回抗诉、上诉，维持原判。

【裁判理由】

一审法院认为，郭学周的行为构成故意伤害罪、抢夺罪，依法应予数罪并罚，并赔偿附带民事诉讼原告人郑某某因本案而遭受的经济损失。郑某某提出的部分赔偿请求合法合理，应予支持。公诉机关指控的郭学周的行为构成故意伤害罪成立，但指控郭学周的行为构成抢劫罪定性不当，应予纠正。

抗诉意见称，一审法院对郭学周的抢夺罪定性不准，适用法律错误。被告人郭学周在故意伤害被害人后，萌发开走其遗留在现场的摩托车的故意，其有非法占有他人财物的故意；郭学周先前对被害人的砍击行为及后来的持刀追砍行为，均已使被害人产生内心恐惧而不敢反抗，故见郭学周开走其摩托车也不敢追赶；郭学周是在被害人不敢反抗的情形下公然劫取摩托车，并非乘被害人不备抢夺财物，其行为不符合抢夺罪的构成要件，而符合抢劫罪的构成要件，故应对郭学周以故意伤害罪和抢劫罪两罪并罚。

辩护意见称，（1）郭学周的行为不构成抢夺罪。郭学周因为害怕被害人及被害人的老乡追赶，为了早点逃离现场，才驾被害人的摩托车离开的，主观上并没有非法占有该车的目的，该行为不应认定为犯罪。（2）原审判决对郭学周的故意伤害罪量刑过重，请求二审法院从轻改判。

二审法院认为，上诉人郭学周无视国家法律，因小故而持刀故意伤害他人身体，致一人轻伤；又以非法占有为目的，抢夺他人数额较大的财物，其行为已构成故意伤害罪、抢夺罪，依法应予数罪并罚，并应赔偿上诉人郑某某因本案而遭受的经济损失。上诉人郑某某提出的赔偿请求，合法有据部分予以支持。

抗诉机关抗诉称上诉人郭学周的行为分别构成故意伤害罪、抢劫罪，一审法院认定上诉人郭学周犯故意伤害罪、抢夺罪定性不准确，适用法律错误，量刑畸轻的意见。经查，本案中，上诉人郭学周在持刀砍伤被害人后虽又持刀追赶一小段路，但郭学周随即放弃追赶并返回原来现场，而此时被害人也已逃进工厂内并叫工友帮其报警。综上可见，由于郭学周已放弃了对被害人的身体继续实施侵害并转身逃跑，其与被害人此时也已相距甚远，因而此时其暴力伤害行为在时间和空间上已不具有延续性，其先前暴力伤害被害人的行为对被害人的影响也已告消失；又由于被害人此时已返回工厂内并叫工友帮其报警，因而被害人此时已没有处于上诉人郭学周前期暴力伤害行为的直接影响和控制之下。据此，由于本案证据不足以认定郭学周在持刀伤害被害人后，利用被害人不能反抗或不敢反抗的处境劫取财物，因而不宜将郭学周持刀伤人后临时起意取财的行为认定为故意伤害罪和抢劫罪。原审判决根据郭学周的犯罪事实及情节，对其量刑适当，故对上述抗诉意见不予支持；其他抗诉意见经查均理据不足，不予采纳。

上诉人郭学周及其辩护人提出郭学周的行为不构成抢夺罪，郭学周开走被害人摩托车的行为不应认定为犯罪行为的意见，经查，上诉人郭学周在持刀砍伤被害人后，临时起意将被害人的摩托车开走并卖掉，显见其主观上具有非法占有他人财物的目的；客观上，郭学周公然实施了夺取他人数额较大的财物的行为，其行为完全符合抢夺罪的构成要件，应认定为抢夺罪，故该意见理据不足，不予采纳。关于其提出原审判决对郭学周犯故意伤害罪量刑太重的意见，经查，上诉人郭学周因小故持刀伤害他人身体致人轻伤，原审判决根据郭学周犯故意伤害罪的事实、情节和对社会的危害程度，依法对其所判处的刑罚并无不当，故该意见理据不足，不予采纳。关于其提出原审对涉案摩托车的估价太高，请二审法院重新进行估价的意见，经查，涉案摩托车的价格是由侦查机关委托潮安县物价局价格认证中心依法作出的，该鉴定结论鉴定程序合法，鉴定结论真实可靠，依法可作为本案定案的依据，故该意见理据不足，不予采纳。关于其提出被害人对自己的伤害结果应承担一定的经济损失，原审法院判决郭学周承担被害人的全部经济损失有失公平的意见，经查，上诉人郭学周因小故持刀伤害被害人并致其轻伤，被害人在本案中并不存在过错，原审法院依法判决郭学周承担被害人因本案而遭受的全部经济损失并无不当，故该意见理据不足，不予采纳。其提出的其他意见经查均理据不足，不予采纳。原审判决认定事实清楚，定罪和适用法律正确，量刑适当，审判程序合法。

思考问题

1. 本案被告人郭学周持刀伤人，后又临时起意取财的行为是否构成两个犯罪？
2. 郭学周持刀伤人后，临时起意取走他人财物的行为能否认定为抢劫罪？
3. 郭学周持刀伤人后，临时起意取走他人财物的行为能否认定为抢夺罪？

案例 7　曹成洋侵占案

内容摘要：本案是侵占罪典型案例。一审终审，被告人未上诉，检察机关也未抗诉。淄博市张店区人民法院认为，本案应系告诉才处理的侵占案，遂依照相关司法解释的规定，裁定本案终止审理。随着信息化时代的快速发展，银行业务的电子化、自动化、智能化逐步加强，刑法学界对于现代银行体系的运行原理和规则有了新的认知，这也导致在相关犯罪行为定性及分析方向上，存在较大的争议，对于出借银行卡后，又通过挂失的方式提取卡内他人存款的行为，是否应当认定为犯罪、如何定性、构成什么犯罪，也是需要我们谨慎思考的。《刑事审判参考》将曹成洋的案例纳入编写范围，明确了挂失提取他人款项类犯罪的行为性质，对于指导我国法院审判，具有非常重要的意义。

关键词：非法占有挂失提取行为；侵占罪；自诉案件

【裁判要旨】

将银行卡借给他人使用后，通过挂失方式将银行卡内他人款项取走的行为，应定义为侵占罪。借卡人虽然掌握银行卡和密码，但资金在法律形式上处于银行卡申领人的实际控制之下，提取他人资金且拒绝还款，具有非法占有他人财产的主观故意，上述行为符合侵占罪的构成要件。侵占罪属于告诉才处理的罪名，本案当事人没有告诉，由检察机关提起公诉,应裁定为终止审理。

【相关法条】

1.《中华人民共和国刑法》

第九十八条 本法所称告诉才处理,是指被害人告诉才处理。如果被害人因受强制、威吓无法告诉的,人民检察院和被害人的近亲属也可以告诉。

第二百七十条 将代为保管的他人财物非法占为己有,数额较大,拒不退还的,处二年以下有期徒刑、拘役或者罚金;数额巨大或者有其他严重情节的,处二年以上五年以下有期徒刑,并处罚金。

将他人的遗忘物或者埋藏物非法占为己有,数额较大,拒不交出的,依照前款的规定处罚。

本条罪,告诉的才处理。

2.《中华人民共和国刑事诉讼法》

第二百一十条 自诉案件包括下列案件:(一)告诉才处理的案件;(二)被害人有证据证明的轻微刑事案件;(三)被害人有证据证明对被告人侵犯自己人身、财产权利的行为应当依法追究刑事责任,而公安机关或者人民检察院不予追究被告人刑事责任的案件。

3.《最高人民法院关于适用〈中华人民共和国刑事诉讼法〉的解释》

第一条 人民法院直接受理的自诉案件包括:(一)告诉才处理的案件:1.侮辱、诽谤案(刑法第二百四十六条规定的,但严重危害社会秩序和国家利益的除外);2.暴力干涉婚姻自由案(刑法第二百五十七条第一款规定的);3.虐待案(刑法第二百六十条第一款规定的);4.侵占案(刑法第二百七十条规定的)。……

第一百八十一条 人民法院对提起公诉的案件审查后,应当按照下列情形分别处理:(一)属于告诉才处理的案件,应当退回人民检察院,并告知被害人有权提起自诉;(二)不属于本院管辖或者被告人不在案的,应当退回人民检察院;(三)不符合前条第二项至第八项规定之一,需要补充材料的,应当通知人民检察院在三日内补送;(四)依照刑事诉讼法第一百九十五条第三项规定宣告被告人无罪后,人民检察院根据新的事实、证据重新起诉的,应当依法受理;(五)依照本解释第二百四十二条规定裁定准许撤诉的案件,没有新的事实、证据,重新起诉的,应当退回人民检察院;(六)符合刑事诉讼法第十五条第二项至第六项规定情形的,应当裁定终止审理或者退回人民检察院;(七)被告人真实身份不明,但符合刑事诉讼法第一百五十八条第二款规定的,应当依法受理。

对公诉案件是否受理,应当在七日内审查完毕。

【案例索引】

一审：淄博市张店区人民法院刑事裁定书。

《刑事审判参考》2013年第6期（第936号）。

【基本案情】

2011年10月，被告人曹成洋的邻居王某主动找到曹成洋及其家人，与曹成洋商定，用曹成洋及其家人的身份证办理四张招商银行卡供王某的亲戚张某转账使用，并许诺每张卡给曹成洋200元的"好处费"。办理好银行卡后，张某将银行卡拿走并设定了密码。2012年2月1日，曹成洋不愿意将其母亲杨某名下的招商银行卡继续提供给张某使用，遂与杨某等人到招商银行淄博分行将以杨某名义开立的银行卡挂失并冻结了账户内资金，曹成洋在这个过程中得知该账户内有50万元资金。张某得知该银行卡被挂失后，找到曹成洋表示愿意给一定好处费，让曹成洋取消挂失，但双方协商未果。2月9日，曹成洋与其母杨某等人在招商银行淄博分行补办了新的银行卡并重新设定了密码。后曹成洋与杨某等人在招商银行济南分行以曹成洋的名义办理新银行卡，并通过银行转账方式将杨某账户内的资金转入该新银行卡账户内。

【裁判结果】

一审裁定：本案应系告诉才处理的侵占案，依照《最高人民法院关于适用〈中华人民共和国刑事诉讼法〉的解释》第一百八十一条第（六）项之规定，裁定本案终止审理。宣判后，被告人曹成洋未上诉，检察院未抗诉，裁定已生效。

【裁判理由】

就本案而言，由于我国对银行卡实行实名制，必须由本人携带身份证才能申领，银行卡内资金交易的权利、义务由持证申领人享有和承担，即银行卡申领人被视为银行卡的全部权利的所有人，其具有支配、使用卡内全部资金，冻结卡内资金，申请挂失及停止银行卡的使用等各项权利。非经法定机关通过法定程序作出决定，任何其他人都无权对抗其行使上述各项权利。显然，无论银行卡由谁实际持有并使用，银行卡的权利义务都由申领人承受，卡内资金在法律形式上都处于申领人的控制之下。被害人使用他人的银行卡，虽掌握了银行卡和密码，但在法律上银行卡内的资金已被被告人占有，被告人随时可以通过挂失的方式控制卡内资金，被告人通过挂失的方式非法占有该卡内资金，属于侵犯了自己合法占有的财物。被告人拒不归还该财物，符合侵占罪的构成要件。

 思考问题

1. 如何理解侵占罪的犯罪构成？

2. 将银行卡借给他人使用后，通过挂失方式将银行卡内的他人资金取走的行为如何定性？

案例8　曹建亮等职务侵占案

内容摘要：本案是近年来发回重审后又二审改判的典型案例。一审法院以贪污罪判处被告人曹建亮、曹军民、曹清亮、曹建林、曹宽亮等有期徒刑。宣判后，被告人上诉称其行为不是贪污。法院再审认定几名被告的贪污罪，但在量刑上作出调整。二审法院最终以职务侵占罪改判曹建亮等人。二审判决明确了贪污罪与职务侵占罪的界限，规范了《全国人民代表大会常务委员会关于〈中华人民共和国刑法〉第九十三条第二款的解释》的规定，由于当村委会从政府领取属于村集体的补偿费时，村委会属于收款人，该补偿费一旦拨付到村委会，即属于村民集体财产。此时，村委会不具有协助人民政府从事行政管理工作的属性，因此，村委会成员利用职务便利，将村委会从政府领取的土地补偿费占为己有的，不构成贪污罪，而应当是职务侵占罪。本案厘清了贪污罪与职务侵占罪的界限，阐明了《刑法》第九十三条第二款规定的"其他依照法律从事公务的人员"的司法适用规则。

关键词：国家工作人员；村委会成员；职务侵占罪；贪污罪

【裁判要旨】

在适用立法解释所规定的"协助人民政府从事土地征用补偿费用的管理"时，应准确理解立法本意，注意把握"协助"的时间节点，避免扩大从事公务的认定范围。村干部只有在代表人民政府而不是所在村基层组织，就土地征用补偿费用行使一定的行政管理权限时，才属于其他依照法律从事公务的人员，以国家工作人员论。

【相关法条】

1.《中华人民共和国刑法》

第九十三条第二款　国有公司、企业、事业单位、人民团体中从事公务的人员和国家机关、国有公司、企业、事业单位委派到非国有公司、企业、事业单位、社会团体从事公务的人员，以及其他依照法律从事公务的人员，以国家工作人员论。

第二百七十一条　公司、企业或者其他单位的人员，利用职务上的便利，将本单位财物非法占为己有，数额较大的，处五年以下有期徒刑或者拘役；数额巨大的，处五年以上有期徒刑，可以并处没收财产。

国有公司、企业或者其他国有单位中从事公务的人员和国有公司、企业或者其他国有单位委派到非国有公司、企业以及其他单位从事公务的人员有前款行为的，依照本法

第三百八十二条、第三百八十三条的规定定罪处罚。

第三百八十二条第二款　受国家机关、国有公司、企业、事业单位、人民团体委托管理、经营国有财产的人员，利用职务上的便利，侵吞、窃取、骗取或者以其他手段非法占有国有财物的，以贪污论。

2.《全国人民代表大会常务委员会关于〈中华人民共和国刑法〉第九十三条第二款的解释》

村民委员会等村基层组织人员协助人民政府从事下列行政管理工作，属于刑法第九十三条第二款规定的"其他依照法律从事公务的人员"：（一）救灾、抢险、防汛、优抚、扶贫、移民、救济款物的管理；（二）社会捐助公益事业款物的管理；（三）国有土地的经营和管理；（四）土地征收、征用补偿费用的管理；（五）代征、代缴税款；（六）有关计划生育、户籍、征兵工作；（七）协助人民政府从事的其他行政管理工作。

村民委员会等村基层组织人员从事前款规定的公务，利用职务上的便利，非法占有公共财物、挪用公款、索取他人财物或者非法收受他人财物，构成犯罪的，适用刑法第三百八十二条和第三百八十三条贪污罪、第三百八十四条挪用公款罪、第三百八十五条和第三百八十六条受贿罪的规定。

【案例索引】

一审：陕西省长武县人民法院（2011）长刑初字第00012号刑事判决书。
二审1：陕西省咸阳市中级人民法院刑事裁定书。
再审：陕西省长武县人民法院刑事判决书。
二审2：陕西省咸阳市中级人民法院（2011）咸刑终字第00095号刑事判决书。

【基本案情】

2005年因修筑福银高速公路，长武县洪家镇曹公村部分土地被征用。在征用土地过程中，曹公村村委会未将曹公村所获取的青苗补偿款19592元入账，也未将2007年追加的水浇地补偿款73602元入账。2007年6月，因曹公村与沟北村合并，时任村会计的曹清亮向时任村主任的曹建亮请示未入账的9万余元和账内所余10万余元如何处理。曹建亮提出将钱均分，曹军民、曹清亮、曹建林、曹宽亮均表示同意。后五人将上述款项均分，每人得款39500元。案发后，五人各自向检察院退赃39500元。

【裁判结果】

一审判决：以贪污罪判处被告人曹建亮有期徒刑十年；曹军民有期徒刑六年；曹清亮有期徒刑五年；曹建林有期徒刑四年；曹宽亮有期徒刑三年，缓刑四年。
二审裁定1：一审判决认定的事实不清、证据不足，依法裁定撤销原判，发回重审。
再审判决：以贪污罪判处曹建亮有期徒刑五年；曹军民有期徒刑三年六个月；曹清

亮有期徒刑三年，缓刑五年；曹建林有期徒刑二年，缓刑三年；曹宽亮有期徒刑二年，缓刑三年。

二审判决2：以职务侵占罪改判上诉人曹建亮有期徒刑三年六个月；上诉人曹军民有期徒刑三年，缓刑四年；原审被告人曹清亮有期徒刑三年，缓刑五年；原审被告人曹建林有期徒刑二年，缓刑三年；原审被告人曹宽亮有期徒刑二年，缓刑三年。

【裁判理由】

一审法院认为，本案中，作为村基层组织人员的曹建亮、曹军民、曹清亮、曹建林、曹宽亮在协助乡政府从事土地征用补偿费用的管理等公务中，利用职务上的便利，侵吞、私分土地补偿款197500元，适用《全国人民代表大会常务委员会关于〈中华人民共和国刑法〉第九十三条第二款的解释》的规定，其行为均构成贪污罪。

一审宣判后，曹建亮、曹军民、曹清亮、曹建林不服，均提起上诉。五人对起诉书指控的三笔贪污数额没有异议，但均辩称他们的行为不是贪污，而是保管、使用村集体的财物。陕西省咸阳市中级人民法院经审理认为，一审判决认定的事实不清、证据不足，依法裁定撤销原判，发回重审。

原审法院依法另行组成合议庭，经再次审理查明案件事实与之前查明的案件事实基本一致。法院认为，根据《全国人民代表大会常务委员会关于〈中华人民共和国刑法〉第九十三条第二款的解释》的规定，作为时任曹公村村民委员会党支部、村委会成员的曹建亮、曹军民、曹清亮、曹建林、曹宽亮，在协助政府从事土地征用补偿费用的管理等公务中，利用职务上的便利，私分土地补偿款197500元，其行为均构成贪污罪。五被告人均系共同犯罪，在共同犯罪中，曹建亮作为村主任在监管村财务中提出私分公款的犯意，起主要作用，系主犯；曹军民、曹清亮作为财务管理人员，曹军民具体实施了分赃行为，曹清亮在纪检、检察部门查账时，用已支出票据冲抵账务，掩盖事实，曹建林、曹宽亮作为村干部，共同参与分赃，均系从犯，应当根据其在共同犯罪中的作用分别惩处。五被告人分赃后将赃款已实际使用，且已平账，足以证明各被告人非法占有的主观故意，对五被告人应当以贪污罪定罪处罚。五被告人犯罪后，能积极退赃，有酌定从轻处罚情节，个人贪污数额不足四万元，综合其各种犯罪情节，可以在法定刑以下判处刑罚，并报请最高人民法院核准。

再审宣判后，被告人曹建亮、曹军民不服，向咸阳市中级人民法院提起上诉。上诉人曹建亮上诉提出，原审五被告人是经过商议决定把村上余下的资金分流保管，不是私分，没有贪污的主观故意；款项分流保管是村委会集体决定的；其不符合贪污罪的主体。上诉人曹军民及其辩护人提出，本案涉及的资金是集体资金，非国有财物，曹军民的行为构成职务侵占罪，不构成贪污罪。陕西省咸阳市中级人民法院认为原审判决认定的事实清楚，证据确实、充分，审判程序合法，但定性错误、量刑不当。

二审法院认为，虽然本案涉案款项是土地征用补偿费，但是当村委会在协助乡镇政府给村民个人分发时才属于协助政府从事行政管理工作,该补偿费一旦分发到村民个人手中,即属于村民个人财产;当村委会从乡镇政府领取属于村集体的补偿费时,村委会属于收款人,与接收补偿费的村民个人属于同一性质,该补偿费一旦拨付到村委会,即属于村民集体财产。此时,村委会不具有协助政府从事行政管理工作的属性。五被告人利用职务上的便利,采取侵吞手段,将集体财产非法占为己有,数额较大,其行为构成职务侵占罪。

思考问题

1. 如何理解贪污罪适用中"口袋化"的趋势?
2. 贪污罪与职务侵占罪的区分标准是什么?
3. 如何理解刑法中的"国家工作人员"?
4. 如何理解《全国人民代表大会常务委员会关于〈中华人民共和国刑法〉第九十三条第二款的解释》中"协助人民政府从事的其他行政管理工作"?

案例 9 陈文艳敲诈勒索再审改判无罪案

内容摘要:本案是敲诈勒索典型案例之一。历经一审、二审与再审。一审法院认为,陈文艳以非法占有为目的,利用持续缠访的方法相要挟,向接访及稳控工作人员强行索取数额较大的公私财物,其行为构成敲诈勒索罪。一审宣判后,陈文艳不服,提起上诉。二审法院裁定撤销原判,发回重审。再审法院认为,遵化市第二中学作为事业单位法人,不能成为敲诈勒索犯罪对象,而接访教师和校领导为完成接访任务而产生的工作压力不属于因被威胁或要挟、恫吓产生的压迫感和恐惧感,因而改判无罪。陈文艳案之所以会受到社会的广泛关注,除了法律适用问题和事实认定问题的争议之外,该案件还透视出我国社会治理过程中"过度刑法化"的趋势,这种趋势在刑事立法和刑事司法的过程中都有着明显的表现。在立法领域我国目前共通过十个《刑法修正案》,不断增加刑法中的条文和罪名。在司法领域,对某些形式上符合犯罪构成要件的行为进行刑法调整,甚至在极端的法律工具主义思想的影响下,为了实现一定的社会治理目的或达到某种治理效果而直接对某些行为进行刑法调整,陈文艳案当属其中的典型。应当慎重对待法律工具主义的立场,对社会治理中"过度刑法化"的弊病加以警醒。

关键词:敲诈勒索罪;法律工具主义;过度刑法化

【裁判要旨】

敲诈勒索罪是指以非法占有为目的,对被害人使用威胁或要挟、恫吓的方法,强行索要公私财物的行为。被告人陈文艳在信访过程中索要钱款的行为不符合敲诈勒索罪的构成要件,遵化市人民检察院指控被告人陈文艳犯敲诈勒索罪的证据不足,指控罪名不能成立,应依法宣告无罪。

【相关法条】

1.《中华人民共和国刑法》

第二百七十四条 敲诈勒索公私财物,数额较大或者多次敲诈勒索的,处三年以下有期徒刑、拘役或者管制,并处或者单处罚金;数额巨大或者有其他严重情节的,处三年以上十年以下有期徒刑,并处罚金;数额特别巨大或者有其他特别严重情节的,处十年以上有期徒刑,并处罚金。

2.《中华人民共和国刑事诉讼法》

第二百条 在被告人最后陈述后,审判长宣布休庭,合议庭进行评议,根据已经查明的事实、证据和有关的法律规定,分别作出以下判决:(一)案件事实清楚,证据确实、充分,依据法律认定被告人有罪的,应当作出有罪判决;(二)依据法律认定被告人无罪的,应当作出无罪判决;(三)证据不足,不能认定被告人有罪的,应当作出证据不足、指控的犯罪不能成立的无罪判决。

【案例索引】

一审:河北省遵化市人民法院(2014)遵刑初字第78号刑事判决书。
二审:河北省唐山市中级人民法院(2014)唐刑终字第344号刑事裁定书。
再审:河北省遵化市人民法院(2015)遵刑初字第23号刑事判决书。

【基本案情】

2010年中考结束后,陈文艳便多次向学校、市教育局、市委市政府等部门反映问题。她举报的事项主要有以下三类:一是中考作弊。遵化二中在2009年至2011年中考过程中存在体育加试作弊、假借少数民族或独生子女乱加分、文化课乱加分等严重作弊行为。二是向学生乱收费。学校收的钱五花八门,每年以正版书籍的价格向学生大量兜售盗版、错版学习资料,每个学生一年至少要交一千多元的各种费用。三是职称评定过程违法乱纪。其中包括假借优秀教师评职称,顶替农村偏远地区教师名额评职称,遵化市教育局在职称评定过程中故意将部分指标扣下留作走后门用等。

因为相关问题一直得不到解决,自2012年7月开始,陈文艳多次到北京天安门、中南海、府右街等地上访反映问题,并因此至少五次以扰乱公共场所秩序被遵化市公安局行政拘留。为了劝说陈文艳回遵化,遵化市第二中学的工作人员多次去北京接访,并在此过程中发生了一些金钱上的纠葛:陈文艳说是学校主动给的补偿,学校则称是陈文艳强行索要。

【裁判结果】

一审判决：被告人陈文艳犯敲诈勒索罪，判处有期徒刑一年，并处罚金 2000 元。

二审裁定：撤销河北省遵化市人民法院（2014）遵刑初字第 78 号刑事判决并发回河北省遵化市人民法院重新审判。

再审判决：被告人陈文艳无罪。

【裁判理由】

一审法院认为，被告人陈文艳以非法占有为目的，利用持续缠访的方法相要挟，向接访及稳控工作人员强行索取数额较大的公私财物，其行为已构成敲诈勒索罪。遵化市人民检察院指控被告人陈文艳犯敲诈勒索罪的事实清楚，证据确实、充分，指控的罪名成立。被告人陈文艳所提"我是因为职称评定不合理及学校乱收费等原因多次去北京上访，学校老师接我时给我钱，都是他们主动的，不是我要的，有的钱我已经还了"的辩护意见与事实不符，不予采信。关于辩护人所辩，起诉书上所指控的陈文艳犯敲诈勒索罪部分事实不清，需要查证的辩护意见，与事实不符，不予采信。

一审宣判后，被告人陈文艳不服，以钱款不是其主动索要，且部分钱款已经归还，其不构成犯罪为由提出上诉。河北省唐山市中级人民法院于 2014 年 10 月 15 日依照《刑事诉讼法》第二百二十五条第一款第（三）项、第二百三十三条的规定作出（2014）唐刑终字第 344 号裁定，撤销遵化市人民法院（2014）遵刑初字第 78 号刑事判决，并发回遵化市人民法院重新审判。

再审法院认为，根据接返陈文艳的教师王某、徐某等证人证实，遵化市第二中学给被告人陈文艳接返的费用是以报销路费以及吃住费用形式给付，且接返老师均证实接返陈文艳是完成稳控任务，给陈文艳钱是经过校领导的批准，公诉机关提供的证据不能证实被告人陈文艳强行索要公私财物的事实成立；遵化市第二中学作为事业单位法人，不能成为敲诈勒索犯罪对象，而接访教师和校领导为完成接访任务而产生的工作压力不属于因被威胁或要挟、恫吓产生的压迫感和恐惧感。被告人陈文艳在信访过程中索要钱款的行为不符合敲诈勒索罪的构成要件，遵化市人民检察院指控被告人陈文艳犯敲诈勒索罪的证据不足，指控罪名不能成立，应依法宣告无罪。被告人陈文艳及其辩护人提出公诉机关指控被告人陈文艳犯敲诈勒索罪不成立的意见，与庭审查明的事实相符，法院予以采信。

思考问题

1. 单位能否成为敲诈勒索罪的犯罪对象？
2. 以上访的形式向单位索要财物的行为能否被定性为敲诈勒索行为？
3. 如何看待与预防社会治理"过度刑法化"倾向？

第十六章 妨害社会管理秩序罪

案例1 李刚、李飞贩卖毒品案

内容摘要：本案是安徽省高级人民法院首批参考性案例，历经一审与二审。一审法院判决，被告人李刚犯贩卖毒品罪，判处死刑，缓期二年执行，剥夺政治权利终身，并处没收个人全部财产；被告人李飞无罪。二审法院裁定驳回上诉，维持原判。本案通过严格的审核程序，具有较强的权威性，对于创新审判业务指导方式、统一裁判尺度、提高司法水平、加强法制教育具有重要意义。贩卖毒品是毒品犯罪中数量最多，涉及范围最广的一种犯罪，在审查贩毒案件过程中，司法机关对其法律适用理解有分歧，对证据标准把握不一，因此，如何正确适用法律规定，审查判断贩毒案件的证据成为值得探讨的重要问题。李刚、李飞贩卖毒品案明确了对于公诉机关指控的未查获毒品实物的犯罪事实，只有在依法取得的被告人供述与其他证据相互印证，且不存在合理怀疑时，才能依法认定；对于没有查获毒品实物的被告人既往犯罪事实，只有当依法取得的被告人口供与同案被告人供述及其他证据能够相互印证，且不存在合理怀疑时，才可以依法认定。

关键词：贩卖毒品罪；非法证据排除；证据裁判

【裁判要旨】

毒品案件犯罪手段隐蔽，存在着取证难、印证难、认定难的问题。但不能因此降低对此类犯罪证据的审查判断标准。认定被告人有罪和对被告人从重处罚，应当适用证据确实、充分的证明标准。对被告人犯罪事实形成内心确信必须建立在证据确实、充分的基础上，不能脱离证据的证明标准讲内心确信。被告人犯罪事实的证明达不到证据确实、充分标准的，依法不予认定。以庭审为中心加强证据合法性的审查，是贯彻证据裁判原则，正确认定案件事实的具体要求和体现。对经过法庭审理，确认或者不能排除被告人供述系采取刑讯逼供等非法方法收集的，应当依法排除，不能作为定案的根据。

【相关法条】

1.《中华人民共和国刑法》

第三百四十七条　走私、贩卖、运输、制造毒品，无论数量多少，都应当追究刑事责任，予以刑事处罚。

走私、贩卖、运输、制造毒品，有下列情形之一的，处十五年有期徒刑、无期徒刑或者死刑，并处没收财产：（一）走私、贩卖、运输、制造鸦片一千克以上、海洛因或者甲基苯丙胺五十克以上或者其他毒品数量大的；（二）走私、贩卖、运输、制造毒品集团的首要分子；（三）武装掩护走私、贩卖、运输、制造毒品的；（四）以暴力抗拒检查、拘留、逮捕，情节严重的；（五）参与有组织的国际贩毒活动的。

走私、贩卖、运输、制造鸦片二百克以上不满一千克、海洛因或者甲基苯丙胺十克以上不满五十克或者其他毒品数量较大的，处七年以上有期徒刑，并处罚金。

走私、贩卖、运输、制造鸦片不满二百克、海洛因或者甲基苯丙胺不满十克或者其他少量毒品的，处三年以下有期徒刑、拘役或者管制，并处罚金；情节严重的，处三年以上七年以下有期徒刑，并处罚金。

单位犯第二款、第三款、第四款罪的，对单位判处罚金，并对其直接负责的主管人员和其他直接责任人员，依照各该款的规定处罚。

利用、教唆未成年人走私、贩卖、运输、制造毒品，或者向未成年人出售毒品的，从重处罚。

对多次走私、贩卖、运输、制造毒品，未经处理的，毒品数量累计计算。

第三百五十六条　因走私、贩卖、运输、制造、非法持有毒品罪被判过刑，又犯本节规定之罪的，从重处罚。

2.《中华人民共和国刑事诉讼法》

第六十条　对于经过法庭审理，确认或者不能排除存在本法第五十六条规定的以非法方法收集证据情形的，对有关证据应当予以排除。

第二百四十八条　中级人民法院判处死刑缓期二年执行的案件，由高级人民法院核准。

3.《最高人民法院、最高人民检察院、公安部、国家安全部、司法部关于办理刑事案件排除非法证据若干问题的规定》

第七条第一款　经审查，法庭对被告人审判前供述取得的合法性有疑问的，公诉人应当向法庭提供讯问笔录、原始的讯问过程的录音录像或者其他证据，提请法庭通知讯问时其他在场人员或者其他证人出庭作证，仍不能排除刑讯逼供嫌疑的，提请法庭通知讯问人员出庭作证，对该供述取得的合法性予以证明。公诉人当庭不能举证的，可以根据刑事诉讼法第一百六十五条的规定，建议法庭延期审理。

【案例索引】

一审：安徽省阜阳市中级人民法院（2013）阜刑初字第00021号刑事判决书。

二审：安徽省高级人民法院（2013）皖刑终字第00297号刑事裁定书。

【基本案情】

2012年4月1日14时许,韦可发打电话给被告人李刚,要求购买200克毒品海洛因,李刚表示同意,并在电话里和韦可发商定交易毒品的价格和地点。李刚在家中用黑色塑料袋把毒品海洛因包好后,把其子李飞喊来,让李飞把装有毒品的黑色塑料袋送到临泉县瓦店东侧路边一大棚子处,交给韦可发。李飞按李刚要求,将装有毒品的黑色塑料袋送到指定地点后,被公安人员抓获,毒品被当场查获。经鉴定,李刚交给李飞塑料袋内的毒品检验出海洛因成分,海洛因含量为51.37%,重量为199.7克。

【裁判结果】

一审判决:被告人李刚犯贩卖毒品罪,判处死刑,缓期二年执行,剥夺政治权利终身,并处没收个人全部财产;被告人李飞无罪。

二审裁定:上诉人李刚贩卖毒品199.7克海洛因,驳回上诉,维持原判,并核准一审以贩卖毒品罪判处被告人李刚死刑,缓期二年执行,剥夺政治权利终身,并处没收个人全部财产的刑事判决。

【裁判理由】

一审法院认为,2012年3月20日,被告人李刚以每克400元的价格将20克海洛因卖给韦可发(已判刑)。同月28日15时许,李刚以相同价格将199.94克海洛因卖给韦可发。2012年4月1日,韦可发与李刚联系购买毒品,李刚将一装有毒品的塑料袋交给其子李飞,让李飞送到安徽省临泉县瓦店东侧路边一大棚子处交给韦可发。李飞到达后即被公安人员抓获,毒品被当场查获。经鉴定,塑料袋内的毒品重199.7克,海洛因含量为51.37%。阜阳市中级人民法院认为,被告人李刚的行为构成贩卖毒品罪,且贩卖毒品数量大。公诉机关指控李飞犯贩卖毒品罪的证据不足。李刚系毒品再犯、累犯,应当依法从重处罚。

安徽省高级人民法院二审审理查明:2012年4月1日14时许,韦可发打电话给上诉人李刚,要求购买200克海洛因,李刚表示同意,并在电话里和韦可发商定交易毒品的价格和地点。李刚在家中用黑色塑料袋把海洛因包好后,让其子李飞把装有毒品的黑色塑料袋送到安徽省临泉县瓦店东侧路边一大棚子处交给韦可发。李飞到达指定地点后即被公安人员抓获,毒品被当场查获。经鉴定,查获的毒品中海洛因含量为51.37%,重199.7克。

二审法院认为,被告人李刚贩卖海洛因199.7克,其行为已构成贩卖毒品罪。李刚曾因犯贩卖毒品罪被判处有期徒刑十五年,刑满释放后五年之内,再犯应当判处有期徒刑以上刑罚的毒品犯罪,系累犯和毒品再犯,依法应从重处罚。李刚贩卖毒品虽然是在公安机关控制下实施,毒品未流入社会,但鉴于其主观恶性深,社会危害性大,对其不予从宽处罚。侦查人员虽然在李飞携带的黑色塑料袋内查获毒品，但李飞在审判前作出明知毒品而帮助运送的有罪供述，因不能排除该有罪供述系采取非法方法收集的合理怀疑而被依法排除，现有证据不能证明李飞明知他人贩卖毒品而提供帮助，李飞的行为不构成犯罪。故二审法院依法作出如上裁判。

思考问题

1. 如何理解证据法上的排除合理怀疑原则？
2. 如何严格依照法律及相关司法解释的规定处理被告人提出排除非法证据的申请？

■■■■ 案例2　张桂方、冯晓明组织卖淫案

内容摘要：本案系《刑事审判参考》第101集第1054号案件，其裁判观点在之后的立法修改和司法解释中有所体现。本案历经一审与二审。一审法院判决被告人张桂方等犯组织卖淫罪，二审法院维持罪名的认定，但在量刑上作出调整。本案中，二审法院对"情节严重"进行了综合考量。虽然张桂方和冯晓明组织多名妇女多次从事卖淫活动，但从手段来看，二人主要以容留的手段，没有对被组织卖淫者进行强迫、暴力等人身控制，也未造成伤亡的严重后果。因此，法院认为二人的犯罪情节一般，不作加重处罚。

关键词：组织卖淫罪；情节严重；容留卖淫罪

【裁判要旨】

组织卖淫罪是指以雇佣、招募、强迫、引诱、容留等手段，控制多人从事卖淫的行为。区分组织卖淫罪和容留、介绍卖淫罪的关键是看行为人是否对卖淫者具有组织、管理、控制行为。所谓控制，是指掌握一些卖淫人员，安排、布置或调度他们从事卖淫活动。至于采取的手段是暴力的、胁迫的，还是非暴力的、非胁迫的，都不影响本罪的成立。认定组织卖淫之"情节严重"不能仅看组织卖淫的次数及人数，还要看是否对被组织卖淫者进行人身控制、造成严重的伤亡后果或恶劣的社会影响以及有其他情节严重的情形存在。

【相关法条】

1. 《中华人民共和国刑法》

第六十七条第三款　犯罪嫌疑人虽不具有前两款规定的自首情节，但是如实供述自己罪行的，可以从轻处罚；因其如实供述自己罪行，避免特别严重后果发生的，可以减轻处罚。

第三百五十八条第一款　组织、强迫他人卖淫的，处五年以上十年以下有期徒刑，并处罚金；情节严重的，处十年以上有期徒刑或者无期徒刑，并处罚金或者没收财产。

2.《中华人民共和国刑事诉讼法》

第二百三十六条第一款　第二审人民法院对不服第一审判决的上诉、抗诉案件，经过审理后，应当按照下列情形分别处理：……（二）原判决认定事实没有错误，但适用法律有错误，或者量刑不当的，应当改判；……

【案例索引】

一审：广东省广州市中级人民法院（2013）穗中法刑一初字第101号刑事判决书。

二审：广东省高级人民法院（2014）粤高法刑一终字第13号刑事判决书。

【基本案情】

2011年3月至2012年7月，被告人张桂方、冯晓明租用广东省广州市番禺区某出租屋作为卖淫场所，由同案人彭定军（已判刑）、"小胖"（另案处理）负责拉客及收取嫖资，组织王某、张某、王某某等多名妇女，以每次100元的价格进行卖淫活动，从中谋取非法利益。2012年7月27日，被告人冯晓明被公安人员抓获。2012年9月28日，被告人张桂方被公安人员抓获，当天被取保候审。

2012年10月至2013年1月期间，被告人张桂方伙同他人租用了广东省广州市番禺区出租房作为卖淫场所，组织胡某、杨某某、陈某某等多名妇女，以每次130元的价格进行卖淫活动，从中谋取非法利益。2013年1月31日，被告人张桂方被公安人员抓获。

【裁判结果】

一审判决：（1）被告人张桂方犯组织卖淫罪，判处有期徒刑十一年，并处罚金50000元。（2）被告人冯晓明犯组织卖淫罪，判处有期徒刑十年，并处罚金30000元。

二审判决：（1）维持广东省广州市中级人民法院（2013）穗中法刑一初字第101号刑事判决第（一）项中对上诉人张桂方的定罪部分及第（二）项中对上诉人冯晓明的定罪部分的判决。（2）撤销广东省广州市中级人民法院（2013）穗中法刑一初字第101号刑事判决第（一）项中对上诉人张桂方的量刑部分及第（二）项中对上诉人冯晓明的量刑部分的判决。（3）上诉人张桂方犯组织卖淫罪，判处有期徒刑八年，并处罚金40000元。（4）上诉人冯晓明犯组织卖淫罪，判处有期徒刑五年，并处罚金30000元。

【裁判理由】

法院经审理认为，组织卖淫罪是指以雇佣、招募、强迫、引诱、容留等手段，控制多人从事卖淫的行为。区分组织卖淫罪和容留、介绍卖淫罪的关键是看行为人是否对卖淫者具有组织、管理、控制行为。如果行为人只是实施了容留、介绍他人卖淫的行为，没有对卖淫活动进行组织、管理和控制，就不能以组织卖淫罪处罚；如果行为人不仅实施了容留、介绍他人卖淫的行为，同时还以组织者、管理者的身份对卖淫者进行控制和管理，其行为就应当以组织卖淫罪进行处罚。所谓控制，是指掌握一些卖淫人员，安排、布置或调度他们从事卖淫活动。至于采取的手段是暴力的、胁迫的，还是非暴力的、非胁迫的，都不影响本罪的成立。组织者对卖淫人员的人身自由是否进行限制不是本罪的本质特征。本案中，张桂方伙同同案人采取容留的手段，组织多名卖淫女从事卖淫活动，租用广州市番禺区的出租屋作为卖淫场所，张桂方亲自及雇请同案人为卖淫女招揽嫖客，向嫖客推荐、介绍卖淫女进行卖淫活动，规定卖淫价格及分成比例，并收取嫖资及为卖淫活动寻求非法保护。综上，张桂方及同案人已对卖淫女的卖淫活动实行了一定的管理和控制，其行为应构成组织卖淫罪。上诉人张桂方归案后能如实供述自己的罪行，认罪态度较好，依法可从轻处罚。原判认定事实清楚，证据确实、充分，定罪准确，审判程序合法，唯认定二上诉人的行为属组织卖淫情节严重并据此量刑不当，应予纠正。二上诉人的该上诉意见有理，予以采纳。

思考问题

1. 组织卖淫罪与容留卖淫罪的区别是什么？
2. 如何理解《刑法》第三百五十八条中的"情节严重"？
3. 组织卖淫罪中罚金刑的适用规则是什么？

案例3　凌文勇等组织（运送）他人偷越边境案

内容摘要：本案系《刑事审判参考》第100集第1031号，历经一审与二审。一审判决被告人凌文勇、韦德其、何邦太犯组织他人偷越边境罪，被告人陈德成、邓文桃犯运送他人偷越边境罪。宣告后被告人上诉，二审法院对量刑部分作出调整。本案中，被告人凌文勇预谋组织人员偷渡，向29名偷渡人员收取偷渡费用，组织偷渡人员入境中国，安排偷渡人员住宿，指使同案被告人购买偷渡船只及导航仪，安排偷渡人员登船及驾驶船只，使偷渡活动具有系统性、整体性，其行为具有明显的组织性，构成组织他人偷越边境罪。本案中，被告人陈德成、邓文桃、韦德其、何邦太运送的偷渡人员，因船舶出现故障，在偷越边境之前被查获，对各被告人应以运送他人偷越边境罪（未遂）论处，依法可以比照既遂犯从轻或者减轻处罚。二审法院据此改判，认定韦德其、何邦太亦属运送他人偷越边境犯罪未遂，是正确的。

关键词：组织他人偷越国边境罪；运送他人偷越国边境罪；未遂形态

【裁判要旨】

区分组织他人偷越边境罪与运送他人偷越边境罪的关键在于判断行为是否具有组织性。明知他人组织他人偷越边境，而参与购买、联系、安排船只、汽车等交通工具，提供运输服务，将非法出境人员送至离境口岸、指引路线，甚至是积极对偷渡人员进行英语培训以应付通关的需要，转交与出境人员身份不符的虚假证件，安排食宿、送取机票等行为，均是为组织他人偷越边境提供帮助，且由于主观目的及行为缺乏组织性，不能认定为组织他人偷越边境罪的共同犯罪，而应认定为运送他人偷越边境罪。同时，应以运送的偷渡人员是否越过边境线作为区分运送他人偷越边境罪既遂与未遂的认定标准。

【相关法条】

1.《中华人民共和国刑法》

第二十三条　已经着手实行犯罪，由于犯罪分子意志以外的原因而未得逞的，是犯罪未遂。

对于未遂犯，可以比照既遂犯从轻或者减轻处罚。

第二十五条第一款　共同犯罪是指二人以上共同故意犯罪。

第三百一十八条　组织他人偷越国（边）境的，处二年以上七年以下有期徒刑，并处罚金；有下列情形之一的，处七年以上有期徒刑或者无期徒刑，并处罚金或者没收财产：（一）组织他人偷越国（边）境集团的首要分子；（二）多次组织他人偷越国（边）境或者组织他人偷越国（边）境人数众多的；（三）造成被组织人重伤、死亡的；（四）剥夺或者限制被组织人人身自由的；（五）以暴力、威胁方法抗拒检查的；（六）违法所得数额巨大的；（七）有其他特别严重情节的。

犯前款罪，对被组织人有杀害、伤害、强奸、拐卖等犯罪行为，或者对检查人员有杀害、伤害等犯罪行为的，依照数罪并罚的规定处罚。

第三百二十一条　运送他人偷越国（边）境的，处五年以下有期徒刑、拘役或者管制，并处罚金；有下列情形之一的，处五年以上十年以下有期徒刑，并处罚金：（一）多次实施运送行为或者运送人数众多的；（二）所使用的船只、车辆等交通工具不具备必要的安全条件，足以造成严重后果的；（三）违法所得数额巨大的；（四）有其他特别严重情节的。

在运送他人偷越国（边）境中造成被运送人重伤、死亡，或者以暴力、威胁方法抗拒检查的，处七年以上有期徒刑，并处罚金。

犯前两款罪，对被运送人有杀害、伤害、强奸、拐卖等犯罪行为，或者对检查人员有杀害、伤害等犯罪行为的，依照数罪并罚的规定处罚。

2.《最高人民法院、最高人民检察院关于办理妨害国（边）境管理刑事案件应用法律若干问题的解释》

第一条　领导、策划、指挥他人偷越国（边）境或者在首要分子指挥下，实施拉拢、引诱、介绍他人偷越国（边）境等行为的，应当认定为刑法第三百一十八条规定的"组织他人偷越国（边）境"。

组织他人偷越国（边）境人数在十人以上的，应当认定为刑法第三百一十八条第一款第（二）项规定的"人数众多"；违法所得数额在二十万元以上的，应当认定为刑法第三百一十八条第一款第（六）项规定的"违法所得数额巨大"。

以组织他人偷越国（边）境为目的，招募、拉拢、引诱、介绍、培训偷越国（边）境人员，策划、安排偷越国（边）境行为，在他人偷越国（边）境之前或者偷越国（边）境过程中被查获的，应当以组织他人偷越国（边）境罪（未遂）论处；具有刑法第三百一十八条第一款规定的情形之一的，应当在相应的法定刑幅度基础上，结合未遂犯的处罚原则量刑。

第四条　运送他人偷越国（边）境人数在十人以上的，应当认定为刑法第三百二十一条第一款第（一）项规定的"人数众多"；违法所得数额在二十万元以上的，应当认定为刑法第三百二十一条第一款第（三）项规定的"违法所得数额巨大"。

【案例索引】

一审：福建省宁德市蕉城区人民法院（2013）蕉刑初字第184号刑事判决书。

二审：福建省宁德市中级人民法院（2014）宁刑终字第64号刑事判决书。

【基本案情】

2012年11月，被告人凌文勇伙同其女友阮氏芳（另案处理）在越南预谋组织29名越南籍偷渡人员入境中国后经广西、福建等地"偷渡"台湾地区，并收取偷渡费用折合人民币共计187915.68元，安排被告人陈德成、邓文桃负责驾驶船只运送。凌文勇、阮氏芳为该29名越南籍人员办理入境中国的手续后，于同年12月2日组织上述人员从广西友谊关口岸入境到达广西凭祥市，后将该29名人员分成两批，分别由二人带领至福建省宁德市。凌文勇在前往福建省的途中电话联系被告人韦德其帮忙购买偷渡所需船只及安排住宿。随后，韦德其找被告人何邦太帮忙，并与陈德成、邓文桃一起购买了船只，对船只进行改装并购买了导航仪，凌文勇支付了相关费用。12月5日，29名越南籍偷渡人员乘坐何邦太安排的车辆到金蛇头码头集结。登船后，由陈德成、邓文桃按照导航仪设定的航线驾驶船只欲"偷渡"台湾地区。其间，凌文勇向韦德其、何邦太分别支付酬劳2000元、5000元。次日，由于船只马力不足，陈德成、邓文桃将船只停靠在福建省连江县黄岐码头附近，后被边防派出所查获。

【裁判结果】

一审判决：被告人凌文勇犯组织他人偷越边境罪，判处有期徒刑七年，并处罚金200000元，驱逐出境；被告人韦德其犯组织他人偷越边境罪，判处有期徒刑五年，并处罚金2000元；被告人何邦太犯组织他人偷越边境罪，判处有期徒刑五年，并处罚金5000元；被告人陈德成犯运送他人偷越边境罪，判处有期徒刑五年，并处罚金1000元，驱逐出境；被告人邓文桃犯运送他人偷越边境罪，判处有期徒刑五年，并处罚金1000元，驱逐出境。

二审判决：上诉人何邦太犯运送他人偷越边境罪，判处有期徒刑三年，并处罚金5000元；上诉人韦德其犯运送他人偷越边境罪，判处有期徒刑三年，并处罚金2000元；上诉人陈德成犯运送他人偷越边境罪，判处有期徒刑三年，并处罚金1000元，驱逐出境；上诉人邓文桃犯运送他人偷越边境罪，判处有期徒刑三年，并处罚金1000元，驱逐出境。

【裁判理由】

一审法院认为，被告人凌文勇、韦德其、何邦太违反国家出入边境管理法规，非法组织他人偷越边境，其行为均构成组织他人偷越边境罪。被告人陈德成、邓文桃违反国家出入边境管理法规，非法运送他人偷越边境，其行为均构成运送他人偷越边境罪。凌文勇、韦德其、何邦太在实施组织他人偷越边境过程中，由于意志以外原因未得逞，系未遂，可以从轻处罚。凌文勇在共同犯罪中起主要作用，系主犯；韦德其、何邦太在共同犯罪中起次要作用，系从犯，应当减轻处罚。韦德其、何邦太、邓文桃、陈德成归案后能够如实供述自己的罪行，依法予以从轻处罚。

一审宣判后，被告人凌文勇、韦德其、何邦太以未参与组织他人偷越边境，原判定性错误为由提起上诉；被告人陈德成、邓文桃以原判未认定其未遂为由提起上诉。

二审法院认为，上诉人凌文勇非法组织他人偷越边境人数众多，其行为构成组织他人偷越边境罪。上诉人韦德其、何邦太、陈德成、邓文桃非法运送他人偷越边境人数众多，其行为均构成运送他人偷越边境罪。凌文勇在实施组织他人偷越边境过程中，韦德其、何邦太、陈德成、邓文桃在运送他人偷越边境中，由于意志以外原因未得逞，系未遂，对凌文勇可以从轻处罚，对韦德其、何邦太、陈德成、邓文桃可以减轻处罚。原判对上诉人韦德其、何邦太定罪有误，对上诉人韦德其、何邦太、陈德成、邓文桃量刑不当，应予纠正。

 思考问题

1. 组织他人偷越边境罪与运送他人偷越边境罪怎样区分？
2. 陈德成、邓文桃运送他人偷越边境的行为属于犯罪既遂还是犯罪未遂？

案例 4　仵兆祥、李耀锋盗掘古文化遗址、古墓葬案

内容摘要：本案历经一审与二审。一审法院经审理认为，被告人仵兆祥、李耀锋伙同他人，以非法占有为目的，采用秘密手段，盗掘省级文物保护单位的古文化遗址，其行为已经构成盗掘古文化遗址罪，且系共同犯罪，分别判处二被告人有期徒刑。二审法院维持了一审法院的判决。诚然，从盗掘古文化遗址、古墓葬罪的历史沿革来看，它主要针对的是以那些为非法占有古文化遗址、古墓葬中的文物藏品而对古文化遗址、古墓葬进行挖掘的行为，但是我们并不能完全排除盗掘者具有其他的目的的可能性。发掘古墓的原因除了物利以外，还存在"怨仇"和"象征"，以及原始巫术等其他目的。盗掘古文化遗址、古墓罪属于妨害社会管理秩序犯罪，其在主观目的的认定和保护法益上存在争议，同时涉及对共同犯罪主观意思联络的认定问题。

关键词：盗掘古文化遗址、古墓葬罪；共同犯罪；主观目的

【裁判要旨】

不应当以非法占有的目的，也不应当以寻找文物的目的为本罪的要件，只要实施盗掘的行为，无论出于何种动机和目的，均不影响本罪的成立。盗掘古文化遗址、古墓葬罪的主观方面是故意，即明知是具有历史、艺术、科学价值的古文化遗址、古墓葬而未经批准非法挖掘。至于明知到什么程度，是否必须明知该古文化遗址、古墓葬是具有历史、艺术、科学价值的古文化遗址、古墓葬，则在所不问。

【相关法条】

《中华人民共和国刑法》

第二十五条　共同犯罪是指二人以上共同故意犯罪。

二人以上共同过失犯罪，不以共同犯罪论处；应当负刑事责任的，按照他们所犯的罪分别处罚。

第二十六条　组织、领导犯罪集团进行犯罪活动的或者在共同犯罪中起主要作用的，是主犯。

三人以上为共同实施犯罪而组成的较为固定的犯罪组织，是犯罪集团。

对组织、领导犯罪集团的首要分子，按照集团所犯的全部罪行处罚。

对于第三款规定以外的主犯，应当按照其所参与的或者组织、指挥的全部犯罪处罚。

第二十七条　在共同犯罪中起次要或者辅助作用的，是从犯。

对于从犯，应当从轻、减轻处罚或者免除处罚。

第三百二十八条　盗掘具有历史、艺术、科学价值的古文化遗址、古墓葬的,处三年以上十年以下有期徒刑,并处罚金;情节较轻的,处三年以下有期徒刑、拘役或者管制,并处罚金;有下列情形之一的,处十年以上有期徒刑或者无期徒刑,并处罚金或者没收财产:(一)盗掘确定为全国重点文物保护单位和省级文物保护单位的古文化遗址、古墓葬的;(二)盗掘古文化遗址、古墓葬集团的首要分子;(三)多次盗掘古文化遗址、古墓葬的;(四)盗掘古文化遗址、古墓葬,并盗窃珍贵文物或者造成珍贵文物严重破坏的。

　　盗掘国家保护的具有科学价值的古人类化石和古脊椎动物化石的,依照前款的规定处罚。

【案例索引】

　　一审:河南省内乡县人民法院(2012)内刑初字第036号刑事判决书。
　　二审:河南省南阳市中级人民法院于(2012)南刑二终字第093号刑事裁定书。

【基本案情】

　　2011年6月27日,被告人仵兆祥伙同陈龙举、赵旭阳、江总理(三人均另案处理)密谋到内乡县马山口镇三岔河村圣垛山法云寺塔内寻找古物,开车窜至法云寺塔处进行踩点查看。同年6月29日,被告人仵兆祥与陈龙举等人准备从镇平县城到法云寺塔内寻找古物,被告人李耀锋和王伦(另案处理)得知后一同前往,之后伙同马山镇的赵旭阳、江总理、张淼淼、谢猛(均另案处理)携带盗掘工具,开车窜至法云寺塔处。陈龙举扒开散垒在该塔地宫门口处的塔砖,被告人仵兆祥、李耀锋伙同他人进入地宫内寻找文物未果,又搭竹架子到塔身第一层,与陈龙举和一不知姓名的人(后逃脱)对塔身上的《重修法云寺塔石记》进行撬凿,以确定石记后面是否有文物。仵兆祥等人之后又对塔附近进行挖掘,未找到有价值文物而下山,下山途中被公安机关抓获。

【裁判结果】

　　一审判决:被告人仵兆祥犯盗掘古文化遗址罪,判处有期徒刑十年,并处罚金20000元;被告人李耀锋犯盗掘古文化遗址罪,判处有期徒刑五年,并处罚金10000元。
　　二审裁定:驳回上诉,维持原判。

【裁判理由】

　　法院经审理认为,被告人仵兆祥、李耀锋伙同他人,以非法占有为目的,采用秘密手段,盗掘省级文物保护单位的古文化遗址,其行为已经构成盗掘古文化遗址罪,且系共同犯罪。内乡县人民检察院指控成立,本院依法予以支持。在共同犯罪中,被告人仵兆祥起主要作用,系主犯,应当按其参与的全部犯罪处罚;被告人李耀锋处于次要地位，属于从犯，依法应当减轻处罚。被告人仵兆祥、李耀锋案发后均能如实供述自己的犯罪事实，且当庭认罪，具有悔罪表现，可以酌情从轻处罚。根据河南省文物部门的鉴定，法云寺塔破坏程度较为严重，是由于塔基、塔门、地宫、塔砖、砖雕斗拱、塔碑石记等多处损害共致，此属一果多因，对被告人可以酌情从轻处罚。

思考问题

1. 盗窃古文化遗址、古墓葬罪的主观认定标准是什么？
2. 盗窃古文化遗址、古墓葬罪保护的法益是单一法益还是复杂法益？
3. 如何认定共犯的意思联络？

■■■ 案例5 雷志国等盗掘古墓葬案

内容摘要：本案历经一审与二审。一审法院经审理认为，七被告人违反文物保护法规，未经国家文化主管部门批准，以非法占有省级重点文物保护单位罗钦顺墓的石狮、石虎等石像为目的将该墓地的石狮、石虎盗走，构成盗掘古墓葬罪，应以盗掘古墓葬罪追究七被告人的刑事责任。二审法院维持了一审法院的判决。近年来，我国发生盗掘古墓葬犯罪的情况十分猖獗，自2010年以来，我国每年针对国家文物所开展的保护专项行动中破获各类案件数百件，打掉犯罪团伙数十个，在全国立案的文物犯罪案件中，约有六成是涉及盗掘古墓葬罪的。本案是中国裁判文书网所列出的有关妨害文物管理罪的推荐案例。本案中二审针对七位上诉人的诉求，对以国有文物作为犯罪对象的盗窃罪与盗掘古墓葬罪作出了明确的区分，认定原判事实清楚，证据充分，定罪准确，量刑适当，驳回上诉，维持原判。处理结果遵循罪刑法定原则与罪责刑相适应原则，对于我国盗掘古墓葬罪的罪与非罪、此罪彼罪等法律问题作出了清楚的区分，规范了盗掘古墓葬罪的法律认定，对于类似案件的审理具有指导性作用。

关键词：盗掘古墓葬罪；犯罪认定；罪刑法定

【裁判要旨】

本案维持原判具有的指导意义：（1）对一行为是否构成盗掘古墓葬罪作出明确规范，即把握该罪主客观方面的特征，一行为如果符合这些主客观方面的特征，就构成盗掘古墓葬罪；（2）对于在很大程度上具有共性的盗掘古墓葬罪和盗窃罪的区分作出了很有代表性的解释。

【相关法条】

《中华人民共和国刑法》

第三百二十八条第一款 盗掘具有历史、艺术、科学价值的古文化遗址、古墓葬的，处三年以上十年以下有期徒刑，并处罚金；情节较轻的，处三年以下有期徒刑、拘役或者管制，并处罚金；有下列情形之一的，处十年以上有期徒刑或者无期徒刑，并处罚金或者没收财产：（一）盗掘确定为全国重点文物保护单位和省级文物保护单位的古文化遗址、古墓葬的；（二）盗掘古文化遗址、古墓葬集团的首要分子；（三）多次盗掘古文化遗址、古墓葬的；（四）盗掘古文化遗址、古墓葬，并盗窃珍贵文物或者造成珍贵文物严重破坏的。

【案例索引】

一审：泰和县人民法院（2014）泰刑初字第100号刑事判决书。

二审：江西省吉安市中级人民法院（2015）吉中刑一终字第000001号刑事裁定书。

【基本案情】

江西省人民政府于1987年12月28日以赣府发〔1987〕122号文件将泰和县上模乡油洲村明代时期的罗钦顺墓确定为江西省第三批文物保护单位，墓地约占三亩，墓前有石人石兽等石像，保护范围为原围墙外各五米。

2013年11月，被告人雷志国、石良松、唐必财、石双喜驱车至泰和县上模乡油洲村罗钦顺墓地踩点预谋窃取该墓地的石狮、石虎等石像，并由石良松联系买家。之后，被告人雷志国与石良松多次电话商议窃取石像事宜。

2013年12月3日，被告人雷志国、唐必财、石双喜、易孝华、刘桂君驾驶被告人唐必财的面包车到达泰和县城并入住旅馆。次日，被告人唐必财、石双喜、易孝华、刘桂君驾车前往罗钦顺墓地踩点，被告人雷志国在此期间电话联系被告人易勇林，叫易勇林从广西将其租好的货车开至泰和县城。2013年12月5日，被告人雷志国、唐必财、石双喜、易孝华、易勇林、刘桂君携带四小轮推车等工具，驾车前往罗钦顺墓地，着手盗窃墓地前的石狮、石虎等石像，但因石像太重，所带工具无法搬动而未得逞。2013年12月6日，被告人唐必财、雷志国、石双喜、易孝华、易勇林、刘桂君在泰和县城购买了撬棍、锄头等作案工具后，携带推车、撬棍、锄头等作案工具再次前往罗钦顺墓地，先用锄头、撬棍将石像底座挖开、撬松，然后将石像搬至推车上，再转移至易勇林开来的货车上，共同动手将该墓地的两尊石虎、一尊石狮盗走。尔后，被告人雷志国、易勇林押车将该三尊石像以13000元的价格销售至被告人石良松联系好的广西买家处。经鉴定，该三尊石像作为省级重点文物保护单位罗钦顺墓的重要组成部分，具有非常重要的价值，且该三尊石像价值共计210000元。

2014年1月8日，被告人唐必财、易孝华、刘桂君被抓获。2014年1月17日，被告人雷志国、易勇林被抓获，二人归案后协助公安人员抓获收购石像的苏全福。2014年1月21日，被告人石双喜被抓获。2014年6月10日，被告人石良松被抓获。案发后，被告人雷志国退赃12000元。

【裁判结果】
　　一审判决：（1）被告人雷志国犯盗掘古墓葬罪，判处有期徒刑十一年，并处罚金50000元。（2）被告人石良松犯盗掘古墓葬罪，判处有期徒刑十一年，并处罚金50000元。（3）被告人唐必财犯盗掘古墓葬罪，判处有期徒刑十一年，并处罚金50000元。（4）被告人石双喜犯盗掘古墓葬罪，判处有期徒刑十年，并处罚金40000元。（5）被告人易孝华犯盗掘古墓葬罪，判处有期徒刑十年，并处罚金40000元。（6）被告人刘桂君犯盗掘古墓葬罪，判处有期徒刑十年，并处罚金40000元。（7）被告人易勇林犯盗掘古墓葬罪，判处有期徒刑九年六个月，并处罚金30000元。
　　二审裁定：驳回上诉，维持原判。

【裁判理由】
　　一审法院认为，盗掘古墓葬罪是指盗掘具有历史、艺术、文化、科学价值的古墓葬的行为，在客观方面表现为违反文物保护法规，未经国家文化主管部门批准，私自挖掘古墓葬的行为；而古墓葬是指古代（一般指清代以前，包括清代）人类将逝者及其生前遗物等按照一定方式放置于特定场所并建造的固定设施，包括坟墓及其附属设施。七被告人违反文物保护法规，未经国家文化主管部门批准，以非法占有省级重点文物保护单位罗钦顺墓的石狮、石虎等石像为目的，经事先踩点，携带推车、撬棍、锄头等作案工具前往该墓地，采用用锄头挖开、撬棍撬松等方式将该墓地的石狮、石虎盗走。该石狮、石虎属于罗钦顺墓的保护范围内，且经鉴定是罗钦顺墓的重要组成部分，具有非常重要的价值。七被告人的行为符合盗掘古墓葬罪的构成要件，构成盗掘古墓葬罪，应以盗掘古墓葬罪追究七被告人的刑事责任。公诉机关指控七被告人所犯罪名和事实成立，对七被告人均应予以惩处。被告人及辩护人关于被告人不构成盗掘古墓葬罪而构成盗窃罪的辩解、辩护意见不能成立，本院不予采纳。被告人石良松事先与被告人雷志国等人至墓地踩点并拍照联系买家，事中通过电话与雷志国联系盗掘石狮、石虎等石像事宜，在雷志国等人盗窃石狮、石虎成功后又积极联系买家销赃，其与雷志国等被告人既有共同盗掘古墓葬的故意，也有共同的行为。这一事实有公诉机关提交的被告人雷志国与被告人石良松之间的通话记录及被告人雷志国的供述等证据证实，足以认定被告人石良松是盗掘古墓葬罪的共犯，其行为构成盗掘古墓葬罪。被告人石良松及其辩护人关于其构成掩饰、隐瞒犯罪所得罪与查明的事实及证据不符，本院不予采纳。在本案共同犯罪中，七被告人均积极实施犯罪，均应认定为主犯，但被告人石双喜、易孝华、易勇林、刘桂君所起作用相对较小，可认定为作用相对较小的主犯。被告人石双喜、刘桂君、易勇林的辩护人关于三被告人系从犯的辩护意见不能成立，本院不予采纳。被告人雷志国在刑满释放后五年内再次故意犯应判处有期徒刑以上刑罚之罪，系累犯，依法应从重处罚；但同时其有立功表现，且部分退赃，综合以上情节，本院依法对其从轻处罚。被告人易勇林具有立功表现，本院依法对其减轻处罚。

二审法院认为，上诉人雷志国、石良松、唐必财、石双喜、易孝华、刘桂君、易勇林违反文物保护法规，未经国家文化主管部门批准，盗掘省级文物保护单位罗钦顺墓保护范围内的三尊石像，其行为均已构成盗掘古墓葬罪。七上诉人以及辩护人提出本案应定盗窃罪的意见与法律规定不符，不予采纳。在共同犯罪中，七上诉人均积极实施犯罪，均应认定为主犯，但上诉人石双喜、易孝华、易勇林、刘桂君所起作用相对较小，量刑时可适当区别。上诉人雷志国在刑满释放后五年内故意犯应判处有期徒刑以上刑罚之罪，系累犯，依法应从重处罚；其有立功表现、部分退赃，依法可以从轻处罚。上诉人雷志国上诉提出其积极退赃，且有立功表现，应从轻处罚的意见属实，但原判已考虑该情节并已对其从轻处罚，故对其请求再从轻处罚的上诉意见不予采纳。上诉人石良松事先与雷志国等人至墓地踩点并拍照联系买家，事中通过电话与雷志国联系盗掘石像事宜，在雷志国等人盗窃石像后又积极联系买家销赃，其与雷志国等人既有共同盗掘古墓葬的故意，也有共同的行为，属共同犯罪，应以盗掘古墓葬罪追究刑事责任，上诉人石良松提出其行为只构成掩饰、隐瞒犯罪所得罪的意见与法律规定不符，不予采纳。上诉人石良松上诉提出其系初犯，认罪态度好，具有悔罪表现的意见属实，因原判已考虑该情节并已对其从轻处罚，故对其请求再从轻处罚的上诉意见不予采纳。上诉人唐必财上诉提出其不是主犯的意见，经查，唐必财从 2013 年 11 月第一次踩点开始即参与其中，此后盗掘过程中亦积极实施犯罪，依法应认定为主犯；另提出其不知道被盗地点是省级重点文物保护单位的意见与同案人石良松等人的供述不符；还提出被盗石像已全部追回，未造成严重后果的意见与事实相符，但原判对各上诉人量刑时已考虑该情节，故对上诉人唐必财的上诉意见不予采纳。上诉人石双喜上诉提出其属从犯，请求依法改判并对其从轻处罚的意见，经查，石双喜从 2013 年 11 月第一次踩点开始即参与其中，此后盗掘过程中亦积极实施犯罪，依法应认定为主犯，故对其上诉意见不予采纳。上诉人易孝华上诉及其辩护人提出原判量刑过重，请求依法改判的意见，经查，原判在量刑时已综合考虑易孝华的犯罪情节，对其判处有期徒刑十年，并处罚金 40000 元，已是本罪的法定起点刑，故对其上诉意见不予采纳。上诉人刘桂君上诉提出其不是主犯，原判量刑过重，请求从轻处罚的意见，经查，刘桂君明知雷志国等人要去盗掘石像还参与其中，在犯罪过程中积极实施盗掘行为，依法应认定为主犯，原判考虑其作用相对雷志国等人较小的情节对其在法定起点刑量刑并无不当，故对其上诉意见不予采纳。上诉人易勇林有立功表现，依法可以减轻处罚。辩护人提出易勇林有立功表现，系初犯，应对其从轻处罚的意见属实，但原判在量刑时已考虑易勇林的立功情节并对其减轻处罚；另提出易勇林属从犯的意见，经查，易勇林在盗掘过程中积极实施犯罪行为，依法应认定为主犯，故对该辩护意见不予采纳。原判认定事实清楚，证据充分，定罪准确，量刑适当，审判程序合法。

思考问题

1. 本案的定性是盗窃罪还是盗掘古墓葬罪?
2. 盗掘古墓葬罪中罪与非罪如何认定?

■■■ 案例6 周兆钧非法行医最高院改判无罪案

内容摘要:本案历经一审、二审与再审。一审法院判决被告人周兆钧犯非法行医罪,判处有期徒刑十年。二审法院判决周兆钧犯非法行医罪,判处有期徒刑二年,缓刑三年。再审法院判决宣告被告人周兆钧无罪。刑法设置非法行医罪的目的是为了防范和惩罚非法行医行为,但是我国现行《刑法》第三百三十六条第一款对非法行医罪主体的规定存在明显缺陷,比如"医生执业资格"与执业医师法中的"执业医师资格"是什么关系?已经取得执业医师资格的人未向卫生行政部门注册,未取得医师执业证书或医疗机构执业许可证行医,或者取得执业许可但在许可范围之外行医,是否属于非法行医?本案再审改判所体现的指导意义在于:第一,明确了适用刑法条文审理案件时,要充分考虑立法目的,不能单纯按条文表面意思进行判决,同时考虑判决造成的法律效果和社会效果;第二,要明确行政违法和刑事违法的界限,违反行政管理规定不能成为刑事违法要件,行政法律中的违法概念和刑法中的违法概念不能同一而论。

关键词:非法行医罪;责任主体;医生执业资格

【裁判要旨】

我国《刑法》第三百三十六条规定的非法行医罪是指未取得医生执业资格的人非法行医,情节严重的行为。这里的"医生执业资格"是国家对个人从事医生职业所必须拥有的专业学识、技术和能力的确认,已经取得医生执业资格的人在退休后上交了行医执照,但是其专业学识、技术和能力既已得到国家确认,便不能因此而丧失医生执业资格,因此其不具备非法行医罪的主体条件。且其在诊疗过程中并未违反医疗技术操作规范,患者因药物过敏死亡应当认定为意外事件,因此对行为人不应当认定为非法行医罪。

【相关法条】

1.《中华人民共和国刑法》

第三百三十六条第一款 未取得医生执业资格的人非法行医,情节严重的,处三年以下有期徒刑、拘役或者管制,并处或者单处罚金;严重损害就诊人身体健康的,处三年以上十年以下有期徒刑,并处罚金;造成就诊人死亡的,处十年以上有期徒刑,并处罚金。

2. 《中华人民共和国刑事诉讼法》

第二百五十四条第二款　最高人民法院对各级人民法院已经发生法律效力的判决和裁定，上级人民法院对下级人民法院已经发生法律效力的判决和裁定，如果发现确有错误，有权提审或者指令下级人民法院再审。

3. 《最高人民法院关于审理非法行医刑事案件具体应用法律若干问题的解释》

第一条　具有下列情形之一的，应认定为刑法第三百三十六条第一款规定的"未取得医生执业资格的人非法行医"：（一）未取得或者以非法手段取得医师资格从事医疗活动的；（二）被依法吊销医师执业证书期间从事医疗活动的；（三）未取得乡村医生执业证书，从事乡村医疗活动的；（四）家庭接生员实施家庭接生以外的医疗行为的。

第二条　具有下列情形之一的，应认定为刑法第三百三十六条第一款规定的"情节严重"：（一）造成就诊人轻度残疾、器官组织损伤导致一般功能障碍的；（二）造成甲类传染病传播、流行或者有传播、流行危险的；（三）使用假药、劣药或不符合国家规定标准的卫生材料、医疗器械，足以严重危害人体健康的；（四）非法行医被卫生行政部门行政处罚两次以后，再次非法行医的；（五）其他情节严重的情形。

【案例索引】

一审：湖南省长沙市天心区人民法院（2001）天刑初字第55号刑事判决书。
二审：湖南省长沙市中级人民法院（2001）长中刑终字第100号刑事判决书。
再审：最高人民法院刑事判决书。

【基本案情】

1948年被告人周兆钧毕业于上海国防医学院（现为第二军医大学），1949年年初至1950年9月在老家湖南省津市开办诊所。1950年至1953年在湖南省防疫大队从事医疗工作。1953年9月获中央人民政府卫生部颁发的医师证书。1953年至1968年在湖南省结核病防治所当医师。1969年至1979年在湖南省靖县人民医院当医师。1979年从靖县人民医院退休后居住在长沙市大古道巷。1987年至1993年，经卫生部门颁发行医执照自办诊所行医。1993年因房屋拆迁及年老原因向长沙市社会医疗管理委员会申请个体诊所停业，并上交了行医执照。1998年10月，长沙市天心区城南路街道办事处县正街居委会出面请周兆钧为居委会开办医疗室，并购进了一些常用药品。因未能获得天心区卫生局同意，1998年底医务室停办。1998年底以后，被告人周兆钧在家里为街道居民看病（病人主要以老人为主），不收挂号费，只收取药品费用（自带药品、针剂者不收费）。2000年3月1日7时许，王某某（女，65岁）因咳嗽多日，自带青霉素针剂来到周兆钧家里，周兆钧为王某某做完皮试后，按操作规程为王某某注射了自带的1支80万单位的青霉素针剂。约十几分钟后,周兆钧发现王某某有青霉素过敏反应特征,立即为王某某注射了10毫克"地塞米松"针剂(抗过敏用),见情况没有好转,又为王某某注射了一支"副肾上腺素"针剂(升血压、抗休克用),并立即叫邻居李某某通知王某某的大女儿杨某某来到周兆钧家。杨某某见状立即拨打"110""120"电话。9时15分,王某某被送到湖南省人民医院抢救,9时32分,王某某因呼吸循环衰竭而死亡。法医鉴定:王某某因注射青霉素引起过敏性休克而急性死亡。以上事实,有法医鉴定结论、证人证言等证据予以证实。被告人周兆钧亦供认,足以认定。

【裁判结果】

一审判决:被告人周兆钧犯非法行医罪,判处有期徒刑十年,并处罚金1000元。被告人周兆钧赔偿附带民事诉讼原告人杨某某等经济损失46450元。

二审判决:维持湖南省长沙市天心区人民法院(2001)天刑初字第55号刑事附带民事判决中对上诉人周兆钧的定罪部分及民事判决部分。撤销湖南省长沙市天心区人民法院(2001)天刑初字第55号刑事附带民事判决中对上诉人周兆钧的量刑部分。上诉人周兆钧犯非法行医罪,判处有期徒刑二年,缓刑三年,并处罚金1000元。根据《刑法》第六十三条第二款的规定层报最高人民法院核准。

再审判决:撤销湖南省长沙市中级人民法院(2001)长中刑终字第100号和湖南省长沙市天心区人民法院(2001)天刑初字第55号刑事附带民事判决。宣告被告人周兆钧无罪。

【裁判理由】

一审法院认为,被告人周兆钧无视国家有关医生执业行医的管理规定,在未取得医疗机构执业许可证的情况下,非法行医,并造成就诊人死亡的结果,其行为已构成非法行医罪,应依法予以处罚。对附带民事诉讼原告人杨某某等的经济损失,亦应予以赔偿。

二审法院认为,上诉人周兆钧在未取得医疗执业资格的情况下而非法行医,且造成他人死亡的后果,其行为已构成非法行医罪。上诉人周兆钧因其行为而给原审附带民事诉讼原告人造成的经济损失,应当承担民事赔偿责任。对上诉人周兆钧提出的其行为不构成犯罪的上诉理由,经查,上诉人周兆钧虽然从事医师工作三十余年,获得医师资格证书,并曾于1987年至1993年期间合法行医,但自1998年底至案发日,上诉人周兆钧在未取得医疗机构执业许可证的情况下擅自行医,是非法行医行为,故对其上诉理由不予采纳。原审审判程序合法,定罪准确,民事赔偿判决合理。原审判决适用《刑法》第三百三十六条并无不当。但考虑到上诉人周兆钧为被害人王某某注射青霉素针剂没有违反医疗操作规程,王某某因注射青霉素过敏而死亡,其死亡具有一定的特殊性,综合考虑本案的具体情节及社会危害性,对周兆钧可在法定刑以下判处刑罚,原审对上诉人周兆钧判处十年有期徒刑,量刑过重。

湖南省高级人民法院认为,原审被告人周兆钧虽曾取得医师资格以及医生执业资格,但其在家中接诊造成他人死亡,其行为已构成非法行医罪。根据本案具体情况,考虑周兆均非法行医不是以营利为目的,仅是为他人提供方便,确与无医师资格为骗取钱财而非法行医有区别,如依法判处十年以上有期徒刑,与其所犯具体罪行和情节不相适应。二审法院对周兆均在法定刑以下判处刑罚,量刑适当,同意报请最高人民法院核准。

最高人民法院认为,原审被告人周兆钧于 1953 年获中央人民政府卫生部颁发的医师证书,已具备医师从业资格,并多年从事医疗活动,具有一定的医学知识和医疗技术。周兆钧自湖南省靖县人民医院退休后,从 1998 年 10 月起从事医疗活动,虽未经注册,未取得医疗机构执业许可证,但不属于《刑法》第三百三十六条规定的未取得医生执业资格的人。周兆钧给被害人王某某注射青霉素针,没有违反技术操作规范,王某某因青霉素过敏而死亡系意外事件,周兆钧不应承担刑事责任。一、二审判决定性不准,适用法律不当。

思考问题

1. 如何认定非法行医的主体要件?
2. 如何认定非法行医行为?
3. 如何认定非法行医罪中的"情节严重"?

案例 7 梁连平污染环境案

内容摘要:本案是最高人民法院编写的《刑事审判参考》中关于污染环境罪的指导案例。一审终审,被告人未上诉,检察院也未抗诉。法院经审理认为,被告人梁连平违反国家规定,焚烧有害物质,产生有害物质,直接排放空中,严重污染环境,其行为已构成污染环境罪。自《刑法》第三百三十八条"重大环境污染事故罪"修改后,采用扩展适用范围、降低入罪门槛的方式,极大地增强了《刑法》的威慑力。这对完善我国刑事法律责任、加大对环境污染犯罪行为的打击力度,具有重要意义。案例从主客观构成要件及责任认定以及如何适用《最高人民法院、最高人民检察院关于办理环境污染刑事案件适用法律若干问题的解释》来认定责任的角度,来阐明污染环境罪中兜底条款的司法运用规则,对在审理类似案件中统一裁判尺度具有指导意义。

关键词:污染环境罪;严重污染环境;责任认定

【裁判要旨】

对严重污染大气情况的认定，可以通过运用侦查实验，并结合人们的日常经验进行。焚烧工业垃圾向空中排放大量有毒气体，造成严重污染环境后果的，当其不属于《最高人民法院、最高人民检察院关于办理环境污染刑事案件适用法律若干问题的解释》第一条第（一）项至第（十三）项规定的情形时，可以适用第（十四）项规定的兜底条款，将其认定为"其他严重污染环境的情形"。

【相关法条】

1.《中华人民共和国刑法》

第六十七条第三款　犯罪嫌疑人虽不具有前两款规定的自首情节，但是如实供述自己罪行的，可以从轻处罚；因其如实供述自己罪行，避免特别严重后果发生的，可以减轻处罚。

第三百三十八条　违反国家规定，排放、倾倒或者处置有放射性的废物、含传染病病原体的废物、有毒物质或者其他有害物质，严重污染环境的，处三年以下有期徒刑或者拘役，并处或者单处罚金；后果特别严重的，处三年以上七年以下有期徒刑，并处罚金。

2.《最高人民法院、最高人民检察院关于办理环境污染刑事案件适用法律若干问题的解释》①

第一条　实施刑法第三百三十八条规定的行为，具有下列情形之一的，应当认定为"严重污染环境"：（一）在饮用水水源一级保护区、自然保护区核心区排放、倾倒、处置有放射性的废物、含传染病病原体的废物、有毒物质的；（二）非法排放、倾倒、处

---

① 《最高人民法院、最高人民检察院关于办理环境污染刑事案件适用法律若干问题的解释》（法释〔2013〕15号）于2013年6月8日最高人民法院审判委员会第1581次会议、2013年6月8日最高人民检察院第十二届检察委员会第7次会议通过，第一条规定："实施刑法第三百三十八条规定的行为，具有下列情形之一的，应当认定为"严重污染环境"：（一）在饮用水水源一级保护区、自然保护区核心区排放、倾倒、处置有放射性的废物、含传染病病原体的废物、有毒物质的；（二）非法排放、倾倒、处置危险废物三吨以上的；（三）非法排放含重金属、持久性有机污染物等严重危害环境、损害人体健康的污染物超过国家污染物排放标准或者省、自治区、直辖市人民政府根据法律授权制定的污染物排放标准三倍以上的；（四）私设暗管或者利用渗井、渗坑、裂隙、溶洞等排放、倾倒、处置有放射性的废物、含传染病病原体的废物、有毒物质的；（五）两年内曾因违反国家规定，排放、倾倒、处置有放射性的废物、含传染病病原体的废物、有毒物质受过两次以上行政处罚，又实施前列行为的；（六）致使乡镇以上集中式饮用水水源取水中断十二小时以上的；（七）致使基本农田、防护林地、特种用途林地五亩以上，其他农用地十亩以上，其他土地二十亩以上基本功能丧失或者遭受永久性破坏的；（八）致使森林或者其他林木死亡五十立方米以上，或者幼树死亡二千五百株以上的；（九）致使公私财产损失三十万元以上的；（十）致使疏散、转移群众五千人以上的；（十一）致使三十人以上中毒的；（十二）致使三人以上轻伤、轻度残疾或者器官组织损伤导致一般功能障碍的；（十三）致使一人以上重伤、中度残疾或者器官组织损伤导致严重功能障碍的；（十四）其他严重污染环境的情形。"
2016年11月7日最高人民法院审判委员会第1698次会议、2016年12月8日最高人民检察院第十二届检察委员会第58次会议通过《最高人民法院、最高人民检察院关于办理环境污染刑事案件适用法律若干问题的解释》，第十八条规定，"本解释自2017年1月1日起施行。本解释施行后，《最高人民法院、最高人民检察院关于办理环境污染刑事案件适用法律若干问题的解释》（法释〔2013〕15号）同时废止。"

置危险废物三吨以上的;(三)排放、倾倒、处置含铅、汞、镉、铬、砷、铊、锑的污染物,超过国家或者地方污染物排放标准三倍以上的;(四)排放、倾倒、处置含镍、铜、锌、银、钒、锰、钴的污染物,超过国家或者地方污染物排放标准十倍以上的;(五)通过暗管、渗井、渗坑、裂隙、溶洞、灌注等逃避监管的方式排放、倾倒、处置有放射性的废物、含传染病病原体的废物、有毒物质的;(六)二年内曾因违反国家规定,排放、倾倒、处置有放射性的废物、含传染病病原体的废物、有毒物质受过两次以上行政处罚,又实施前列行为的;(七)重点排污单位篡改、伪造自动监测数据或者干扰自动监测设施,排放化学需氧量、氨氮、二氧化硫、氮氧化物等污染物的;(八)违法减少防治污染设施运行支出一百万元以上的;(九)违法所得或者致使公私财产损失三十万元以上的;(十)造成生态环境严重损害的;(十一)致使乡镇以上集中式饮用水水源取水中断十二小时以上的;(十二)致使基本农田、防护林地、特种用途林地五亩以上,其他农用地十亩以上,其他土地二十亩以上基本功能丧失或者遭受永久性破坏的;(十三)致使森林或者其他林木死亡五十立方米以上,或者幼树死亡二千五百株以上的;(十四)致使疏散、转移群众五千人以上的;(十五)致使三十人以上中毒的;(十六)致使三人以上轻伤、轻度残疾或者器官组织损伤导致一般功能障碍的;(十七)致使一人以上重伤、中度残疾或者器官组织损伤导致严重功能障碍的;(十八)其他严重污染环境的情形。

【案例索引】

一审:浙江省台州市路桥区人民法院(2014)台路刑初字第26号刑事判决书。

【基本案情】

2013年9月9日23时许,被告人梁连平在台州市路桥区金清镇泗水村老人协会东边荒地上,违反国家法规,明知焚烧工业垃圾会产生有害物质,仍在村庄、工厂聚集的人口稠密区域点火焚烧近20吨工业垃圾,导致垃圾燃烧持续近两天两夜,向空中排放苯并[a]芘、氯化氢、二噁英等气体污染物,致使周边空气质量严重超标,周围群众明显感到不适。案发后经检测,现场遗留的两堆工业垃圾燃烧残渣的苯并[a]芘含量分别为 $12.6\ \mu g/kg$、$78.4\ \mu g/kg$。同年10月17日,路桥环保分局执法人员将被告人梁连平涉嫌污染环境罪一案移送至路桥公安分局。

【裁判结果】

一审判决:被告人梁连平犯污染环境罪,判处有期徒刑一年六个月,并处罚金50000元。一审宣判后,被告人未提出上诉,检察机关亦未抗诉,该判决发生法律效力。

【裁判理由】

法院经审理认为,被告人梁连平违反国家规定,焚烧有害物质,产生有害物质,直接排放空中,严重污染环境,其行为已构成污染环境罪。被告人梁连平归案后如实供述自己的罪行，依法予以从轻处罚。公诉机关的指控，事实清楚，罪名成立。辩护人认为被告人梁连平具有坦白、认罪等从轻情节，予以采纳，但是建议对被告人判处六个月以下拘役，并适用缓刑的意见，不能体现罪责刑相适应原则，不予采纳。

思考问题

1. 污染环境罪是过失犯罪还是故意犯罪？
2. 如何把握污染环境罪的入罪标准？
3. 如何理解"严重污染环境"？
4. 《最高人民法院、最高人民检察院关于办理环境污染刑事案件适用法律若干问题的解释》采取兜底条款是否具有合理性？

案例8　闫啸天非法猎捕、收购珍贵、濒危野生动物案

内容摘要：2015年，新闻媒体报道了闫啸天"掏鸟案"，在网络上引起社会公众热烈讨论。历经一审与二审，一审法院判决被告人闫啸天犯非法猎捕珍贵、濒危野生动物罪、非法收购珍贵、濒危野生动物罪。二审法院裁定驳回上诉，维持原判。在案件审理过程中，闫啸天以并不知晓燕隼是国家二级保护动物为由提出无罪抗辩，涉及违法性认识错误的问题，也即闫啸天对猎捕燕隼的犯罪行为产生违法性认识错误能否阻却责任，本案在刑法上的争议点在于此。社会的飞速发展带动法律的变革，20世纪90年代，我国进入了立法高峰期，各种法律法规逐渐健全，各类司法解释及文件也相应出台，储槐植教授所说的"法定犯时代"已经来临。适用"违法性认识必要说"，则会踏入责任主义与刑事政策顾此失彼的泥沼之中。行为人会找到一个绝好的借口——"不知法者不为罪"。本案法院认为，闫啸天对其猎捕燕隼的行为具有违法性认识，闫啸天完全可以选择适法行为，故不能免除其责任。

关键词：法定犯；违法性认识；非法猎捕、收购珍贵、濒危野生动物罪

【裁判要旨】

法定犯时代下，探讨违法性认识错误具有重要意义。"不知法者不免责"的时代已经过去，司法实务应当正确对待违法性认识错误。兼顾责任主义和社会防卫是违法性认识错误中的重要课题，"违法性认识可能性说"恰恰能提供一条可行的途径，该说对司法具有天然亲和性，并可以协调当前社会背景下法律纸面化与公众道德之间的冲突。法定犯的违法性认识判断标准，应当以行为人作判断基准，根据个案具体判断行为人的违法性认识水平。

【相关法条】

1.《中华人民共和国刑法》

第六十七条 犯罪以后自动投案，如实供述自己的罪行的，是自首。对于自首的犯罪分子，可以从轻或者减轻处罚。其中，犯罪较轻的，可以免除处罚。

被采取强制措施的犯罪嫌疑人、被告人和正在服刑的罪犯，如实供述司法机关还未掌握的本人其他罪行的，以自首论。

犯罪嫌疑人虽不具有前两款规定的自首情节，但是如实供述自己罪行的，可以从轻处罚；因其如实供述自己罪行，避免特别严重后果发生的，可以减轻处罚。

第三百四十一条第一款 非法猎捕、杀害国家重点保护的珍贵、濒危野生动物的，或者非法收购、运输、出售国家重点保护的珍贵、濒危野生动物及其制品的，处五年以下有期徒刑或者拘役，并处罚金；情节严重的，处五年以上十年以下有期徒刑，并处罚金；情节特别严重的，处十年以上有期徒刑，并处罚金或者没收财产。

2.《最高人民法院关于审理破坏野生动物资源刑事案件具体应用法律若干问题的解释》

第一条 刑法第三百四十一条第一款规定的"珍贵、濒危野生动物"，包括列入国家重点保护野生动物名录的国家一、二级保护野生动物、列入《濒危野生动植物种国际贸易公约》附录一、附录二的野生动物以及驯养繁殖的上述物种。

【案例索引】

一审：河南省辉县市人民法院（2014）辉刑初字第409号刑事判决书。

二审：河南省新乡市中级人民法院（2015）一终字第128号刑事裁定书。

【基本案情】

（一）非法猎捕珍贵、濒危野生动物罪

1. 2014年7月14日左右的一天，被告人闫啸天、王亚军在辉县市高庄乡土楼村一树林内非法猎捕燕隼12只（国家二级保护动物），后逃跑1只，死亡1只。2014年7月18日，被告人闫啸天、王亚军卖到郑州市7只，以150元的价格卖给被告人贠某1只。被告人闫啸天独自卖到洛阳市2只。

2. 2014年7月27日，被告人闫啸天和王亚军在辉县市高庄乡土楼村一树林内非法猎捕燕隼2只及隼形目隼科动物2只，共计4只。

（二）非法收购珍贵、濒危野生动物罪

1. 2014年7月18日，被告人贠某在辉县市百泉镇李时珍像处以150元的价格收购了被告人闫啸天和王亚军于2014年7月14日左右猎捕的燕隼1只；2014年7月30日，辉县市森林公安局在被告人贠某家将该只燕隼扣押。

2. 2014年7月26日，被告人闫啸天从河南省平顶山市张某手中以自己QQ网名"兔子"的名义收购凤头鹰1只（国家二级保护动物）。

2014年7月28日，辉县市森林公安局在被告人闫啸天家中查扣同月27日被告人闫啸天和王亚军猎捕的隼4只和被告人闫啸天同月26日收购张某的凤头鹰1只。

【裁判结果】

一审判决：被告人闫啸天犯非法猎捕珍贵、濒危野生动物罪，判处有期徒刑十年，并处罚金5000元；犯非法收购珍贵、濒危野生动物罪，判处有期徒刑一年，并处罚金5000元；数罪并罚，合并刑期有期徒刑十一年，决定执行有期徒刑十年六个月，罚金10000元。

二审裁定：驳回上诉，维持原判。

【裁判理由】

一审法院认为，被告人闫啸天、王亚军违反野生动物保护法规，明知是国家保护动物，而非法猎捕、出售国家重点保护的珍贵、濒危野生动物，其行为已构成非法猎捕珍贵、濒危野生动物罪。被告人闫啸天、贠某违反野生动物保护法规，非法收购国家重点保护的珍贵、濒危野生动物，其行为已构成非法收购珍贵、濒危野生动物罪。公诉机关指控罪名成立，并应对被告人闫啸天、王亚军和贠某处以刑罚。被告人闫啸天在判决宣告以前犯有数罪，应予数罪并罚。被告人闫啸天、王亚军、贠某到案后能如实供述自己的罪行，可从轻处罚。

二审中，原审被告人闫啸天的上诉理由及其辩护人的辩护意见是：（1）原审认定闫啸天、王亚军猎捕16只燕隼的事实不清、证据不足；（2）不明知猎捕的隼为国家二级保护动物；（3）不构成非法收购凤头鹰，应为送养关系；（4）系初犯、偶犯，到案后能如实供述犯罪事实、认罪态度好，依法应从轻处罚。

二审法院认为，上诉人闫啸天、王亚军违反野生动物保护法规，非法猎捕国家二级保护动物燕隼和隼形目隼科动物16只，其行为均已构成非法猎捕珍贵、濒危野生动物罪，且属情节特别严重。上诉人闫啸天、贠某违反野生动物保护法规，分别非法收购国家二级保护动物燕隼、凤头鹰，其行为均已构成非法收购珍贵、濒危野生动物罪。上诉人闫啸天、王亚军在猎捕燕隼和隼形目隼科动物的共同犯罪中均起主要作用，均系主犯。上诉人闫啸天在判决宣告以前犯有数罪，应数罪并罚。

关于上诉人闫啸天、王亚军及其辩护人提出"原审认定闫啸天、王亚军猎捕16只燕隼的事实不清、证据不足"的上诉理由及辩护意见。二审法院认为，上诉人闫啸天、王亚军在公安侦查阶段和一审开庭时对分两次猎捕16只隼的事实均供认不讳，且二人所述相互吻合，同时在闫啸天手机中所提取的二人所猎之隼的照片以及公安机关在上诉人闫啸天、贠某家中查获的5只隼在卷佐证,能够证实闫啸天、王亚军分两次猎捕16只隼的犯罪事实。二审法院认为该上诉理由和辩护意见均不能成立,未予采信。

关于上诉人闫啸天、王亚军及其辩护人提出"不明知猎捕的隼为国家二级保护动物"的上诉理由及辩护意见。二审法院认为,闫啸天以及王亚军在公安侦查阶段对其主观上明知的事实曾有过稳定供述,且该供述能够与闫啸天本人在百度贴吧上发布的关于买卖鹰、隼的相关信息以及贠某供述内容予以印证,足以认定。二审法院认为该上诉理由和辩护意见均不能成立,未予采信。

关于上诉人闫啸天、王亚军及其辩护人提出"系初犯、偶犯,到案后能如实供述犯罪事实、认罪态度好,依法应从轻处罚"的上诉理由及辩护意见。二审法院认为,原判在量刑时已综合考虑以上情节。故该上诉理由和辩护意见均不能成立,未予采信。

关于上诉人闫啸天及其辩护人提出"不构成非法收购凤头鹰,应为送养关系"的上诉理由及辩护意见。二审法院认为,闫啸天在公安机关讯问时,对以550元购买QQ用户名为"平顶山海盗"凤头苍鹰的犯罪事实予以供认,且有上诉人闫啸天通过建设银行向平顶山人张某汇款550元的汇款单据予以佐证,足以认定上诉人闫啸天收购凤头鹰的犯罪事实。二审法院认为该上诉理由和辩护意见均不能成立,未予采信。

思考问题

1. 法定犯和自然犯的区分标准是什么?
2. 如何认定法定犯中的违法性认识?
3. 违法性认识属于故意要素还是责任要素?
4. 法定犯的违法性认识判断标准是什么?

■■■■ 案例9 王欣等传播淫秽物品牟利案

内容摘要:2016年的快播案入选2016年推动法治进程十大案件,历经一审与二审。一审法院判决,被告单位深圳市快播科技有限公司犯传播淫秽物品牟利罪,判处罚金1000万元;被告人王欣等犯传播淫秽物品牟利罪,分别判处有期徒刑及罚金。二审法院裁定驳回上诉,维持原判。快播案属于传播淫秽物品牟利罪在互联网领域适用的典型案例,本案中有关技术行为特征、传播行为的认定、不作为义务的来源、电子数据的鉴真、刑法适用标准等问题,都引起了社会舆论及学术理论的广泛探讨。一审判决中认定快播公司进行了帮助传输和参与传输两种传播行为,但又认为快播公司的传播行为属于实行行为,不适用帮助行为的相关理论,所以判决书中有关"明知"内涵说理部分,并不适用中立帮助的认定,故本案并未对中立帮助行为的主观要素认定及限制产生指导意义。判决书说理部分通过大篇幅解释快播公司作为义务的来源及不作为的构成,将不履行网络监管义务认定为一种不作为的传播方式,释放出我国将互联网管控重心向网络服务提供者转移的信号。

关键词:快播案;传播淫秽物品牟利罪;中立帮助行为

【裁判要旨】

快播公司作为网络信息服务提供者,其缓存服务器在调度服务器支配下下载、存储并上传淫秽视频的行为,是快播公司意志的体现,属于传播淫秽物品的实行行为,而并非仅仅拒不履行信息网络安全管理义务,也不仅仅是为信息网络犯罪活动提供帮助。淫秽视频以电子数据方式存储在缓存服务器中,并在网络环境下非选择性地传播,体现出快播公司传播行为的非直观性特点。现有证据能够证明快播公司明知其网络平台上存在淫秽电子信息而仍然放任传播,但不能证明明知是淫秽电子信息而传播或放任传播,这一主观明知区别于现有司法解释的相关规定,但符合刑法对传播淫秽物品牟利罪的主观明知要求,因此不能适用司法解释规定,而应直接适用刑法规定。

深圳市快播科技有限公司及被告人王欣、吴铭、张克东、牛文举以牟利为目的,在互联网上传播淫秽视频,其行为均已构成传播淫秽物品牟利罪,不属于传播淫秽物品牟利罪"情节特别严重"的情形,按照2004年9月3日公布的《最高人民法院、最高人民检察院关于办理利用互联网、移动通讯终端、声讯台制作、复制、出版、贩卖、传播淫秽电子信息刑事案件具体应用法律若干问题的解释》的规定,被告人犯罪"情节特别严重"的,处十年以上有期徒刑或者无期徒刑。该公司放任淫秽视频大量传播并获取巨额非法利益应当认定为"情节严重"。

【相关法条】

1.《中华人民共和国刑法》

第三十条 公司、企业、事业单位、机关、团体实施的危害社会的行为,法律规定为单位犯罪的,应当负刑事责任。

第三十一条 单位犯罪的,对单位判处罚金,并对其直接负责的主管人员和其他直接责任人员判处刑罚。本法分则和其他法律另有规定的,依照规定。

第二百八十六条之一 网络服务提供者不履行法律、行政法规规定的信息网络安全管理义务,经监管部门责令采取改正措施而拒不改正,有下列情形之一的,处三年以下有期徒刑、拘役或者管制,并处或者单处罚金:(一)致使违法信息大量传播的;(二)致使用户信息泄露,造成严重后果的;(三)致使刑事案件证据灭失,情节严重的;(四)有其他严重情节的。

单位犯前款罪的,对单位判处罚金,并对其直接负责的主管人员和其他直接责任人员,依照前款的规定处罚。

有前两款行为,同时构成其他犯罪的,依照处罚较重的规定定罪处罚。

第三百六十三条　以牟利为目的，制作、复制、出版、贩卖、传播淫秽物品的，处三年以下有期徒刑、拘役或者管制，并处罚金；情节严重的，处三年以上十年以下有期徒刑，并处罚金；情节特别严重的，处十年以上有期徒刑或者无期徒刑，并处罚金或者没收财产。

为他人提供书号，出版淫秽书刊的，处三年以下有期徒刑、拘役或者管制，并处或者单处罚金；明知他人用于出版淫秽书刊而提供书号的，依照前款的规定处罚。

第三百六十六条　单位犯本节第三百六十三条、第三百六十四条、第三百六十五条规定之罪的，对单位判处罚金，并对其直接负责的主管人员和其他直接责任人员，依照各该条的规定处罚。

2.《最高人民法院、最高人民检察院关于办理利用互联网、移动通讯终端、声讯台制作、复制、出版、贩卖、传播淫秽电子信息刑事案件具体应用法律若干问题的解释（二）》

第四条　以牟利为目的，网站建立者、直接负责的管理者明知他人制作、复制、出版、贩卖、传播的是淫秽电子信息，允许或者放任他人在自己所有、管理的网站或者网页上发布，具有下列情形之一的，依照刑法第三百六十三条第一款的规定，以传播淫秽物品牟利罪定罪处罚：（一）数量或者数额达到第一条第二款第（一）项至第（六）项规定标准五倍以上的；（二）数量或者数额分别达到第一条第二款第（一）项至第（六）项两项以上标准二倍以上的；（三）造成严重后果的。

实施前款规定的行为，数量或者数额达到第一条第二款第（一）项至第（七）项规定标准二十五倍以上的，应当认定为刑法第三百六十三条第一款规定的"情节严重"；达到规定标准一百倍以上的，应当认定为"情节特别严重"。

【案例索引】

一审：北京市海淀区人民法院（2015）海刑初字第512号刑事判决书。
二审：北京市第一中级人民法院（2016）京01刑终592号刑事裁定书。

【基本案情】

被告单位深圳市快播科技有限公司成立于2007年12月26日，持有网络文化经营许可证，至案发之日没有取得互联网视听节目服务许可。快播公司通过免费提供QSI软件（QVOD资源服务器程序）和QVODPlayer软件（快播播放器程序）的方式，为网络用户提供网络视频服务。任何人（被快播公司称为"站长"）均可通过QSI发布自己所拥有的视频资源。快播公司的中心调度服务器在站长与用户、用户与用户之间搭建了一个视频文件传输的平台。

为提高热点视频下载速度，快播公司搭建了以缓存调度服务器为核心的平台，通过自有或与运营商合作的方式，在全国各地不同运营商处设置缓存服务器1000余台。在视频文件点播次数达到一定标准后，缓存调度服务器即指令处于适当位置的缓存服务器抓取、存储该视频文件。当用户再次点播该视频时，若下载速度慢，缓存调度服务器就会提供最佳路径，供用户建立链接，向缓存服务器调取该视频，提高用户下载速度。部分淫秽视频因用户的点播、下载次数较高而被缓存服务器自动存储。缓存服务器方便、加速了淫秽视频的下载和传播。

2012年8月，深圳市公安局公安信息网络安全监察分局对快播公司给予行政警告处罚，并责令整改。随后，快播公司成立了网络安全监控小组开展了不到一周的突击工作，于8月8日投入使用"110"不良信息管理平台，截至9月26日共报送"色情过滤"类别的不良信息15836个。但在深圳网监验收合格后，网络安全监控小组原有四名成员或离职或调到其他部门，"110"平台工作基本搁置，检查屏蔽工作未再有效进行。2013年8月5日，深圳市南山区广播电视局执法人员对快播公司开展调查，执法人员登录快播网站很快便找到了可播放的淫秽视频。但快播公司随后仅提交了一份整改报告，其"110"平台工作依然搁置，检查屏蔽工作依然没有有效落实。

快播公司直接负责的主管人员王欣、吴铭、张克东、牛文举，在明知快播公司擅自从事互联网视听节目服务、提供的视听节目含有色情等内容的情况下，未履行监管职责，放任淫秽视频在快播公司控制和管理的缓存服务器内存储并被下载，导致大量淫秽视频在网上传播。

2013年上半年，北京网联光通技术有限公司与快播公司开展合作。光通公司提供四台服务器，快播公司提供内容数据源以及降低光通公司网络出口带宽、同时提升用户体验的数据传输技术解决方案，负责远程对软件系统及系统内容的维护。2013年8月，光通公司提供四台服务器开始上线测试，快播公司为四台服务器安装了快播公司的缓存服务器系统软件，并通过账号和密码远程登录进行维护。2013年11月18日，北京市海淀区文化委员会在行政执法检查时，从光通公司查获此四台服务器。2014年4月11日，北京市公安局海淀分局决定对王欣等人涉嫌传播淫秽物品牟利罪立案。公安机关从服务器里提取了29841个视频文件进行鉴定，认定其中属于淫秽视频的文件为21251个。

2013年底，为了规避版权和淫秽视频等法律风险，在王欣的授意下，张克东领导的技术部门开始对快播缓存服务器的存储方式进行调整，将原有的完整视频文件存储变为多台服务器的碎片化存储，将一部视频改由多台服务器共同下载，每台服务器保存的均是32M大小的视频文件片段，用户点播时需通过多台服务器调取链接，集合为可完整播放的视频节目。

另查，快播公司盈利主要依靠广告费、游戏分成、会员费和电子硬件等来源，快播事业部是快播公司盈利的主要部门。根据账目显示，快播事业部的主要收入来源于网络营销服务，其中资讯快播和第三方软件捆绑是最为主要的盈利方式。快播公司营业收入逐年增长，至2013年仅快播事业部即实现营业收入1.4亿余元。

被告人吴铭、张克东、牛文举于2014年4月23日在深圳被抓获，被告人王欣于

2014年8月8日从韩国济州岛被押解回京。

【裁判结果】

一审判决：被告单位深圳市快播科技有限公司犯传播淫秽物品牟利罪，判处罚金1000万元；被告人王欣犯传播淫秽物品牟利罪，判处有期徒刑三年六个月，罚金100万元；被告人张克东犯传播淫秽物品牟利罪，判处有期徒刑三年三个月，罚金50万元；被告人吴铭犯传播淫秽物品牟利罪，判处有期徒刑三年三个月，罚金30万元；被告人牛文举犯传播淫秽物品牟利罪，判处有期徒刑三年，罚金20万元。

二审裁定：驳回上诉，维持原判。

【裁判理由】

一审法院认为，被告单位深圳市快播科技有限公司及被告人王欣、吴铭、张克东、牛文举以牟利为目的，在互联网上传播淫秽视频，其行为均已构成传播淫秽物品牟利罪，情节严重，应依法惩处。北京市海淀区人民检察院指控被告单位深圳市快播科技有限公司、被告人王欣、吴铭、张克东、牛文举犯传播淫秽物品牟利罪的事实清楚，证据确实、充分，指控罪名成立。被告单位、各被告人及辩护人在第一次庭审中所提之无罪辩护意见，没有事实及法律依据，本院不予采纳。

二审法院认为，对于网络服务提供者的网络安全管理义务在我国法律中都有明文规定，尤其是《最高人民法院、最高人民检察院关于办理利用互联网、移动通讯终端、声讯台制作、复制、出版、贩卖、传播淫秽电子信息刑事案件具体应用法律若干问题的解释（二）》第四条明确规定，以牟利为目的，网站建立者、直接负责的管理者明知他人制作、复制、出版、贩卖、传播的是淫秽电子信息，允许或者放任他人在自己所有、管理的网站或者网页上发布的，依照《刑法》第三百六十三条第一款的规定，以传播淫秽物品牟利罪定罪处罚。虽然司法解释没有对行为方式进行具体规定，但从刑法理论上分析，这是一种不作为的行为方式。不作为的传播淫秽物品牟利罪的行为特点是网络信息提供者明知存在他人上传的淫秽信息，应当履行安全管理义务并且能够履行而拒不履行，因而构成传播淫秽物品牟利罪。

思考问题

1. 如何理解中立帮助行为？
2. 对传播淫秽物品牟利罪中的"传播"如何解析？
3. 对传播淫秽物品牟利罪中的"牟利"如何解析？
4. 快播公司不履行管理义务是否构成传播淫秽物品牟利罪？
5. 本案将不履行网络安全管理义务认定为传播淫秽物品牟利罪的原因是什么？是否存在问题？

第十七章 贪污贿赂罪

■■■ 案例1 王连凤贪污案

内容摘要：本案是贪污罪的典型案例，历经一审与二审。一审法院认为，被告人王连凤身为国家工作人员，利用职务上的便利，采取侵吞、窃取的方式非法占有公共财物，其行为已构成贪污罪。二审法院裁定驳回上诉，维持原判。"利用职务上的便利"，是指利用自己职务范围内的权力和地位所形成的主管、管理、经手公共财物的便利条件。本案中，被告人王连凤身为国家工作人员，利用职务上的便利，采取侵吞、窃取的方式非法占有公共财物，其行为已构成贪污罪，依法应予惩处。一审、二审判决都对本案犯罪的事实，犯罪的性质、情节及对于社会的危害程度严格审理，阐明了国家工作人员犯贪污罪的司法适用规则，对在审理类似案件中统一裁判尺度具有指导意义。

关键词：职务便利；国家工作人员；贪污罪

【裁判要旨】

利用国家税务机关委托行使代收税款的便利侵吞税款的行为属于《刑法》第九十三条第二款规定的"其他依照法律从事公务的人员"，其利用职务便利侵吞代收税款的行为构成贪污罪。

【相关法条】

1.《中华人民共和国刑法》

第九十三条　本法所称国家工作人员，是指国家机关中从事公务的人员。

国有公司、企业、事业单位、人民团体中从事公务的人员和国家机关、国有公司、企业、事业单位委派到非国有公司、企业、事业单位、社会团体从事公务的人员，以及其他依照法律从事公务的人员，以国家工作人员论。

第三百八十二条第一款　国家工作人员利用职务上的便利，侵吞、窃取、骗取或者以其他手段非法占有公共财物的，是贪污罪。

第三百八十三条　对犯贪污罪的，根据情节轻重，分别依照下列规定处罚：（一）贪污数额较大或者有其他较重情节的，处三年以下有期徒刑或者拘役，并处罚金。（二）贪污数额巨大或者有其他严重情节的，处三年以上十年以下有期徒刑，并处罚金或者没收财产。（三）贪污数额特别巨大或者有其他特别严重情节的，处十年以上有期徒刑或者无期徒刑,并处罚金或者没收财产;数额特别巨大,并使国家和人民利益遭受特别重大损失的,处无期徒刑或者死刑,并处没收财产。

对多次贪污未经处理的,按照累计贪污数额处罚。

犯第一款罪,在提起公诉前如实供述自己罪行、真诚悔罪、积极退赃,避免、减少损害结果的发生,有第一项规定情形的,可以从轻、减轻或者免除处罚;有第二项、第三项规定情形的,可以从轻处罚。

犯第一款罪,有第三项规定情形被判处死刑缓期执行的,人民法院根据犯罪情节等情况可以同时决定在其死刑缓期执行二年期满依法减为无期徒刑后,终身监禁,不得减刑、假释。

2.《中华人民共和国刑事诉讼法》

第二百三十六条　第二审人民法院对不服第一审判决的上诉、抗诉案件,经过审理后,应当按照下列情形分别处理:(一)原判决认定事实和适用法律正确、量刑适当的,应当裁定驳回上诉或者抗诉,维持原判;(二)原判决认定事实没有错误,但适用法律有错误,或者量刑不当的,应当改判;(三)原判决事实不清楚或者证据不足的,可以在查清事实后改判;也可以裁定撤销原判,发回原审人民法院重新审判。

原审人民法院对于依照前款第三项规定发回重新审判的案件作出判决后,被告人提出上诉或者人民检察院提出抗诉的,第二审人民法院应当依法作出判决或者裁定,不得再发回原审人民法院重新审判。

【案例索引】

一审:北京市第一中级人民法院(2014)一中刑初字第1471号刑事判决书。

二审:北京市高级人民法院(2014)高刑终字第372号刑事裁定书。

【基本案情】

2005年至2012年,王连凤利用负责协助出纳送取银行票据,协助完成现金及银行票据收付等职务便利,私自领取并使用现金支票42张在银行提取现金,以现金不入账或少入账的方式将328.3万元据为己有。此外,王连凤于2011年5月,将2.2万元学生卡机款(饭卡充值)据为己有。2012年1月,王连凤私自用转账支票购买价值17万元的翠微大厦购物卡,将其中价值15.5万元的购物卡据为己有。2012年6月至9月,王连凤在北京工业职业技术学院审计发现其存在问题后,为逃避法律追究,使用本人及他人账号向该学院转款140万余元。

【裁判结果】

一审判决:被告人王连凤犯贪污罪,判处有期徒刑十四年。继续向被告人王连凤追缴违法所得2050480元，发还北京工业职业技术学院。

二审裁定：驳回上诉，维持原判。

【裁判理由】

一审法院认为，被告人王连凤身为国家工作人员，利用职务上的便利，采取侵吞、窃取的方式非法占有公共财物，其行为已构成贪污罪，依法应予惩处。北京市人民检察院第一分院指控王连凤犯贪污罪的事实清楚，证据确实、充分，指控罪名成立。鉴于案发后王连凤退回部分赃款，依法对其酌予从轻处罚。据此，根据王连凤犯罪的事实、犯罪的性质、情节及对于社会的危害程度，认定被告人王连凤犯贪污罪，判处有期徒刑十四年。

二审法院认为，上诉人王连凤身为国家工作人员，目无国法，以非法占有为目的，利用职务便利，侵吞、窃取并非法占有公共财物，其行为已构成贪污罪，依法应予惩处。一审法院根据王连凤所犯罪行的事实、性质、情节和对于社会的危害程度，并已鉴于王连凤具有退回部分赃款之可酌予从轻处罚情节，依法对其所作判决，事实清楚，证据确实、充分，定罪及适用法律正确，量刑适当，审判程序合法，应予维持。

思考问题

1. 如何理解贪污罪中"利用职务上的便利"？
2. 如何理解刑法中的"国家工作人员"？

案例2　杨延虎等贪污案

内容摘要：本案历经一审与二审。一审法院判决被告人杨延虎等犯贪污罪，并判处有期徒刑、没收财产。二审法院裁定驳回上诉，维持原判。贪污罪是指利用职务上主管、管理、经手公共财物的权力及方便条件，既包括利用本人职务上主管、管理公共财物的职务便利，也包括利用职务上有隶属关系的其他国家工作人员的职务便利。主体要求是国家工作人员。杨延虎时任义乌市人大常委会副主任，兼任国际商贸城建设领导小组副组长兼指挥部总指挥，符合国家工作人员的身份。作为贪污罪对象的"公共财物"，既包括动产，也包括不动产，并包括国有和集体所有土地使用权。被告人杨延虎等人及其辩护人提出杨延虎案发时并未取得土地使用权证，并未实际控制安置土地，属于贪污未遂。根据审理查明事实，案发时安置所得土地虽尚未核发土地使用权证，但该地块上建造的商铺房已竣工并交付使用，且杨延虎之妻已将建成的商铺出租并收取租金。因此，应当认定杨延虎等人已对土地实际控制，并从中收益，认定贪污既遂。

关键词：贪污罪；利用职务上的便利；骗取土地使用权；公共财物

第十七章 贪污贿赂罪

【裁判要旨】

贪污罪中的"利用职务上的便利",是指利用职务上主管、管理、经手公共财物的权力及方便条件,既包括利用本人职务上主管、管理公共财物的职务便利,也包括利用职务上有隶属关系的其他国家工作人员的职务便利。土地使用权具有财产性利益,属于《刑法》第三百八十二条第一款规定中的"公共财物",可以成为贪污的对象。

【相关法条】

1.《中华人民共和国刑法》

第三百八十二条 国家工作人员利用职务上的便利,侵吞、窃取、骗取或者以其他手段非法占有公共财物的,是贪污罪。

受国家机关、国有公司、企业、事业单位、人民团体委托管理、经营国有财产的人员,利用职务上的便利,侵吞、窃取、骗取或者以其他手段非法占有国有财物的,以贪污论。

与前两款所列人员勾结,伙同贪污的,以共犯论处。

2.《最高人民法院关于审理贪污、职务侵占案件如何认定共同犯罪几个问题的解释》

第一条 行为人与国家工作人员勾结,利用国家工作人员的职务便利,共同侵吞、窃取、骗取或者以其他手段非法占有公共财物的,以贪污罪共犯论处。

【案例索引】

一审:浙江省金华市中级人民法院(2008)金中刑二初字第30号刑事判决书。

二审:浙江省高级人民法院(2009)浙刑二终字第34号刑事裁定书。

【基本案情】

被告人杨延虎1996年8月任浙江省义乌市委常委,2003年3月任义乌市人大常委会副主任,2000年8月兼任中国小商品城福田市场(2003年3月改称"中国义乌国际商贸城",以下简称"国际商贸城")建设领导小组副组长兼指挥部总指挥,主持指挥部全面工作。2002年,杨延虎得知义乌市稠城街道共和村将列入拆迁和旧村改造范围后,决定在该村购买旧房,利用其职务便利,在拆迁安置时骗取非法利益。杨延虎遂与被告人王月芳(杨延虎的妻妹)、被告人郑新潮(王月芳之夫)共谋后,由其二人出面,通过共和村王某某,以王月芳的名义在该村购买赵某某的三间旧房(房产证登记面积61.87平方米,发证日期1998年8月3日)。按当地拆迁和旧村改造政策,赵某某有无该旧房,其所得安置土地面积均相同,事实上赵某某也按无房户得到了土地安置。2003

年 3、4 月，为使三间旧房所占土地确权到王月芳名下，在杨延虎的指使和安排下，郑新潮再次通过共和村王某某，让该村村民委员会及其成员出具了该三间旧房系王月芳 1983 年所建的虚假证明。杨延虎利用职务便利，要求兼任国际商贸城建设指挥部分管土地确权工作的副总指挥、义乌市国土资源局副局长吴某某和指挥部确权报批科人员，对王月芳拆迁安置、土地确权予以关照。国际商贸城建设指挥部遂将王月芳所购房屋作为有村证明但无产权证的旧房进行确权审核，上报义乌市国土资源局确权，并按丈量结果认定其占地面积 64.7 平方米。

此后，被告人杨延虎与郑新潮、王月芳等人共谋，在其岳父王某祥在共和村拆迁中可得 25.5 平方米土地确权的基础上，于 2005 年 1 月编造了由王月芳等人签名的申请报告，谎称"王某祥与王月芳共有三间半房屋，占地 90.2 平方米，二人在 1986 年分家，王某祥分得 36.1 平方米，王月芳分得 54.1 平方米，有关部门确认王某祥房屋 25.5 平方米、王月芳房屋 64 平方米有误"，要求义乌市国土资源局更正。随后，杨延虎利用职务便利，指使国际商贸城建设指挥部工作人员以该部名义对该申请报告盖章确认，并使该申请报告得到义乌市国土资源局和义乌市政府认可，从而让王月芳、王某祥分别获得 72 和 54 平方米（共 126 平方米）的建设用地审批。按王某祥的土地确权面积仅应得 36 平方米建设用地审批，其余 90 平方米系非法所得。2005 年 5 月，杨延虎等人在支付选位费 245520 元后，在国际商贸城拆迁安置区获得两间店面 72 平方米土地的拆迁安置补偿（案发后，该 72 平方米的土地使用权被依法冻结）。该处地块在用作安置前已被国家征用并转为建设用地，属国有划拨土地。经评估，该处每平方米的土地使用权价值 35270 元。杨延虎等人非法所得的建设用地 90 平方米，按照当地拆迁安置规定，折合拆迁安置区店面的土地面积为 72 平方米，价值 2539440 元，扣除其支付的 245520 元后，实际非法所得 2293920 元。

此外，2001 年至 2007 年，被告人杨延虎利用职务便利，为他人承揽工程、拆迁安置、国有土地受让等谋取利益，先后非法收受或索取 57 万元，其中索贿 5 万元。

【裁判结果】

一审判决：（1）被告人杨延虎犯贪污罪，判处有期徒刑十五年，并处没收财产 20 万元；犯受贿罪，判处有期徒刑十一年，并处没收财产 10 万元；决定执行有期徒刑十八年，并处没收财产 30 万元。（2）被告人郑新潮犯贪污罪，判处有期徒刑五年。（3）被告人王月芳犯贪污罪，判处有期徒刑三年。

二审裁定：驳回上诉，维持原判。

【裁判理由】

法院经审理认为：

关于被告人杨延虎的辩护人提出杨延虎没有利用职务便利的辩护意见。经查，义乌国际商贸城指挥部系义乌市委、市政府为确保国际商贸城建设工程顺利进行而设立的机构，指挥部下设确权报批科，工作人员从国土资源局抽调，负责土地确权、建房建设用地的审核及报批工作，分管该科的副总指挥吴某某也是国土资源局的副局长。确权报批科作为指挥部下设机构，同时受指挥部的领导，作为指挥部总指挥的杨延虎具有对该科室的领导职权。贪污罪中的"利用职务上的便利"，是指利用职务上主管、管理、经手公共财物的权力及方便条件，既包括利用本人职务上主管、管理公共财物的职务便利，也包括利用职务上有隶属关系的其他国家工作人员的职务便利。本案中，杨延虎正是利用担任义乌市委常委、义乌市人大常委会副主任和兼任指挥部总指挥的职务便利，给下属的土地确权报批科人员及其分管副总指挥打招呼，才使得王月芳等人虚报的拆迁安置得以实现。

关于被告人杨延虎等人及其辩护人提出被告人王月芳应当获得土地安置补偿，涉案土地属于集体土地，不能构成贪污罪的辩护意见。经查，王月芳购房时系居民户口，按照法律规定和义乌市拆迁安置有关规定，不属于拆迁安置对象，不具备获得土地确权的资格，其在共和村所购房屋既不能获得土地确权，又不能得到拆迁安置补偿。杨延虎等人明知王月芳不符合拆迁安置条件，却利用杨延虎的职务便利，通过将王月芳所购房屋谎报为其祖传旧房、虚构王月芳与王某祥分家事实，骗得旧房拆迁安置资格，骗取国有土地确权。同时，由于杨延虎利用职务便利，杨延虎、王月芳等人弄虚作假，既使王月芳所购旧房的房主赵某某按无房户得到了土地安置补偿，又使本来不应获得土地安置补偿的王月芳获得了土地安置补偿。《土地管理法》第二条、第九条规定，我国土地实行社会主义公有制，即全民所有制和劳动群众集体所有制，并可以依法确定给单位或者个人使用。对土地进行占有、使用、开发、经营、交易和流转，能够带来相应经济收益。因此，土地使用权自然具有财产性利益，无论国有土地，还是集体土地，都属于《刑法》第三百八十二条第一款规定中的"公共财物"，可以成为贪污的对象。王月芳名下安置的地块已在2002年8月被征为国有并转为建设用地，义乌市政府文件抄告单也明确该处的拆迁安置土地使用权登记核发国有土地使用权证。因此，杨延虎等人及其辩护人所提该项辩护意见，不能成立。

综上，被告人杨延虎作为国家工作人员，利用担任义乌市委常委、义乌市人大常委会副主任和兼任国际商贸城指挥部总指挥的职务便利，伙同被告人郑新潮、王月芳以虚构事实的手段，骗取国有土地使用权，非法占有公共财物，三被告人的行为均已构成贪污罪。杨延虎还利用职务便利，索取或收受他人贿赂，为他人谋取利益，其行为又构成受贿罪，应依法数罪并罚。在共同贪污犯罪中，杨延虎起主要作用，系主犯，应当按照其所参与或者组织、指挥的全部犯罪处罚；郑新潮、王月芳起次要作用，系从犯，应减轻处罚。故一、二审法院依法作出如上裁判。

思考问题

1. 如何理解《刑法》第三百八十二条第一款规定中的"公共财物"?
2. 如何理解"利用职务上的便利"?
3. 如何理解土地使用权的性质?
4. 是否把实际控制财物作为区分贪污罪既遂与未遂的标准?

■■■ 案例3 胡建挪用公款案

内容摘要:本案是一起十分具有典型意义的参考案例。一审终审,判处被告人胡建犯挪用公款罪,免予刑事处罚。挪用公款罪,是指国家工作人员利用职务上的便利,挪用公款归个人使用,进行非法活动的,或者挪用公款数额较大进行营利活动的,或者挪用数额较大,超过三个月未还的行为。由该概念至少可知道,挪用公款有三种行为表现,一是挪用公款归自己非法使用,进行非法活动的,二是挪用公款数额较大,进行营利活动,三是挪用公款数额较大,超过三个月没有归还的行为。被告人虽然挪用公款与他人合伙营利构成了犯罪,但考虑其案发后积极退还,最后免予刑事处罚。本案例很好地体现出当代法律"以人为本"的宗旨,充分考虑犯罪后果程度对定罪量刑的影响,证明了当今法律是有温度、有弹性的准绳,同时也为审理类似案件提供了很好的借鉴。

关键词:挪用公款罪;合伙营利;国家工作人员

【裁判要旨】

被告人身为国家工作人员,利用职务之便挪用公款,并将公款用于营利目的。其行为已经构成了挪用公款罪,并且数额较大,理应予以严肃追究。但从本案事实看,被告人胡建所挪用的公款于本案案发前全部归还,并没有给单位造成实际的经济损失,被告人犯罪情节轻微,其本人从侦查至审判环节一直坦诚悔罪。考虑到这一点,司法审判应当减轻其刑罚。

【相关法条】

1. 《中华人民共和国刑法》

第九十三条 本法所称国家工作人员,是指国家机关中从事公务的人员。

国有公司、企业、事业单位、人民团体中从事公务的人员和国家机关、国有公司、企业、事业单位委派到非国有公司、企业、事业单位、社会团体从事公务的人员,以及其他依照法律从事公务的人员,以国家工作人员论。

第三百八十四条 国家工作人员利用职务上的便利,挪用公款归个人使用,进行非法活动的，或者挪用公款数额较大、进行营利活动的，或者挪用公款数额较大、超过三个月未还的，是挪用公款罪，处五年以下有期徒刑或者拘役；情节严重的，处五年以上有期徒刑。挪用公款数额巨大不退还的，处十年以上有期徒刑或者无期徒刑。

挪用用于救灾、抢险、防汛、优抚、扶贫、移民、救济款物归个人使用的，从重处罚。

2.《全国人民代表大会常务委员会关于〈中华人民共和国刑法〉第三百八十四条第一款的解释》

有下列情形之一的，属于挪用公款"归个人使用"：（一）将公款供本人、亲友或者其他自然人使用的；（二）以个人名义将公款供其他单位使用的；（三）个人决定以单位名义将公款供其他单位使用，谋取个人利益的。

3.《最高人民检察院关于挪用国库券如何定性问题的批复》

国家工作人员利用职务上的便利，挪用公有或本单位的国库券的行为以挪用公款论处；符合刑法第384条、第272条第2款规定的情形构成犯罪的，按挪用公款罪追究刑事责任。

4.《最高人民法院关于审理挪用公款案件具体应用法律若干问题的解释》

第一条　刑法第三百八十四条规定的"挪用公款归个人使用"，包括挪用者本人使用或者给他人使用。

挪用公款给私有公司、私有企业使用的，属于挪用公款归个人使用。

第二条　对挪用公款罪，应区分三种不同情况予以认定：（一）挪用公款归个人使用，数额较大、超过三个月未还的，构成挪用公款罪。挪用正在生息或者需要支付利息的公款归个人使用，数额较大，超过三个月但在案发前全部归还本金的，可以从轻处罚或者免除处罚。给国家、集体造成的利息损失应予追缴。挪用公款数额巨大，超过三个月，案发前全部归还的，可以酌情从轻处罚。（二）挪用公款数额较大，归个人进行营利活动的，构成挪用公款罪，不受挪用时间和是否归还的限制。在案发前部分或者全部归还本息的，可以从轻处罚；情节轻微的，可以免除处罚。挪用公款存入银行、用于集资、购买股票、国债等，属于挪用公款进行营利活动。所获取的利息、收益等违法所得，应当追缴，但不计入挪用公款的数额。（三）挪用公款归个人使用，进行赌博、走私等非法活动的，构成挪用公款罪，不受"数额较大"和挪用时间的限制。

挪用公款给他人使用，不知道使用人用公款进行营利活动或者用于非法活动，数额较大、超过三个月未还的，构成挪用公款罪；明知使用人用于营利活动或者非法活动的，应当认定为挪用人挪用公款进行营利活动或者非法活动。

第三条　挪用公款归个人使用，"数额较大、进行营利活动的"，或者"数额较大、超过三个月未还的"，以挪用公款一万元至三万元为"数额较大"的起点，以挪用公款十五万元至二十万元为"数额巨大"的起点。挪用公款"情节严重",是指挪用公款数额巨大,或者数额虽未达到巨大,但挪用公款手段恶劣;多次挪用公款;因挪用公款严重影响生产、经营,造成严重损失等情形。

"挪用公款归个人使用,进行非法活动的",以挪用公款五千元至一万元为追究刑事责任的数额起点。挪用公款五万元至十万元以上的,属于挪用公款归个人使用,进行非法活动,"情节严重"的情形之一。挪用公款归个人使用,进行非法活动,情节严重的其他情形,按照本条第一款的规定执行。

各高级人民法院可以根据本地实际情况,按照本解释规定的数额幅度,确定本地区执行的具体数额标准,并报最高人民法院备案。

挪用救灾、抢险、防汛、优抚、扶贫、移民、救济款物归个人使用的数额标准,参照挪用公款归个人使用进行非法活动的数额标准。

【案例索引】

一审:河南省息县人民法院(2009)息刑初字第144号刑事判决书。

【案情简介】

被告人胡建系河南省息县财政局干部,自2004年10月8日起担任息县财政局经济建设股负责人。2008年12月8日,被告人胡建按工作职责的要求,在拨付息县小茴店镇陈空村至G106国道公路建设工程款558000元时,扣留了其中的78000元作为工程验收时的质保金;当日,被告人胡建没有将该78000元钱存入单位账户,而是以自己的名字存入建设银行息县支行;2008年12月24日至2009年5月下旬,被告人胡建将该款挪用到其与他人合伙承包的宿舍楼工程建设中,进行营利活动。2009年5月21日,被告人胡建将该笔78000元钱支付给公路工程承包负责人陆某。2009年7月上旬,息县人民检察院在审查息县财政局相关基建项目账目时发现了该起挪用公款的犯罪事实。

【裁判结果】

一审判决:被告人胡建犯挪用公款罪,免予刑事处罚。

【裁判理由】

法院经审理认为,被告人胡建身为国家机关工作人员,却利用职务之便挪用公款归自己从事营利活动,且数额较大(河南省标准为20000元至150000元),其行为已构成挪用公款罪。息县人民检察院起诉书指控的事实成立,定性准确,适用法律条文正确,本院予以维护。从本案事实看,被告人胡建所挪用的公款数额较大,但于本案案发前全部归还,没有给单位造成经济损失,犯罪情节轻微,其本人从侦查至审判环节一直坦诚悔罪,根据《最高人民法院关于审理挪用公款案件具体应用法律若干问题的解释》第二条第一款（二）项的规定，可对被告人胡建免予刑事处罚。

 思考问题

1. 被告人是否构成挪用公款罪？为什么不是贪污罪或是玩忽职守罪又或是滥用职权罪？
2. 被告人最终免予刑罚的判决结果是否合理？
3. 挪用公款罪与贪污罪的区分标准是什么？
4. 挪用公款罪与滥用职权罪的区分标准是什么？
5. 对被告免予刑罚的判决是否合理？

案例 4　郑年胜挪用公款案

内容摘要：本案是一起十分具有典型意义的参考案例，涉案金额之巨大，社会影响之强烈也使司法机关对本案的审理尤为谨慎。本案历经一审与二审。法院经审理认为，上诉人郑年胜除犯受贿罪之外，还利用职务上的便利，伙同他人挪用巨额公款归个人使用，进行营利活动，其行为又构成挪用公款罪。二审判决否定了一审中关于被告人挪用资金行为性质的认定，而以挪用公款罪论处，由此引发了法学界关于挪用公款罪与挪用资金罪形式要件与内容要件的区分与讨论。二审法院很好地考虑到了涉案当事人主从犯的区分，在国家工作人员与非国家工作人员分别利用自己的职务便利，共同挪用国有公司与非国有公司共管的资金的问题上，较为合理公正地做到了罪刑相适应。在案件最终处理结果上，人民法院充分考虑到了虽然被告人犯受贿罪的罪行极其严重，依法应当判处死刑，但鉴于其有上述坦白、退赃等从轻情节，可以不必立即执行。

关键词：挪用公款罪；挪用资金罪；共犯；共管资金

【裁判要旨】

国家工作人员与非国家工作人员分别利用自己的职务便利，挪用国有公司与非国有公司共同设立的银行共管账户的资金的行为，应当区分主从犯，根据主犯的性质认定；如果罪责相当，无法区分主从犯，一般成立挪用公款罪。不同身份者共同实施身份犯时触犯数罪名，符合想象竞合犯一行为触犯数罪名的特征，应按照想象竞合犯择一重处的原则，选择处罚较重的犯罪定罪量刑。

【相关法条】

《中华人民共和国刑法》

第二百七十二条　公司、企业或者其他单位的工作人员，利用职务上的便利，挪用本单位资金归个人使用或者借贷给他人，数额较大、超过三个月未还的，或者虽未超过三个月，但数额较大、进行营利活动的，或者进行非法活动的，处三年以下有期徒刑或者拘役；挪用本单位资金数额巨大的，或者数额较大不退还的，处三年以上十年以下有期徒刑。

国有公司、企业或者其他国有单位中从事公务的人员和国有公司、企业或者其他国有单位委派到非国有公司、企业以及其他单位从事公务的人员有前款行为的，依照本法第三百八十四条的规定定罪处罚。

第三百八十四条第一款　国家工作人员利用职务上的便利，挪用公款归个人使用，进行非法活动的，或者挪用公款数额较大、进行营利活动的，或者挪用公款数额较大、超过三个月未还的，是挪用公款罪，处五年以下有期徒刑或者拘役；情节严重的，处五年以上有期徒刑。挪用公款数额巨大不退还的，处十年以上有期徒刑或者无期徒刑。

【案例索引】

一审：佛山市中级人民法院（2012）佛中法刑二初字第10号刑事判决书。
二审：广东省高级人民法院（2012）粤高法刑二终字第182号刑事判决书。

【基本案情】

被告人郑年胜于2010年12月起任广东省佛山市禅城区委常委、祖庙街道党工委书记；2011年1月起兼任佛山名镇功能区管委会主任，负责管委会全面工作，分管招商和资金工作；2011年7月20日起兼任佛山名镇功能区建设总指挥部副总指挥，协助执行总指挥开展日常工作，分管动迁安置部、招商服务部和安全保障部。郑年胜在担任上述职务期间，实施了下列犯罪行为：

2011年1月29日，佛山古镇文化发展有限公司（以下简称"古镇公司"，是禅城区政府和祖庙街道办事处为佛山名镇改造项目而设立的公司）与沿海地产投资（中国）有限公司（以下简称"沿海公司"）签订战略合作框架协议，约定双方就佛山名镇改造项目进行合作的相关事宜。2011年3月15日，佛山名镇功能区管委会（以下简称"管委会"，是禅城区委、区政府为实施佛山名镇改造项目而成立的管理机构）与沿海公司签订《佛山名镇"三旧改造"及安置房建设项目合作协议》，约定双方就佛山名镇第一街区"三旧改造"与安置房建设开发进行合作的相关事宜，其中，约定沿海公司为配合管委会和古镇公司对项目用地范围内的动迁工作，在协议生效后向管委会预付3亿元作为资金支持，该款支付至双方共同设立的银行共管账户由双方共管，共管款项在沿海公司按约取得相应土地使用权后解除共管，由管委会专项用于该项目的征地动迁安置等工作；如沿海公司未能取得相应土地使用权而解除双方协议时，共管账户内的资金应解除共管并连同孳息全部返还给沿海公司。2011年3月28日，沿海公司向古镇公司设立的银行共管账户汇入3亿元。

2011 年 5 月初，时任广东省佛山市禅城区祖庙街道党工委书记兼管委会主任的郑年胜提议并与时任沿海公司佛山项目总经理的同案人刘铁兵（已另案判决）合谋将上述共管账户中的 1 亿元资金解除共管挪至他处，两人并约定了事后各自控制使用的数额。之后，刘铁兵按郑年胜的安排，向沿海公司董事长江鸣谎称禅城区政府可能要将上述共管资金全部用于佛山名镇项目之外的其他用途，建议先将其中的 1 亿元资金解除共管，并转存至其他地方。江鸣表示同意但要求管委会承诺仍然承担对 1 亿元资金的监管责任，并保证专款专用。郑年胜遂利用职务之便，一方面于同年 5 月 9 日通过管委会发函给沿海公司，承诺管委会在提前解除共管后仍承担对该 1 亿元资金的监管责任，保证该 1 亿元资金仍专用于佛山名镇项目的约定用途，并按月向沿海公司告知资金用途、去向，还保证在双方协议终止或解除的情况下将 1 亿元资金返还给沿海公司；另一方面则通过管委会发函指令古镇公司于同年 5 月 13 日从共管账户中汇付 1 亿元至广东南湖国际旅行社有限责任公司（以下简称"南湖国旅公司"）的账户上。南湖国旅公司收到上述资金后，于同年 5 月和 8 月先后转付 3000 万元给刘铁兵，刘铁兵将其中的 160 万元用于向郑年胜行贿，余款则用于其个人开办公司的经营活动；另 7000 万元则由南湖国旅公司用于经营活动并约定向郑年胜个人支付利息。

2011 年 8 月，沿海公司向管委会补发一份《资金调动函》，要求管委会将共管账户内的 1 亿元资金解除共管后调入南湖国旅公司账户并倒签日期为 2011 年 5 月 12 日。

案发后，侦查机关查扣了南湖国旅公司涉案资金 7000 万元，冻结刘铁兵实际控制的公司账户上的涉案资金 25789793.68 元。

另外，2005 年至 2011 年 7 月，被告人郑年胜分别利用其担任佛山市顺德区陈村镇镇长、祖庙街道党工委书记、管委会主任的职务便利，为他人谋取利益，索取、非法收受他人财物共计 2510 万元（其中 250 万元未遂）。

【裁判结果】

一审判决：被告人郑年胜犯挪用资金罪，判处有期徒刑十年；犯受贿罪，判处死刑，缓期二年执行，剥夺政治权利终身，并处没收个人全部财产；决定执行死刑，缓期二年执行，剥夺政治权利终身，并处没收个人全部财产。

二审判决：上诉人郑年胜犯受贿罪，判处死刑，缓期二年执行，剥夺政治权利终身，并处没收个人全部财产；犯挪用公款罪，判处有期徒刑十年；决定执行死刑，缓期二年执行，剥夺政治权利终身，并处没收个人全部财产。

【裁判理由】

二审法院经审理认为，上诉人郑年胜除犯受贿罪之外，还利用职务上的便利，伙同他人挪用巨额公款归个人使用，进行营利活动，其行为又构成挪用公款罪。挪用公款数额巨大不退还。郑年胜一人犯数罪，依法应予数罪并罚。郑年胜犯受贿罪罪行极其严重,本应处以死刑,但鉴于其归案后能坦白交代部分受贿事实,且其受贿所得案发后大部分已查扣在案等具体情况,故可不必立即执行。郑年胜伙同他人挪用的公款案发后绝大部分已被追回,对其所犯挪用公款罪可以酌情从轻处罚。

 思考问题

1. 国家工作人员郑年胜与非国家工作人员刘铁兵分别利用自己的职务便利,共同挪用国有公司与非国有公司共管的 1 亿元资金的行为,构成挪用资金罪还是挪用公款罪?
2. 如何认定银行共管账户资金的性质?
3. 如何区分郑年胜与刘铁兵之间的主、从犯关系?

案例 5　潘玉梅、陈宁受贿案

内容摘要:本案是 2011 年 12 月 20 日最高人民法院发布的第 3 号指导案例,历经一审与二审。一审法院判决,被告人潘玉梅、陈宁犯受贿罪,分别判处死刑缓期二年执行和无期徒刑。二审法院裁定驳回上诉,维持原判。二审明确了对一些新类型受贿案件的处理,虽然 2007 年 7 月 8 日颁布的《最高人民法院、最高人民检察院关于办理受贿刑事案件适用法律若干问题的意见》中规定了新类型的受贿案件处理意见,但是针对本案中出现的新类型受贿方式,刑法和司法解释尚未明确具体规定,本案就是适用上述意见形成裁判的一个案例。本案提出了具体的处理意见,对于司法机关正确地认定新类型的受贿罪具有指导意义和标杆作用。本案例从受贿罪保护的法益出发,明确了受贿罪的本质特征是权钱交易,阐明了为他人谋取利益在受贿罪定罪中所起的作用以及退还、上交受贿金额的定性问题。

关键词:新型受贿;权钱交易;为他人谋取利益;受贿罪

【裁判要旨】

受贿罪保护的法益是职务行为的不可收买性,侵犯法益的行为方式是权钱交易,只要国家工作人员利用职务之便收受贿赂,至于是否为他人谋利,不影响损害职务行为的不可收买性。退还、上交受贿金的"及时"判定,不是以时间作为一刀切的标准,而是应根据其主观性以及客观事件的发展,分清是主动还是被外界压力所逼迫。国家工作人员利用职务上的便利为请托人谋取利益,并与请托人以"合办"公司的名义获取"利润",没有实际出资和参与经营管理的,以受贿论处。国家工作人员明知他人有请托事项而收受其财物,视为承诺"为他人谋取利益",是否已实际为他人谋取利益或谋取到利益,不影响受贿的认定。国家工作人员利用职务上的便利为请托人谋取利益,以明显低于市场的价格向请托人购买房屋等物品的，以受贿论处，受贿数额按照交易时当地市场价格与实际支付价格的差额计算。国家工作人员收受财物后，因与其受贿有关联的人、事被查处，为掩饰犯罪而退还的，不影响认定受贿罪。

【相关法条】

1.《中华人民共和国刑法》

第三百八十五条第一款　国家工作人员利用职务上的便利，索取他人财物的，或者非法收受他人财物，为他人谋取利益的，是受贿罪。

2.《最高人民法院、最高人民检察院关于办理受贿刑事案件适用法律若干问题的意见》

一、关于以交易形式收受贿赂问题

国家工作人员利用职务上的便利为请托人谋取利益，以下列交易形式收受请托人财物的，以受贿论处：（1）以明显低于市场的价格向请托人购买房屋、汽车等物品的；（2）以明显高于市场的价格向请托人出售房屋、汽车等物品的；（3）以其他交易形式非法收受请托人财物的。

受贿数额按照交易时当地市场价格与实际支付价格的差额计算。

前款所列市场价格包括商品经营者事先设定的不针对特定人的最低优惠价格。根据商品经营者事先设定的各种优惠交易条件，以优惠价格购买商品的，不属于受贿。

三、关于以开办公司等合作投资名义收受贿赂问题

国家工作人员利用职务上的便利为请托人谋取利益，由请托人出资，"合作"开办公司或者进行其他"合作"投资的，以受贿论处。受贿数额为请托人给国家工作人员的出资额。

国家工作人员利用职务上的便利为请托人谋取利益，以合作开办公司或者其他合作投资的名义获取"利润"，没有实际出资和参与管理、经营的，以受贿论处。

九、关于收受财物后退还或者上交问题

国家工作人员收受请托人财物后及时退还或者上交的，不是受贿。

国家工作人员受贿后，因自身或者与其受贿有关联的人、事被查处，为掩饰犯罪而退还或者上交的，不影响认定受贿罪。

3.《全国法院审理经济犯罪案件工作座谈会纪要》

三、关于受贿罪

（二）"为他人谋取利益"的认定

为他人谋取利益包括承诺、实施和实现三个阶段的行为。只要具有其中一个阶段的行为，如国家工作人员收受他人财物时，根据他人提出的具体请托事项，承诺为他人谋

取利益的，就具备了为他人谋取利益的要件。明知他人有具体请托事项而收受其财物的，视为承诺为他人谋取利益。

【案例索引】

　　一审：江苏省南京市中级人民法院（2008）宁刑初字第49号刑事判决书。
　　二审：江苏省高级人民法院（2009）苏刑二终字第0028号刑事裁定书。

【基本案情】

　　2003年8、9月，被告人潘玉梅、陈宁分别利用担任江苏省南京市栖霞区迈皋桥街道工委书记、迈皋桥办事处主任的职务便利，为南京某房地产开发有限公司总经理陈某在迈皋桥创业园区低价获取100亩土地等提供帮助，并于9月3日分别以其亲属名义与陈某共同注册成立南京多贺工贸有限责任公司（以下简称"多贺公司"），以"开发"上述土地。潘玉梅、陈宁既未实际出资，也未参与该公司经营管理。2004年6月，陈某以多贺公司的名义将该公司及其土地转让给南京某体育用品有限公司，潘玉梅、陈宁以参与利润分配名义，分别收受陈某给予的人民币480万元。2007年3月，陈宁因潘玉梅被调查，在美国出差期间安排其驾驶员退给陈某人民币80万元。案发后，潘玉梅、陈宁所得赃款及赃款收益均被依法追缴。

　　2004年2月至10月，被告人潘玉梅、陈宁分别利用担任迈皋桥街道工委书记、迈皋桥办事处主任的职务之便，为南京某置业发展有限公司在迈皋桥创业园购买土地提供帮助，并先后四次各收受该公司总经理吴某某给予的人民币50万元。

　　2000年春节前至2006年12月，被告人潘玉梅利用职务便利，先后收受迈皋桥办事处一党支部书记兼南京某商贸有限责任公司总经理高某某人民币201万元和美元49万元、浙江某房地产集团南京置业有限公司范某某美元1万元。

　　其间，2004年上半年，被告人潘玉梅利用担任迈皋桥街道工委书记的职务便利，为南京某发展有限公司受让金桥大厦项目减免100万元费用提供帮助，并在购买对方开发的一处房产时接受该公司总经理许某某为其支付的房屋差价款和相关税费61万余元（房价含税费121.0817万元，潘玉梅支付60万元）。2006年4月，潘玉梅因检察机关从许某某的公司账上已掌握其购房仅支付部分款项的情况而补还给许某某55万元。2004年，被告人潘玉梅利用担任迈皋桥街道工委书记的职务便利，为浙江美达房地产集团南京置业有限公司竞拍土地提供帮助，收受该公司范某某给予的美元1万元。

　　2002年至2005年，被告人陈宁利用担任南京市栖霞区迈皋桥办事处主任、栖霞区财政局局长的职务便利，为时任栖霞区迈皋桥办事处副主任的刘某在干部考核及财政拨款等方面提供帮助，于2005年12月收受刘某给予的人民币8万元。2003年下半年至2005年下半年，被告人陈宁利用担任南京市栖霞区迈皋桥办事处主任、栖霞区财政局局长的职务便利，为迈皋桥办事处下属的兴卫村在办公楼建设、小城镇建设及税收考核等方面提供帮助，先后两次收受时任兴卫村党支部书记的高某某给予的人民币共计 21 万元。

综上，被告人潘玉梅收受贿赂人民币 792 万余元、美元 50 万元（折合人民币 398.1234 万元），共计收受贿赂人民币 1190.2 万余元；被告人陈宁收受贿赂人民币 559 万元。

【裁判结果】

一审判决：被告人潘玉梅犯受贿罪，判处死刑，缓期二年执行，剥夺政治权利终身，没收个人全部财产；被告人陈宁犯受贿罪，判处无期徒刑，剥夺政治权利终身，没收个人全部财产；已扣押的被告人潘玉梅受贿赃款人民币 792.08174 万元、美元 50 万元，予以追缴，上交国库；已扣押的被告人陈宁受贿赃款人民币 559 万元，予以追缴，上交国库。

二审裁定：驳回上诉，维持原判，并核准一审以受贿罪判处被告人潘玉梅死刑，缓期二年执行，剥夺政治权利终身，并处没收个人全部财产的刑事判决。

【裁判理由】

一审法院认为，被告人潘玉梅、陈宁身为国家工作人员，利用职务便利为他人谋取利益，并收受他人财物，其行为均已构成受贿罪。二被告人归案后能如实供述犯罪事实，坦白态度好，并主动交代侦查机关尚未掌握的同种较轻余罪，案发前退出部分赃款，案发后配合侦查机关追缴涉案全部赃款，可酌情从轻处罚。

二审法院认为，关于被告人潘玉梅、陈宁及其辩护人提出二被告人与陈某共同开办多贺公司开发土地获取"利润"人民币 480 万元不应认定为受贿的辩护意见。经查，潘玉梅时任迈皋桥街道工委书记，陈宁时任迈皋桥街道办事处主任，对迈皋桥创业园区的招商工作、土地转让负有领导或协调职责，二人分别利用各自职务便利，为陈某低价取得创业园区的土地等提供了帮助，属于利用职务上的便利为他人谋取利益；在此期间，潘玉梅、陈宁与陈某商议合作成立多贺公司用于开发上述土地，公司注册资金全部来源于陈某，潘玉梅、陈宁既未实际出资，也未参与公司的经营管理。因此，潘玉梅、陈宁利用职务便利为陈某谋取利益，以与陈某合办公司开发该土地的名义而分别获取的人民币 480 万元，并非所谓的公司利润，而是利用职务便利使陈某低价获取土地并转卖后获利的一部分，体现了受贿罪权钱交易的本质，属于以合办公司为名的变相受贿，应以受贿论处。

关于被告人潘玉梅及其辩护人提出潘玉梅没有为许某某实际谋取利益的辩护意见。经查，请托人许某某向潘玉梅行贿时，要求在受让金桥大厦项目中减免人民币 100 万元的费用，潘玉梅明知许某某有请托事项而收受贿赂；虽然该请托事项没有实现，但"为他人谋取利益"包括承诺、实施和实现不同阶段的行为，只要具有其中一项，就属于为他人谋取利益。承诺"为他人谋取利益",可以从为他人谋取利益的明示或默示的意思表示予以认定。潘玉梅明知他人有请托事项而收受其财物,应视为承诺为他人谋取利益,至于是否已实际为他人谋取利益或谋取到利益,只是受贿的情节问题,不影响受贿的认定。

关于被告人潘玉梅及其辩护人提出潘玉梅购买许某某的房产不应认定为受贿的辩护意见。经查,潘玉梅购买的房产,市场价格含税费共计应为人民币121万余元,潘玉梅仅支付人民币60万元,明显低于该房产交易时当地市场价格。潘玉梅利用职务之便为请托人谋取利益,以明显低于市场的价格向请托人购买房产的行为,是以形式上支付一定数额的价款来掩盖其受贿权钱交易本质的一种手段,应以受贿论处,受贿数额按照涉案房产交易时当地市场价格与实际支付价格的差额计算。

关于被告人潘玉梅及其辩护人提出潘玉梅购买许某某开发的房产,在案发前已将房产差价款给付了许某某,不应认定为受贿的辩护意见。经查,2006年4月,潘玉梅在案发前将购买许某某开发房产的差价款中的人民币55万元补给许某某,相距2004年上半年其低价购房有近两年时间,没有及时补还巨额差价;潘玉梅的补还行为,是由于许某某因其他案件被检察机关找去谈话,检察机关从许某某的公司账上已掌握潘玉梅购房仅支付部分款项的情况后,出于掩盖罪行目的而采取的退赃行为。因此,潘玉梅为掩饰犯罪而补还房屋差价款,不影响对其受贿罪的认定。

综上所述,被告人潘玉梅、陈宁及其辩护人提出的上述辩护意见不能成立,不予采纳。潘玉梅、陈宁作为国家工作人员,分别利用各自的职务便利,为他人谋取利益,收受他人财物的行为均已构成受贿罪,且受贿数额特别巨大,但同时鉴于二被告人均具有归案后如实供述犯罪、认罪态度好,主动交代司法机关尚未掌握的同种余罪,案发前退出部分赃款,案发后配合追缴涉案全部赃款等从轻处罚情节,故一、二审法院依法作出如上裁判。

 思考问题

1. 国家工作人员利用职务上的便利为请托人谋取利益,并与请托人以"合办"公司的名义获取"利润",没有实际出资和参与经营管理的,能否以受贿罪论处?

2. 国家工作人员明知他人有请托事项而收受其财物,视为承诺"为他人谋取利益",是否已实际为他人谋取利益或谋取到利益,能否影响受贿罪的认定?

3. 国家工作人员利用职务上的便利为请托人谋取利益,以明显低于市场的价格向请托人购买房屋等物品的,能否以受贿罪论处,受贿数额按照交易时当地市场价格与实际支付价格的差额计算?

4. 国家工作人员收受财物后,因与其受贿有关联的人、事被查处,为掩饰犯罪而退还的,是否影响认定受贿罪?

5. 如何认定受贿罪中的"为他人谋取利益"?
6. 收受财物后退还或者上交如何定性?

案例 6　王永勇介绍贿赂案

内容摘要：本案是陕西省宝鸡市中级人民法院审理并改判免予刑事处罚的案例，历经一审与二审。一审法院认为，被告人王永勇身为国家工作人员，在行贿人刘某与收受贿赂的司法机关国家工作人员罗某之间联系、沟通，使得行贿、受贿得以实现，介绍贿赂 350 万元，情节严重，其行为已构成介绍贿赂罪。二审判决综合考虑被告人的坦白情节、被告人的一贯表现及被告人的身体状况与羁押时间，着重考量了介绍贿赂罪法定的减轻处罚条件，认为一审判决适用法律不当，改判被告人免予刑事处罚。二审判决严格考察了辩护人提出的从轻处罚的理由，灵活适用减轻处罚，力求被告人的罪刑相适应，在介绍贿赂罪的法律适用与判决方面作出了模范性的指引。处理结果结合法律条文、法理与人情，使个案的公平正义得以彰显。在被告人确有法定减轻情节的基础上，不吝改判被告人免予刑事处罚，为类似案件的审理提供了参照。

关键词：介绍贿赂罪；主观恶意；获取利益；减轻处罚

【裁判要旨】

介绍贿赂罪在刑法贪污受贿罪一章罪刑最轻，情节显著不同于其他贪污受贿罪。介绍受贿罪的实行行为不同于其他帮助贿赂行为，即不是受贿罪或行贿罪的帮助犯。是否适用介绍贿赂罪首先需要严格考察，此外本罪第二款即减轻、免除处罚的规定，其适用也需要结合具体案情作具体分析。

【相关法条】

1.《中华人民共和国刑法》

第六十七条第一款　犯罪以后自动投案，如实供述自己的罪行的，是自首。对于自首的犯罪分子，可以从轻或者减轻处罚。其中，犯罪较轻的，可以免除处罚。

第六十七条第二款　被采取强制措施的犯罪嫌疑人、被告人和正在服刑的罪犯，如实供述司法机关还未掌握的本人其他罪行的，以自首论。

第三百九十二条　向国家工作人员介绍贿赂，情节严重的，处三年以下有期徒刑或者拘役，并处罚金。

介绍贿赂人在被追诉前主动交待介绍贿赂行为的，可以减轻处罚或者免除处罚。

2.《中华人民共和国刑事诉讼法》

第二百三十六条　第二审人民法院对不服第一审判决的上诉、抗诉案件，经过审理后，应当按照下列情形分别处理：（一）原判决认定事实和适用法律正确、量刑适当的，应当裁定驳回上诉或者抗诉，维持原判；（二）原判决认定事实没有错误，但适用法律有错误，或者量刑不当的，应当改判；（三）原判决事实不清楚或者证据不足的，可以在查清事实后改判；也可以裁定撤销原判，发回原审人民法院重新审判。

原审人民法院对于依照前款第三项规定发回重新审判的案件作出判决后，被告人提出上诉或者人民检察院提出抗诉的，第二审人民法院应当依法作出判决或者裁定，不得再发回原审人民法院重新审判。

【案例索引】

一审：陕西省宝鸡市岐山县人民法院（2017）陕0323刑初17号刑事判决书。

二审：陕西省宝鸡市中级人民法院（2017）陕03刑终302号刑事判决书。

【基本案情】

2012年约1月，刘某（另案处理）为了在大井沟煤矿股权纠纷案发回重审中能胜诉，先将20万元现金装入一手提袋中，在现金上另放一条中华烟，与府谷县人民法院院长罗某（另案处理）于法院办公室交谈时交与罗某。刘某后来得知被告人王永勇与罗某为好友，为增加自己案件获胜的概率，于2月找到王永勇，请其找罗某帮忙。被告人王永勇向罗某转述刘某想法后，罗某表示自己有点事要办，需要凑300万元，王永勇表示明白了。几日后王永勇见到刘某，告诉刘某罗某希望其给300万元，刘某表示同意。后来罗某给王永勇发了一条短信，短信内容为一个银行的开户行、卡号和户名，后在电话中要求王永勇转交给刘某。几天后刘某向账号打款300万元。

2014年7月，刘某亲戚马某挪用公款案由府谷县人民检察院起诉到府谷县人民法院，刘某为了该案在府谷县人民法院判决时能得到从轻处理，委托被告人王永勇再次联系罗某，后于2014年国庆节前后的一天，将一个装了50万元现金的茅台酒箱交与被告，希望被告代为转交罗某。被告后将箱子送至罗某家离开。

中国共产党府谷县纪律检查委员会向法院出具了证明，王永勇一贯表现良好，曾获得优秀公务员，各项工作取得了较好的成绩，得到组织的肯定和同志们的认可，建议对王永勇同志免予刑事处罚；上诉人手写悔罪书；上诉人病情属实；上诉人王永勇到案后，交代了其在刘某向府谷县人民法院院长罗某行贿过程中牵线搭桥、居中介绍，促成刘某向罗某行贿350万元的犯罪事实。

【裁判结果】

一审判决：被告人王永勇犯介绍贿赂罪，判处有期徒刑一年，缓刑一年六个月，并处罚金10万元。

二审判决：（1）撤销陕西省岐山县人民法院（2017）陕0323刑初17号刑事判决，

即"被告人王永勇犯介绍贿赂罪,判处有期徒刑一年,缓刑一年六个月,并处罚金10万元"。(2)上诉人(原审被告人)王永勇犯介绍贿赂罪,免予刑事处罚。

【裁判理由】

一审法院认为,被告人王永勇身为国家工作人员,在行贿人刘某与收受贿赂的司法机关国家工作人员罗某之间联系、沟通,使得行贿、受贿得以实现,介绍贿赂350万元,情节严重,其行为已构成介绍贿赂罪。岐山县人民检察院指控被告人王永勇犯介绍贿赂罪基本犯罪事实及罪名成立。被告人王永勇虽有介绍贿赂行为,但其本人在本案中没有获取利益,可酌情从轻处罚。被告人王永勇交代介绍贿赂主要事实,亦可从轻处罚。故对辩护人提出的被告人王永勇未谋取利益可从轻处罚的意见,予以采纳。

二审法院认为,上诉人王永勇身为纪委工作人员,在行贿人刘某与司法工作人员罗某收受贿赂之间实施了沟通、联系,代为联络,传递贿款,使得行贿、受贿得以实现,情节严重,其行为已触犯了刑律,构成介绍贿赂罪。上诉人的辩护人在二审辩护意见中提出,陕西省高级人民法院在罗某受贿案二审裁定书(2017)陕刑终85号刑事裁定书第23页认定"第四宗中认定其收受刘某300万元,第五宗认定其收受刘某50万元的事实,系王永勇最先交代"。因此,王永勇应当认定为有坦白情节。此意见法院予以采纳;王永勇出于人情面子,给友帮忙,主观恶意不大,且没有获取任何利益,应从轻处罚之辩护意见,法院酌情予以考虑;上诉人王永勇认罪悔罪,且患有2型糖尿病性周围神经病变等慢性病,以及王永勇一贯表现良好,工作负责,分管的多项工作取得较好成绩,鉴于已羁押近一年时间,请二审法院慎重考虑,免予刑事处罚之辩护意见,法院依法据实,予以酌情考虑。上诉人王永勇亲笔书写悔罪书,真诚认罪悔罪,法院为实现惩罚与预防犯罪的目的,依据上诉人王永勇一贯表现良好,且获得优秀公仆及优秀党务工作者的荣誉,又根据中国共产党府谷县纪律检查委员会建议对王永勇免予刑事处罚的证明,为体现宽严相济刑事政策,做到该宽则宽,当严则严,宽严相济,罚当其罪,确保裁判法律效果和社会效果的统一,量刑时予以考虑。上诉人王永勇身为纪委工作人员,理应带头学法、守法,引以为戒,悔罪自新,严于律己,自保晚节。念其人老多病,认罪悔罪,在追诉前主动如实交代介绍贿赂行为,"可以从轻处罚或免予处罚"。故对其上诉请求,法院予以支持。

思考问题

1. 介绍贿赂案免除刑事责任的条件是什么?
2. 介绍受贿罪与受贿罪、行贿罪共犯的区分标准是什么?
3. 介绍贿赂罪中从轻、减轻情节的适用标准是什么?

案例 7 吴某光单位受贿案

内容摘要：本案是近年来一起有一定社会关注的贪污贿赂案件，历经一审与二审。一审法院判决被告人吴某光犯受贿罪，判处有期徒刑五年。二审法院判决吴某光犯单位受贿罪，判处有期徒刑二年，缓刑三年。由于其涉及单位受贿罪这一较为罕见的罪名，再加上事实的重新认定，最终结果在一定程度上颠覆了以往对贪污贿赂案件中个人与单位关系的认识，对单位贿赂案件的认定提供了一定的判例基础。尽管社会上仍有对案件细节的质疑，总体上本案对促进我国司法裁判公正具有一定的积极意义，同时也展现出人民法院有错必纠的责任与担当。案例充分结合证据事实，运用犯罪构成阶层理论，遵循罪刑法定原则和刑事司法谦抑性理念，厘清了贪污贿赂罪中个人与单位的界限，阐明了关于单位受贿罪中构成要件的认定规则，对在审理类似案件中统一裁判尺度有一定的参考意义。

关键词：受贿罪；单位受贿罪；单位意志；为他人谋取利益

【裁判要旨】

在单位领导人非法收受他人财物后用于公务的案件中，主要由于犯罪主体身份的特殊性，单位领导人的意志在一定程度上也代表着单位的意志，受贿行为与单位受贿行为往往难以区分，再加上单位受贿罪较受贿罪量刑明显偏轻，实践中不免出现行为人辩称自己的受贿行为是出于单位意志，以此逃避惩罚，因而明确单位受贿罪的定性标准对实现司法公正有着重要意义。

【相关法条】

《中华人民共和国刑法》

第七十二条 对于被判处拘役、三年以下有期徒刑的犯罪分子，同时符合下列条件的，可以宣告缓刑，对其中不满十八周岁的人、怀孕的妇女和已满七十五周岁的人，应当宣告缓刑：（一）犯罪情节较轻；（二）有悔罪表现；（三）没有再犯罪的危险；（四）宣告缓刑对所居住社区没有重大不良影响。

宣告缓刑，可以根据犯罪情况，同时禁止犯罪分子在缓刑考验期限内从事特定活动，进入特定区域、场所，接触特定的人。

被宣告缓刑的犯罪分子，如果被判处附加刑，附加刑仍须执行。

第三百八十七条第一款 国家机关、国有公司、企业、事业单位、人民团体，索取、非法收受他人财物，为他人谋取利益，情节严重的，对单位判处罚金，并对其直接负责的主管人员和其他直接责任人员，处五年以下有期徒刑或者拘役。

【案例索引】

一审：广东省深圳市福田区人民法院（2014）深福法刑初字第 1424 号刑事判决书。

二审：广东省深圳市中级人民法院（2014）深中法刑二终字第 629 号刑事判决书。

【基本案情】

2010 年至 2011 年期间，被告人吴某光收受他人现金共计 17 万元，为他人谋取利益。吴某光收取上述款项后放置于自己办公室保险柜，并告知职训中心综合科长董某宏，称在招投标过程中，有供应商给了职训中心十几万元的回扣款，其准备将这笔钱作为单位经费的补充，如果单位有些公务费用不能正常报账，可以用这些回扣款来支出。2012 上半年，龙岗区政府决定创建国家级社区教育实验区，并决定由职训中心牵头负责。2013 年 3 月，国家教育部批准颁布了深圳市龙岗区为全国第五批社区教育实验区。在此期间，职训中心为申报社区教育实验区，开展了由吴某光带队赴北京向教育部汇报、邀请评估专家到龙岗区指导工作、邀请记者到龙岗区采访并发表文章介绍龙岗、请专家到龙岗区授课等工作，上述工作共计花费 17.03 万元，该款项均由吴某光从收取的贿赂款项中支出。2013 年 4 月 16 日，上诉人吴某光主动向龙岗区纪委投案。2013 年 4 月 19 日，被告人吴某光向龙岗区检察院全部退赃。

【裁判结果】

一审判决：被告人吴某光犯受贿罪，判处有期徒刑五年；吴某光的退赃款项依法予以没收，上缴国库。

二审判决：撤销深圳市福田区人民法院（2014）深福法刑初字第 1424 号刑事判决第（一）项；维持深圳市福田区人民法院（2014）深福法刑初字第 1424 号刑事判决第（二）项；上诉人（原审被告人）吴某光犯单位受贿罪，判处有期徒刑二年，缓刑三年。

【裁判理由】

一审法院认为，被告人吴某光身为国家工作人员，利用职务便利，非法收受他人财物，为他人谋取利益，其行为已构成受贿罪，应依法予以惩罚。被告人吴某光主动投案，并基本能够如实供述所犯罪行，可以认定为有自首情节，可以减轻处罚。鉴于其已全部退赃，量刑时可酌情从轻处罚。被告人及辩护人所提吴某光所犯为单位受贿罪的意见不予采纳。

二审法院认为，2010 年至 2011 年期间，上诉人吴某光作为龙岗区职训中心直接负责的主管人员，以单位之名非法收受他人财物，为他人谋取利益，情节严重，其行为已构成单位受贿罪。根据已查明的事实，上诉人吴某光所收取的贿赂款项已全部用于单位支出。原判认定吴某光系个人受贿与事实、证据不符，本院依法予以纠正。上诉人吴某光自动投案并如实供述犯罪事实，是自首，依法可以从轻处罚。上诉人吴某光及其辩护人的相关辩护意见本院予以采纳。根据本案事实、犯罪数额、犯罪情节及上诉人认罪态度，本院认为对吴某光适用缓刑没有再犯罪的危险，对所居住的社区亦无重大不良影响。

思考问题

1. 如何区别单位受贿罪与受贿罪？
2. 吴某光的行为是否满足单位受贿罪构成要件？

案例8　籍绍忠行贿案

内容摘要：本案历经一审与二审。一审法院判决被告人籍绍忠犯行贿罪，判处有期徒刑一年四个月。二审法院裁定驳回上诉，维持原判。介绍贿赂罪应是在双方有行贿、受贿意图后，为双方牵线搭桥，促使行贿结果达成的行为，其本身的行为独立于行贿、受贿双方，属于第三方行为。本案中，籍绍忠通过提供账户，介绍王文杰与承办法官认识，帮助王文杰贿赂法官，其目的是为了给王刘定谋取不正当利益，籍绍忠具有明显帮助行贿人的意思并实行了帮助行贿人行贿的行为，因此，籍绍忠应与王刘定、王文杰一起构成共同行贿罪。行为人在行贿者与受贿者之间进行介绍贿赂的行为与行贿、受贿的帮助行为极为相似。介绍贿赂罪的行为人在行贿者与受贿者之间进行介绍贿赂，该行为实质上就是行贿、受贿的帮助行为，应以介绍贿赂罪论处。本案当事人为谋取不正当利益，伙同他人给予国家工作人员以财物，属共同犯罪，应以行贿罪论处。

关键词：国家工作人员；从犯；行贿罪；为谋取不正当利益

【裁判要旨】

为谋取不正当利益，给国家工作人员以财物或者各种名义的回扣费、手续费的，构成行贿罪。行为人在共同犯罪中积极主动，在犯罪中起主要作用，不存在从犯情节的，违反《刑法》第三百八十九条第一款的规定，以行贿罪论处。

【相关法条】

《中华人民共和国刑法》

第二十五条　共同犯罪是指二人以上共同故意犯罪。

二人以上共同过失犯罪，不以共同犯罪论处；应当负刑事责任的，按照他们所犯的罪分别处罚。

第三百八十九条　为谋取不正当利益，给予国家工作人员以财物的，是行贿罪。

在经济往来中，违反国家规定，给予国家工作人员以财物，数额较大的，或者违反国家规定，给予国家工作人员以各种名义的回扣、手续费的，以行贿论处。

因被勒索给予国家工作人员以财物，没有获得不正当利益的，不是行贿。

第三百九十条　对犯行贿罪的，处五年以下有期徒刑或者拘役，并处罚金；因行贿谋取不正当利益，情节严重的，或者使国家利益遭受重大损失的，处五年以上十年以下有期徒刑，并处罚金；情节特别严重的，或者使国家利益遭受特别重大损失的，处十年以上有期徒刑或者无期徒刑，并处罚金或者没收财产。

行贿人在被追诉前主动交待行贿行为的，可以从轻或者减轻处罚。其中，犯罪较轻的，对侦破重大案件起关键作用的，或者有重大立功表现的，可以减轻或者免除处罚。

【案例索引】

一审：河南省孟州市人民法院（2012）孟刑初字第242号刑事判决书。
二审：河南省焦作市中级人民法院（2013）焦刑三终字第26号刑事裁定书。

【基本案情】

被告人籍绍忠系某市看守所管教。2011年1月至5月，籍绍忠为使自己管理的在押人员王刘定（另案处理）在判刑时能够从轻处罚，多次将自己的银行账户提供给王刘定用于其筹集资金"跑关系"，同时介绍律师王文杰（另案处理）担任辩护人，帮助王刘定"跑关系"。其间，因王文杰与审理王刘定犯罪案件的主审法官（另案处理）素不相识，籍绍忠遂利用工作之便介绍王文杰与该法官相识，并将该法官的家庭住址及生活喜好告知王文杰，后王文杰向该法官行贿现金7.5万元。

【裁判结果】

一审判决：被告人籍绍忠犯行贿罪，判处有期徒刑一年四个月。
二审裁定：驳回上诉，维持原判。

【裁判理由】

一审法院认为，被告人籍绍忠为谋取不正当利益，伙同他人给予国家工作人员以财物，犯罪事实清楚，证据确实充分，其行为已构成行贿罪。被告人籍绍忠的行为系共同犯罪。孟州市人民检察院指控成立。被告人籍绍忠身为管教民警，在共同犯罪中积极主动，犯罪作用相当，不存在从犯情节，故其辩护人辩称被告人籍绍忠系从犯、主观恶性小的辩护意见不能成立，本院不予支持。被告人籍绍忠庭审中认罪、悔罪态度较好，可以酌情从轻处罚，其辩护人的该项辩护意见成立，本院予以支持。被告人籍绍忠辩护人辩称对被告人籍绍忠免予刑事处罚的意见不能成立，本院不予支持。

二审法院认为，籍绍忠身为管教民警，为帮助王刘定从轻处罚，伙同他人给予国家工作人员以财物，其行为已构成行贿罪。本案系共同犯罪，籍绍忠在共同犯罪中起主要作用，且存在前科情节，原判认定事实清楚，证据确实、充分，适用法律正确，定罪准确，量刑适当，审判程序合法。

思考问题

1. 如何将介绍贿赂行为与一般行贿共犯区分开来？
2. 如何区分行贿罪共同犯罪的主、从犯？

■■■ 案例 9 徐绍敏受贿、巨额财产来源不明、隐瞒境外存款案

内容摘要：本案是一审后检察院不服抗诉，进而二审改判的贪污贿赂案例，主要涉及巨额财产来源不明罪的溯及力认定的问题。在二审判决中，上海市第二中级人民法院认为徐绍敏在 2009 年 2 月 28 日《刑法修正案（七）》颁布施行之后有巨额财产不能说明来源合法，故应以《刑法修正案（七）》第十四条之规定予以处罚，不适用从旧兼从轻的原则。具体犯罪行为实施时间的判定是准确认定刑法溯及力的前提条件。巨额财产来源不明罪在客观方面主要是行为人不能说明其明显超过合法收入的巨额财产的合法来源，其本质特征在于行为人不能说明这一行为。持有来源不明的巨额财产仅是构成巨额财产来源不明罪的前提条件，行为人不能说明巨额财产的合法来源系该罪客观方面的本质特征，故应以行为人不能说明来源的时间节点作为实施巨额财产来源不明罪的犯罪时间，并在此基础上对巨额财产来源不明罪的溯及力问题作出认定。

关键词：巨额财产来源不明罪；刑法溯及力；从旧兼从轻原则

【裁判要旨】

巨额财产来源不明罪，是指国家工作人员的财产或者支出明显超过合法收入，差额巨大，本人不能说明其合法来源的行为。从旧兼从轻原则是以有利于被告人为准则，当被告人的犯罪行为发生在新法颁布以前，首先考虑是否适用旧刑法，即行为时的法律规定。若适用新法更有利于被告人或新法处罚较轻的话，则应该对被告人的犯罪行为适用新法的规定；若适用旧法更有利于被告人的话，则对被告人的犯罪行为适用旧法的规定。巨额财产来源不明罪针对的是行为人不能说明或者拒不说明差额财产的真实合法来源，而不论差额财产形成的时间。行为人来源不明的巨额财产形成在新法颁布之前，但是在新法颁布之后仍不能说明差额财产的合法来源的，不适用从旧兼从轻的原则。

【相关法条】

1. 《中华人民共和国刑法》

第六十四条　犯罪分子违法所得的一切财物，应当予以追缴或者责令退赔；对被害人的合法财产，应当及时返还；违禁品和供犯罪所用的本人财物，应当予以没收。没收的财物和罚金，一律上缴国库，不得挪用和自行处理。

第九十三条　本法所称国家工作人员，是指国家机关中从事公务的人员。

国有公司、企业、事业单位、人民团体中从事公务的人员和国家机关、国有公司、企业、事业单位委派到非国有公司、企业、事业单位、社会团体从事公务的人员，以及其他依照法律从事公务的人员，以国家工作人员论。

第一百六十三条第三款　国有公司、企业或者其他国有单位中从事公务的人员和国有公司、企业或者其他国有单位委派到非国有公司、企业以及其他单位从事公务的人员有前两款行为的，依照本法第三百八十五条、第三百八十六条的规定定罪处罚。

第三百八十五条　国家工作人员利用职务上的便利，索取他人财物的，或者非法收受他人财物，为他人谋取利益的，是受贿罪。

国家工作人员在经济往来中，违反国家规定，收受各种名义的回扣、手续费，归个人所有的，以受贿论处。

第三百八十六条　对犯受贿罪的，根据受贿所得数额及情节，依照本法第三百八十三条的规定处罚。索贿的从重处罚。

第三百九十五条　国家工作人员的财产、支出明显超过合法收入，差额巨大的，可以责令该国家工作人员说明来源，不能说明来源的，差额部分以非法所得论，处五年以下有期徒刑或者拘役；差额特别巨大的，处五年以上十年以下有期徒刑。财产的差额部分予以追缴。

国家工作人员在境外的存款，应当依照国家规定申报。数额较大、隐瞒不报的，处二年以下有期徒刑或者拘役；情节较轻的，由其所在单位或者上级主管机关酌情给予行政处分。

2. 《中华人民共和国刑事诉讼法》

第二百三十六条第一款　第二审人民法院对不服第一审判决的上诉、抗诉案件，经过审理后，应当按照下列情形分别处理：……（二）原判决认定事实没有错误，但适用法律有错误，或者量刑不当的，应当改判；……

【案例索引】

一审：上海市静安区人民法院（2010）静刑初字第200号刑事判决书。

二审：上海市第二中级人民法院（2010）沪二中刑终字第587号刑事判决书。

【基本案情】

2005年8、9月至2008年年初,被告人徐绍敏或以借购房款为由或以顾问费、津贴费等名义,向××微电子(上海)有限公司法定代表人钱某某、上海××信息系统有限公司法定代表人曾某某、上海××科学园区发展有限公司、北京××××科技有限公司、上海×××系统集成有限公司索取或者收受贿赂款共计人民币96.5万元。上述公司在徐绍敏的帮助下,获得了上海市信息化委员会的专项资金拨款。

2007年7月,徐绍敏通过工商银行将存款人民币360565元兑换成港币37万元,汇至其结识的上海银行港澳台投资部总经理罗华平在香港上海商业银行的私人账户。同年10月,徐绍敏又以其妻子名义,通过上海银行将存款人民币374520元兑换成港币38.5万元,汇至上述账户。按照徐绍敏的要求,罗华平将港币75.5万元以市价购进国讯国际H股股票。徐绍敏系应申报本人在境外存款的国家机关领导干部,在历次财产申报时均未如实申报上述境外投资钱款。

至2009年7月案发,徐绍敏家庭银行存款、房产、股票等财产和支出总额为人民币1576.9万元,扣除徐绍敏和妻子的合法收入以及徐能够说明合法来源的财产合计人民币635.7万余元,徐绍敏受贿所得人民币96.5万元,徐绍敏仍有差额财产人民币844万余元不能说明合法来源。徐绍敏在羁押期间具有检举揭发他人犯罪的立功表现。

【裁判结果】

一审判决:被告人徐绍敏犯受贿罪,判处有期徒刑九年,并处没收财产人民币10万元;犯巨额财产来源不明罪,判处有期徒刑二年;犯隐瞒境外存款罪,判处有期徒刑六个月;决定执行有期徒刑十一年,并处没收财产人民币10万元;查获的被告人徐绍敏受贿赃款人民币96.5万元、巨额财产来源不明赃款人民币849万元,予以没收,上缴国库。

二审判决:撤销上海市静安区人民法院(2010)静刑初字第200号刑事判决。被告人徐绍敏犯受贿罪,判处有期徒刑十年,并处没收财产人民币10万元;犯巨额财产来源不明罪,判处有期徒刑六年;犯隐瞒境外存款罪,判处有期徒刑六个月。决定执行有期徒刑十五年,并处没收财产人民币10万元。查获的被告人徐绍敏受贿赃款人民币96.5万元、来源不明的财产人民币844万元作为非法所得予以追缴。

【裁判理由】

一审法院认为,本案于2009年7月案发时,检察机关查获的徐绍敏家庭财产为1500余万元,而来源不明的巨额财产为849万余元,没有充分证据证明徐绍敏在2009年2月《刑法修正案(七)》颁布施行之后仍有财产形成,按照谦抑原则和从旧兼从轻的溯及力原则,适用《刑法》第三百九十五条第一款之规定。案发后,徐绍敏有检举立功表现,在受贿犯罪部分可依法减轻处罚,在巨额财产来源不明犯罪和隐瞒境外存款犯罪部分可依法从轻处罚。

一审判决后，检察机关针对一审法院对徐绍敏犯巨额财产来源不明罪未适用《刑法修正案（七）》及犯受贿罪适用立功规定减轻处罚的判决，以适用法律错误提出抗诉，认为，(1) 财产差额的形成仅是构成巨额财产来源不明罪的前提条件，而行为人不能说明差额财产来源的行为才是构成该罪的实质要件。徐绍敏在侦查、审查起诉直至审判阶段，对自己全部家庭财产中尚有差额财产人民币 844 万余元不能说明来源，依法应以"差额特别巨大"对其处以刑罚；(2) 徐绍敏的立功表现不构成重大立功，属一般立功情节，依法可从轻或减轻处罚，但鉴于徐绍敏受贿人民币 96.5 万元，其中索贿达人民币 60 万元，依法应从重处罚。

二审法院认为，2009 年 7 月，徐绍敏因犯受贿罪案发，经检察机关查证，徐绍敏财产、支出明显超过合法收入，差额特别巨大，且不能说明来源。徐绍敏在 2009 年 2 月 28 日《刑法修正案（七）》颁布施行之后有巨额财产不能说明来源合法，故应以《刑法修正案（七）》第十四条之规定予以处罚。徐绍敏系国家机关工作人员，依照国家规定应当申报境外存款，但其隐瞒不报。徐绍敏的行为分别构成受贿罪、隐瞒境外存款罪和巨额财产来源不明罪，应予数罪并罚。被告人徐绍敏检举揭发他人犯罪，属一般立功，其受贿金额达人民币 96.5 万元，其中索贿金额达人民币 60 万元，应依法从重处罚。综合其到案后交代态度较好且全额退赃等情节，对徐绍敏犯受贿罪从轻处罚。原判认定事实清楚，但适用法律错误，量刑不当，应予改判。

 思考问题

1. 对于徐绍敏所犯巨额财产来源不明罪是适用《刑法修正案（七）》颁布之前的规定，还是适用《刑法修正案（七）》的规定？即如何认定巨额财产来源不明罪的溯及力？
2. 如何理解巨额财产来源不明罪与贪污罪的区分？

第十八章 渎 职 罪

■■■ 案例1 张群生滥用职权案

内容摘要：本案是滥用职权典型案例，一审终审，被告人未上诉，检察院也未抗诉。一审法院认为，被告人张群生身为国家机关工作人员，违反国家和军队财务管理规定，超越职权范围行使权力，多次擅自出借军队资金，给单位造成重大经济损失，其行为已构成滥用职权罪。张群生为给单位赚取利息谋取利益，违反国家和单位财务管理规定，未经请示单位领导，擅自决定并实施了多次从单位财务账户支取转账支票出借资金，借给地方公司使用，属于过度行使自己的职权，且最终给单位造成500余万元的损失，符合滥用职权罪的构成要件，法院以滥用职权罪对张定罪处罚是正确的。

关键词：出借公款；滥用职权罪；挪用公款罪

【裁判要旨】

国家机关工作人员擅自以单位名义将公款供其他单位使用，自己没有谋取个人利益的，不应认定为挪用公款罪。其行为致使国家利益遭受重大损失的，应当依照滥用职权罪定罪处罚。

【相关法条】

1.《中华人民共和国刑法》

第六十七条第一款 犯罪以后自动投案，如实供述自己的罪行的，是自首。对于自首的犯罪分子，可以从轻或者减轻处罚。其中，犯罪较轻的，可以免除处罚。

第三百九十七条第一款 国家机关工作人员滥用职权或者玩忽职守，致使公共财产、国家和人民利益遭受重大损失的，处三年以下有期徒刑或者拘役；情节特别严重的，处三年以上七年以下有期徒刑。本法另有规定的，依照规定。

2.《最高人民法院关于处理自首和立功具体应用法律若干问题的解释》

第一条 根据刑法第六十七条第一款的规定，犯罪以后自动投案，如实供述自己的罪行的，是自首。

（一）自动投案，是指犯罪事实或者犯罪嫌疑人未被司法机关发觉，或者虽被发觉，但犯罪嫌疑人尚未受到讯问、未被采取强制措施时，主动、直接向公安机关、人民检察院或者人民法院投案。

……

（二）如实供述自己的罪行，是指犯罪嫌疑人自动投案后，如实交代自己的主要犯罪事实。

犯有数罪的犯罪嫌疑人仅如实供述所犯数罪中部分犯罪的，只对如实供述部分犯罪的行为，认定为自首。

共同犯罪案件中的犯罪嫌疑人，除如实供述自己的罪行，还应当供述所知的同案犯，主犯则应当供述所知其他同案的共同犯罪事实，才能认定为自首。

犯罪嫌疑人自动投案并如实供述自己的罪行后又翻供的，不能认定为自首；但在一审判决前又能如实供述的，应当认定为自首。

【案例索引】

一审：解放军总直属队军事法院（2008）军直刑初字第1号刑事判决书。

【基本案情】

1998年10月至2002年12月，某军事院校科研部财务负责人张群生为给单位赚取利息，未经请示单位领导，擅自决定从院校财务账户支取转账支票出借资金，并与对方约定利率和还款期限，分别出借给两家地方公司，借款方出具向张群生所在院校借款的借条。借款方到期无力还款时，应对方请求，张群生又让借款人借新还旧。通过此种滚动方式，张群生先后35次出借公款，累计2900万元。其间，收回利息款45万元。至立案时，尚有本金500万元无法追回，张群生以项目协作费名义挂账。

张群生在院校财务处清查经费账目时，如实交代了其擅自出借资金给单位造成损失的事实。

【裁判结果】

一审判决：被告人张群生犯滥用职权罪，判处有期徒刑二年六个月。一审宣判后，被告人张群生未上诉，检察院未抗诉，判决发生法律效力。

【裁判理由】

一审法院认为，被告人张群生身为国家机关工作人员，违反国家和军队财务管理规定，超越职权范围行使权力，多次擅自出借军队资金，给单位造成重大经济损失，其行为已构成滥用职权罪。公诉机关指控的犯罪事实清楚，证据确凿，罪名成立。张群生在被立案侦查前，主动交代了司法机关尚不掌握的犯罪事实，依法应认定为自首，可以从轻处罚。辩护人提出张群生认罪态度较好、积极赔偿单位损失、具有酌情从轻处罚情节的辩护意见属实，应予采纳。

思考问题

1. 如何区分挪用公款罪与滥用职权罪？
2. 本案是否应当认定张群生的行为构成滥用职权罪？

案例 2 于萍泄露国家秘密二审改判无罪案

内容摘要：于萍案作为全国首例律师泄露国家秘密罪引起了全国各媒体的关注，历经一审与二审。一审法院判定被告人于萍犯故意泄露国家秘密罪，判处有期徒刑一年。二审法院判定于萍无罪。中华全国律师协会、河南省律师协会、焦作市律师协会都将本案作为重点维权案件做了大量的工作。本案一审法院以故意泄露国家秘密罪判决于萍有期徒刑一年，二审法院改判于萍无罪。故意泄露国家秘密罪的主体是国家机关工作人员以及因故知悉国家秘密的非国家机关工作人员，但本案被告人系辩护律师，根据《律师法》的规定，律师是"为社会提供法律服务的执业人员"，并非国家机关工作人员，更不属于检察部门保密规定所约束的本系统的国家秘密的知悉人员。法院最终得出的裁判结论是律师在担任刑事被告人的辩护人期间，将通过合法程序获得的案件证据材料让当事人的亲属查阅，不构成故意泄露国家秘密罪。

关键词：故意泄露国家秘密罪；国家工作人员；适用法律错误

【裁判要旨】

律师在担任刑事被告人的辩护人期间，将通过合法程序获得的案件证据材料让当事人的亲属查阅，不构成故意泄露国家秘密罪。

【相关法条】

1.《中华人民共和国刑法》

第三百九十八条 国家机关工作人员违反保守国家秘密法的规定，故意或者过失泄露国家秘密，情节严重的，处三年以下有期徒刑或者拘役；情节特别严重的，处三年以上七年以下有期徒刑。

非国家机关工作人员犯前款罪的，依照前款的规定酌情处罚。

2.《中华人民共和国刑事诉讼法》

第三十三条第一款 犯罪嫌疑人、被告人除自己行使辩护权以外，还可以委托一至二人作为辩护人。下列的人可以被委托为辩护人：（一）律师；（二）人民团体或者犯罪嫌疑人、被告人所在单位推荐的人；（三）犯罪嫌疑人、被告人的监护人、亲友。

第三十八条　辩护律师在侦查期间可以为犯罪嫌疑人提供法律帮助；代理申诉、控告；申请变更强制措施；向侦查机关了解犯罪嫌疑人涉嫌的罪名和案件有关情况，提出意见。

3．《中华人民共和国律师法》

第二条　本法所称律师，是指依法取得律师执业证书，接受委托或者指定，为当事人提供法律服务的执业人员。

律师应当维护当事人合法权益，维护法律正确实施，维护社会公平和正义。

4．《中华人民共和国保守国家秘密法》

第二条　国家秘密是关系国家的安全和利益，依照法定程序确定，在一定时间内只限一定范围的人员知悉的事项。

【案例索引】

一审：沁阳市人民法院（2001）沁刑初字第47号刑事判决书。
二审：河南省焦作市中级人民法院刑事判决书。
《最高人民法院公报》2004年第2期。

【基本案情】

2000年8月21日，焦作市路通律师事务所律师于萍、助理律师卢某（另案处理）接受马某甲之妻朱某某的委托，担任涉嫌犯贪污罪的马某甲的一审辩护人。2000年11月1日，河南省沁阳市人民检察院以马某甲犯贪污罪向沁阳市人民法院提起公诉，并移送该案主要证据的复印件六本。同年11月3日，朱某某得知该案已到法院，遂与被告人于萍联系请她阅卷，于萍即安排卢某前往沁阳市法院复印材料。当日下午2时许，卢某及朱某某、马某乙（马某甲之子）一同到沁阳市法院立案庭，卢某将马某甲贪污案的卷宗材料全部借出，到复印部予以复印。其间，马某丙（马某甲之弟）闻讯来到复印部，复印结束后朱某某让马某丙向卢某提出看复印的卷宗材料，卢某不同意，并答复要看须请示于主任（于萍）同意。马某丙遂用手机给于萍打电话并向其提出看卷意图，于萍表示同意，并让卢某接听电话。电话中被告人于萍交代卢某把复印的卷宗材料留下。卢某按照于萍的安排将材料留下即返回焦作。当晚朱某某、马某乙、马某丙详细翻阅了马某甲贪污案的有关材料、证据，并对照起诉书指控内容进行研究。次日马某乙到焦作向卢某归还了卷宗材料。朱某某根据卷宗材料所涉及的证人进行逐个联系，并做了相应的工作。11月8日、10日，被告人于萍前往沁阳调查取证时，马某甲贪污案所涉及的证人张某某、吕某某、侯某某等人出具了相应的虚假证明。

2000年11月11日中午，被告人于萍再次到沁阳调查取证，因卷中所涉及的证人王某某的证明未能取到,在她离开沁阳时,将卢某所复印的卷宗材料卷6交给朱某某,朱拿到该卷找到证人王某某,王某某又出具了一份虚假证明。

2000年11月15日,马某甲贪污案进行开庭审理,庭审中被告人于萍出示了有关证人出具的虚假证明,又由于该案的事实不清,公诉机关两次提出延期审理的建议,决定补充侦查。

经河南省国家保密局、焦作市国家保密局鉴定,被告人于萍让马某甲亲属所看马某甲贪污案的主要证据复印材料六册卷宗均属机密级国家秘密。

【裁判结果】

一审判决:被告人于萍犯故意泄露国家秘密罪,判处有期徒刑一年。

二审判决:撤销沁阳市人民法院(2001)沁刑初字第47号刑事判决;上诉人(原审被告人)于萍无罪。

【裁判理由】

一审法院认为,被告人于萍身为国家机关工作人员,在担任辩护人期间,将知悉的国家秘密泄露给不该知悉的刑事被告人家属,造成刑事被告人的家属主动找证人作证,让证人作假证的严重后果,且所泄露卷宗材料甚多,严重扰乱了正常的诉讼活动,情节严重,其行为已构成故意泄露国家秘密罪。公诉机关指控被告人于萍犯故意泄露国家秘密罪的事实清楚,证据充分,罪名准确,应予确认。于萍及其辩护人的辩护理由与事实和法律规定不符,不予支持。

二审法院认为,被告人于萍在担任辩护人期间将在法院复制的案件证据材料让当事人亲属查阅的行为不构成故意泄露国家秘密罪。原判认定的基本事实清楚,审判程序合法,但适用法律错误,应予改判。

 思考问题

1. 辩护律师将在法院复制的案件证据材料让被告人亲属查阅的行为是否构成故意泄露国家秘密罪?

2. 被告人于萍的行为是否构成过失泄露国家秘密罪?

3. 被告人于萍的行为是否构成泄露不应公开的案件信息罪和披露、报道不应公开的案件信息罪?

后记 法科学生需要什么样的案例研讨

  法学教育日渐重视学生的实践能力，实践能力培养成为卓越法律人才培养计划中十分重要的环节。各大高校教师案例教学的方式也均不同，归结起来大致有三：一是经典名著中的刑事案例，如《水浒传》《西游记》《神雕侠侣》等中的故事，这可能算是大学课堂上最受欢迎的案例研讨了，这种案例研讨有趣，但对提高法科学生的实践能力并无多大助益；二是自行编制的刑事案例，即为论证某一学说或安排考试自行编制案例，这种案例在司法实践中基本上不可能发生或鲜有发生，意义十分有限；三是司法实践中经典的刑事案例，即司法实践中发生的、引起重大争议、具有重要影响的疑难案件。相比较而言，司法实践中经典的刑事案例在课堂上并不被重视，这大概与大学教师们的研究兴趣或个人经历有关，不少从事案例教学的老师并无从事法官、检察官或律师的经历，所谓对案件的认识也都来自于"间接资料"，且没有对相关案件的情感体验。

  法科学生承载着中国法治的精神和脊梁，毕业后大部分会走上法官、检察官、律师、公司法务等实践岗位。言有物，行有规，随着全面依法治国的深入推进，国家对法治建设的人才需求更高，法学教育需要培养了解中国司法实践样态、明确司法实践难点、把握疑难案件争议与解决方案的复合型法律人才，法科学生当心有法度、行有尺度。这就需要以中国司法实践中的真实案例、典型案例与疑难案例为教学素材，并以此为中心开展知识化案例教学、启发式案例教学与反思性案例教学。知识化案例教学是基础，即把司法实践如何办理刑事案件的一般程序、裁判标准、证据规则等传授给学生，使其在法学教育阶段就能够成为"熟练工"，而不是遇到案件时就"一脸懵"。启发式案例教学是通过对司法裁决中裁判规则的凝练，使法科学生对司法裁决智慧、刑法理论如何指导司法实践等有融会贯通的把握。而反思性案例教学是针对当前司法裁决中可能存在的问题、改进的路向等，进行反思性批判，以更高眼光看待司法实践。

  法学教育的生命不在于逻辑，而在于求真与尚善。就案例教学而言，主要是一种法律理念、知识、方法与能力的教育，法科学生如何看待司法实践中的刑事案例，对法律理念、知识、方法与能力的教育至关重要。就我而言，始终坚持，承认是一种美德，批判是一种精神。作为研究者，对司法实践中的经典判断、公正判决，我们要勇于承认，积极传播，并带到课堂上与法科学生分享，培养学生树立正确的法律理念，建构完整的法律知识体系，养成遵循正当程序与开展教义学分析的方法，使经典案例不断沉淀、深化与传扬。对于部分公正存疑、有待改进的刑事案例，也需要对之批判，去破解正义与邪恶的考问，去理解理论与实践的差异，去明辨理性与情感的纠结。在案例教学中，承认与批判必不可少，这与我国当前司法生态有关，随着司法体制改革的深化，司法人员素质得以提升,司法实践中的经典判断层出不穷,这都是很好的案例教学素材,十分宝贵。与此同时,我们也不难发现,司法实践中的部分争议案件、难办案件在当前处理得并不好,这也是很好的案例教学素材。黑格尔曾说:"一个民族要有一些关注天空的人,他们才有希望;一个民族只是关心脚下的事情,那是没有未来的。"司法实践同时充斥着各种问题,法科学生要警惕部分司法裁决中的幽暗,只有在反思中"博观而约取",最终才能"厚积而薄发"。

有鉴于此,笔者在十年前就开始谋划本案例教材,并着手相关的资料收集、整理工作,后大概历经三年的密集式整理,最终完成了本案例教材。本书分刑法总论与刑法分论上下两编,合计十八章。其中,上编包括刑法的基本原则、刑法的体系与解释、刑法的效力范围、犯罪与犯罪论体系、故意犯罪未完成形态、共同犯罪、罪数、刑罚的体系与种类、量刑情节与量刑制度、行刑制度等十大内容;下编包括危害国家安全罪、危害公共安全罪、破坏社会主义市场经济秩序罪、侵犯公民人身权利与民主权利罪、侵犯财产罪、妨害社会管理秩序罪、贪污贿赂罪、渎职罪等八类犯罪。书中选取案例基本上系最近十年司法实践中发生的真实案件、重大案件、争议案件、有影响案件,合计112个。在案例的编写体系上涉及裁判要旨、相关法条、案例索引、基本案情、裁判结果、裁判理由、思考问题等。特别说明的是,本书并没有针对案例进行述评,而是给学习者留下讨论、反思的空间。期待法科学生借助这种体例,不会丧失了思考的能力,且能够从书本走进现实。另外,本书在编写过程中,存在一个矛盾,即案例中判决书裁判依据所涉及的法律法规或司法解释已经修订或废止。在保持判决书原样的同时,为了避免读者在查找法条时出现错误,故在本书"相关法条"部分,引用的均为最新法条。

在写作过程中,我指导的研究生柏雪淳、杨睿雍、刘璐、余晓杰等同学进行了资料整理、文字校对等工作,在此一并致谢。北京大学出版社徐音编辑为本书策划、校对等工作付出了艰辛努力,提出了富有智慧的完善意见。当然,本书编写中的错误,仍由我承担。更期待的是,尽最大的努力把最美好的部分呈现给大家,点燃与延续你我之间的善缘。